Springer-Lehrbuch

Simone Kauffeld

Arbeits-, Organisations- und Personalpsychologie

für Bachelor

Mit 43 Abbildungen und 34 Tabellen

 Springer

Univ.-Prof. Dr. Simone Kauffeld
TU Braunschweig
Institut für Psychologie
Arbeits-, Organisations- und Sozialpsychologie
Spielmannstr. 19, 38106 Braunschweig
E-Mail: s.kauffeld@tu-bs.de

ISBN 978-3-642-16998-4 Springer-Verlag Berlin Heidelberg New York

Bibliografische Information der Deutschen Nationalbibliothek
Die Deutsche Nationalbibliothek verzeichnet diese Publikation in der Deutschen Natlonalbibliografie;
detaillierte bibliografische Daten sind im Internet über http://dnb.d-nb.de abrufbar.

SpringerMedizin
Springer-Verlag GmbH
ein Unternehmen von Springer Science+Business
springer.de

© Springer Medizin Verlag Heidelberg 2011

Planung: Joachim Coch, Heidelberg
Projektmanagement: Michael Barton, Heidelberg
Lektorat: Dr. Marion Sonnenmoser, Landau
Layout und Umschlaggestaltung: deblik Berlin
Fotonachweis der vorderen Umschlagseite: © Yuri Arcurs / fotolia.de

Satz und Digitalisierung der Abbildungen: Fotosatz-Service Köhler GmbH – Reinhold Schöberl, Würzburg

SPIN: 12735860

Gedruckt auf säurefreiem Papier   2126 – 5 4 3 2 1 0

Für meine Studierenden

Vorwort

Die Arbeits- und Organisationpsychologie ist eines der spannendsten Anwendungsgebiete der Psychologie. Da dies v.a. zu Beginn ihres Studiums noch nicht alle Studierenden der Psychologie wissen, musste dieses Bachelor-Lehrbuch geschrieben werden. Es kann als die kleine, an der einen oder anderen Stelle unkonventionelle Schwester des großen, schon in der zweiten Auflage erschienenen Bruders, dem Lehrbuch Arbeits- und Organisationspsychologie von Nerdinger, Blickle und Schaper (2011), verstanden werden.

Bei der Entstehung des Lehrbuchs haben wir besonders darauf geachtet, eine möglichst breitgefächerte Perspektive einzunehmen und Aspekte aufzugreifen, die auch für klinisch orientierte Psychologiestudierende von Interesse sein können. Auch klinische Psychologen werden in Organisationen tätig sein und z.B. mit anderen Therapeuten oder Ärzten in Teams zusammenarbeiten. Ferner werden Psychologen aller Vertiefungen als Experten z.B. für Fragen rund um Themen der Personalauswahl, Personalentwicklung und Arbeitsgestaltung wahrgenommen.

Darüber hinaus ist ein zuverlässiger Prädiktor für ein glückliches Leben die Zufriedenheit mit der eigenen Arbeit. Daher ist die Arbeits- und Organisationspsychologie, deren Themen Mitarbeiter und Führungskräfte in Organisationen von der ersten Bewerbung bis zum Ruhestand begleiten, auch für Studierende von Nachbardisziplinen wie den Ingenieurs-, Wirtschafts-, Sozial- oder Rechtswissenschaften relevant. Eine Arbeit zu ergreifen, die den persönlichen Interessen und Fähigkeiten entspricht, die passende Organisationen auszuwählen und die eigene Arbeit zu gestalten, ist für jeden eines der schwierigsten Vorhaben im Leben.

Wie es sich für ein Bachelor-Lehrbuch gehört, sind alle »Klassiker« der Bereiche Arbeit, Organisation und Personal vertreten (zur Unterscheidung der drei Bereiche vgl. Kap. »Einführung in die Arbeits-, Organisations- und Personalpsychologie«): von Fragen der Arbeitszufriedenheit und Motivation über die Organisationsentwicklung und Führung bis hin zu Fragen der Personalauswahl und -entwicklung. Gleichzeitig werden aktuelle Themen wie Online-Assessments, Change Management oder Employer Branding in den einzelnen Kapiteln aufgegriffen. Vor dem Hintergrund, dass Arbeit einen starken Einfluss auf das Wohlbefinden und die Gesundheit von Mitarbeitern hat und letztendlich auch krank machen kann, haben wir das Kapitel »Arbeit und Gesundheit« in das Lehrbuch aufgenommen. Darüber hinaus haben wir das Privileg beim Verfassen eines Lehrbuches genutzt, eigene Schwerpunkte zu setzen. So wurden z.B. Kapitel zu Teams und ihrer Entwicklung oder zur interkulturellen Kommunikation und Kooperation aufgenommen, die in Braunschweig in das Studium integriert sind.

Das Lehrbuch soll helfen, Fragestellungen aus der Praxis auf der Basis wissenschaftlicher (psychologischer) Methoden und Theorien fundiert zu analysieren und zu bewerten, dabei Handlungsbedarf zu identifizieren und diesen zu begründen sowie geeignete Interventions- und Veränderungsprozesse zu konzipieren und zu begleiten. Gleichzeitig ist es mir wichtig aufzuzeigen, dass die Arbeits-, Organisations- und Personalpsychologie einen starken Anwendungsbezug hat. Es gilt den Spagat zwischen den Erkenntnissen aus der wissenschaftlichen Forschung und deren praktischen Umsetzung im Unternehmensalltag mit seinen besonderen Bedingungen und Anforderungen zu schaffen. Daher beginnt jedes Kapitel mit einem echten Fallbeispiel, mit dem gezeigt wird, was in Unternehmen gemacht oder auch gerade nicht gemacht wird, und welche Auswirkungen dies haben kann. Die Praxisrelevanz des jeweiligen Kapitels und Anwendungsmöglichkeiten werden herausgestellt. Viele Grundbegriffe werden definiert, und es werden Instrumente für die Praxis vorgestellt.

Da der Umfang für ein Bachelor-Lehrbuch limitiert ist und wir es, nachdem wir das nach Zeit und Umständen Mögliche getan haben, in der ersten Version für fertig erklärt haben, enthält die begleitende Website **www.lehrbuch-psychologie.de** etliche weitere Inhalte, die zusätzliches Wissen bereitstellen und das Lernen für Prüfungen und die Vorbereitung der Lehre für Dozenten erleichtern sollen:

- **Lerntools** für Studierende,
- zahlreiche Zusatzbeiträge (sogenannte »**Web-Exkurse**«, s. Hinweise darauf im Buch) mit Vertiefungen und Praxisanleitungen und
- **Foliensätze** für Dozenten.

Doch das ist noch nicht alles: Zahlreiche Kapitel sind als **mp3-Hörbeiträge** zum Download bereitgestellt. Studierende können damit den Stoff zum Einstieg oder zur Wiederholung anhören – unterwegs, im Zug oder wo immer sie wollen.

In diesem Werk wurde aufgrund besserer Lesbarkeit, wenn es nicht möglich war geschlechtsneutral zu formulieren, oft die männliche Schreibweise verwendet. Selbstverständlich sind aber immer beide Geschlechter gemeint.

Abschließend möchte ich mich ganz herzlich bei Herrn Coch und Herrn Barton vom Springer-Verlag für ihre Begleitung und Unterstützung und für das Aufgreifen, Entwickeln und Umsetzen von konstruktiven Vorschlägen bei der Entstehung des Lehrbuchs bedanken. Darüber hinaus wäre das Buch ohne das Engagement und die Unterstützung meiner Mitarbeiterinnen und Mitarbeiter, die als Co-Autorinnen und Co-Autoren in den verschiedenen Kapiteln dabei sind, nicht möglich gewesen. Herzlichen Dank für die vielen guten Ideen und Euer Durchhaltevermögen. Stellvertretend für die studentischen Unterstützerinnen in verschiedenen Phasen der Entstehung des Buches möchte ich Tatjana Leng, Gabriela Suter und Annika Meinecke für ihre hilfreichen Zuarbeiten danken.

Braunschweig, im April 2011
Simone Kauffeld

Inhaltsverzeichnis

Web-Exkurse zum Buch

▶ Die Web-Exkurse finden Sie auf der Webseite zum Lehrbuch unter www.lehrbuch-psychologie.de

Autorenverzeichnis

Dipl.-Psych. Anna Grohmann
Technische Universität Braunschweig
Institut für Psychologie
Arbeits-, Organisations- und Sozialpsychologie
Spielmannstr. 24, 38111 Braunschweig

Prof. Dr. Sven Grote
Fachhochschule für angewandtes Management
Am Bahnhof 2, 85435 Erding

Dipl.-Psych. Diana Hoppe
Technische Universität Braunschweig
Institut für Psychologie
Arbeits-, Organisations- und Sozialpsychologie
Spielmannstr. 24, 38111 Braunschweig

Dipl.-Psych. Patrizia Maria Ianiro
Technische Universität Braunschweig
Institut für Psychologie
Arbeits-, Organisations- und Sozialpsychologie
Spielmannstr. 24, 38111 Braunschweig

Prof. Dr. Simone Kauffeld
Technische Universität Braunschweig
Institut für Psychologie
Arbeits-, Organisations- und Sozialpsychologie
Spielmannstr. 24, 38111 Braunschweig

Dipl.-Psych. Nale Lehmann-Willenbrock
Technische Universität Braunschweig
Institut für Psychologie
Arbeits-, Organisations- und Sozialpsychologie
Spielmannstr. 24, 38111 Braunschweig

Dipl.-Psych. Anne Martens
Technische Universität Braunschweig
Institut für Psychologie
Arbeits-, Organisations- und Sozialpsychologie
Spielmannstr. 24, 38111 Braunschweig

Dipl.-Psych. Nils Christian Sauer
Technische Universität Braunschweig
Institut für Psychologie
Arbeits-, Organisations- und Sozialpsychologie
Spielmannstr. 24, 38111 Braunschweig

Dr. Carsten C. Schermuly
Technische Universität Braunschweig
Institut für Psychologie
Arbeits-, Organisations- und Sozialpsychologie
Spielmannstr. 24, 38111 Braunschweig

Dipl.-Psych. Henrike Schneider
Technische Universität Braunschweig
Institut für Psychologie
Arbeits-, Organisations- und Sozialpsychologie
Spielmannstr. 24, 38111 Braunschweig

Dipl.-Psych. Eva-Maria Schulte
Technische Universität Braunschweig
Institut für Psychologie
Arbeits-, Organisations- und Sozialpsychologie
Spielmannstr. 24, 38111 Braunschweig

Dipl.-Kffr. Ramona Thomas
Technische Universität Braunschweig
Institut für Psychologie
Arbeits-, Organisations- und Sozialpsychologie
Spielmannstr. 24, 38111 Braunschweig

Dipl.-Wirtsch.-Ing. Sören Wesemann
IAP– Institut für Angewandte Produktionstechnologie GmbH
Rebenring 37, 38106 Braunschweig

Kauffeld: Arbeits-, Organisations- und Personalpsychologie für Bachelor
Der Wegweiser zu diesem Lehrbuch

Griffregister: zur schnellen Orientierung.

Lernziele

- Die verschiedenen Menschenbilder in der Entwicklung der Arbeits- und Organisationspsychologie unterscheiden können.
- Die Bedeutung einzelner Menschenbilder einschätzen können.
- Die Annahmen hinter dem Ansatz des Taylorismus erläutern können.
- Die Studie, die zur Humanisierung der Arbeit führte, kennen.

- Die Annahme, die im Mittelpunkt des Self-actualizing Man steht, beschreiben können.
- Merkmale des Complex Man aufzählen können.
- Die neuen Entwicklungen, die die Arbeits- und Organisationspsychologie heute beeinflussen, nennen können.
- Über die neuen Herausforderungen der Arbeits- und Organisationspsychologie informiert sein.

Was erwartet mich? Lernziele zeigen, worauf es im Folgenden ankommt.

Beispiel

Fallbeispiel

Herr K. arbeitet in einer Versicherung, in der Schadensfälle bearbeitet werden. Seine Arbeitsgruppe behandelt dabei ausschließlich Fälle, die im Zusammenhang mit Unfällen stehen. Die Bearbeitung ist in einzelne Schritte unterteilt, die jeweils ein anderer Kollege ausführt. Der Gruppenleiter entscheidet, ob eine Schadensersatzforderung angenommen oder abgelehnt wird. Im Anschluss leitet er den Fall an Herrn K. weiter. Herr K. ist dafür verantwortlich, eine Akte von dem Fall anzulegen und alle wichtigen Informationen über den Unfallhergang zu sammeln. Wenn diese Aufgabe abgeschlossen ist, gibt Herr K. den Fall an einen Kollegen weiter, der den Schaden begutachtet und die Schadenshöhe einschätzt. Im Anschluss wird der Fall an einen weiteren Kollegen gegeben, der sich mit dem Versicherten in Kontakt setzt. So registriert Herr K. jeden Tag eine Vielzahl an Schadensfällen. Wenn er eine festgelegte Anzahl an Registrierungen im Monat übertrifft, bekommt er einen finanziellen Bonus. Die Tätigkeit ist immer dieselbe, und die Anforderungen an Herrn K. sind dementsprechend gering. Seit einiger Zeit ist Herr K. sehr unmotiviert, wenn er morgens zur Arbeit geht. Auch seine Kollegen klagen über Eintönigkeit ihrer Arbeitstätigkeit. In der gesamten Arbeitsgruppe häufen sich die Krankheitsfälle.

Was sind die Hauptprobleme in der Arbeitsgruppe von Herrn K.? Welche Ansätze gibt es, die Arbeitsgruppe zu reorganisieren?

Verständlich: Anschauliches Wissen dank zahlreicher **Beispiele**.

Exkurs

Tayloristische Zeit- und Bewegungsstudien

Es wird in folgenden fünf Schritten vorgegangen (Taylor, 1922):

1. Man suche zehn oder 15 Leute, die in der speziellen Arbeit, die analysiert werden soll, besonders gewandt sind.
2. Man studiere die genaue Reihenfolge der grundlegenden Operationen, welche jeder einzelne dieser Leute immer wieder ausführt, wenn er die fragliche Leistung verrichtet, ebenso die Werkzeuge, die jeder einzelne benutzt.
3. Man messe mit der Stoppuhr die Zeit, welche zu jeder dieser Einzeloperationen nötig ist, und ermittle dann die schnellste Art und Weise, auf die sie sich ausführen lässt.
4. Man schalte alle falschen, zeitraubenden und nutzlosen Bewegungen aus.
5. Nach Beseitigung aller unnötigen Bewegungen stelle man die schnellsten und besten Bewegungen ebenso wie die besten Arbeitsgeräte tabellarisch in Serien geordnet zusammen.

Wenn Sie es genau wissen wollen: Exkurse vertiefen das Wissen.

□ **Abb. 1.1** Menschenbilder der A&O-Psychologie

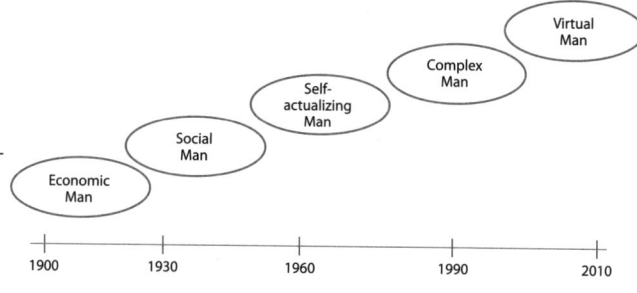

Anschaulich: mit **43 Abbildungen** und **34 Tabellen**.

Definitionen: Fachbegriffe kurz und knapp erläutert.

Navigation: mit Seitenzahl und Kapitelnummer.

Definition

Psychotechnik stellt die Anwendung psychologischer Konzepte zur Optimierung der Arbeitstätigkeit und Arbeitsmittel dar. Aufgaben der Psychotechnik betreffen vor allem wirtschaftliche Fragen, bei denen psychische Arbeit verrichtet wird und die wesentlich von psychischen Prozessen beeinflusst werden.

► Definition

Für die Praxis

In welcher Kultur dauern Verhandlungen wahrscheinlich länger und warum? Da in High-Context-Kulturen die Individuen in ein dichtes Beziehungsgeflecht eingebunden sind und dieses Beziehungsgeflecht vor einem erfolgreichen Geschäftsabschluss zuerst erzeugt werden muss, dauern Verhandlungen in diesen Kulturen länger. Im Rahmen der Beziehungsherstellung wird auch ein Verständigungscode, der die Bedeutung von Gestik, Mimik und Zeichen definiert, verhandelt, damit eine reibungslose Kommunikation etabliert werden kann.

Anwendungsorientiert: **Für-die-Praxis**-Boxen stellen den Bezug zum Berufsleben her.

Der Wandel der Gesellschaft führt auch zu elementaren Veränderungen für den arbeitenden Menschen selber. Die starke Flexibilisierung der Arbeit, Zeitarbeit und befristete Verträge, der permanente Druck der Optionsvielfalt und das konstante Unsicherheitsgefühl in der modernen Arbeitswelt haben das **Stresspotenzial** der Arbeit drastisch erhöht (► Kap. 11). Der demografische Wandel mit der Verschiebung der Altersverteilung hin zu einer Überzahl älterer Menschen und der Aussicht, bis zum 70. Lebensjahr zu arbeiten, führt zu einer dramatischen Veränderung der Zusammensetzung der Arbeitnehmerschaft in Unternehmen.

In ◘ Tab. 1.1 (vgl. Ulich, 2005) wurde die klassische Übersicht der Entwicklungslinien der Arbeits- und Organisationspsychologie (vgl. Ulich, 2005) um das Menschenbild des **Virtual Man** ergänzt. Die Organisation wird als ein sozio-digitales System verstanden. Dabei wird der soziotechnische Systemansatz um die neuen, digitalen Informations- und Kommunikationsmedien erweitert. Die Struktur in Unternehmen ist dezentral. Die Arbeit ist durch die Nutzung digitaler Medien (Mail, Internet, etc.) und durch die Zusammenarbeit in inner- oder überbetrieblichen Netzwerken und virtuellen Teams geprägt. Durch den stark gestiegenen Stress im Arbeitskontext ist Gesundheitsförderlichkeit als Bewertungskriterium in den Fokus gerückt.

Die Auflösung des Fallbeispiels steht im ► Web-Exkurs »Fallbeispielauflösung: Menschenbilder der Arbeits- und Organisationspsychologie« zu Kapitel 1 auf www.lehrbuch-psychologie.de.

Der technologische Wandel hat zu einer Vielzahl neuer Arbeitsformen und -strukturen geführt. Arbeitnehmer müssen sich an diese anpassen und erleben dabei ein dramatisch gesteigertes Gefühl von Stress und Unsicherheit. Dadurch ist das Thema Gesundheitsförderlichkeit der Arbeit in den Vordergrund der Arbeitsforschung gerückt.

Lernen auf der Überholspur: kompakte Zusammenfassungen in der **fast-track-Randspalte** ermöglichen schnelles Erfassen der wichtigsten Inhalte.

🌐 Web-Exkurs »Fallbeispielauflösung Kapitel 1«

Im Web weiterlesen: Viele ergänzende Inhalte und Vertiefungen in Web-Exkursen zum Download auf www.lehrbuch-psychologie.de

---

❓ Kontrollfragen

Was sind die Prinzipien des Taylorismus?

1. Was war das Ziel des Scientific Management?
2. Was sind Kritikpunkte am Taylorismus?
3. Was versteht man unter Psychotechnik und wie kann man die Anwendungsgebiete der Psychotechnik unterteilen?
4. Was versteht man unter dem Hawthorne-Effekt? Was war das ursprüngliche Ziel der Untersuchung?
5. Was waren die Konsequenzen der Human-Relations-Bewegung?
6. Wodurch ist der Self-actualizing Man geprägt?
7. Was sind die zentralen Merkmale des Complex Man und welche Konsequenzen leiten sich daraus ab?
8. Wodurch ist die Multioptionsgesellschaft gekennzeichnet und welche Auswirkungen hat sie auf das Menschenbild des Virtual Man?

► Weiterführende Literatur

Greif, S. (2007). Geschichte der Organisationspsychologie. In H. Schuler (Hrsg.), *Lehrbuch Organisationspsychologie* (S. 21–57). Bern: Huber.

Rosenstiel, L. v. (2007). Organisationspsychologie: Gegenstand und Methode. In L. v. Rosenstiel, *Grundlagen der Organisationspsychologie: Basiswissen und Anwendungshinweise* (S. 1–42). Stuttgart: Schäffer-Poeschel.

Ulich, E. (2005). Historische Positionen. In E. Ulich, *Arbeitspsychologie* (S. 7–62). Stuttgart: Schäffer-Poeschel.

Noch nicht genug? Tipps für die **Weiterführende Literatur**.

Alles verstanden? Wissensüberprüfung mit **Verständnisfragen und Antworten** auf **www.lehrbuch-psychologie.de**

Sagen Sie uns die Meinung!

Liebe Leserin und lieber Leser,

Sie wollen gute Lehrbücher lesen,
wir wollen gute Lehrbücher machen:
dabei können Sie uns helfen!

Lob und Kritik, Verbesserungsvorschläge und neue Ideen
können Sie auf unserem Feedback-Fragebogen unter
www.lehrbuch-psychologie.de gleich online loswerden.

Ganz besonders interessiert uns: Wie gefällt Ihnen unser
neues Bachelorkonzept?

Als Dankeschön verlosen wir jedes Jahr Buchgutscheine
für unsere Lehrbücher im Gesamtwert von 500 Euro.

Wir sind gespannt auf Ihre Antworten!

Ihr Lektorat Lehrbuch Psychologie

Einführung in die Arbeits-, Organisations- und Personalpsychologie

Simone Kauffeld

Lernziele

- Arbeits-, Organisations-, Personal- und Wirtschaftspsychologie unterscheiden können.
- Arbeitsfelder von Wirtschaftspsychologen kennen.
- Methodische Zugänge beschreiben können.
- Stellung zum Verhältnis von Forschung und Praxis nehmen können.
- Fachverbände und Zeitschriften kennen.

Gegenstandsbestimmung und Definition

Definition

Die Arbeits- und Organisationspsychologie beschäftigt sich mit dem menschlichen Erleben und Verhalten in der Arbeit und in Organisationen.

► Definition

Die Psychologie befasst sich mit dem Erleben und Verhalten des Menschen. Die Arbeits- und Organisationspsychologie als Teilgebiet der Psychologie beschäftigt sich dementsprechend mit dem menschlichen Erleben und Verhalten in der Arbeit und in Organisationen. Der gängige Doppelbegriff Arbeits- und Organisationspsychologie macht deutlich, dass die Inhalte des Fachs ein breites Spektrum abbilden.

Die Arbeits- und Organisationspsychologie hat zur Aufgabe, menschliche Arbeit sowie menschliches Erleben und Verhalten in Organisationen zu (1) beschreiben, (2) erklären, (3) vorherzusagen und (4) zu beeinflussen. Dabei ist das Erleben und Verhalten von Mitarbeitern, Führungskräften und Unternehmern von Interesse. Zudem wird auch Personen Aufmerksamkeit geschenkt, die keine Organisationsmitglieder sind, aber mit ihr in Kontakt stehen. Dies können u.a. Bewerber und Kunden sein, aber auch Aktionäre oder Lieferanten.

Die Inhalte der Arbeits- und Organisationspsychologie decken ein breites Spektrum ab.

Konkrete Fragen, denen in der arbeits- und organisationspsychologischen Forschung und Praxis nachgegangen wird, sind z.B.:

- Wie finden Organisationen die für sie richtigen Mitarbeiter?
- Wie kann die Bindung von Mitarbeitern an die Organisation gestärkt werden?
- Was zeichnet ein innovatives Organisationsklima aus?
- Welche Aspekte sind bei Veränderungsprojekten zu beachten, damit diese erfolgreich verlaufen?
- Wie kann die Zusammenarbeit im Team verbessert werden?
- Wie kann ein Training (z.B. zum Thema Führung) nachhaltig gestaltet werden?
- Wie können Arbeitsbedingungen verbessert werden, damit sie gesundheitsförderlich sind?

Gegenstand und Themen der beiden Fachgebiete Arbeits- und Organisationspsychologie zeigen zwar weite Überschneidungsbereiche, sind jedoch keineswegs deckungsgleich. »Denn gearbeitet wird nicht nur in Organisationen, und in Organisationen wird nicht nur gearbeitet« (Wiswede, 1993, S. 93).

Einerseits finden zahlreiche Arbeitsprozesse auch außerhalb von Organisationen statt (z.B. selbstständige Berufstätigkeit), andererseits werden Organisationen auch durch eine Vielzahl sozialer Prozesse, die neben der reinen Arbeitstätigkeit ablaufen, bestimmt (z.B. Freundschaften).

Während bei Arbeit nicht nur an die Erwerbsarbeit, sondern auch an die Haus- oder Familienarbeit gedacht werden sollte, sollte bei Organisationen nicht nur an Unternehmen, sondern auch an Behörden, Krankenhäuser, (Hoch-) Schulen, Strafanstalten, Kirchen, Parteien, Wohlfahrtsverbände, Vereine oder den Kiosk von nebenan gedacht werden.

> Gegenstand und Themen der Arbeits- und Organisationspsychologie zeigen Überschneidungsbereiche, sind aber nicht deckungsgleich.

Arbeit

▶ Definition

> ┌─ **Definition** ──────────────────────────────
> Bei **Arbeit** handelt es sich um eine zielgerichtete menschliche Tätigkeit zur Erfüllung von Aufgaben zum Zweck der Transformation und Aneignung der Umwelt. Arbeit, die in einem gesellschaftlich bestimmten Rahmen von Austauschbeziehungen (in Geld oder Naturalien) erfolgt und die in der Regel mit charakteristischer Aufgabenteilung sowie mit charakteristischen Machtstrukturen einhergeht, wird als **Erwerbsarbeit** bezeichnet.

Menschliche Arbeit führt dazu, dass Kranke gepflegt, Kinder unterrichtet, Häuser saniert und Lebensmittel erzeugt werden. Wie wir arbeiten und an was wir arbeiten, wird durch die technischen Möglichkeiten und die Arbeitsteilung in der Gesellschaft bestimmt (vgl. Kap. 2). Die Voraussetzungen, Bedingungen und Folgen menschlicher Arbeit sind Gegenstand der **Arbeitspsychologie**. Die Tatsache, dass wir einen großen Teil unseres Lebens mit Arbeit verbringen, unterstreicht die Bedeutung der Arbeitspsychologie.

Menschliche Arbeit wird neben technologischen durch gesellschaftliche Bedingungen bestimmt. Dabei wurde Arbeit zu verschiedenen Zeiten unterschiedliche Werte und Bedeutungen beigemessen (von Rosenstiel, 2003). Im Altertum oblag dem freien Bürger die Aufgabe, durch Kopfarbeit dem Staat zu dienen, während die Handarbeit den Sklaven auferlegt wurde. Arbeit wurde in der Antike und im Mittelalter als Last und Mühsal negativ und abwertend definiert und den unteren sozialen Schichten zugewiesen. Eine positive Bestimmung wurde der Arbeit in der christlichen Religion, v.a. in der protestantischen Ethik zugewiesen. Arbeit wurde als Pflicht verstanden und war

> Die Bedeutung der Arbeit wandelte sich im Laufe der Zeit.
>
> Arbeit als Last.

Gott wohlgefällig. Mit der protestantischen Ethik wurde erfolgreiche Arbeit aufgewertet und zum erstrebenswerten Ideal erklärt. Diese Entwicklung wird häufig als Voraussetzung für Industrialisierung gesehen (Weber, 1972). Für Jahrhunderte definierte sich ein Großteil der Bevölkerung über den Beruf.

Darüber hinaus erfüllt Arbeit eine Vielzahl von Funktionen für den Einzelnen. Auch heute ist Arbeit Last und Pflicht. Sie ist in der Regel notwendig, um den Lebensunterhalt bestreiten zu können. Arbeit ermöglicht einen bestimmten Lebensstil. Viele Menschen erleben die Verpflichtung, Tätigkeiten ausführen zu müssen. Arbeit kann aber auch als Mittel zur Erreichung der eigenen Lebensziele dienen, die Entwicklung der eigenen Persönlichkeit fördern oder als Mittel zur Selbstverwirklichung dienen. In der Arbeit werden Kompetenzen erworben und aufrechterhalten. Arbeit kann als Erbringung einer gesellschaftlich nützlichen Aufgabe angesehen werden, die Sinn und Befriedigung stiftet und die Erfahrung von Wertschätzung durch die Gesellschaft ermöglicht. Arbeit kann Identität und Zugehörigkeit stiften. Arbeit ist ein Ort für Kooperation und Kontakt. Durch Arbeit erleben wir Anerkennung direkt und indirekt durch andere. Arbeit gibt den Rahmen vieler sozialer Interaktionen im weiteren politischen, wirtschaftlichen und sozialen Kontext vor. Arbeit hat einen Einfluss auf unsere Gesundheit und unser Wohlbefinden. Sie spielt eine zentrale Rolle in der Entwicklung und Aufrechterhaltung unseres psychischen Wohlbefindens. Die Zufriedenheit mit der eigenen Arbeit ist ein bedeutsamer Faktor für ein langes und glückliches Leben (Blustein, 2008). Viele Menschen können sich nicht vorstellen, ohne Arbeit zu leben, auch wenn ihnen dies finanziell möglich wäre (▸ Beispiel). Dies verdeutlicht den zentralen Stellenwert der Arbeit. Auch wenn zum Ende des letzten Jahrhunderts der Begriff der Freizeitgesellschaft wiederholt aufgetaucht ist, dominiert und strukturiert Arbeit unseren Tages- Wochen- und Jahresablauf sowie unseren Lebensrhythmus.

Arbeit beeinflusst Gesundheit und Wohlbefinden.

psychosoziale Funktionen der Arbeit.

Beispiel

Stellen Sie sich vor, Sie haben in der Lotterie gewonnen und haben genug Geld, um bis an Ihr Lebensende ein komfortables Leben zu führen. Würden Sie trotzdem weiterhin arbeiten? Schätzen Sie, wie groß im Jahr 2006 der Anteil der erwachsenen amerikanischen Bürger war, der auf diese Frage mit »Ja« antwortete:

- ein Drittel alle Befragten
- die Hälfte aller Befragten
- zwei Drittel aller Befragten
- drei Viertel aller Befragten

Die dritte Antwort ist die richtige: Zwei Drittel aller befragten US-Bürger gaben an, dass sie weiterhin arbeiten würden, auch wenn sie in der Lotterie gewonnen hätten (Highhouse et al., 2010). Diese sogenannte Lotteriefrage, wurde vielfach in mehreren Ländern, auch in Deutschland, in der arbeitspsychologischen Forschung untersucht. Dabei zeigt sich, dass kulturübergreifend der Arbeit eine entscheidende Rolle beigemessen wird. Menschen können sich ein Leben ohne Arbeit nur schwer vorstellen.

Organisation

Um das Wirken und Zusammenwirken von Menschen im Unternehmen zu gestalten, sind organisationspsychologische Fragestellungen relevant.

Definition

Der Begriff »Organisation« steht für ein über einen gewissen Zeitraum fest bestehendes, arbeitsteiliges System, in dem personale oder sachliche (d.h. menschliche oder maschinelle) Aufgabenträger zur Erfüllung der Organisationsaufgabe (Dienstleistungen oder Produktion von Sachgütern) und zur Erreichung der Unternehmensziele verbunden sind (vgl. Kap. 2).

▸ **Definition**

In der Organisationspsychologie werden v.a. der Einfluss von Organisationsstrukturen und Arbeitsgruppen sowie die Interaktionen der Menschen innerhalb der Organisationen erforscht (von Rosenstiel, 2003). Die Analyse bezieht sich dabei sowohl auf Mitarbeiter in profitorientierten Unternehmen (Industrie, Handwerk, Dienstleistung) als auch in Non-profit-Organisationen (Krankenhäuser, Hochschulen usw.; vgl. ausführlich Kap. 2).

Handlungsfelder

Zusammenfassend können nach von Rosenstiel (2003) vier Handlungsfelder der Arbeits- und Organisationspsychologie unterschieden werden (vgl. ◻ Abb. 1):
- die Arbeit (z.B. Arbeitsanalyse und -gestaltung, ▶ Kap. 10)
- das Individuum (z.B. in der Personalauswahl, ▶ Kap. 5, und in der Personalentwicklung, ▶ Kap. 6)
- die Interaktion zwischen den verschiedenen Akteuren (z.B. Führung, ▶ Kap. 4, oder Teams, ▶ Kap. 7)
- die Organisation (z.B. Organisationsstruktur, -klima und -kultur, ▶ Kap. 2, oder Organisationsentwicklung und -beratung, ▶ Kap. 3)

Diese Unterteilung nutzen Lehrende, um die Fülle an Theorien und Erkenntnissen innerhalb der Arbeits- und Organisationspsychologie zu strukturieren. Auch für Studierende kann dies eine geeignete Struktur sein, um beim Lernen das gewonnene Wissen zu ordnen. Eine weitere hilfreiche Systematisierung entsteht durch die Zuordnung von Themen zur Arbeits- und Organisationspsychologie.

Im Titel des vorliegenden Lehrbuches wird aber nicht nur von der Arbeits- und Organisationspsychologie gesprochen, sondern es wird die **Personalpsychologie** in Anlehnung an Schuler (2001, 2006) als eigenständiger Bereich eingeführt. Dies erfolgt vor dem Hintergrund, dass in der Praxis Psychologen oft primär an personalpsychologischen Themen wie der Personalauswahl oder der Personalentwicklung arbeiten. Zudem schreiben gerade andere Disziplinen wie z.B. die Betriebswirtschaftslehre Psychologen hier Expertise zu. Personal muss in Organisationen beschafft, ausgewählt, geführt, entwickelt, beurteilt und vergütet werden.

> **Definition**
>
> Als **Personal** werden Mitarbeiter in Organisationen bezeichnet, die gegen Entgelt eine Arbeitsleitung erbringen.

Die Personalpsychologie stellt letztlich eine Schnittmenge der Arbeits- und Organisationspsychologie dar, die beim Individuum und bei der Interaktion zwischen Individuen angesiedelt ist. ◻ Abbildung 1 veranschaulicht dies.

Die Unterteilung in die drei Bereiche Arbeits-, Personal- und Organisationspsychologie wird darüber hinaus nachvollziehbar, wenn man berücksichtigt, dass die drei Schwerpunkte aus unterschiedlichen Grundlagendisziplinen stammen (vgl. auch ◻ Tab. 1 u. Marcus, 2011). Bei der grundlagenorientierten Betrachtung (vgl. ◻ Tab. 1 und ◻ Abb. 1) würde jedoch der Bereich der Interaktion (Führung, Team) der Organisationspsychologie statt der Personalpsychologie zugeschlagen werden.

In der **Arbeitspsychologie** steht die Arbeitsaufgabe im Vordergrund. Es wird nach generellen Gesetzmäßigkeiten beim Wahrnehmen, Denken, Lernen und Motivieren gesucht, die für die meisten Arbeitenden gültig sind. Interindividuelle Unterschiede der Arbeitenden, der Arbeitsgruppe und der Organisation werden vernachlässigt. Die Grundlagendisziplin ist entsprechend die Allgemeine Psychologie.

Seitenmarginalien:

In der Organisationspsychologie werden der Einfluss von Organisationsstrukturen und Arbeitsgruppen sowie die Interaktionen der Menschen innerhalb der Organisationen erforscht.

Man unterscheidet vier Handlungsfelder: Arbeit, Individuum, Interaktionen, Organisation.

In der Praxis arbeiten Psychologen häufig an personalpsychologischen Fragestellungen.

▶ Definition

In der Arbeitspsychologie steht die Arbeitsaufgabe im Vordergrund.

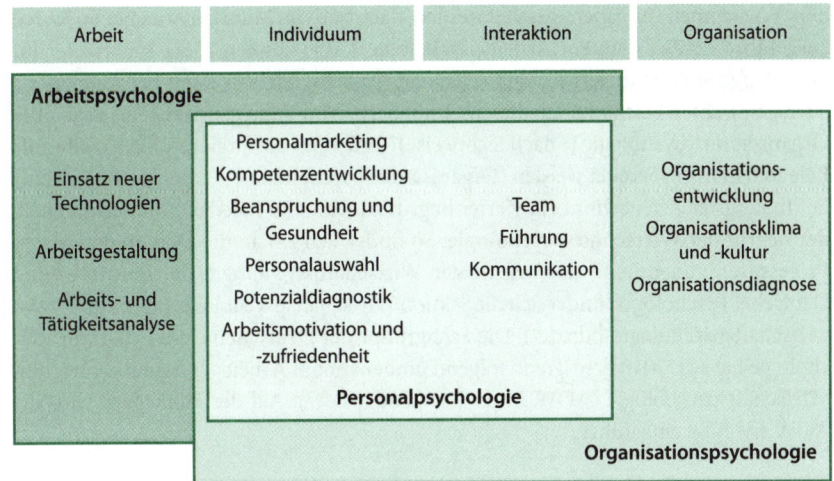

◻ **Abb. 1** Personalpsychologie als Schnittmenge zwischen Arbeits- und Organisationspsychologie

Die **Personalpsychologie** zielt auf die interindividuellen Unterschiede von Verhalten, Leistungen und Eignungsmerkmalen von Arbeitenden ab. Bei der Personalauswahl und -beurteilung geht es darum, verschiedene Personen miteinander zu vergleichen. Die Grundlagendisziplin der Personalpsychologie ist entsprechend die Differentielle Psychologie und Diagnostik, die Methoden bereitstellt, um Unterschiede feststellen zu können. Zudem gibt es Merkmale von Personen, die veränderbar und damit auch trainierbar sind, was z.B. Gegenstand der Personalentwicklung ist.

Die **Organisationspsychologie** beschäftigt sich mit den Beziehungen und Interaktionen der Mitarbeiter untereinander in sozialen Einheiten wie z.B. in der Dyade von Mitarbeiter-Führungskraft, im Team oder in Kunden-Lieferanten Beziehungen. Die Grundlagendisziplin der Organisationspsychologie ist die Sozialpsychologie, die z.B. Theorien und Erkenntnisse zur Analyse und Gestaltung von Kooperationsbeziehungen zwischen organisationalen Akteuren liefert.

Die Trennung in die drei Bereiche kann konzeptionell vollzogen werden, in der Praxis sind die drei Bereiche hingegen selten unabhängig voneinander. So ziehen technologische Veränderungen neue Arbeitsaufgaben nach sich, die gestaltet werden müssen (Arbeitspsychologie) und bei denen systematisch neue fach- und überfachliche Kompetenzen bei den Mitarbeitern aufgebaut werden müssen (Personalpsychologie). Darüber hinaus müssen ggf. neue Organisationsformen (z.B. Gruppenarbeit) implementiert werden, um den Anforderungen gerecht zu werden, und der Veränderungsprozess muss gestaltet werden (Organisationspsychologie; vgl. auch Kap. 10). Zur Zeit stellt der demografische Wandel viele Organisationen vor Herausforderungen, die aus arbeits-, personal- und organisationspsychologischer Sicht beantwortet werden kön-

Die Personalpsychologie beschäftigt sich mit interindividuellen Unterschieden von Arbeitenden.

Die Organisationspsychologie beschäftigt sich mit den Beziehungen und Interaktionen der Mitarbeiter untereinander in sozialen Einheiten.

Die Arbeits-, Personal- und Organisationspsychologie kann konzeptionell in drei Bereiche getrennt werden, die in der Praxis oft gemeinsam angegangen werden.

◻ **Tab. 1** Arbeits-, Personal- und Organisationspsychologie

	Arbeit	Personal	Organisation
Gegenstand	Arbeitsaufgabe	Individuum	Dyade, Gruppe, Organisation, Netzwerk
Grundlagendisziplin	Allgemeine Psychologie	Differentielle Psychologie, Diagnostik	Sozialpsychologie
Anwendung	Arbeitsanalyse und –gestaltung, gesundheitsförderliche Arbeitsgestaltung, Arbeitszufriedenheit	Personalauswahl, Training, Evaluation	Führung, Team(entwicklung), Organisationsentwicklung, Organisationsberatung, interkulturelle Kommunikation und Kooperation

nen. Wie können Aufgaben gestaltet werden, damit sie von Mitarbeitern über 60 Jahren ausgeführt werden können (Arbeitspsychologie)? Wie können ältere Mitarbeiter für neue Aufgaben qualifiziert werden (Personalpsychologie)? Wie kann bei zunehmend altersgemischten Belegschaften die Zusammenarbeit im Team gelingen (Personal- oder Organisationspsychologie je nach Sichtweise)? Wir kann die Organisation auf alternde Belegschaften vorbereitet werden (Organisationspsychologie)?

In jüngster Zeit gewinnt ein vierter Begriff zunehmend (wieder) Aufmerksamkeit: der Begriff der **Wirtschaftspsychologie**. So findet sich z.B. in der Denomination von Professuren zunehmend der Begriff der Wirtschaftspsychologie. Im Berufsverband Deutscher Psychologen findet sich die Sektion Wirtschaftspsychologie (vgl. http://www.wirtschaftspsychologie-bdp.de/). Die Fachgruppe der Deutschen Gesellschaft für Psychologie hat sich 2010 dem Trend folgend umbenannt in Arbeits-, Organisations- und Wirtschaftspsychologie (AOW, http://www.aodgps.de/). Auf der Homepage wird die AOW wie folgt eingeführt:

> »AOW-Psychologinnen und -Psychologen erforschen und gestalten Wechselbeziehungen zwischen Arbeits-, Organisations- und Marktbedingungen einerseits und menschlichem Erleben und Verhalten in Organisationen andererseits. Ziel ist es, mit Blick auf Gesundheit, Leistung und Effizienz, die Passung zwischen Individuum und Arbeitskontext zu erhöhen. Wirtschaftspsychologische Fragestellungen betreffen dabei das Verhalten und Erleben der Menschen in breiteren wirtschaftlichen Zusammenhängen (z.B. als Konsument, Sparer, Steuerzahler, Bewerber) und umfassende wirtschaftliche Prozesse (z.B. Wirtschaftsentwicklung, Internationalisierung).«

Die Einbeziehung breiterer wirtschaftlicher Zusammenhänge in Form der Markt- und Werbepsychologie sowie der Finanzpsychologie geht über die bislang beschriebene Sichtweise in der Arbeits-, Personal- und Organisationspsychologie hinaus. Wirtschaftspsychologie stellt in diesem Sinne eine Ergänzung dar.

In Anlehnung an Münsterberg (1912), ein Schüler Wilhelm Wundts und für viele der Begründer der Angewandten Psychologie in der Wirtschaft (vgl. ▶ Kap. 1), könnte die Wirtschaftspsychologie jedoch auch als Oberbegriff für die verschiedenen Teilbereiche der Psychologie aufgefasst werden, die Bezug zum Wirtschaftsleben aufweisen (vgl. auch ▶ Kap. 1: Vergangenheit und Zukunft der Arbeits- und Organisationspsychologie). Münsterberg beschäftigte sich mit Themen des beruflichen Lernens, der Personalauswahl und der Monotonie im Arbeitsleben, aber auch mit Fragestellungen zur Werbewirksamkeitsforschung.

Während Schwerpunkte und Vertiefungen in der universitären Psychologieausbildung oft Arbeits- und Organisationspsychologie heißen, nutzen viele Fachhochschulen oder Weiterbildungsanbieter den Begriff der Wirtschaftspsychologie. Dieser spiegelt neben der Abgrenzung zur universitären Ausbildung und der leichteren Verständlichkeit für Laien den hohen Anteil wirtschaftswissenschaftlicher Inhalte in den Curricula wieder. Inhaltlich werden im psychologischen Teil der Ausbildung häufig v.a. personalpsychologische Themen fokussiert.

Arbeitsfelder und Ziele

Arbeitsfelder

Die Arbeits- und Organisationspsychologie ist nach der Klinischen Psychologie das zweitwichtigste Anwendungsfeld psychologischer Forschung und Berufsfeld für praktisch tätige Psychologen. Die Anzahl an in der freien Wirtschaft tätigen Psychologen wächst beständig. Der Regelabschluss ist der Master. Welche Arbeitsmarktchancen

---

Margin notes:

Wirtschaftspsychologie stellt eine Ergänzung zur Arbeits-, Personal- und Organisationspsychologie dar.

Wirtschaftspsychologie umfasst zusätzlich die Bereiche Markt- und Werbepsychologie sowie Finanzpsychologie.

»Wirtschaftspsychologie« kann auch als Oberbegriff verwendet werden.

Die Arbeits- und Organisationspsychologie ist nach der Klinischen Psychologie das zweitwichtigste Anwendungsfeld psychologischer Forschung und Berufsfeld für praktisch tätige Psychologen.

Bachelorabsolventen im Bereich der Arbeits- und Organisationspsychologie haben, wird sich in den nächsten Jahren herausstellen. Der Bachelorabschluss befähigt dazu, eingegrenzte psychologische Tätigkeiten oder psychologische Tätigkeiten unter Anleitung durchzuführen. Bisher sind Bachelor-, aber auch Masterabschlüsse in den deutschen Unternehmen noch recht unbekannt.

In der **Praxis** der Arbeits- und Organisationspsychologie stehen überwiegend personalbezogene Aufgabenfelder in Unternehmen, Beratungen und Non-profit-Organisationen im Vordergrund. Die Aufgaben sind dabei vielfältig. Psychologen in der Wirtschaft konzipieren Führungsinstrumente, Beurteilungs- und Zielvereinbarungssysteme, entwickeln Personalentwicklungskonzepte, Leitfäden für Mitarbeitergespräche oder Formate zur Strategieentwicklung. Für die Umsetzung und Einführung jener Konzepte moderieren sie beispielsweise Workshops und führen Trainings durch, um die Mitarbeiter und die Organisation adäquat vorzubereiten. Arbeits- und Organisationspsychologen planen, organisieren und evaluieren betriebliche Kompetenzentwicklungsmaßnahmen. Sie trainieren Führungskräfte und Mitarbeiter. Sie sind häufig zuständig für die Personalauswahl. Desweiteren coachen sie Führungskräfte. Sie entwickeln und begleiten Teams im Job. Oft agieren sie aber auch als »Feuerwehr« bei Konflikten. Sie gestalten zudem organisationale Veränderungsprozesse. Arbeits- und Organisationspsychologen sind ferner zuständig für Fragen der Arbeitsanalyse, der Arbeits- und Prozessgestaltung und der Arbeitssicherheit. Arbeitspsychologen arbeiten häufig mit Arbeitsmedizinern, Informatikern und Ingenieuren zusammen. Für die Personal- und Organisationspsychologie besteht vor allem eine Nachbarschaft zur Betriebswirtschaft.

> Die Tätigkeitsbereiche von Arbeits- und Organisationspsychologen sind sehr vielfältig. Im Vordergrund stehen meist personalbezogene Aufgaben.

Im Gegensatz zu Wirtschaftswissenschaftlern sind Psychologen v.a. den Individuen, d.h. den Mitarbeitern verpflichtet. In vielen Veränderungsprojekten wird der Auftrag vom Management erteilt (hier werden Ressourcen bereit gestellt), die Betroffenen sind jedoch die Mitarbeiter (z.B. bei der Begleitung einer Fusion).

> In Organisationen sind Psychologen den Mitarbeitern verpflichtet. Dabei interagieren sie mit einer Vielzahl an Personen auf allen Hierarchiestufen.

Während Vertreter anderer Disziplinen wie Betriebs- und Volkswirte, Ingenieure und Juristen sich häufig mit Strukturen, Kennzahlen, technischen Arbeitsabläufen und rechtlichen Möglichkeiten beschäftigen, wird Psychologen von Außenstehenden die Aufgabe zugeschrieben, mit den betroffenen Menschen zu interagieren. In der Tat ist es so, dass das Management häufig Entscheidungen trifft, z.B. die Entwicklung und Einführung eines 360-Grad-Feedbacks für Führungskräfte, und dafür Ressourcen zu Verfügung stellt, die dann von Psychologen umgesetzt werden. Psychologen stehen daher oft in Kontakt mit unterschiedlichen Funktionsträgern in einer Organisation. In der Wirtschaft müssen sie die gesamte Klaviatur spielen können: Sie müssen mit gewerblichen Mitarbeitern einen Workshop zur kontinuierlichen Verbesserung (KVP, vgl. Kap. 10: Arbeitsanalyse und -gestaltung) moderieren können und gleichzeitig mit dem Vorstand die strategische Ausrichtung des Unternehmens diskutieren können, um z.B. Kompetenzprofile ableiten zu können.

Ziele

Arbeits- und Organisationspsychologen sind in Forschung und Praxis in der Regel zwei übergeordneten Zielen verpflichtet: der Verbesserung der Effizienz von Organisationen und der Humanisierung des Arbeitslebens. Erfolgreiche Arbeits- und Organisationspsychologie kann und muss beiden Zielen gerecht werden, wenn sie erfolgreich sein will.

> Arbeits- und Organisationspsychologen sind zwei Zielen verpflichtet: der Verbesserung der Effizienz von Organisationen und der Humanisierung des Arbeitslebens.

Am Beispiel der Einführung von Gruppenarbeit in der Industrie wird deutlich, dass die Zielsetzung der Humanisierung des Arbeitslebens nicht ausreicht, um Unternehmen vom Nutzen der Gruppenarbeit zu überzeugen. Effizienzargumente, die in der Automobilindustrie mit der Studie von Womack et al. (1991) aufgezeigt wurden, mussten hinzukommen, um den Siegeszug der Gruppenarbeit in Unternehmen anzutreten

> Veränderungen lassen sich selten kurzfristig in betrieblichen Kennzahlen messen.

(vgl. Kap. 10: Arbeitsanalyse und -gestaltung). Dabei ist zu berücksichtigen, dass sich Veränderungen selten kurzfristig in betrieblichen Kennzahlen messen lassen. Nach der Einführung von Gruppenarbeit wird die Leistung zunächst reduziert sein. Die Erarbeitung neuer Routinen erfordert Ressourcen, die zunächst einen Leistungsabfall nach sich zieht, bevor das neue Verhalten erfolgreich wirksam werden kann.

Erfolge werden oft über »weiche« Kriterien vermittelt.

In der Personalentwicklung werden oft erst mittelfristig und unter veränderten Rahmenbedingungen (z.B. verändertes Führungsverhalten, neue Vertriebsstruktur) Erfolge auf betriebswirtschaftliche Maße nachweisbar. Diese werden dabei oft über »weiche« Kriterien wie eine verbesserte Kundenbetreuung nach einem Vertriebstraining vermittelt (vgl. Kap. 6: Personalentwicklung; Van Iddekinge et al., 2009). Dass Unterschiede in betrieblichen Kennzahlen wie der Produktivität in deutlich höherem Maße auf Unterschiede in den Personalpraktiken im Gegensatz zu Unterschieden in der Unternehmensstrategie und Technologie zurückzuführen sind, zeigen Patterson et al. (1997) in britischen mittelständischen Industrieunternehmen. Zusammenhänge zwischen der Art der Teamarbeit sowie Teamprozessen und der Produktivität von Arbeitsgruppen sowie dem Unternehmenserfolg kann Kauffeld (2006) zeigen. Weitreichende Folgen der eingesetzten Personalpraktiken zeigen West et al. (2006) in englischen Krankenhäusern auf. Sie beschreiben Zusammenhängen zwischen der Art der Teamarbeit, dem Training und der Leistungsbeurteilung mit der Sterblichkeitsrate von Patienten. Huselid (1995) konnte in einer Befragung von mehr als 900 Unternehmen zeigen, dass u.a. regelmäßig durchgeführte Programme zur Verbesserung der Kommunikation zwischen Managern und Mitarbeitern sowie Einstellungstests die Unternehmensgewinne um mehr als 20 Prozent steigern konnten. Arbeits- und organisationspsychologische Konzepte können sowohl den Mitarbeitern zugute kommen als auch zur Verbesserung der Effizienz von Organisationen beitragen. Die Arbeit von Arbeits- und Organisationspsychologen zahlt sich für Unternehmen aus.

Methodische Zugänge

Methoden

In der Praxis dominieren korrelative Fragebogenstudien.

Der größte Teil der Forschung in der Arbeits- und Organisationspsychologie ist empirisch-analytisch ausgerichtet. Methodisch dominieren v.a. in der Organisations-, aber auch in der Personal-, und Arbeitspsychologie Fragebogenstudien. Echte Experimente sowie physikalische und physiologische Messungen (z.B. der Zusammenhang von Lärm auf die Herzschlagfrequenz) sind dabei deutlich seltener zu finden als korrelative Fragestudien. Zufallszuteilungen von Mitarbeitern zu Bedingungen (z.B. bei Gruppenarbeit, zu Trainings oder zu Führungsstilen) sind im Feld in den Organisationen kaum zu realisieren (vgl. auch Kauffeld, 2010). Befriedigende physiologische Indikatoren sind für relevante Konstrukte wie z.B. Arbeitsmotivation oder Bindung kaum zu finden (vgl. Marcus, 2011).

Dennoch ist zu hoffen, dass die Methodenvielfalt in der Arbeits- und Organisationspsychologie wieder steigt. Neben Befragungen gilt es die objektive Verhaltensbeobachtung zu stärken. Arbeits- und Organisationspsychologen sollten Organisationen anhand ihrer Beobachtungen beschreiben können. Für die Forschung bieten dabei moderne Beobachtungs-Softwareprogramme vollkommen neue Möglichkeiten.

Organisationen bestehen aus verschiedenen Ebenen.

Es gilt, Mitarbeiter in Organisationen als Mitglieder von Teams oder Abteilungen sowie als Organisationsmitglieder im Ganzen wahrzunehmen. Zusammenhänge, die für Individuen gelten, müssen noch lange nicht für Gruppen zutreffen. Daher sind Erhebungen und Analysen, die verschiedene Ebenen (z.B. Individual- und Gruppenebene) berücksichtigen, notwendig.

Darüber hinaus ist es wichtig, neben Input-Output-Modellen auch sogenannte Prozessvariablen zu identifizieren. Ein Output kann z.B. die Gruppenleistung sein, und als Input könnte die Persönlichkeit der Gruppenmitglieder gemessen werde. Da die Persönlichkeit und andere Inputvariablen (z.B. die Zusammensetzung der Gruppe oder die Dauer der Zusammenarbeit) in der Regel jedoch nicht oder nur schwer veränderbar sind, ist es wichtig, sich den Prozess in der Gruppe genauer anzusehen. Dabei können Prozessvariablen wie die Kommunikationsstärke der Gruppenmitglieder oder deren Umgang mit Konflikten untersucht werden. Arbeits- und Organisationspsychologen können anhand solcher Prozessvariablen Hinweise für Veränderungsmöglichkeiten erhalten (vgl. Kap. 7: Teams und ihre Entwicklung).

Im Hinblick auf die Dauer von Untersuchungen ist es wichtig, dass nicht nur Momentaufnahmen von Organisationen gemacht werden. Stattdessen sollte es das Ziel sein, längsschnittlich angelegte Untersuchungen im Feld zu realisieren. Nur wenn Mitarbeiter, Teams und Organisationen über einen längeren Zeitraum begleitet werden, können die Dynamiken in Organisationen abgebildet werden. Darüber hinaus sollten qualitative Ergebnisse besser integriert werden. Quantitative Ergebnisse in Form von Zahlen müssen durch qualitative Forschung angereichert werden, um theoretische Fortschritte zu erzielen, quantitativ erzielte Ergebnisse verständlich zu machen und Maßnahmen daraus abzuleiten.

Von der klinischen Psychologie können Wirtschaftspsychologen lernen, nicht nur zu analysieren, sondern auch wirksame Interventionskonzepte zu entwickeln.

Verhältnis von Wissenschaft und Praxis

Wissenschaft und Praxis

In der praktischen Anwendung in Organisationen muss ein Kompromiss zwischen Pragmatismus und strengen methodischen Regeln gefunden werden. Passend beschreiben lässt sich dieser Ansatz mit dem Begriff der Evidenzbasierung, der ursprünglich aus der Medizin stammt (Sackett et al., 1996) und zunehmend auch auf den Managementbereich übertragen wird (Rousseau, 2006).

Das Grundanliegen der »evidenzbasierten Medizin« ist es, Ärzten wissenschaftliche Informationen über Behandlungsmethoden (und Medikamente etc.) in Form von Bewertungen und Zusammenfassungen (sog. Reviews) zur Verfügung zu stellen, um in jede Patientenbehandlung das aktuellste Wissen einfließen zu lassen. Dieses Wissen können Ärzte alleine sowohl hinsichtlich der Menge an Behandlungsmethoden und Publikationen darüber als auch hinsichtlich der Gütebeurteilung der meist aufwändigen Studien kaum mehr bewältigen. Die bereitgestellten Bewertungen und Zusammenfassungen können von den Ärzten in ihre ärztliche Erfahrung und in die individuelle Patientenperspektive integriert werden. Dadurch kann dem jeweiligen Patienten die beste Behandlung angeboten werden. Entscheidungen erfolgen also auf Grundlage individueller Expertise in Kombination mit der derzeit besten Evidenz aus der Forschung.

Die Evidenzbasierung kann auf Organisationen übertragen werden: Professionelle Entscheidungen von Führungskräften sollen zunehmend weniger von persönlichen Präferenzen und unsystematischer Erfahrung, sondern von bestmöglicher sozial- und organisationswissenschaftlicher Evidenz getragen werden (Rousseau, 2006). Dass dies oft nicht der Fall ist, zeigt eindrucksvoll eine Studie von Rynes et al. (2002). Die Autoren haben zunächst das wissenschaftlich gesicherte Wissen im Personalbereich zusammengetragen. Anschließend legten sie fast 1000 Personalverantwortlichen aus den USA 35 Statements vor, denen die Personalverantwortlichen zustimmen oder nicht zustimmen konnten. Eine Beispielaussage lautete: »Das Ausmaß, in dem Mitarbeiter das in Schu-

Neben Input-Output-Modellen sollten auch Prozessvariablen beachtet werden.

Untersuchungen sollten sich nicht auf eine Momentaufnahme von Organisationen beschränken.

In der Praxis ist ein Kompromiss zwischen Pragmatismus und strengen methodischen Regeln anzustreben. Dies kann durch Evidenzbasierung erreicht werden.

Es besteht eine Kluft zwischen Erkenntnissen aus der Forschung und deren Umsetzung in der Praxis.

lungen Gelernte auch im Job anwenden, ist im Wesentlichen davon abhängig, wie viel sie gelernt haben.« Diese Aussage ist »falsch«, dennoch stimmten ihr viele Personalverantwortliche zu (vgl. Kap. 6: Personalentwicklung). Im Durchschnitt konnten nur 20 Prozent der Wissensfragen korrekt beantwortet werden.

Das durch wissenschaftliches Vorgehen nach besten Maßstäben abgesicherte Faktenwissen kann demnach keinen praktisch Einfluss auf das tägliche Entscheidungshandeln im Personalbereich haben, da es nicht zur Kenntnis genommen wird. Der »research-practice gap« (Latham, 2007) wird zudem dadurch angeheizt, dass das wissenschaftlich gesicherte Wissen selten so aufbereitet wird, dass es in der Praxis direkt anwendbar ist und Lösungsmöglichkeiten aufzeigt. Für das Thema Wissenstransfer sieht sich die Forschung selten in der Pflicht.

> Vielversprechend sind Ansätze, die das Verhältnis zwischen Wissenschaft und Praxis als wechselseitigen Austausch betonen.

Vielversprechend sind Ansätze, die das Verhältnis zwischen Wissenschaft und Praxis als wechselseitigen Austausch betonen. In der Praxis werden Probleme identifiziert, sodass eine möglichst praxisnahe Forschung entsteht. Im Gegenzug sollen Praktiker bei der Lösung von Problemen im Sinne der Evidenzbasierung Erkenntnisse aus der Forschung umsetzen. Dafür ist es von besonderer Notwendigkeit, dass universitäre Einrichtungen mit Organisationen in vielfältiger Weise kooperieren und dass Begegnungsmöglichkeiten (z.B. im Form von Konferenzen) immer wieder neu geschaffen und etabliert werden.

Völlig kritiklos ist der Ansatz der evidenzbasierten Praxis nicht zu rezipieren. Auch Forschung ist oft nicht frei von Interessenskonflikten. In der Medizin werden z.B. überwiegend Therapien erforscht, die patentierbar und gewinnversprechend sind. Für öffentlich finanzierte Forschung (z.B. über die Deutsche Forschungsgemeinschaft, Stiftungen etc.) gilt, dass bevorzugt Fragestellungen erforscht werden, die vergleichsweise schnell und einfach publiziert werden können und die in universitäre Karrierestrukturen passen. Die Forschungserkenntnisse, auf deren Grundlage Handlungs- und Entscheidungsgrundlagen erarbeitet werden sollen, unterliegen daher Verzerrungen. Völlig unzweifelhaft ist hingegen, dass Wissenschaftler und praktisch Tätige besser miteinander kooperieren und mehr voneinander lernen sollten (vgl. Pfeffer & Sutton, 2006).

Vernetzung

Fachgesellschaften

> Psychologen sind in verschiedenen Fachgesellschaften organisiert.

Psychologen sind in verschiedenen Fachgesellschaften organisiert (vgl. ◧ Tab. 2 in Anlehnung an Markus, 2011). In der Fachgruppe Arbeits- Organisations- und Wirtschaftspsychologie (AOW) der Deutschen Gesellschaft für Psychologie (DGPs) sind v.a. Wissenschaftler vertreten. Praktisch tätige Psychologen werden durch die Sektion Wirtschaftspsychologie des Berufsverbandes Deutscher Psychologinnen und Psychologen (BDP) vertreten. Die Verbände stellen berufsbezogenen Informationen bereit, fördern den Austausch, organisieren Fachkongresse (vgl. ständig aktualisierte Tagungsplaner unter www.hogrefe.de/service), vertreten berufsständische Interessen gegenüber dem Gesetzgeber und anderen staatlichen Organisationen und betreiben Nachwuchsarbeit (z.B. Doktoranden-Workshops). Studentische Mitglieder sind in den meisten Organisationen willkommen. Für Studierende bestehen die Vorteile einer Mitgliedschaft neben Informationen zu aktuellen Forschungskongressen sowie Weiterbildungen vor allem auch darin, Kontakte zu knüpfen und so frühzeitig ein Netzwerk aufbauen zu können. Dabei sind kleinere Konferenzen und Symposien oft von besonderem Wert, da sich mehr Interaktionsmöglichkeiten ergeben.

Tab. 2 Fachverbände

Gesellschaft	Webadresse	Anmerkung
deutschsprachiger Raum		
Deutsche Gesellschaft für Psychologie (DGPs), Fachgruppe Arbeits- und Organisationspsychologie	http://www.aodgps.de/	vorwiegend akademisch; auch für AO-Psychologie in Österreich und der Schweiz (neben ÖGP und SGP)
Berufsverband Deutscher Psychologinnen und Psychologen (BDP), Sektion Wirtschaftspsychologie	http://www.wirtschaftspsychologie-bdp.de/	vorwiegend berufspraktisch
Schweizerische Gesellschaft für Arbeits- und Organisationspsychologie (SGAOP)	http://www.sgaop.ch/	sowohl akademisch als auch berufspraktisch
Berufsverband Österreichischer Psychologinnen und Psychologen (BÖP), Fachsektion AWO	http://www.boep.eu/	vorwiegend berufspraktisch
internationale Verbände		
Society for Industrial and Organizational Psychology (SIOP), Division 14 of the American Psychological Association (APA)	http://www.siop.org/	sowohl akademisch als auch berufspraktisch; USA, jedoch international offen; größter und renommiertester AO-Fachverband weltweit
International Association for Applied Psychology (IAAP), besonders Divison 1	http://www.iaapsy.org/division1/	vorwiegend akademisch; weltweit; älteste Organisation der Angewandten Psychologie
European Association of Work and Organizational Psychology (EAWOP)	http://www.eawop.org/web/	sowohl akademisch als auch berufspraktisch
Academy of Management (AOM)	http://www.aomonline.org/	vorwiegend akademisch; USA, jedoch international offen; eigentlich BWL-Verband, aber in mehreren Divisionen starker AO-Bezug
Human Factors and Ergonomics Society (HFES)	http://www.hfes.org/web/	sowohl akademisch als auch berufspraktisch; USA, jedoch international offen; interdisziplinär arbeitswissenschaftlicher Verband mit Bezug zur »Ingenieurspsychologie«
Interdisciplinary Network for Group Research (INGRoup)	http://www.ingroup.info/index.html	vorwiegend akademisch; interdisziplinär, mit Schwerpunkt auf Gruppenforschung

Zeitschriften

Aktuelle Forschungsergebnisse werden auf Kongressen vorgestellt und in einschlägigen Fachzeitschriften publiziert. In der Übersicht (s.u.) sind einige der renommiertesten Fachzeitschriften mit Bezug zur Arbeits-, Personal- und Organisationspsychologie dargestellt, bei dem eingereichte Fachbeiträge einem anonymen Begutachtungsverfahren unterzogen werden. Als wichtigste deutschsprachige Zeitschrift existiert die *Zeitschrift für Arbeits- und Organisationspsychologie*. Praxisnah aufbereitet und mit Verweisen auf interessante aktuelle Forschung ist die *Wirtschaftspsychologie aktuell* gespickt. Vor allem Studierende, die ihre Abschlussarbeit in der Arbeits- und Organisationspsychologie schreiben wollen, erhalten durch die regelmäßige Lektüre von Artikeln aus den Fachzeitschriften einen Überblick über aktuelle Themen.

Aktuelle Forschungsergebnisse werden auf Kongressen vorgestellt und in einschlägigen Fachzeitschriften publiziert.

Fachzeitschriften mit Bezug zur Arbeits-, Personal- und Organisationspsychologie in alphabetischer Reihenfolge

- Academy of Management Journal
- Academy of Management Review
- Administrative Science Quarterly
- Applied Psychology: An International Review
- Ergonomics
- European Journal of Psychological Assessment
- European Journal of Work and Organizational Psychology
- Group & Organization Management
- Human Factors
- Human Performance
- Human Relations
- Human Resource Management
- Industrial and Organizational Psychology
- International Journal of Selection and Assessment
- Journal of Applied Psychology
- Journal of Applied Social Psychology
- Journal of Business and Psychology
- Journal of Career Assessment
- Journal of Counseling Psychology
- Journal of European Industrial Training
- Journal of Management
- Journal of Managerial Psychology
- Journal of Occupational and Organizational Psychology
- Journal of Occupational Health Psychology
- Journal of Organizational Behavior
- Journal of Personnel Psychology (früher Zeitschrift für Personalpsychologie)
- Journal of Vocational Behavior
- Leadership Quarterly
- Organizational Behavior and Human Decision Processes
- Organizational Research Methods
- Organization Science
- Personnel Psychology
- Personnel Review
- Small Group Research
- Work and Stress
- Zeitschrift für Arbeits- und Organisationspsychologie
- Zeitschrift für Arbeitswissenschaft

? Kontrollfragen

1. Wie können Sie die Arbeits- und Organisationspsychologie voneinander abgrenzen?
2. Womit beschäftigt sich die Personalpsychologie?
3. Was versteht man unter Wirtschaftspsychologie?
4. Nennen Sie drei Arbeitsfelder für Arbeits- und Organisations- (A&O-) Psychologen.
5. Nennen Sie Beispiele, weshalb die Einstellung von Arbeits- und Organisationspsychologen Unternehmen Geld einsparen kann.

Marcus, B. (2011). *Einführung in die Arbeits- und Organisationspsychologie. Lehrbuch.* Wiesbaden: VS-Verlag.

Nerdinger, F., Blickle, G. & Schaper, N. (2011). *Arbeits- und Organisationspsychologie*, 2. Aufl. Berlin, New York, Tokio, Heidelberg: Springer.

Literaturverzeichnis

Blustein, D. L. (2008). The role of work in psychological health and well-being. *American Psychologist, 63*, 228–240.

Highhouse, S., Zickar, M. J. & Yankelevich, M. (2010). Would you work if you won the lottery? Tracking changes in the American work ethic. *Journal of Applied Psychology, 95 (2)*, 349–357.

Huselid, M. A. (1995). The impact of human resource management practices on turnover, productivity, and corporate financial performance. *Academy of Management Journal, 38 (3)*, 635–872.

Kauffeld, S. (2006). *Kompetenzen messen, bewerten, entwickeln.* Stuttgart: Schäfer-Poeschel.

Kauffeld, S. (2010). *Nachhaltige Weiterbildung.* Berlin, New York, Tokio, Heidelberg: Springer.

Latham, G. P. (2007). A speculative perspective on the transfer of behavioral science findings to the workplace: »The times they are a-changin«. *Academy of Management Journal, 50 (5)*, 1027–1032.

Marcus, B. (2011). *Einführung in die Arbeits- und Organisationspsychologie. Lehrbuch.* Wiesbaden: VS-Verlag.

Münsterberg, H. (1912*). Psychologie und das Wirtschaftsleben. Ein Beitrag zur angewandten Experimental-Psychologie.* Leipzig: Barth.

Patterson, M. G., West, M. A.; Lawthorn, R. & Nickell, S. (1997). *People management organizational culture, and company performance* (Issues in People Management No 22). London: Institute of Personnel and Development.

Pfeffer, J. & Sutton, R. (2006). *Hard facts, dangerous half truths, and total nonsense. Profiting from evidence based management.* Boston, MA: Harvard Business School Press.

Rosenstiel, L. v. (2003). *Grundlagen der Organisationspsychologie,* 5. Aufl. Stuttgart: Schäffer-Poeschel.

Rousseau, D. M. (2006). Is there such a thing as evidence-based management? *Academy of Management Review, 31*, 256–269.

Rynes, S. L., Colbert, A. E. & Brown, K. G. (2002). HR professionals' beliefs about effective human resource practices: Correspondence between research and practice. *Human Resource Management, 41 (2)*, 149–174.

Sackett, D. L., Rosenberg, W. M. C., Gray, J. A. M., Haynes, R. B. & Richardson, R. S. (1996). Evidence-based medicine: What it is and what it isn't (Editorial). *British Medical Journal, 312*, 71–72.

Schuler, H. (Hrsg.). (2001). *Lehrbuch Personalpsychologie.* Göttingen: Hogrefe.

Schuler, H. (Hrsg.). (2006). *Lehrbuch Personalpsychologie,* 2. Aufl. Göttingen: Hogrefe.

Van Iddekinge, C. H., Ferris, G. R., Perrewé, P. L., Perryman, A. A., Blass, F. R. & Heetderks, T. D. (2009). Effects of selection and training on unit-level performance over time: A latent growth modeling approach. *Journal of Applied Psychology, 94*, 829–843.

Weber, M. (1972). *Wirtschaft und Gesellschaft,* 5. Aufl.; 1. Aufl. 1922. Tübingen: Mohr-Siebeck.

West, M. A., Guthrie, J. P., Dawson, J. F., Borrill, C. S. & Carter, M. (2006). Reducing patient mortality in hospitals: The role of human resource management. *Journal of Organizational Behavior, 27*, 983–1002.

Wiswede, G. (1993). Struktur einer Wissenschaftsdisziplin. Objektbereich, Anwendungsbezug und Verwertungsinteresse der Arbeits- und Organisationspsychologie. In W. Bungard & T. Herrmann (Hrsg.), *Arbeits- und Organisationspsychologie im Spannungsfeld zwischen Grundlagenorientierung und Anwendung* (S. 91–101). Bern: Huber.

Womack, J. P., Jones, T. J. & Ross, D. (1991*). Die zweite Revolution in der Autoindustrie: Konsequenzen aus der weltweiten Studie des Massachusetts Institute of Technology.* Frankfurt: Campus.

1 Vergangenheit und Zukunft der Arbeits- und Organisationspsychologie

Simone Kauffeld & Nils Christian Sauer

Lernziele

- Die verschiedenen Menschenbilder in der Entwicklung der Arbeits- und Organisationspsychologie unterscheiden können.
- Die Bedeutung einzelner Menschenbilder einschätzen können.
- Die Annahmen hinter dem Ansatz des Taylorismus erläutern können.
- Die Studie, die zur Humanisierung der Arbeit führte, kennen.

- Die Annahme, die im Mittelpunkt des Self-actualizing Man steht, beschreiben können.
- Merkmale des Complex Man aufzählen können.
- Die neuen Entwicklungen, die die Arbeits- und Organisationspsychologie heute beeinflussen, nennen können.
- Über die neuen Herausforderungen der Arbeits- und Organisationspsychologie informiert sein.

Beispiel

Fallbeispiel

Herr K. arbeitet in einer Versicherung, in der Schadensfälle bearbeitet werden. Seine Arbeitsgruppe behandelt dabei ausschließlich Fälle, die im Zusammenhang mit Unfällen stehen. Die Bearbeitung ist in einzelne Schritte unterteilt, die jeweils ein anderer Kollege ausführt. Der Gruppenleiter entscheidet, ob eine Schadensersatzforderung angenommen oder abgelehnt wird. Im Anschluss leitet er den Fall an Herrn K. weiter. Herr K. ist dafür verantwortlich, eine Akte von dem Fall anzulegen und alle wichtigen Informationen über den Unfallhergang zu sammeln. Wenn diese Aufgabe abgeschlossen ist, gibt Herr K. den Fall an einen Kollegen weiter, der den Schaden begutachtet und die Schadenshöhe einschätzt. Im Anschluss wird der Fall an einen weiteren Kollegen gegeben, der sich mit dem Versicherten in Kontakt setzt. So registriert Herr K. jeden Tag eine Vielzahl an Schadensfällen. Wenn er eine festgelegte Anzahl an Registrierungen im Monat übertrifft, bekommt er einen finanziellen Bonus. Die Tätigkeit ist immer dieselbe, und die Anforderungen an Herrn K. sind dementsprechend gering. Seit einiger Zeit ist Herr K. sehr unmotiviert, wenn er morgens zur Arbeit geht. Auch seine Kollegen klagen über Eintönigkeit ihrer Arbeitstätigkeit. In der gesamten Arbeitsgruppe häufen sich die Krankheitsfälle.

Was sind die Hauptprobleme in der Arbeitsgruppe von Herrn K.? Welche Ansätze gibt es, die Arbeitsgruppe zu reorganisieren?

1.1   Menschenbilder der Arbeits- und Organisationspsychologie

Um die heutigen Konzepte, Theorien und Anwendungsfelder der Arbeits- und Organisationspsychologie verstehen zu können, ist es notwendig, einen Blick auf die Entwicklung des Faches zu werfen. Dabei wird deutlich, dass die Arbeits- und Organisationspsychologie (A&O-Psychologie) von verschiedenen Menschenbildern geprägt ist, die sich im Laufe der Zeit verändert haben.

◘ Abb. 1.1 Menschenbilder der A&O-Psychologie

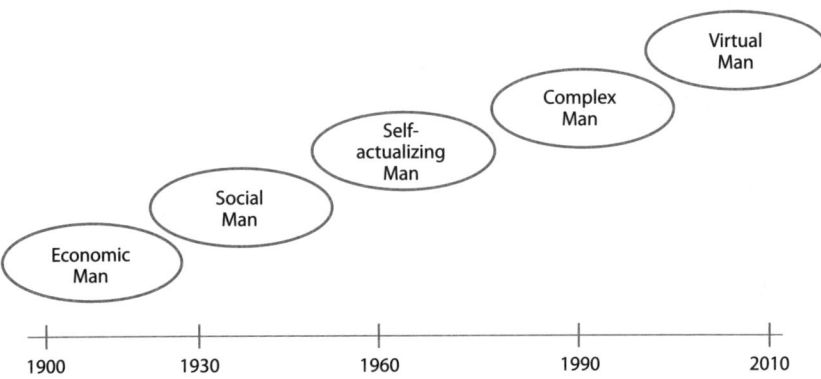

Menschenbilder helfen, Bewertungsmaßstäbe und Gestaltungsrichtlinien für Arbeit und Organisation zu verstehen.

Menschenbilder stellen Bezugssysteme dar, die Werte der Gesellschaft und Verhaltensweisen der Individuen beeinflussen. In der Arbeits- und Organisationspsychologie haben Menschenbilder eine besonders herausragende Bedeutung, da sie dabei helfen, Bewertungsstandards und Gestaltungsrichtlinien für die Arbeitstätigkeit sowie für die Organisationsstrukturen zu verstehen. So wird die Entstehungsgeschichte der Arbeits- und Organisationspsychologie im Folgenden in fünf Phasen mit unterschiedlichen Menschenbildern unterteilt: der **Economic Man**, der **Social Man**, der **Self-actualizing Man**, der **Complex Man** und der **Virtual Man**.

1.1.1   Economic Man

»Der ökonomische Mensch im allgemeinsten Sinne ist also derjenige, der in allen Lebensbeziehungen den Nützlichkeitswert voranstellt. Alles wird für ihn zu Mitteln der Lebenserhaltung, des naturhaften Kampfes ums Dasein und der angenehmen Lebensgestaltung.« (Spranger, 1914, S. 148)

Economic Man: In der Phase des Economic Man wurde der Betrieb als technisches System gesehen. Es wurde zwischen Kopf- und Handarbeit unterschieden und die Arbeitstätigkeit durch Partialisierung in kleinste Elemente unterteilt. Motivation der Mitarbeiter fand ausschließlich über individuelle Anreizsysteme statt.

Zu Beginn des 20. Jahrhunderts begann die standardisierte Massenproduktion in rapide wachsenden Märkten. Dies führte zu wachsender Konkurrenz und einem Fokus auf Effektivität und Produktivität. In den USA standen zu dieser Zeit nur wenige qualifizierte Arbeitskräfte zur Verfügung, deren Hauptaugenmerk darauf lag, genug Einkommen zur Lebenssicherung zu erzielen. So steht die erste Phase sinnbildlich für das Menschenbild des Economic Man. Diese Vorstellung geht von der Grundannahme aus, dass der »Durchschnittsmensch« verantwortungsscheu sei, nach der Maxime des größten Gewinns handle, hauptsächlich durch monetäre Anreize motivierbar sei und völlig zweckrational agiere. Der Betrieb wird als technisches System gesehen, an welches der Mensch angepasst werden sollte. Folgen für die Strukturierung von Unternehmen war eine weitgehende Vollmachten- und Arbeitsteilung durch Unterscheidung von Kopf- und Handarbeit, Aufteilung ganzheitlicher Arbeitstätigkeit in kleinste Tätigkeitselemente durch Partialisierung sowie Konzentration auf individuelle Anreizsysteme (Mankin, 1978).

Taylorismus

»Wissenschaftliche Betriebsführung« im Rasiersalon: »In einem Barbiergeschäft hat ein Arbeiter für heißes Wasser zu sorgen, ein anderer den Seifenschaum zu machen, ein dritter ihn auf das Gesicht aufzutragen, ein vierter das Messer abzuziehen, ein fünfter zu rasieren, während noch einige andere das Waschen, Trocknen und Einparfümieren des rasierten Gesichts zu versorgen hatten. (…).« (Frey, 1920, S. 24)

Elementar beeinflusst wurde die erste Phase der Arbeits- und Organisationspsychologie vom Taylorismus. Der Ingenieur Frederick Winslow Taylor (1856–1915) hatte das Konzept des **Scientific Management** entwickelt, das sich als wissenschaftliche Betriebsführung in allen industrialisierten Ländern durchsetzte. Das Konzept basierte auf Taylors und Gilbreths Zeit- und Bewegungsstudien aus dem Jahr 1911. Das Ziel Taylors war eine genaue Analyse des Arbeitsvorgangs. Um die Leistungsfähigkeit zu erhöhen und die Arbeit zu erleichtern, sollte alles Unnötige ausgeschaltet werden. Die Arbeit sollte funktionsgerecht und möglichst ohne Ermüdung ausgeführt werden können. Durch Eliminierung aller überflüssigen Bewegungen, höchste Partialisierung und Repetition wurde der effizienteste Weg (»one best way«) zur Ausführung einer Aufgabe ermittelt. Taylor selber sah sich dabei als Arbeiterfreund. So wollte er nicht herausfinden, welches Maximalquantum ein Arbeiter innerhalb einer kurzen Zeitperiode zu leisten imstande war. Ziel war es stattdessen, zu ermitteln, was genau die angemessene Tagesleistung eines erstklassigen Arbeiters darstellt; welche Leistung also täglich von einem Arbeiter jahraus jahrein erwartet werden kann, ohne dass dieser bei der Ausübung physischen oder psychischen Schaden erleidet. Insgesamt können so vier Prinzipien des Taylorismus zusammengefasst werden:

- Die Arbeitsaufgabe wird in einzelne Arbeitselemente zergliedert.
- Die bestgeeignetsten Arbeitskräfte werden ausgewählt und geschult.
- Kopf- und Handarbeit werden strikt voneinander getrennt: Das Management übernimmt die Planung und Überwachung und die Arbeiter die praktische Ausführung der Arbeit.
- Zwischen Arbeitgebern und -nehmern herrscht Harmonie und »herzliches Einvernehmen«.

Die Rationalisierungsmaßnahmen des Taylorismus bedeuteten für die Unternehmen eine drastische Erhöhung der Produktivität. In der Folge stiegen auch die Löhne der Arbeiter, so dass der Taylorismus eine Win-Win-Situation für beide Seiten darstellte.

> Ziel des Taylorismus war es, den effizientesten Weg zur Ausführung einer Arbeitstätigkeit zu finden. Durch genaue Analyse wurde der Arbeitsvorgang in einzelne Elemente unterteilt und jede überflüssige Bewegung ausgeschaltet. Die schnellste und effizienteste Methode zur Ausführung dieser einzelnen Arbeitselemente wurde schließlich vom bestgeeignetsten Arbeiter fortlaufend wiederholt.

Tayloristische Zeit- und Bewegungsstudien

Es wird in folgenden fünf Schritten vorgegangen (Taylor, 1922):

1. Man suche zehn oder 15 Leute, die in der speziellen Arbeit, die analysiert werden soll, besonders gewandt sind.
2. Man studiere die genaue Reihenfolge der grundlegenden Operationen, welche jeder einzelne dieser Leute immer wieder ausführt, wenn er die fragliche Leistung verrichtet, ebenso die Werkzeuge, die jeder einzelne benutzt.
3. Man messe mit der Stoppuhr die Zeit, welche zu jeder dieser Einzeloperationen nötig ist, und ermittle dann die schnellste Art und Weise, auf die sie sich ausführen lässt.
4. Man schalte alle falschen, zeitraubenden und nutzlosen Bewegungen aus.
5. Nach Beseitigung aller unnötigen Bewegungen stelle man die schnellsten und besten Bewegungen ebenso wie die besten Arbeitsgeräte tabellarisch in Serien geordnet zusammen.

1

Während Taylor sich vor allem auf handwerkliche Arbeit und kleine Betriebe konzentrierte, wendete Henry Ford die Arbeitsteilung zur rationellen Organisation größerer Betriebe an (Ford, 1922). Das Ziel hinter diesem Konzept steht dabei sinnbildlich für die gesamte Zeitperiode: Erhöhung der Produktion um jeden Preis. Fünf Prinzipien kennzeichnen den **Fordismus**, der die organisationale Grundlage für die industrielle Massenfertigung darstellt (vgl. Staehle, 1985):

- Produkte werden typisiert.
- In der Produktion werden Mechanisierung und Fließfertigung eingeführt.
- Personalauswahl findet durch Eignungsuntersuchungen statt.
- Zur Förderung kaufkräftiger Nachfrage werden hohe Löhne gezahlt und die Produkte zu niedrigen Preisen angeboten.
- Gewerkschaften im Betrieb werden verboten.

Ford wandte die Prinzipien des Taylorismus auf die industrielle Massenfertigung an. Der Fordismus ist geprägt durch Fließbandfertigung, Spezialisierung, Mechanisierung und Arbeitsteilung.

Spezialisierung, Mechanisierung, Arbeitsteilung und technischer Fortschritt wurden für die Produktion genutzt. So war das Fließband hilfreich, um den Arbeiter an seinem Arbeitsplatz zu binden und ihm das Tempo (Taktung) vorzugeben. Dadurch konnte Ford auf die Überwachung verzichten, die bei Taylor notwendig war. Die zu verarbeitenden Teile waren bereits vorgefertigt und konnten direkt montiert werden, so dass eine Bearbeitung von Einzelteilen entfiel. Dadurch wurden qualifizierte Kräfte nicht benötigt, und es konnten ungelernte Arbeiter rekrutiert werden, die das Lohnniveau senkten. Die hohe Fluktuation aufgrund von Unzufriedenheit wurde durch höhere Löhne kompensiert. Dadurch hatten die Arbeiter mehr Geld zur Verfügung, so dass der Konsum stieg, und in der Folge der Betrieb mehr Geld einnahm. Durch Kostenminimierung in der Produktion entstand so ein preisgünstiges Produkt (bei Ford das Modell T »Tin Lizzy«, später auch andere Güter), das nun für viele Menschen erschwinglich wurde. Produktionsausweitung aufgrund der höheren Nachfrage führte zu höherer Arbeitskräftenachfrage. Gleichzeitig wurden durch Rationalisierungsmaßnahmen weniger Arbeiter in der Produktion benötigt, so dass die höhere Effektivität zu höheren Gewinnen führte.

Kritik am Taylorismus umfasst vor allem die Sichtweise des Menschen als Maschine und die daraus resultierende Monotonie der repetitiven Arbeit, Aufteilung in eine Zweiklassengesellschaft mit Arbeitern und Denkern, hohe physische und psychische Belastung sowie die reine Motivation durch monetäre Anreize.

Schon früh wurde **Kritik** am Taylorismus laut. Berühmt geworden ist vor allem der Film »Modern Times« von und mit Charles Chaplin, der eine Satire auf den Taylorismus in der Arbeitswelt darstellt. Bereits vor dem Ersten Weltkrieg wurde eine Kommission zur »Prüfung der Verhältnisse in der Industrie« vom amerikanischen Kongress eingesetzt. Kritikpunkte waren vor allem die Monotonie der repetitiven Arbeit, die ausschließliche Motivierung der Arbeiter durch monetäre Anreize und die Sichtweise des Menschen als Maschine, dessen Ineffizienz durch die Gestaltung von Werkzeugen und Abläufen kompensiert wurde. So stellte der Mensch einen Faktor im Produktionsprozess dar, der zum Zweck der Produktionssteigerung manipuliert werden musste (Mankin, 1978). Weitere Kritikpunkte waren die Förderung einer Zweiklassengesellschaft (Aufteilung in »Durchschnittsmenschen« und »Denker« sowie die hohe physische und psychische Belastung (▶ Kap. 11).

Trotz dieser Vielzahl an Kritikpunkten hat in den letzten Jahren vor allem in der Automobilindustrie eine **Re-Taylorisierung** eingesetzt. So geben ganzheitliche Produktionssysteme methodische Standards vor, die bei der Ausführung der Arbeitstätigkeit befolgt werden müssen. Dabei wird nach dem Best-Practice-Ansatz der effizienteste Weg zur Ausführung der Tätigkeit gesucht, der im Anschluss standardisiert wird. Diese Standards sind nötig, um die immer komplexeren Produktionsabläufe überhaupt bewältigen zu können. Der fehlenden Flexibilität dieses Ansatzes wird durch die aktive Mitwirkung der Mitarbeiter bei der Entwicklung und Optimierung der Routinen und Standards versucht, entgegenzuwirken. So wird die rigide Trennung von ausführender und planender Tätigkeit aufgehoben. Daher wird heutzutage von einem **partizipativen Taylorismus** gesprochen (Springer, 1999).

► Kap. 7, 10

Exkurs

Heutige Managementansätze auf Grundlage des Taylorismus

Der Taylorismus stellt die Grundlage für eine Vielzahl heutiger Managementphilosophien dar. Diese beinhalten jedoch nur noch selten die klassische Trennung von Hand- und Kopfarbeit (wie z.B. bei MTM, s.u.). Stattdessen lautet das Ziel höchste Effizienz durch Optimierung, Minimierung von Verlusten und Ausschalten überflüssiger Prozesse.

- **MTM (Methods-Time-Measurement)** ist eine Methode zur Analyse von Arbeitsabläufen. Der Arbeitsablauf wird auf Grundbewegungen zurückgeführt, für die empirisch ermittelte Zeiten bestehen. Diese Grundbewegungen umfassen kleinste Bewegungsabläufe wie Greifen, Bringen oder Gehen. So wird eine vorbestimmte Zeit zur Ausführung der Arbeitstätigkeit ermittelt. MTM stellt eine Weiterentwicklung der Bewegungsstudien von Taylor dar.
- **Ganzheitliche Produktionssysteme** versuchen, die relevanten Methoden und Instrument für eine reibungslose Produktion im Rahmen einer ganzheitlichen Betrachtungsweise aufeinander abzustimmen. Dabei werden die verwendeten Instrumente in einen systematischen Zusammenhang gebracht und als Standard festgelegt.
- **Lean Production** stellt eine Produktionsorganisation dar, bei der versucht wird, auf allen Ebenen des Unternehmens höchste Effizienz durch das Weglassen aller überflüssigen Arbeitsvorgänge zu erreichen.
- **Just-in-Time-Production** bedeutet Produzieren und Liefern auf Abruf. Es stellt ein Produktionssystem dar, das zum Ziel hat, einen kontinuierlichen Materialfluss entlang der Lieferkette zu schaffen, so dass Lagerbestände minimiert werden können.
- **Kaizen/KVP (Kontinuierlicher Verbesserungsprozess)** stellt ein Managementsystem dar, dessen Leitidee kontinuierliche, schrittweise Optimierung auf allen Unternehmensebenen ist (▶ Kap. 7, 10).
- **TPM (Total Productive Maintenance)** stellt ein umfassendes Produktionssystem zur Instandhaltung und Verbesserung aller Unternehmensbereiche durch Minimierung von Verlusten dar. Dabei basiert das TPM-Konzept vor allem auf Kennzahlen, mit denen die Effektivität der Nutzung der Produktionsanlage gemessen wird.
- **TQM (Total Quality Management)** bedeutet die Initiierung und Kontrolle eines unternehmensweiten, kontinuierlichen Verbesserungsprozesses. Dabei umfasst die Qualitätssicherung alle Unternehmensprozesse, und das Qualitätsmanagement wird auf die Beziehung zwischen Unternehmen und Kunden bezogen mit dem Ziel höchster Kundenzufriedenheit.
- **Six Sigma** stellt eine Methode des Qualitätsmanagements dar, bei der Unternehmensprozesse mit statistischen Methoden definiert, gemessen, analysiert, verbessert und gesteuert werden.
- **BPR (Business Process Reengineering)** beschreibt die grundlegende Neuorganisation aller Geschäftsprozesse eines Unternehmens. Dabei konzentriert man sich auf die Kernkompetenzen des Unternehmens, und die Unternehmensprozesse werden auf den Kunden ausgerichtet.

Psychologen haben den Taylorismus zumeist abgelehnt. Auch heute beschäftigen sich (leider) vor allem Ingenieure im Industrial Engineering mit Methoden zur Analyse von Arbeitsabläufen. Einen bedeutsameren Einfluss auf die Entwicklung der Arbeits- und Organisationspsychologie hatte eine Bewegung, die ebenfalls zur Jahrhundertwende entstand: die industrielle Psychotechnik.

Psychotechnik

> **Definition**
>
> **Psychotechnik** stellt die Anwendung psychologischer Konzepte zur Optimierung der Arbeitstätigkeit und Arbeitsmittel dar. Aufgaben der Psychotechnik betreffen vor allem wirtschaftliche Fragen, bei denen psychische Arbeit verrichtet wird und die wesentlich von psychischen Prozessen beeinflusst werden.

Der Begriff der Psychotechnik geht auf den Begründer der differentiellen Psychologie William Stern (1871–1938) zurück. Geprägt wurde er jedoch durch Hugo Münsterberg (1863–1916), der als Begründer der Wirtschaftspsychologie gilt. Dessen Verwunderung darüber, dass auf dem deutschen Psychologenkongresses des Jahres 1912 in Berlin wirtschaftspsychologische Fragen völlig unberührt blieben, veranlasste ihn, sein Buch *Psychologie und Wirtschaftsleben* zu schreiben. In diesem Buch skizzierte Münsterberg

Die Re-Taylorisierung zeichnet sich durch einen partizipativen Taylorismus aus, bei dem die strikte Trennung von ausführender und planender Tätigkeit aufgehoben wurde. So werden die Arbeiter an der Entwicklung, Optimierung und Standardisierung der Arbeitsprozesse beteiligt.

▶ Definition

in sehr differenzierter Form Themen der Wirtschaftspsychologie, die noch heute große Relevanz haben (u.a. Eignung und Auslese, Übung, Leistung und Arbeitsgestaltung). Den Fokus legte Münsterberg dabei auf die Eignungsdiagnostik zur Steigerung des wirtschaftlichen Wachstums. Er nutzte ganz gezielt experimentalpsychologische Erkenntnisse und Methoden.

Die Anwendungsgebiete der Psychotechnik wurden in Subjekt- und Objektpsychotechnik unterteilt (Giese, 1927). Dabei befasste sich die **Subjektpsychotechnik** mit der Anpassung des Menschen an die Arbeitsbedingungen durch Selektion, während die Objektpsychotechnik sich mit der Anpassung der Arbeitsmittel und -bedingungen an die psychische Natur des Menschen beschäftigte. Die **Objektpsychotechnik** fand wenig Zuspruch, so dass es zu einer starken Fokussierung auf Eignungsdiagnostik kam. Einen starken Aufschwung erlebte die Psychotechnik während des Ersten Weltkriegs. Psychotechnische Verfahren wurden in der kriegswirtschaftlichen Mangelökonomie angewendet, um menschliche Arbeitskraft möglichst sparsam einzusetzen und schnell ersetzen zu können. Unter den angewandten Techniken sind vor allem Eignungsuntersuchungen zur Verkürzung der Anlernzeiten oder der Ausbau der Berufsberatung zur Vermeidung von Zeitverlusten durch Fehlentscheidungen zu nennen. So wurden in den USA ca. zwei Millionen Menschen in 15 Monaten für das Militär mit Tests zu Lese- und Schreibkenntnissen getestet (Jäger & Stäuble, 1981).

Die starke Eingrenzung der Psychotechnik auf wirtschaftliche und technische Arbeitsaspekte und damit auf Themen der Subjektpsychotechnik führte dazu, dass sie in die Kritik geriet. Die Leistung der Psychotechnik ist in beiden Ansätzen zu sehen: Die Subjektpsychologie entwickelte Konzepte der Eignungsdiagnostik, die heutige Methoden der Personalauswahl stark beeinflusst haben. Die Objektpsychotechnik machte die Probleme der Monotonie und Entmenschlichung der Arbeit erstmals zum Thema wissenschaftlicher Forschung (Friedmann, 1953).

1.1.2 Social Man

In den 1930er Jahren rückten soziale Aspekte der Arbeit vermehrt in den Fokus, und der Betrieb als soziales System wurde entdeckt. Das Menschenbild dieser Phase entsprach einem auf interpersonellen Kontakt ausgerichteten Menschen, dem sogenannten **Social Man**, dessen Arbeitsmotivation und -zufriedenheit von der Möglichkeit zur Kommunikation mit Kollegen, Teilnahme an Entscheidungen und zwischenmenschlichen Beziehungen abhängt (Schein, 1988).

Hawthorne-Studien

Der Paradigmenwechsel vom Economic Man zum Social Man wurde elementar von den sogenannten Hawthorne-Studien beeinflusst, die in den Jahren 1927 bis 1932 von Mayo, Roethlisberger und Dickson durchgeführt wurden (Mayo 1930, 1933). In diesen Studien wurde z.B. der Einfluss unterschiedlicher Umweltbedingungen auf die Arbeitsleistung durch Variation der Beleuchtung, der Arbeitszeiten und der Pausen untersucht. Die Ergebnisse zeigten überraschenderweise, dass fast jegliche Veränderung der Umweltbedingungen zu einer Verbesserung der Arbeitsleistung führte und diese auch zunahm, wenn die Verbesserungen der Arbeitssituation wieder rückgängig gemacht wurden. Die Resultate ließen sich nur mit dem Einfluss der sozialen Situation erklären. Das Leistungsverhalten der Arbeiterinnen wurde entscheidend durch das Verhalten anderer Personen beeinflusst. Beziehungen und Kommunikationswege innerhalb eines Unternehmens sowie die Normen von Arbeitsgruppen beeinflussten die Produktivität. Durch diese Ergebnisse rückte die motivatonale und emotionale Bedeutung sozialer Beziehungen in Organisationen in den Fokus. Der

---

Die Subjektpsychotechnik befasst sich mit der Anpassung des Menschen an die Arbeitsbedingungen durch Selektion und Eignungsdiagnostik, während sich die Objektpsychotechnik mit der Anpassung der Arbeitsmittel und -bedingungen an die psychische Natur des Menschen beschäftigt.

Social Man: Der soziale Mensch wird im Wesentlichen von sozialen Motiven geleitet. Soziale Beziehungen definieren seine Identität und sein Zugehörigkeitsgefühl zur Organisation. Materielle Be- und Entlohnung spielen für ihn eine untergeordnete Rolle.

In den Hawthorne-Studien wurde der Einfluss von Umweltbedingungen auf die Arbeitsleistung untersucht.

Arbeitsplatz wurde als **soziales System** begriffen (Mayo, 1930, 1933; Roethlisberger & Dickson, 1939).

In späteren Jahren kam vielfach grundlegende Kritik an den Hawthorne-Studien auf. So wurden vor allem methodische Mängel offensichtlich; beispielsweise wurden die Auswahl der Stichprobe, die Konzentration auf eine rein weibliche Gruppe und die regelmäßige Rückmeldung der Leistung kritisiert (Walter-Busch, 1989).

Die in der Folge entstehende **Human-Relations-Bewegung**, die von der Michigan-Schule um Lewin, Katz, Kahn, Likert und Tannenbaum angeführt wurde, propagierte in den 1940er und 1950er Jahren ein Menschenbild, das soziale Motivationen in den Vordergrund stellte und von der Annahme ausging, dass der Mensch in seinem Verhalten weitestgehend von den Normen seiner (Arbeits-)Gruppe bestimmt wird. Aufgrund dieser Annahmen standen im Human-Relations-Ansatz die **zwischenmenschlichen Beziehungen** innerhalb von Organisationen im Vordergrund, einerseits innerhalb von Arbeitsgruppen, andererseits zwischen Vorgesetzten und Mitarbeitern. Der Forschungsfokus lag auf Fragen der Gruppendynamik und dem Einfluss unterschiedlicher Führungsstile. So wurde systematisch Teamarbeit gefördert, um eine Erhöhung der Arbeitszufriedenheit zu erreichen und in der Folge eine Leistungssteigerung zu bewirken. Führungskräfte sollten als Sprachrohr zwischen Arbeitnehmern und -gebern agieren. Durch Eingehen auf das psychologische Empfinden der Mitarbeiter sollten die Vorgesetzten die sozialen Bedürfnisse der Arbeitnehmer nach Anerkennung und Identität befriedigen und so ihre Leistungsmotivation erhöhen.

Über die Veränderung der sozialen Struktur in Organisationen hinaus wurden jedoch keine Ansätze zur Veränderung der Arbeitsstrukturen und -prozesse entwickelt. Die Einführung halbkreisförmiger Fließbandanlagen zur Verbesserung der Kommunikation unter den Arbeitern veränderte die Arbeitsaufgabe an sich nicht, so dass die tayloristische Arbeitsteilung in einem Großteil der Unternehmen weitergeführt wurde.

1.1.3 Self-actualizing Man

In den 1950er Jahren kam es immer häufiger zu hohen Fluktuationsraten, langen Fehlzeiten und Streiks. Dies waren Kennzeichen einer Krise der Arbeitsmotivation (Herrick & Maccoby, 1975). In Unternehmen, in denen die tayloristische Arbeitsteilung noch nicht abgeschafft worden war, breitete sich Unzufriedenheit aus. Als Reaktion auf die Probleme trat ein Forschungsansatz in den Vordergrund, der den Human-Relations-Ansatz weiterentwickelte. Dabei wurden über die Untersuchung zwischenmenschlicher Beziehungen hinaus die **menschlichen Arbeitsressourcen** in den Vordergrund des Interesses gestellt. Arbeitsinhalte, Aufgabenerweiterung und Arbeit in teilautonomen Gruppen stehen im Mittelpunkt der **Human-Resources-Bewegung** mit dem Ziel, das Bedürfnis der Arbeiter nach Selbstverwirklichung zu erfüllen. Um dies zu erreichen, wurde eine verstärkte Humanisierung der Arbeit gefordert (Miles, 1965).

Das Menschenbild dieser dritten Phase ist der **Self-actualizing Man**. Seine Motivation zur Arbeit basiert auf dem Ausmaß der Autonomie und Kontrolle, die er bei seiner Arbeitstätigkeit hat. Durch die Möglichkeit, autonom zu handeln, kann der Arbeiter seine Ziele und die Regeln zur Zielerreichung selbstbestimmt setzen. Durch die selbstständige Kontrolle seiner Arbeitstätigkeit kann er die Situationen zur Zielerreichung direkt beeinflussen. Dadurch bietet ein hohes Maß an Autonomie und Kontrolle dem Arbeiter die Möglichkeit, bei der Ausführung seiner Tätigkeit innovativ und kreativ zu sein und sich so in seiner Arbeit selbst zu verwirklichen (Grote, 1997).

Kritik an den Hawthorne-Studien zielt vor allem auf methodische Mängel bei der Durchführung der Studie ab.

Die Human-Relations-Bewegung stellte zwischenmenschliche Beziehungen in den Vordergrund der Arbeitsforschung. Durch systematische Teamarbeit konnten Arbeitszufriedenheit und -leistung erhöht werden.

Der Human-Resources-Ansatz stellt das Bedürfnis nach Selbstverwirklichung in den Vordergrund der Arbeitsforschung. Arbeit soll den Arbeitnehmern die Möglichkeit bieten, kreativ und innovativ tätig zu sein. Die Motivation des Arbeiters basiert auf dem Ausmaß der Autonomie und Kontrolle, die er zur Ausführung seiner Arbeitstätigkeit hat.

Self-actualizing Man: Der selbstbestimmende Mensch strebt nach Selbstverwirklichung durch autonomes, eigenverantwortliches und situationsangepasstes Handeln. Sein Ziel ist es, seine Potenziale und Fähigkeiten sinnvoll nutzen zu können.

Exkurs

Human Resource Theory

Obwohl Menschen naturgemäß gerechte extrinsische Belohnungen (z.B. angemessene Bezahlung) für ihre Arbeitsleistung erhalten und Gewinn aus der Interaktion mit anderen bei der Arbeitstätigkeit ziehen wollen, sind für sie darüber hinaus folgende Themen bedeutsam (vgl. Miles, 1965):

- Menschen benötigen das Gefühl, einen nützlichen Beitrag zu leisten. Die Arbeit soll ihnen die Möglichkeit bieten, innovativ und kreativ zu sein, so dass sie ein Gefühl von Autonomie spüren und Feedback zu ihren Leistungen erhalten. Unter solchen Bedingungen sind Menschen hoch motiviert.

- Vorgesetzte befürworten die Idee, Planziele mithilfe der Mitarbeiter zu setzen (z.B. einvernehmliche Ziele), um eine Bindung der Mitarbeiter an die organisationalen Ziele zu steigern.
- Vorgesetzte beteiligen Mitarbeiter an diversen Problemlöseaktivitäten (z.B. gemeinsames Problemlösen).
- Für einen optimalen Arbeitsablauf in der Organisation gibt es verschiedene Formen der Kommunikation: vertikal (auf- und abwärts) und horizontal.
- Mitarbeiter stellen wichtige Ressourcen der Organisation dar (z.B. menschliches Kapital) und müssen gefördert werden, so dass Training und Entwicklung eine herausragende Bedeutung haben.

Die Forderung der Human-Resources-Bewegung nach Humanisierung der Arbeit basierte vor allem auf den Untersuchungen zur Arbeitsmotivation von Maslow und Herzberg. Maslow (1908–1970) hatte ein Modell der Hierarchie menschlicher Bedürfnisse aufgestellt, welches von dem Grundgedanke ausgeht, dass Motivation auf der Erfüllung einer Reihe von Bedürfnissen basiert, die untereinander in hierarchischer Beziehung stehen. Wenn ein Bedürfnis erfüllt ist, tritt das nächsthöhere an seine Stelle und gewinnt an motivationaler Bedeutung (▶ Kap. 9).

Einen anderen Ansatz in Bezug auf Arbeitsmotivation sah Herzberg (1923–2000) in seiner **Zwei-Faktoren-Theorie der Motivation**. So ging er davon aus, dass Zufriedenheit und Unzufriedenheit von verschiedenen Faktoren beeinflusst werden, die voneinander unabhängig sind. Eine geringe Ausprägung von Faktoren, die zu Zufriedenheit führen, löst also nicht automatisch Unzufriedenheit aus. Diese Faktoren werden von Herzberg **Motivatoren** genannt. Sie verändern die Zufriedenheit, ihr Fehlen führt jedoch nicht zwangsläufig zu Unzufriedenheit. Dasselbe Prinzip gilt für Faktoren, welche bei positiver Ausprägung die Entstehung von Unzufriedenheit verhindern, denn sie tragen nicht gleichzeitig zur Zufriedenheit bei. Diese Faktoren werden von Herzberg **Hygienefaktoren** genannt (▶ Kap. 9).

Herzberg unterscheidet in der Zwei-Faktoren-Theorie der Motivation zwischen Motivatoren und Hygienefaktoren.

Die Zwei-Faktoren-Theorie stellte die Arbeitsinhalte in den Mittelpunkt des Interesses. Auf dieser Theorie beruht das **Job-Enrichment-Konzept**. Dieses sieht eine vertikale Umstrukturierung der Arbeitstätigkeit vor. Dabei erhalten Mitarbeiter zu ihren bisherigen Arbeitstätigkeiten zusätzliche Aufgaben auf einem höheren Anforderungsniveau. Dem Mitarbeiter wird so mehr Verantwortung und Kontrolle zugeteilt (▶ Kap. 10).

Beispiel

Job Enrichment im Einkauf

Frau F. arbeitet schon seit einigen Jahren im Vertrieb eines großen Unternehmens. Bisher hatte sie lediglich die Aufgabe, Bestellungen zu schreiben. Im Rahmen einer Umstrukturierungsmaßnahme im Unternehmen wird ihr zusätzlich die Aufgabe übertragen, Lieferanten auszuwählen und Reklamationen abzuwickeln. Ihre Tätigkeit ist durch die zusätzlichen Aufgaben sehr viel komplexer geworden. Gleichzeitig hat Frau F. nun mehr Verantwortung und Kontrolle erhalten

Soziotechnischer Systemansatz

Auf Basis der Tavistock-Studien, welche den Einfluss unterschiedlicher Arbeitsmethoden auf soziale Systeme untersuchten, entstand der soziotechnische Systemansatz. Das soziotechnische System eines Unternehmens besteht aus **zwei Komponenten**, die nicht voneinander trennbar sind. Die soziale Teilkomponente stellen die Mitarbeiter dar, welche die Maschinen bedienen. Die technische Teilkomponente sind die Maschinen in einer Produktionsstraße. Der Erfolg eines Unternehmens hängt von der Interaktion des sozialen und technischen Teilsystems ab. Die zwischenmenschlichen Beziehungen, die Mensch-Maschine-Kommunikation und die Interaktion technischer Komponenten spielen eine bedeutsame Rolle. Eine Organisation ist also nicht ein rein technisches System mit Individuen, die ersetzbar sind und an die technischen Mittel angepasst werden müssen (Trist et al., 1963).

> Der soziotechnische Systemansatz kombiniert soziale und technische Systeme, so dass ein Zusammenspiel zwischenmenschlicher Beziehungen, Mensch-Maschine-Kommunikation und Interaktion technischer Komponenten entsteht.

Die Bedeutung dieser Befunde liegt vor allem in ihrem Einfluss auf Maßnahmen der **Arbeitsgestaltung** in Unternehmen. So wurde im Jahr 1974 eines der größten deutschen Forschungs- und Umsetzungsprogramme mit dem Ziel der Humanisierung des Arbeitslebens durchgeführt (Forschungsprogramm zur Humanisierung des Arbeitslebens; Salfer & Furmaniak, 1981). Zentrale Aspekte dieses Programms waren die Förderung der Persönlichkeitsentwicklung und Verbesserung der Qualifikation der Arbeiter sowie Steigerung des Handlungsspielraums bei der Arbeit. Die Aufhebung extremer Arbeitsteilung, die Kombination vorbereitender, instandhaltender und ausführender Tätigkeiten, die Einführung flacher Hierarchien und dezentraler Entscheidungsstrukturen sowie die Möglichkeiten zur Mitbestimmung am Arbeitsplatz waren wichtige Bestandteile des Programms. Auch wenn die Wirksamkeit und Nachhaltigkeit des Programms in der Praxis fraglich blieb, stellte es einen wichtigen ersten Schritt zur Humanisierung der Arbeit in Deutschland dar.

1.1.4 Complex Man

Die Menschenbilder der zuvor beschriebenen Phasen haben gemeinsam, dass sie alle Vereinfachungen der betrieblichen Umwelt darstellen. Die Wirklichkeit ist jedoch sehr viel komplexer als die Annahmen der vorhergehenden Phasen zum Ausdruck bringen. So hat sich in der Folge das Menschenbild des Complex Man durchgesetzt. Dieses darf nicht im Widerspruch zu den vorherigen Menschenbildern gesehen werden. Stattdessen versucht es, die Aspekte, die in den zuvor beschriebenen Menschenbildern getrennt betont wurden, zu integrieren. Das zentrale Merkmal ist, dass sich Menschen hinsichtlich ihrer Fähigkeiten, Bedürfnisse, Motive, Werte und Ziele interindividuell **unterscheiden**. Darüberhinaus können sich menschliche Bedürfnisse in der persönlichen Entwicklung **verändern**. Durch Erfahrungen im Arbeitsleben und in der Organisation können sich Bedürfnisse verändern und neue Motive entstehen. Sie sind abhängig von der jeweiligen Lebenssituation und können von Person zu Person unterschiedliche Bedeutung haben.

> Complex Man: Der vielschichtige Mensch hat vielfältige inter- und intraindividuelle Bedürfnisse, die jeweils abhängig von der Situation und vom Entwicklungsstand der Person sind. Er zeichnet sich durch seine Flexibilität und Lernfähigkeit aus.

Motive des Menschen sind nicht unabhängig voneinander, sondern zu einem komplexen Muster verwoben. Bedürfnisse können durch eine Vielzahl an Mitteln befriedigt werden. Auch kann eine einzelne Person innerhalb einer Organisation unterschiedliche Motive verfolgen. Das Gesamtmuster von Zielen und Motiven besteht so aus einer **komplexen Sequenz** von Interaktionen zwischen anfänglichen Bedürfnissen und organisationalen Erfahrungen. Die Interaktion verschiedener Bedürfnisse kann dabei sehr unterschiedliche Auswirkungen auf die Arbeitsmotivation haben. Arbeitszufriedenheit kann jedoch nur teilweise auf verschiedene Motivmuster zurückgeführt werden, da weitere Variablen (z.B. die Fähigkeiten des Mitarbeiters) und organisationale Faktoren (z.B. die Art der Aufgabe und das Betriebsklima) Einfluss auf die Bewertung der Arbeit haben (Schein, 1988).

Aus diesen Annahmen resultiert für die Forschung die Erkenntnis, dass es nicht eine allgemeingültige Managementstrategie gibt, die zu jeder Zeit für alle Menschen die einzig richtige ist. Stattdessen können Mitarbeiter auf sehr unterschiedliche Art und Weise auf dieselbe Strategie reagieren. Diese Erkenntnis gilt auch für Führungsverhalten. Es gibt kein Patentrezept, wie alle Mitarbeiter geführt werden müssen. Stattdessen

1

Der Ansatz des Complex Man integriert die Aspekte der vorherigen Menschenbilder. Die individuellen und situationsabhängigen Bedürfnisse der Arbeiter werden in den Vordergrund gestellt. Dadurch gibt es nicht eine allgemeingültige Führungs- oder Managementstrategie, sondern es wird jeweils eine differenzierte Analyse der individuellen Bedürfnisse und der Situation nötig.

ist eine **differenzierte Analyse** der Situation, der Person und ihrer Beziehung nötig. Durch die Betonung individuell unterschiedlicher und situationsabhängiger Bedürfnisse stellt das Menschenbild des Complex Man insgesamt hohe Anforderungen an das Management und die Führungskräfte von Organisationen.

Seit den 1970er Jahren haben diese Erkenntnisse zu einer Konzentration auf eine partizipative und differenziell-dynamische Arbeitsgestaltung geführt. Durch Wahlmöglichkeiten, Angebote verschiedener Arbeitsformen und Mitsprache bei betrieblichen Gestaltungsmaßnahmen werden individuelle Bedürfnisse der Mitarbeiter berücksichtigt. Dabei ist **Job Crafting** als Arbeitsgestaltungsmaßnahme in den Fokus der praktischen Anwendung in Organisationen gerückt (Wrzesniewski & Dutton, 2001). Die Idee hierbei ist, dass viele Funktionen flexibel ausgefüllt werden können. Mitarbeiter haben die Möglichkeit, den Schwerpunkt ihrer Arbeit auf Tätigkeiten zu verlagern, die sie wirklich gut können. Sie können ihre Aufgaben neu organisieren und formen, damit sie besser zu ihren Stärken und Bedürfnissen passen, und von denen lassen, wo ihre Leistung schwächer ist.

Beispiel

Job Crafting

Herr S. tritt eine neue Stelle als Assistent der Geschäftsführung an. Die vorherige Stelleninhaberin Frau R. hatte hervorragende Arbeit geleistet. Die Stelle umfasst die Aufgabe, die monatlichen Finanzberichte für die Geschäftsführung aufzubereiten. Frau R. hatte ihre Finanzkenntnisse genutzt, um ein System zu entwickeln, mit dem sie die Ergebnisse der monatlichen Finanzberichte aller Projekte in einer kurzen Übersicht zusammenfasste. Ihr Nachfolger

Herr S. dagegen hat ein Faible für Grafikdesign. Deshalb überarbeitet er die Finanzberichte, so dass wichtige Informationen grafisch hervorgehoben werden und schneller ersichtlich sind. Beide lösen ihre Aufgabe, der Geschäftsführung die Finanzberichte übersichtlich aufzubereiten, auf unterschiedliche, aber gleichzeitig effiziente Weise. So haben beide ihre Arbeitsaufgabe flexibel ausgelegt und an ihre individuellen Stärken angepasst.

Darüber hinaus kam es zu einer zunehmenden Flexibilisierung und Deregulierung der Arbeitswelt, so dass sich das klassische Bild der Arbeit drastisch veränderte. Die Arbeitswelt wurde immer mehr von umwälzenden Veränderungen und Innovationen beeinflusst. Diese führten einerseits zum verstärkten Einsatz von Arbeitsformen mit erweiterter Autonomie wie Projekt- und Gruppenarbeit, andererseits zu einer veränderten Beziehung zwischen Arbeitgeber und Arbeitnehmer. Im Fokus dieser Beziehung stand nicht mehr die **Beschäftigungssicherheit** der Organisation, sondern die **Beschäftigungsfähigkeit** (»employability«) des Arbeitnehmers. Die klassische Arbeitsbiografie im Sinne einer lebenslangen Beschäftigung bei einem einzigen Betrieb von der Lehre bis zur Pensionierung und das Ausführen des erlernten Berufs während der gesamten Berufstätigkeit wurden seltener. Stattdessen prägte immer häufiger ein Mix unterschiedlicher Erwerbsbeschäftigungen von kurzfristigen Erwerbsverhältnissen über Leiharbeit bis hin zu Teilzeitarbeit die Lebensläufe von Arbeitnehmern. Die Tätigkeit bei einer Vielzahl an Arbeitgebern und das Ausführen verschiedener Berufe wird die Regel. Dieser neue Typus des Arbeitnehmers wurde u.a. als »**Unternehmer im Unternehmen**« (Pinchot, 1988) oder »**Arbeitskraftunternehmer**« (Voß & Pongratz, 1998) bezeichnet. Er ist charakterisiert durch eine erweiterte Selbstkontrolle, Zwang zu verstärkter Vermarktung der eigenen Arbeitsfähigkeit und Vertrieblichung des alltäglichen Lebens. So muss der Arbeitskraftunternehmer seine Arbeit selbstständig organisieren können. Dabei steht er unter dem Zwang, seine Arbeitsfähigkeit inner- und außerbetrieblich als Marke anzubieten und alle privaten und beruflichen Ressourcen zur Arbeitsorganisation zu nutzen (Voß & Pongratz, 1998; Grote, 2001). Der Arbeitnehmer ist selbstverantwortlich für seine Beschäftigungsfähigkeit und kann sich nur noch auf seine eigene Kompetenz verlassen. Lebenslanges Lernen und die stete Weiterentwicklung der eigenen Kompetenzen wird für jeden Arbeitnehmer Pflicht (Kauffeld, 2006).

1.1.5 Virtual Man

Seit den 1990er Jahren befindet sich unsere Gesellschaft in einer Phase des Wandels. Die Entwicklung neuer Informations- und Kommunikationstechnologien führte zu einer Transformation der Art und Weise, wie wir zusammen leben, arbeiten, kommunizieren und unsere Freizeit verbringen. Dabei sieht sich der Mensch in der modernen Informationsgesellschaft mit einem Mehr an Optionen konfrontiert. Diese Vielzahl an Entscheidungsmöglichkeiten zieht sich durch alle Lebensbereiche, so dass der Begriff der **Multioptionsgesellschaft** geprägt wurde (Gross, 1994). Dieser Wandel wird durch vier Prozesse gekennzeichnet: Enttraditionalisierung, Optionierung, Individualisierung und Netzwerkbildung.

- **Enttraditionalisierung:** Mit der Enttraditionalisierung wird der Verlust von Traditionen als Handlungsvorgaben beschrieben. Traditionen als kulturelle Richtlinien, nach denen Entscheidungen getroffen wurden und die ein Gefühl der Stabilität im Alltag vermittelten, gibt es nicht mehr. In der modernen Informationsgesellschaft führen die neuen Kommunikationstechnologien dazu, dass die Menschen ständig zwischen verschiedenen, gleichwertigen Alternativen wählen müssen. Für diese gibt es jedoch keine kulturellen, tradierten Richtlinien, so dass neue Orientierungsmuster entwickelt werden müssen.

- **Optionierung:** Sie ist mit dem Prozess der Enttraditionalisierung eng verbunden. So haben die neuen Informations- und Kommunikationstechnologien dazu geführt, dass sich die Handlungsmöglichkeiten in allen Lebensbereichen vervielfältigt haben. Dadurch steht der Mensch heute in alltäglichen Situationen jederzeit unter dem Druck, zwischen unzähligen Alternativen wählen zu müssen.

- **Individualisierung:** Durch Enttraditionalisierung und Optionierung kommt es zu einer immer stärkeren Individualisierung. Jeder Mensch muss für sich selber ohne die Hilfe traditioneller Richtlinien zwischen den unterschiedlichen Alternativen wählen, so dass jeder seinen eigenen, individuellen Weg geht. Dies führt zu einem Zustand permanenter Ungewissheit, denn die Vergleichsmöglichkeiten mit anderen Menschen, welche denselben Weg eingeschlagen haben, werden geringer (Diemers, 1999). Erhöhte und teils widersprüchliche Anforderungen der Arbeitswelt (Pongratz, 2004) sowie familiäre Verpflichtungen in Zeiten der »Erosion des Sozialen« (Vossler, 2005) erfordern flexible Bewältigungsstrategien. In Folge dieser Entwicklung steigt die Nachfrage an professionellen Problemlösungskompetenzen und -ressourcen, was sich wiederum in einem rasanten Wachstum einer disziplinübergreifenden Beratungsbranche abzeichnet (Lippitt & Lippitt, 2006; Steinebach, 2006). Inzwischen ist kaum ein Lebensbereich zu finden, für den es kein Beratungsangebot gibt. Soziologen sprechen daher von der »Beratungsgesellschaft« (Giddens, 1991; Schützeichel & Brüsemeister, 2004) und einer Therapeutisierung unserer Gesellschaft (Fairclough, 1992; Cameron, 2000; Furedi, 2004). Diverse Beratungsformate, die von der Hoffnung auf Orientierung gespeist werden, boomen (▶ Kap. 3, 6). Coaching hat sich innerhalb der wachsenden Beratungsbranche als ein zentrales Beratungsformat etabliert (Peltier, 2010).

- **Netzwerkbildung:** Dieses Gefühl der Unsicherheit führt dazu, dass Menschen mehr denn je soziale Netzwerke aufbauen. Der Aufbau und die Pflege von Beziehungsgeflechten haben in der modernen, schnelllebigen Gesellschaft enorm an Bedeutung gewonnen. Sie dienen dazu, im endlosen Informationsstrom die persönlich wichtigen Informationen zu filtern und im Rahmen der zunehmenden Individualisierung mit aktuell bedeutsamen Personen und früheren Wegbegleitern in Kontakt zu bleiben, um so ein Gefühl der Sicherheit und Gemeinschaft zu erhalten. Dabei bedienen sich die Menschen der neuen Informations- und Kommunikationstechnologien, indem sie Online-Plattformen wie Facebook oder Xing nutzen, um unabhängig von räumlichen und zeitlichen Vorgaben ihre sozialen Netzwerke zu pflegen.

Virtual Man: Das Leben, Arbeiten und Kommunizieren des virtuellen Menschen wird durch Informations- und Kommunikationstechnologien geprägt. Er ist flexibel, kann sich mühelos an neue Technologien anpassen und zeichnet sich durch seine Neigung zu Kooperation und Aktivität in Netzwerken aus.

Der Ansatz des Virtual Man integriert die Veränderung der Arbeit aufgrund der Entwicklungen neuer Informations- und Kommunikationstechnologien. Dieser Wandel ist durch Enttraditionalisierung, Optionierung, Individualisierung und Netzwerkbildung gekennzeichnet.

1

Die modernen Informations- und Kommunikationstechnologien haben in Form von virtuellen Teams zur Entwicklung neuer Arten von Teamarbeit geführt.

Im Zuge dieser Entwicklung und der Betonung des technologischen Wandels wird in jüngster Zeit vom Menschenbild des **Homo zappiens** gesprochen (Veen & Vrakking, 2006). Dieses ist gekennzeichnet durch die Fähigkeit, sich flexibel und mühelos an neue Technologien anzupassen, eine Neigung zu Kooperation und Aktivität in Netzwerken sowie eine Präferenz für Bilder und Symbole.

Der Übergang zu einer digitalisierten Gesellschaft setzt sich auch in der Wirtschaft fort und hat dabei dramatischen Einfluss auf die Prozesse und Abläufe in Organisationen. Die Arbeit zeichnet sich durch ihre kommunikations- und kooperationsorientierten Strukturen aus. Zusammenarbeit findet immer häufiger in inner- und überbetrieblichen Netzwerken statt. Durch die Möglichkeiten der Informations- und Kommunikationstechnologien sind Informationen in Unternehmen nicht mehr örtlich und zeitlich gebunden. In Zeiten des Internets steigt nicht nur die Masse an Informationen, sondern sie sind auch leichter zugänglich und können per E-Mail sehr viel schneller vermittelt werden als bisher. In globalen Organisationen kommt es immer häufiger vor, dass Arbeitsgruppen (sog. virtuelle Teams) zusammenarbeiten, deren Mitglieder sich nicht gleichzeitig an einem Ort befinden, sondern über den ganzen Globus verstreut sind.

Virtuelle Teams haben den Vorteil, dass sie unabhängig von festen Zeiten und räumlichen Grenzen zusammenarbeiten können, dass Mitarbeiter nach ihrer Kompetenz und nicht nach ihrer räumlichen Verfügbarkeit ausgewählt werden und dass Kosten (z.B. Reisekosten) eingespart werden können. Doch diese Teams stehen auch vor einer Vielzahl an Herausforderungen. Missverständnisse und Konflikte können in virtuellen Teams sehr viel schneller auftreten, und Vorgesetzte haben aufgrund des fehlenden direkten Kontakts wenig Wissen über Arbeitszufriedenheit, aktuelle Belastungen und Motivation der Mitarbeiter. Der fehlende direkte Kontakt kann für die Mitarbeiter ein Gefühl der Isolation mit sich bringen, so dass Motivations- und Identifikationsprobleme schneller auftreten können (Hertel et al. 2005; ▶ Kap. 7, 8).

Der technologische Wandel hat zu einer Vielzahl neuer Arbeitsformen und -strukturen geführt. Arbeitnehmer müssen sich an diese anpassen und erleben dabei ein dramatisch gesteigertes Gefühl von Stress und Unsicherheit. Dadurch ist das Thema Gesundheitsförderlichkeit der Arbeit in den Vordergrund der Arbeitsforschung gerückt.

Der Wandel der Gesellschaft führt auch zu elementaren Veränderungen für den arbeitenden Menschen selber. Die starke Flexibilisierung der Arbeit, Zeitarbeit und befristete Verträge, der permanente Druck der Optionsvielfalt und das konstante Unsicherheitsgefühl in der modernen Arbeitswelt haben das **Stresspotenzial** der Arbeit drastisch erhöht (▶ Kap. 11). Der demografische Wandel mit der Verschiebung der Altersverteilung hin zu einer Überzahl älterer Menschen und der Aussicht, bis zum 70. Lebensjahr zu arbeiten, führt zu einer dramatischen Veränderung der Zusammensetzung der Arbeitnehmerschaft in Unternehmen. Schlüsselfunktionen im Umgang mit diesen voranschreitenden Veränderungen nehmen die Themen Arbeitsgestaltung, Kompetenzentwicklung und Gesundheitsförderung über die verschiedenen Lebensphasen sowie Führung ein (vgl. entsprechende Kapitel).

In ▫ Tab. 1.1 (vgl. Ulich, 2005) wurde die klassische Übersicht der Entwicklungslinien der Arbeits- und Organisationspsychologie (vgl. Ulich, 2005) um das Men-

▫ **Tab. 1.1.** Menschenbilder

Menschenbilder	Economic Man	Social Man	Self-actualizing Man	Complex Man	Virtual Man
Organisationsverständnis	technisches System	soziales System	sozio-technisches System		sozio-digitales System
Gestaltungskonzepte	tayloristische Rationalisierung	Human Relations	Aufgabenerweiterung	Individualisierungskonzepte	
Organisationsstrukturen	zentral/bürokratisch auf Einzelbasis	zentral/bürokratisch auf Gruppenbasis	dezentral/flach auf Einzel- und Gruppenbasis		dezentral/virtuell in Netzwerken
Bewertungskriterien	Wirtschaftlichkeit, Schädigungsfreiheit	Zufriedenheit, psychosoziales Wohlbefinden	Persönlichkeitsförderlichkeit		Gesundheitsförderlichkeit

schenbild des **Virtual Man** ergänzt. Die Organisation wird als ein sozio-digitales System verstanden. Dabei wird der soziotechnische Systemansatz um die neuen, digitalen Informations- und Kommunikationsmedien erweitert. Die Struktur in Unternehmen ist dezentral. Die Arbeit ist durch die Nutzung digitaler Medien (Mail, Internet, etc.) und durch die Zusammenarbeit in inner- oder überbetrieblichen Netzwerken und virtuellen Teams geprägt. Durch den stark gestiegenen Stress im Arbeitskontext ist Gesundheitsförderlichkeit als Bewertungskriterium in den Fokus gerückt.

Die Auflösung des Fallbeispiels steht im ▶ Web-Exkurs »Fallbeispielauflösung: Menschenbilder der Arbeits- und Organisationspsychologie« zu Kapitel 1 auf www.lehrbuchpsychologie.de.

> ⊕ **Web-Exkurs**
> »Fallbeispielauflösung
> Kapitel 1«

❓ Kontrollfragen

1. Was sind die Prinzipien des Taylorismus?
2. Was war das Ziel des Scientific Management?
3. Was sind Kritikpunkte am Taylorismus?
4. Was versteht man unter Psychotechnik und wie kann man die Anwendungsgebiete der Psychotechnik unterteilen?
5. Was versteht man unter dem Hawthorne-Effekt? Was war das ursprüngliche Ziel der Untersuchung?
6. Was waren die Konsequenzen der Human-Relations-Bewegung?
7. Wodurch ist der Self-actualizing Man geprägt?
8. Was sind die zentralen Merkmale des Complex Man und welche Konsequenzen leiten sich daraus ab?
9. Wodurch ist die Multioptionsgesellschaft gekennzeichnet und welche Auswirkungen hat sie auf das Menschenbild des Virtual Man?

> ▶ **Weiterführende Literatur**

Greif, S. (2007). Geschichte der Organisationspsychologie. In H. Schuler (Hrsg.), *Lehrbuch Organisationspsychologie* (S. 21–57). Bern: Huber.

Rosenstiel, L. v. (2007). Organisationspsychologie: Gegenstand und Methode. In L. v. Rosenstiel, *Grundlagen der Organisationspsychologie: Basiswissen und Anwendungshinweise* (S. 1–42). Stuttgart: Schäffer-Poeschel.

Ulich, E. (2005). Historische Positionen. In E. Ulich, *Arbeitspsychologie* (S. 7–62). Stuttgart: Schäffer-Poeschel.

Literaturverzeichnis

Cameron, D. (2000). *Good to Talk*. London: Sage.

Diemers, D. (1999). Die virtuelle Triade. Die neuen Kernprozesse der Multioptionsgesellschaft. *gdi Impuls, 17 (4)*, 30–35.

Fairclough. N. (1992). *Discourse and Social Change*. Cambridge: Polity Press.

Ford, H. (1922). *My Life and Work*. New York: Page.

Frey, J. P. (1920). *Die wissenschaftliche Betriebsführung und die Arbeiterschaft. Eine öffentliche Untersuchung der Betriebe mit Taylor-System in der Vereinigten Staaten von Nordamerika*. Leipzig: Lindner.

Friedmann, G. (1953). *Zukunft der Arbeit*. Köln: Bund.

Furedi, F. (2004). *Therapy Culture: Cultivating Vulnerability in an Uncertain Age*. London: Routledge.

Giddens, A. (1991). *Modernity and Self-Identity: Self and Society in the Late Modern Age*. Cambridge: Polity Press.

Giese, F. (1927). Methoden der Wirtschaftspsychologie. In E. Abderhalden (Hrsg.), *Handbuch der biologischen Arbeitsmethoden, Abt. VIc, Band 2*. Berlin: Urban & Schwarzenberg.

Gross, P. (1994). *Die Multioptionsgesellschaft*. Frankfurt am Main: Suhrkamp.

Grote, G. (1997). *Autonomie und Kontrolle: Zur Gestaltung automatisierter und risikoreicher Systeme*. Schriftenreihe Mensch-Technik-Organisation, Band 16. Zürich: vdf Hochschulverlag.

Grote, S. (2001). *Der flexible Mitarbeiter*. München: Utz.

Herrick, N. & Maccoby, M. (1975). Humanizing work: a priority goal of the 1970s. In L. E. Davis & A. Cherns (Hrsg.), *The Quality of Working Life. Vol. I: Problems, Prospects and the State of the Art* (pp. 63–77). New York: Free Press.

Hertel, G., Geister, S. & Konradt, U. (2005). Managing virtual teams: A review of current empirical research. *Human Resource Management Review, 15 (1)*, 69–95.

Jäger, S. & Stäuble, S. (1981). Die Psychotechnik und ihre gesellschaftlichen Entwicklungsbedingungen. In F. Stoll (Hrsg.), *Die Psychologie des 20. Jahrhunderts, Band XII: Anwendungen im Berufsleben* (S. 53–94) Zürich: Kindler.

Kauffeld, S. (2006). *Kompetenzen messen, bewerten, entwickeln: Ein prozessanalytischer Ansatz für Gruppen.* Stuttgart: Schäffer-Poeschel.

Lippitt, G. & Lippitt, R. (2006). *Beratung als Prozess. Was Berater und ihre Kunden wissen sollten,* 4. Aufl. Leonberg: Rosenberger.

Mankin, D. (1978). *Towards a Post-Industrial Psychology.* New York: Wiley.

Mayo, E. (1930). The human effect of mechanization. *Papers and Proceedings of the 42nd Annual Meeting of the American Economic Association, XX (1),* 156–176.

Mayo, E. (1933). *Human Problems of an Industrial Civilization.* New York: Macmillan.

Miles, R. E. (1965). Human Relations or Human Resources? *Harvard Business Review, 43,* 148–163.

Peltier, B. (2010). *The Psychology of Executive Coaching. Theory and Application,* 2nd ed. New York: Routledge.

Pinchot, G. (1988). *Intrapreneuring – Mitarbeiter als Unternehmer.* Wiesbaden: Gabler.

Pongratz, H. (2004). Der Typus »Arbeitskraftunternehmer« und sein Reflexionsbedarf. In F. Buer & G. Siller (Hrsg.), *Die flexible Supervision. Herausforderungen – Konzepte – Perspektiven. Eine kritische Bestandsaufnahme* (S. 17–34). Wiesbaden: VS-Verlag.

Roethlisberger, F. & Dickson, W. (1939). *Management and the Worker.* Cambridge, Mass.: Harvard University Press.

Salfer, P. & Furmaniak, K. (1981). Das Programm »Forschung zur Humanisierung des Arbeitslebens«. Stand und Möglichkeiten der Evaluierung eines staatlichen Forschungsprogramms. *Mitteilungen aus der der Arbeitsmark- und Berufsforschung, 3,* 237–245.

Schein, E. H. (1988). *Organizational Psychology.* Upper Saddle River, NJ: Prentice Hall.

Schützeichel, R. & Brüsemeister, T. (Hrsg.) (2004). *Die beratene Gesellschaft – Zur gesellschaftlichen Bedeutung von Beratung.* Wiesbaden: VS-Verlag.

Spranger, E. (1914). *Lebensformen. Ein Entwurf.* Halle.

Springer, R. (1999). *Rückkehr zum Taylorismus? Arbeitspolitik in der Automobilindustrie am Scheideweg.* Frankfurt/New York: Campus.

Staehle, W. H. (1985). *Management – Eine verhaltenswissenschaftliche Einführung.* München: Vahlen.

Steinebach, C. (2006) (Hrsg.). *Handbuch psychologische Beratung.* Stuttgart: Klett-Cotta.

Taylor, F. W. (1922). *Die Grundsätze wissenschaftlicher Betriebsführung.* München: Oldenbourg.

Trist, E. L., Higgin, G. W., Murray, H. & Pollock, A. B. (1963). *Organizational choice: The loss, rediscovery and transformation of work tradition.* London: Tavistock.

Ulich, E. (2005). *Arbeitspsychologie,* 6. Aufl. Stuttgart: Schäffer-Poeschel.

Veen, W. & Vrakking, B. (2006). *Homo Zappiens: Growing up in a digital age.* London: Network Continuum Education.

Vossler, A. (2005). Das Jahrhundert der Beratung – Entwicklung und gesellschaftliche Bedeutung von Beratungsangeboten. Medien und Erziehung. *Zeitschrift für Medienpädagogik, 49 (5),* 9–13.

Voß, G. G. & Pongratz, H. J. (1998). Der Arbeitskraftunternehmer. *Kölner Zeitschrift für Soziologie und Sozialpsychologie, 1,* 131–158.

Walter-Busch, E. (1989). *Das Auge der Firma.* Stuttgart: Enke.

Wrzesnieski, A. & Dutton, J. E. (2001). Crafting a job: Revisioning employees as active crafters of their work. *The Academy of Management Review, 26 (2),* 179–201.

2 Organisation

Simone Kauffeld, Sören Wesemann & Nale Lehmann-Willenbrock

Lernziele

- Erklären können, was eine »Organisation« ist.
- Den Unterschied zwischen einer Ablauf- und einer Aufbauorganisation kennen.
- Eine Organisation anhand von Strukturmerkmalen beschreiben können.
- Wissen, was die Prozessorganisation bringt.
- Organisationskultur und Organisationsklima unterscheiden können.
- Das Ziel einer Organisationsdiagnose kennen.
- Wissen, wie eine Organisationsdiagnose abläuft.

Beispiel

Fallbeispiel

Frau M. leidet plötzlich an Schmerzen in der Brust. Aus Erfahrung weiß sie, dass in der Notaufnahme des städtischen Klinikums lange Wartezeiten entstehen können. Frau M. informiert sich selbst und findet im Internet die Fachabteilung HTG (Herz-, Thorax- und Gefäßchirurgie). Sie glaubt, mit ihren Symptomen dort gut aufgehoben zu sein. Nach ihrer Ankunft in der HTG muss sie zunächst zweieinhalb Stunden warten, bevor eine pflegerische und administrative Aufnahme durchgeführt wird. Dort füllt sie verschiedene Formulare aus, spricht mit der Stationssekretärin und wendet sich an mehrere Pflegerinnen. Nachdem ihr routinemäßig Blut abgenommen worden ist, wird ihr mitgeteilt, dass sie sich noch ein wenig gedulden müsse, da in der HTG in der Regel die Ärzte erst am Nachmittag Zeit für die ärztliche Aufnahme hätten. Am späten Nachmittag hat sie ihren ersten Arztkontakt. Der Assistenzarzt ist sehr freundlich, muss ihr aber nach einer kurzen Untersuchung mitteilen, dass der Fokus in der HTG auf chirur-gischen Eingriffen liegt, die vorher diagnostiziert werden. Er würde sie gerne an die Kardiologie des Klinikums verweisen, da dort die Erstellung von Diagnostiken im Mittelpunkt steht. Da die Schmerzen von Frau M. weiterhin bestehen, wird sie die Nacht in der Intensivstation verbringen. Am nächsten Tag hat sich ihr Zustand verbessert, und sie wird in die Kardiologie gebeten. Hier zeigt sich ein ähnliches Bild wie in der HTG: sehr lange Wartezeiten mit administrativer und pflegerischer Aufnahme am Vormittag und Arztkontakt am Nachmittag. Nach einer Verweildauer von zwei Tagen wird eine Reihe von kardiologischen Untersuchungen durchgeführt. Das Ergebnis ist, dass ein chirurgischer Eingriff in der HTG-Chirurgie erforderlich ist. Frau M. ist sehr ärgerlich, dass sie nach drei Tagen zum Startpunkt ihrer klinischen Reise zurückkehrt.

Was müsste passieren, damit Patientinnen wie Frau M. nicht unnötig lange warten müssen und damit die Dauer der stationären Behandlung verkürzt werden kann? Wie müsste das Krankenhaus organisiert sein, um effizienter arbeiten zu können?

2.1   Organisationsbegriff

2.1.1   Beschreibung

Was ist eine Organisation? Wir sehen in der Regel Produkte und Dienstleistungen, die von Organisationen produziert werden, und Menschen, die in Organisationen arbeiten. Beim Einkaufen haben wir Kontakt zu Verkäuferinnen, in der Bank lassen wir uns von Bankberatern beraten oder im Krankenhaus von Ärztinnen und Krankenpflegern versorgen. Wie die Dienstleistungen erstellt und gemanagt werden und wie Organisationsmitglieder beeinflusst werden, so dass sie Leistungen produzieren oder Dienstleistungen anbieten können, ist hingegen oft nicht sichtbar. Ein Beispiel für Organisationen sind Unternehmen (wie z.B. VW), Behörden und Krankenhäuser. Darüber hinaus ist aber auch zu denken an (Hoch-) Schulen, Strafanstalten, Kirchen, die Bundeswehr, Parteien, das Rote Kreuz, Kaninchenzüchtervereine, Eintracht Braunschweig, Greenpeace und den Tante-Emma-Laden von nebenan.

Warum gibt es Organisationen? Ein **Grund** ist, dass die Erstellung von Produkten und Dienstleistung in der Regel so komplex ist, dass sie nicht von einer Person alleine bewältigt werden kann. Um die Aktivitäten der Leistungserbringung zu koordinieren und um Unternehmensziele zu erreichen, gibt es Organisationen. Sie sind ein Mittel, das von Menschen genutzt wird, um Bedürfnisse von Menschen zu erfüllen. Mehrere Personen schließen sich zu einer Organisation zusammen, z.B. mit dem gemeinsamen Ziel, Autos zu produzieren. Ressourcen werden zusammengelegt. Es wird kollektiv gehandelt. Das Wort »Organisation« stammt ursprünglich vom griechischen Wort »organon« ab (= Instrument oder Werkzeug).

▶ Definition

> **Definition**
>
> Der Begriff »**Organisation**« steht für ein über einen gewissen Zeitraum fest bestehendes, arbeitsteiliges System, in dem personale oder sachliche (d.h. menschliche oder maschinelle) Aufgabenträger zur Erfüllung der Unternehmensaufgabe (Dienstleistungen oder Produktion von Sachgütern) und zur Erreichung der Unternehmensziele verbunden sind (Pirntke, 2007).

Eine Organisation ist ein fest bestehendes arbeitsteiliges System, in dem personale oder sachliche Aufgabenträger zur Erfüllung der Unternehmensaufgabe und zur Erreichung der Unternehmensziele eingebunden sind.

Für dieses System bestehen festgelegte Regelungen, welche die unterschiedlichen Aufgabenbereiche der Aufgabenträger vorgeben und koordinieren und die Aufgabenerfüllung gewährleisten (Wiendahl, 2008). In einer Organisation setzen Personen ihre Ressourcen nicht mehr individuell für bestimmte Ziele ein, sondern legen sie zusammen und unterstellen sie einer einheitlichen Disposition. Die Zusammenarbeit muss geregelt werden, um alle Organisationsmitglieder auf das **gemeinsame Ziel** auszurichten.

Beispiel

Welche Aspekte der Zusammenarbeit müssen geregelt werden? Veranschaulichen wir dies an einem Beispiel: Vier Frauen gründen eine Organisation, z.B. ein Café, dass sich auf den Verkauf von »Cupcakes« spezialisiert hat. Eine Gründerin ist Konditorin, zwei haben BWL studiert und die dritte Psychologie. Die Frauen müssen klären: Wer disponiert (disponieren = einteilen, anordnen, verteilen) wie die zusammengelegten Ressourcen? Wer von den drei Frauen trifft die Entscheidungen? Wer sagt, was wie zu tun ist? Wer leitet das Café? (Herrschaftsproblem). Wie werden die resultierenden Ergebnisse und Belastungen unter den Mitgliedern verteilt? Wer bekommt wie viel vom Gewinn? Wie lange müssen die Frauen jeweils arbeiten? (Verteilungsproblem). Wer macht was? Wer backt? Wer verkauft? Wer kümmert sich um Planung und Beschaffung? (horizontale Arbeitsteilung: Umfang). Wer macht welche Art von Tätigkeit? (vertikale Arbeitsteilung). Dies sind Schlüsselfragen, die jede Organisation beantworten muss.

Neue Organisationen entstehen oft, wenn neue Technologien auf den Markt kommen und dabei neue Bedürfnisse von Kunden geweckt werden. Das Bedürfnis nach immer besseren Medikamenten hat z.B. die Gründung von Biotechnologieunternehmen initiiert. Entwicklungen im IT-Bereich haben dazu geführt, dass große Unternehmen wie IBM und Microsoft entstehen konnten. Hersteller von nicht-digitalen Technologien (z.B. von Rechen- oder Schreibmaschinen) bekamen hingegen wirtschaftliche Probleme und sind aus dem Markt ausgeschieden, sofern sie nicht auf neue Produkte setzen konnten.

> Neue Technologien führen oft zur Bildung neuer Organisationen.

Der **Erfolg** einer Organisation ist wesentlich davon abhängig, wie eine Organisation Personal und Technologie einsetzt, um Inputs (Rohmaterial, Kapital, menschliche Ressourcen, Information) in Outputs (Produkte, Dienstleistungen) zu transferieren und wie viel Wert dabei geschaffen wird. Für das Bestehen einer Organisation ist es entscheidend, wie sie die verschiedenen Phasen der Unternehmensgründung bewältigt und wie sie es im weiteren Verlauf schafft, sich Veränderungen anzupassen (Näheres zu Unternehmensgründungen ▶ Web-Exkurs »Unternehmensgründungen« zu Kap. 2 unter www.lehrbuch-psychologie.de).

> Eine Organisation muss sich anpassen, um bestehen zu können.

> ⊕ **Web-Exkurs »Unternehmensgründungen«**

2.1.2 Stakeholder einer Organisation

Organisationen sind kein Selbstzweck, sondern sie bewegen sich in einem Geflecht von Personen, die Ansprüche an sie stellen. Menschen, die einen Beitrag leisten, ein Interesse oder einen Anspruch – das »Stake« – an der Organisation haben, werden als Stakeholder bezeichnet. Sie beeinflussen, was die Organisation erbringt und wie gut sie dies tut (Donaldson & Preston, 1995). Dabei werden zwei zentrale Gruppen von Stakeholdern unterschieden: die internen und die externen Stakeholder (vgl. ◘ Tab. 2.1 in Anlehnung an v. d. Oelsnitz, 2009).

> Menschen, die einen Beitrag leisten, ein Interesse oder einen Anspruch – das »Stake« – an der Organisation haben, werden als Stakeholder bezeichnet.

Die Handlungen der Akteure weisen dabei oft politischen Charakter auf. Die Akteure konkurrieren um knappe Ressourcen, bauen Einflusssphären auf und erweitern

◘ **Tab. 2.1** Stakeholder einer Organisation

Typ des Stakeholders	Art des Beitrags	Gründe
intern		
Beschäftigter	Fachwissen, Fähigkeiten	Lohn, Sonderzahlungen, Zukunftsperspektive
Manager	Fachwissen, Fähigkeiten	Gehalt, Boni, Macht, Prestige
Aktionär	finanzielle Mittel	Erträge
extern		
Kunde	Einnahmen durch Warenkonsum, Nutzen von Dienstleistungen	Wert und Güte der Ware
Lieferant	Materialien	Einnahmen durch Materialienverkauf
Regierung	Regulierung von Wirtschaftsrichtlinien	freie, ausgeglichene Marktwirtschaft
Gewerkschaft	freier Handel	Erträge sinnvoll und gerecht aufteilen
Kommune	soziale, wirtschaftliche Randbedingungen, Infrastruktur	Einnahmen, Steuern, Arbeitsplätze
Öffentlichkeit	loyale Kunden, (guter) Ruf der Organisation	Patriotismus, Stolz

sie. Die Mikropolitik beschäftigt sich mit Prozessen, Entscheidungen, Strukturen und Steuerungsmechanismen in Organisationen. Im Mittelpunkt stehen die Akteure als aktiv handelnde Personen, die interessensgefärbt agieren (vgl. Neuberger, 2006). Zu den verbreitetesten Vorgehensweisen gehören z.B. das Kontrollieren von Informationen wie das Zurückhalten oder Schönen von Informationen, das Verbreiten von Gerüchten, um die Glaubwürdigkeit anderer in Zweifel zu ziehen, das Streuen von Insider-Informationen an Dritte oder die (verdeckte) Bildung von Koalitionen (zu Einflussstrategien ▸ Kap. 4).

Wie gehen Organisationen ihrem Zweck, der Erstellung von Produkten und Dienstleistungen, nach? Wie werden Aufgaben organisiert, damit Frau M. nicht mehrere Stunden in der Notaufnahme sitzen muss, bis ein Arzt kommt? Um zu untersuchen, wie Organisationen funktionieren und wie sie mit der Umwelt interagieren, können die Organisationsstruktur, die Organisationskultur und -klima sowie die Organisationsgestaltung betrachtet werden. Organisationsstruktur und Organisationskultur regeln das Verhalten der Organisationsmitglieder. Sie betreffen die Wege und Mittel, mit denen Organisationen ihre Ziele zu verfolgen.

> Organisationsstruktur und Organisationskultur regeln das Verhalten der Organisationsmitglieder. Sie betreffen die Wege und Mittel, mit denen Organisationen ihre Ziele zu verfolgen.

2.2   Organisationsstruktur

Jede Organisation ist durch eine Struktur gekennzeichnet, mit deren Hilfe die Ziele der Organisation erreicht werden sollen (z.B. Erbringen von Dienstleistungen, Herstellung von Produkten). Die Organisationsstruktur fasst die Gesamtheit der dauerhaften und generellen Regelungen zusammen.

> Die Organisationstruktur umfasst die Gesamtheit der dauerhaften und generellen Regelungen.

2.2.1   Merkmale der Organisationsstruktur

Weil die Gesamtaufgabe einer Organisation in der Regel so umfangreich ist, dass eine Person sie nicht ausführen kann, müssen Aufgaben differenziert werden. Dabei wird mit der **Aufgabenanalyse** der Gesamtaufgabe der Organisation begonnen. Bei der **Aufgabensynthese** werden die in der Aufgabenanalyse ermittelten Aufgaben zu sinnvollen Aufgabenkomplexen zusammengefasst und Aufgabenträgern zugeordnet. Die organisatorische Integration/Koordination beschäftigt sich mit der Verbindung der Aufgabenkomplexe oder organisatorischen Einheiten (vgl. ◩ Abb. 2.1). Die Frage nach der geeigneten Zerlegung einer Gesamtaufgabe in Teilaufgaben und deren zielorientierte Abstimmung bilden das grundlegende Organisationsproblem (vgl. Spath, 2009).

Die Gestaltung der Organisationsstruktur hat eine hohe organisatorische Effizienz zum Ziel. Dieses Ziel hängt wesentlich von den Gestaltungsprinzipien der formellen Elemente und Strukturierungsprinzipien ab. Die **formellen Elemente** bilden den Rahmen, in dem Arbeitsaufgaben entstehen, und die Voraussetzung für das menschliche Arbeiten in Unternehmen. Hingegen sind die **Strukturierungsprinzipien** die eigentlichen Mittel, die mithilfe der formellen Elemente die Gestaltung der Aufbau- und Ablauforganisation ermöglichen.

> Die Effizienz einer Organisationsstruktur hängt wesentlich von den Gestaltungsprinzipien der formellen Elemente und Strukturierungsprinzipien ab.

Formelle Elemente

Die formellen Elemente bilden die Bausteine, die benötigt werden, um eine Organisation zu gestalten. Es werden Aufgaben, Stellen, Instanzen und Abteilungen unterschieden (vgl. ◩ Abb. 2.2).

> Zu den formellen Elementen der Organisationsstruktur zählen Aufgaben, Stellen, Instanzen und Abteilungen.

- **Aufgaben:** Die Aufgaben bilden das zentrale Element jeder Organisationskonzeption. Es sind Leistungen, die durch den Einsatz von Personal im Hinblick auf die Unternehmensaufgabe zu erfüllen sind. Zum Beispiel können bei einem Autohersteller die Aufgaben »Montagetätigkeiten« und »Materialbereitstellung« unter-

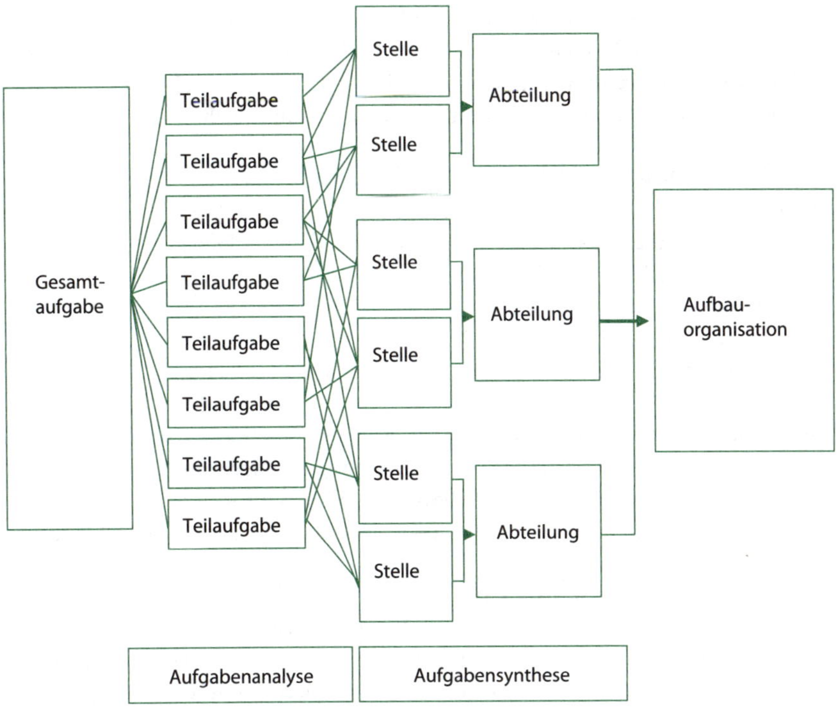

Gesamt-
aufgabe

Teilaufgabe
Teilaufgabe
Teilaufgabe
Teilaufgabe
Teilaufgabe
Teilaufgabe
Teilaufgabe
Teilaufgabe

Stelle
Stelle
Stelle
Stelle
Stelle
Stelle

Abteilung
Abteilung
Abteilung

Aufbau-
organisation

Aufgabenanalyse   Aufgabensynthese

◘ **Abb. 2.1** Aufgabenanalyse und Aufgabensynthese

schieden werden. Montagetätigkeiten können in Teilaufgaben wie »Motor montieren« oder »Räder montieren« zerlegt werden. Zur Materialbereitstellung gehören die Teilaufgaben »Materialienantransport« und »Materialienabtransport«.

— **Stellen:** Wer welche Aufgaben ausführt, wird in den einzelnen Stellen festgelegt. Dort werden die definierten Aufgaben auf Aufgabenträger verteilt, und die Teilaufgaben werden in Form von Stellenbeschreibungen beschrieben. Bezogen auf unser Beispiel werden die Montagetätigkeiten von einem Monteur ausgeführt. Für die Stelle des Monteurs wird eine Stellenbeschreibung erstellt. Die Teilaufgaben des Materialan- und Materialabtransports werden in der Stellenbeschreibung für einen Materialbereitsteller dokumentiert.

— **Instanzen:** Es handelt sich um Stellen mit besonderer Entscheidungsbefugnis für den unterstellten Leitungsbereich. Diese Leitungsstellen nehmen die eigentlichen Führungsaufgaben wahr. In der Praxis können in Abhängigkeit der Unternehmensgröße folgende Instanzen unterschieden werden: Unternehmensleitung, Bereichsleitung, Hauptabteilungsleitung, Abteilungsleitung, Gruppenleitung. Für das gegebene Beispiel ist ein Produktionsleiter eine höher gestellte Instanz mit Entscheidungsbefugnis für die Stellen des Monteurs und Materialbereitstellers.

— **Abteilungen:** In einer Abteilung werden mehrere Stellen unter einer verantwortlichen Instanz zusammengefasst. Der Leiter der ersten Instanz wird als Abteilungsleiter bezeichnet. In der Abteilungsbildung wird zunächst bestimmt, welche und wie

(1) Aufgaben   (2) Stellen   (3) Instanzen   (4) Abteilung

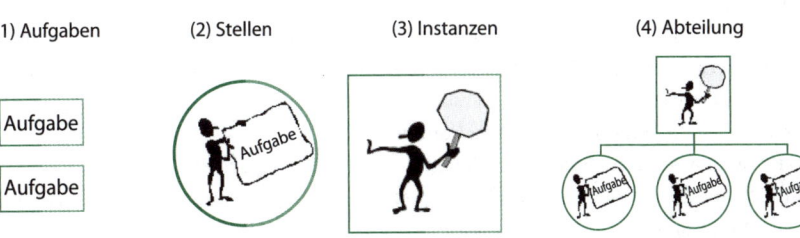

Aufgabe

Aufgabe

◘ **Abb. 2.2** Formelle Elemente einer Organisation

2

Die Organisationsstruktur wird durch vier Strukturierungsprinzipien gestaltet: Aufgabenverteilung, Koordination, Konfiguration und Formalisierung.

Die Aufgabenverteilung beschreibt, wie Teilaufgaben zu Aufgabenkomplexen zusammengefasst werden.

Zentralisation ist das Ausmaß, in dem Entscheidungsgewalt und Autorität in einem bestimmten Teil der Organisation lokalisiert sind. Dezentralisation ist das Ausmaß, In dem Entscheidungsgewalt und Autorität über alle Ebenen der Organisation verteilt sind.

Die Koordination regelt die Abstimmung zwischen den Mitarbeitern und Abteilungen in einer Organisation.

viele Stellen diese umfassen soll. Außerdem sind die Verbindungen zwischen den Stellen zu regeln. Bezogen auf das Beispiel leitet der Produktionsleiter als Abteilungsleiter die Abteilung Produktion, und eine definierte Anzahl von Monteuren und Materialbereitstellern sind ihm disziplinarisch unterstellt.

Strukturierungsprinzipien

Faktorenanalytisch konnte die Aston-Gruppe (vgl. Pugh et al., 1963) vier traditionelle Struktureigenschaften bzw. Strukturierungsprinzipien unterscheiden:
- Aufgabenverteilung
- Koordination
- Konfiguration
- Formalisierung

Für die Gestaltung der Organisationsstruktur werden einzelne Teilaufgaben zu Aufgabenkomplexen kombiniert, die den Aufgabenträgern zugeordnet werden. Dieses Grundprinzip wird als **Aufgabenverteilung** bezeichnet und wird auf einer gröberen Ebene zur Abteilungsbildung und auf einer detaillierten Ebene zur Stellenbildung verwendet.

Im Rahmen der Aufgabenverteilung kann zwischen Zentralisation und Dezentralisation unterschieden werden. Bei der **Zentralisation** werden gleichartige Teilaufgaben zu einer Abteilung zusammengefasst, z.B. werden in einem Unternehmen Marketingaktivitäten bei großen Werbekampagnen zentral gesteuert. Im Gegensatz dazu werden bei der **Dezentralisation** gleichartige Aufgaben verschiedenen Abteilungen übertragen, d.h. wenn die Art der Marketingaktivitäten einzelnen Filialen überlassen wird, damit sie ihre Kunden besser kennen und so gezielter Aktivitäten auswählen und einsetzen können.

Diese Differenzierung kann auf Verrichtungen, Objekte und räumliche Gegebenheiten bezogen werden. Wenn gleichartige Verrichtungen (z. B. Vertrieb) durch eine Verrichtungszentralisation zusammengefasst werden, bedeutet dies, dass die zentrale Vertriebsabteilung unterschiedliche Objekte (z. B. Produkte) am Markt anbietet und somit gleichzeitig eine Objektdezentralisierung vorliegt. Außerdem kann sich ein Unternehmen entscheiden, Abteilungen an getrennten Orten einzurichten, was als räumliche Dezentralisierung bezeichnet wird.

Ein Vorteil der Zentralisation ist, dass wichtige Entscheidungen durch diejenigen getroffen werden, die einen Gesamtüberblick haben. Ein Vorteil der Dezentralisation ist, dass Entscheidungen von denjenigen getroffen werden, die dem Problem am nächsten stehen und dies in entsprechende Handlungsalternativen umsetzen müssen.

Ist durch die Zentralisierung oder Dezentralisierung die Abteilungsstruktur festgelegt, erfordert die Unterteilung der Unternehmensaufgaben in Teilaufgaben, da eine Stelle nicht alle Aufgaben ausführen kann. Die Verteilung der Teilaufgaben erfolgt auf spezialisierte Stellen, so dass jede einen Teil des Arbeitsprozesses bearbeitet; dies wird als **Spezialisierung** bezeichnet. Beispielsweise wird ein Mitarbeiter immer Räder montieren. Das Gegenstück ist die **Generalisierung**. Hier werden die Anforderungen an den Stelleninhaber erweitert, da der Arbeitsumfang vergrößert wird und nun verschiedene Arbeitsvorgänge durchzuführen sind. Der Mitarbeiter im Beispiel montiert demnach Räder und Motoren.

Durch die beschriebene Arbeitsteilung entstehen Abhängigkeiten zwischen Teilaufgaben. Für die **Koordination** dieser Beziehungen werden die Instanzen mit besonderer Kompetenz ausgestattet, um die persönliche oder strukturelle Abstimmung der erbrachten Leistungen durchführen zu können.

Koordinationsmechanismen dienen der Abstimmung arbeitsteiliger Prozesse im Hinblick auf die Erreichung der Organisationsziele. Koordinationsmechanismen und -instrumente sind:

- persönliche Weisungen (vertikal)
- Selbstabstimmung (horizontal)
- Programme
- Pläne
- organisationsinterne Märkte (z.B. Profitcenter)
- Organisationskultur

Bei der persönlichen Weisung wird in vertikaler Richtung die Aufgabe vom Vorgesetzten an den Mitarbeiter übergeben und erklärt. In horizontaler Richtung erfolgt eine Koordination dagegen durch Selbstabstimmung, wenn beispielsweise das Team eine interne Aufgabenverteilung bespricht. Die Koordination durch Programme (z.B. digitalisierte Aufgabenplanung) und Pläne (z.B. Arbeitspläne: Wer macht was in welcher Abfolge) entlastet die Instanzen erheblich, da die Koordination nicht persönlich, sondern durch Verfahrensrichtlinien oder Handbücher erfolgt. Auch mithilfe von organisationsinternen Märkten (z.B. Profitcentern: »Mini-Unternehmen« im Unternehmen; interne Kunde-zu-Kunde-Beziehungen) können Arbeitsteilungen koordiniert werden.

Für die formale Organisationsstruktur ist das äußere Bild des Stellengefüges, die **Konfiguration**, ein weiteres wichtiges Strukturierungsprinzip. Die Abbildung der Konfiguration erfolgt in Organigrammen (vgl. ◘ Abb. 2.3).

Die Merkmale einer Konfiguration kann an der Leitungsspanne und der Stellenhierarchie verdeutlicht werden. Die Leitungsspanne gibt an, wie viele Mitarbeiter einem Leiter direkt unterstellt sind. Damit in Verbindung stehend gibt die Stellenhierarchie die Zahl der hierarchischen Ebenen und somit die vertikale Arbeitsaufteilung an.

In ◘ Abbildung 2.3 sind zwei Organigramme dargestellt. Im oberen Teil zeigt die Organisation viele Ebenen, was als steile Organisation bezeichnet wird. Im unteren Teil ist eine flache Organisation abgebildet, da relativ wenige Ebenen unter dem Leiter aufgespannt sind. Dies führt dazu, dass der Leiter Thomas für viele Mitarbeiter verantwortlich ist und er somit eine weite Leitungsspanne besitzt. In der steilen Organisation ist Thomas für weniger Mitarbeiter zuständig; dies führt zu einer engeren Leitungsspanne und gibt bessere Kontrollmöglichkeiten.

Das Prinzip **Formalisierung** beschreibt das Ausmaß, in dem Arbeitsrollen, -regeln und -regulationen von der Organisation definiert werden. Die Teilaspekte der Formalisierung nach Pugh et al. (1963) sind die schriftliche Fixierung der organisatorischen Regeln wie beispielsweise Organigramme und Stellenbeschreibungen. Zudem erfolgt eine Formalisierung des Informationsflusses, indem z. B. Dienstanweisungen und Protokolle aktenmäßig erfasst werden. Als letzter Teilaspekt werden Leistungsdokumenta-

◘ **Abb. 2.3** Merkmale der Konfiguration: Stellenhierarchie und Leitungsspanne

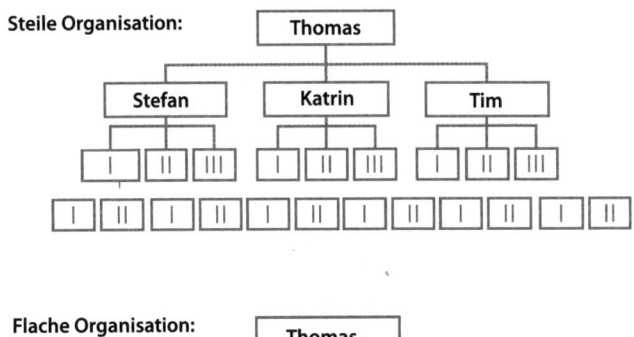

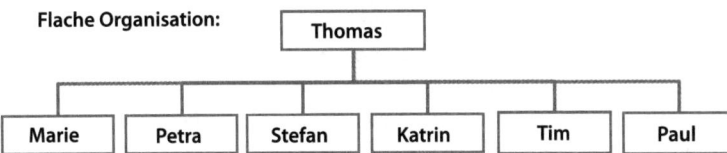

tionen (Arbeitszeiterfassung, Arbeitsbewertung und Personalbeurteilung) ebenfalls formalisiert erfasst. Der Formalisierungsgrad gibt an, in welchem Umfang es Regeln und Vorschriften zur Lenkung von Angestellten und Managern gibt. Die Formalisierung von Organisationsstrukturen ist eine wichtige Anforderung bei der Zertifizierung von Unternehmen und somit ein Qualitätskriterium.

Bei der Betrachtung der grundlegenden Merkmale und Strukturierungsprinzipien einer Organisation wird die formelle Organisation hinzugezogen, d.h. sie werden als etwas angesehen, das bewusst geschaffen und gestaltet wird.

Eine formelle Organisation ist durch bewusst gestaltete Regelungen gekennzeichnet, die personenunabhängig und meist schriftlich dokumentiert sind. Sie legen den formellen Handlungsrahmen der Mitglieder fest. Im Gegensatz dazu bilden sich informelle Organisationen aus den sozialen Strukturen heraus, die spontan durch soziale Kontakte zwischen den Mitgliedern entstehen (weiterlesen im ▶ Web-Exkurs »Formelle vs. informelle Organisation« zu Kap. 2 unter www.lehrbuch-psychologie.de).

⊕ Web-Exkurs
»Formelle vs. informelle
Organisation«

2.2.2 Aufbau- und Ablauforganisation

Unter der Organisation von Unternehmen werden die beiden Aspekte Aufbauorganisation und Ablauforganisation verstanden.

Aufbauorganisation Die Aufbauorganisation ist das Ergebnis der Gestaltung der Organisationsstruktur. Die formellen Elemente (Aufgaben, Stellen, Instanzen und Abteilungen) bilden die Bausteine, die durch Anwendung der Strukturierungsprinzipien (Aufgabenverteilung, Koordination, Konfiguration und Formalisierung) zusammengesetzt werden. Die Aufbauorganisation ordnet die Aufgaben-, Kompetenz- und Verantwortungsinhalte im Unternehmen und bildet das hierarchische Gerüst einer Organisation. Die Grundformen der Aufbauorganisation werden nach dem Prinzip der Konfiguration in Organigrammen dargestellt. Es lassen sich die funktionale Organisation, die Objektorganisation und die Matrix-Organisation unterscheiden (s.u.).

Die Aufbauorganisation ordnet Aufgaben-, Kompetenz- und Verantwortungsinhalte im Unternehmen. Sie bildet das hierarchische Gerüst einer Organisation und wird durch Organigramme dargestellt.

Ablauforganisation Mit der Ablauforganisation sollen die Arbeitsprozesse und Teilaufgaben, die teilweise nacheinander oder nebeneinander ablaufen können, optimal aufeinander abgestimmt werden. Das räumliche und zeitliche Zusammenwirken von Menschen und Betriebsmitteln (z.B. Material, Maschinen) zur Erfüllung von Arbeitsaufgaben wird festgelegt. Es wird also die Frage beantwortet: Wer macht was wann mit wem und womit, um welches Ergebnis zu erzielen? In diesem Abschnitt wird der Zusammenhang von Aufbau- und Ablauforganisation erläutert. In der Prozessorganisation wird der Trend aufgegriffen, von einer Funktions- zu einer Prozessorientierung zu gelangen (s.u.).

Die Ablauforganisation strukturiert die Arbeitsprozesse in einer Organisation.

Aufbau- und Ablauforganisation werden vielfach als voneinander getrennte Begriffe behandelt. In Wirklichkeit sind sie untrennbar miteinander verknüpft und stellen lediglich zwei Betrachtungsweisen einer Organisation dar (Wiendahl, 2008). Dieser Sachverhalt wird in einem Organigramm visualisiert (vgl. ◻ Abb. 2.4).

Aufbau- und Ablauforganisation sind »zwei Seiten einer Medaille«.

Die Ablauforganisation regelt den grundsätzlichen Ablauf der standardmäßigen Unternehmenstätigkeiten, um ein rationelles und einheitliches Vorgehen sicherzustellen. Beispiele sind Bestellungen, Zeichnungserstellung, Personaleinstellung usw. In Abbildung 2.4 ist eine hierarchische Aufbauorganisation angedeutet, die von der Unternehmensleitung über die Hauptabteilungsleiter bis zu den einzelnen Abteilungsleitern reicht. Die Ablauforganisation für die beispielhaften Prozesse »Auftragsdurchlauf« und »Einstellung eines Montageleiters« verkettet die Tätigkeiten zur Erfüllung dieser Aufgaben und verbindet die im Organisationsschema beschriebenen Instanzen und Stellen logisch miteinander (Wiendahl, 2008).

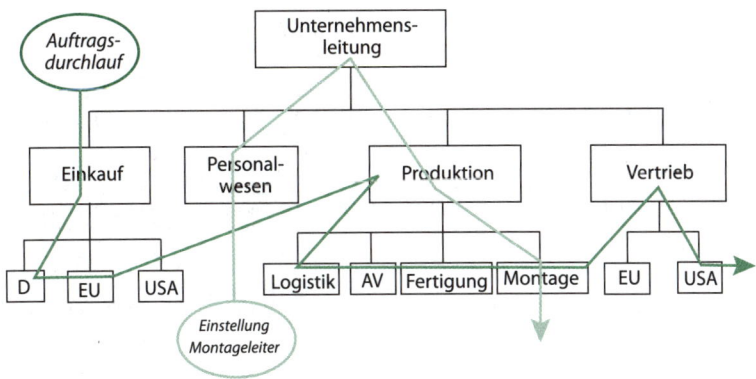

Abb. 2.4 Beispiele einer Ablauforganisation in einem Organigramm

Der in �‣ Abbildung 2.4 dargestellte Auftragsdurchlauf wird durch einen Kunden-
auftrag ausgelöst. Zu Beginn bearbeitet die Hauptabteilung Einkauf den Auftrag. Der
Einkauf ist dafür verantwortlich, die notwendigen Materialien für die Produktion zur
Verfügung zu stellen. Aus den Auftragsinformationen ist zu entnehmen, dass dafür
Lieferanten aus Deutschland und der EU benötigt werden, d.h. dieser Auftrag ist für die
Abteilungen Deutschland und EU relevant. Nachdem diese beiden Abteilungen den
Auftrag bearbeitet haben, wird die Hauptabteilung Produktion informiert. Innerhalb
der Hauptabteilung Produktion sorgt der Produktionsprozess dafür, dass die Abtei-
lungen Logistik, Arbeitsvorbereitung (AV), Fertigung und Montage durchlaufen wer-
den. Das fertige Produkt wird dann an die Hauptabteilung Vertrieb weitergereicht. Der
Vertrieb ist für den Verkauf des Produktes verantwortlich. In diesem Beispiel sind die
potenziellen Kunden, die das Produkt kaufen könnten, US-Amerikaner.

In vielen Organisationen liegen Spannungsfelder darin begründet, dass die Aspekte
der Aufbauorganisation, die der Organisation eine gewisse Stabilität geben und daher
statisch wirken, mit den dynamischen Belangen der Ablauforganisation in einem Span-
nungsverhältnis oder gar im Widerspruch stehen.

Oft stehen die statische Aufbauorganisation und die dynamische
Ablauforganisation in einem Span-
nungsverhältnis.

Als klassische Organisationsformen werden die funktionale Organisation, die
Objektorganisation und die Matrixorganisation unterschieden. Im Folgenden werden
diese Formen beschrieben. In ◣ Tabelle 2.2 (s.u.) sind einige Vor- und Nachteile der
Organisationsformen dargestellt.

Funktionale Organisation

In der funktionalen Organisation werden gleiche Aufgaben in einem Verantwortungsbereich zusammengefasst. Dies ist die klassischste, von der Abteilungsbildung geprägte
Organisationsform (vgl. ◣ Abb. 2.5).

Die funktionale Organisation fasst
gleiche Aufgaben in einem Verantwortungsbereich zusammen.

Im Rahmen der **Funktionsorientierung** werden unter der Unternehmensleitung
alle Aufgaben für alle Produkte nach ihrer Funktion zusammengefasst (Wiendahl,
2008). Im Beispiel in ◣ Abbildung 2.5 wird die Unternehmensleitung vom Präsidenten
wahrgenommen. Unter dieser Instanz sind im Organigramm die Funktionen Produktion, Finanzen, Personalwesen, Forschung und Entwicklung sowie Marketing angeordnet. Die Ressourcen eines Verantwortungsbereiches werden optimal genutzt. An der
Entstehung von Produkten sind alle Abteilungen beteiligt. Diese Form der Aufbauor-

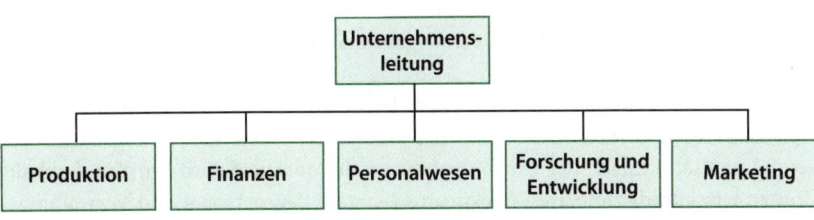

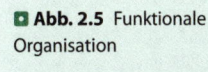

Abb. 2.5 Funktionale
Organisation

Abb. 2.6 Objektorganisation

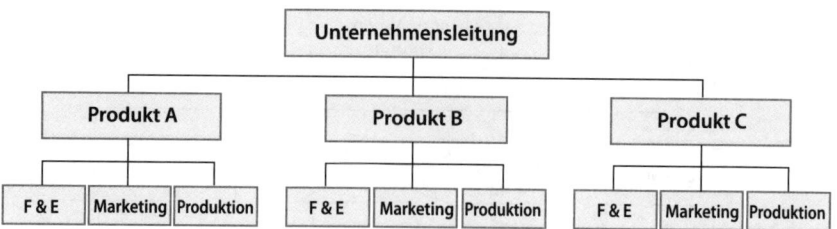

ganisation funktioniert am besten in kleinen und mittleren Unternehmen, da dort meist wenige Produkte hergestellt werden.

Objektorganisation

In einer Objektorganisation werden gleiche Aufgaben dezentral und objektbezogen durchgeführt.

In einer Objektorganisation werden gleiche Aufgaben dezentral und objektbezogen durchgeführt. Durch die Gliederung in Objekte entstehen Sparten oder Geschäftsbereiche, die wie eigenständige Unternehmen aufgebaut sind. Objekte können Produkte oder Produktgruppen, Dienstleistungen, Regionen, Märkte oder Kunden sein. ◻ Abbildung 2.6 zeigt eine Objektorganisation, bei der die Objekte drei unterschiedliche Produktsparten sind. Die Organisation richtet sich in diesem Beispiel unter der Unternehmensleitung nach den drei Produkten, die von dieser Organisation hergestellt werden. Dies könnten z.B. drei unterschiedliche Fahrzeugmodelle oder drei verschiedene Medikamente sein.

Jede der Produktabteilungen hat eine Abteilung für Forschung und Entwicklung (F & E), Marketing und Produktion und kann relativ autonom arbeiten. Eine Objektorganisation ist häufig bei Automobilunternehmen zu betrachten, welche sich nach den verschiedenen Fahrzeugtypen gliedert. Dieser Aufbau führt zu einer guten Koordination innerhalb einer Sparte. Allerdings werden die Ressourcen schlechter genutzt. Die Objektorganisation funktioniert am besten in komplexen Organisationen, die viele Produkte anbieten.

Aus wirtschaftlichen Gründen kann es sinnvoll sein, in einer Objektorganisation bestimmte Funktionen wie z.B. Personalwesen, Einkauf oder Datenverarbeitung (EDV) gemeinsam zu nutzen und nur die abteilungsspezifischen Funktionen in der jeweiligen zu belassen. In diesem Fall entsteht die Matrix-Organisation (vgl. Wiendahl, 2008).

Matrix-Organisation

Matrix-Organisationen vernetzen die Funktionen einer Organisation mit den Produktsparten. Jeder Geschäftsbereich nutzt die gleichen Funktionsabteilungen.

Eine Matrix-Organisation entsteht, wenn eine funktionale Organisation mit einer Objektorganisation überlagert wird. Matrix-Organisationen vernetzen also die Funktionen einer Organisation mit den Produktsparten. Jeder Geschäftsbereich nutzt die gleichen Funktionsabteilungen. Die Matrixorganisation soll auf diese Weise die Vorteile der funktionalen Organisation und der Objektorganisation vereinen (vgl. ◻ Abb. 2.7).

Das in ◻ Abbildung 2.7 dargestellte Beispiel zeigt, dass die Sparten für die Produkte A, B und C die Funktionen Forschung und Entwicklung, Marketing, Produktion und Personalwesen gemeinsam nutzen, was zu einer sehr effektiven Ressourcennutzung führt. Der Mitarbeiter hat allerdings in der Matrix-Organisation die Verpflichtung, sowohl dem funktionalen Vorgesetzten (z.B. dem Leiter des Personalwesens) als auch dem Produktmanager zu berichten. Das Personal bleibt aber in der Regel Mitglied der funktionellen Einheit. Dieser Rollenkonflikt wird als Dual Authority bezeichnet. Der Matrix-Ansatz wird oft bei mittelgroßen Organisationen mit verschiedenen Produktreihen angewendet.

Projektorganisationen sind eine Sonderform der Matrix-Organisation.

Werden die Produkte durch Projekte ersetzt, ergibt sich als Sonderform der Matrix-Organisation die **Projektorganisation**. Der wesentliche Unterschied besteht darin, dass diese Organisation nach der Projektlaufzeit wieder aufgelöst wird. Im Krankenhaus könnten z.B. interdisziplinare Projektteams (Ärzte, Pflegepersonal und Verwaltungs-

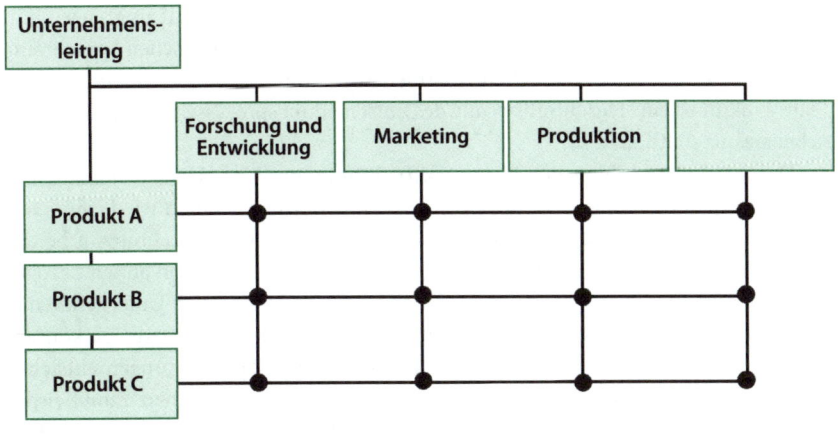

◘ **Abb. 2.7** Matrix-Organisation

◘ **Tab. 2.2** Vor- und Nachteile verschiedener Organisationsformen

Chancen	Risiken
funktionale Organisation	
Effizienz	intern: verengte Perspektive und Verlust der Sicht auf Gesamtziele
effektive Nutzung der Einrichtung	hoher Grad der Differenzierung zwischen den funktionellen Abteilungen
verstärkte Kommunikation innerhalb der Abteilung	wenig Koordination zwischen den Abteilungen (weniger innovativ)
verstärkte Karriere- und Ausbildungsmöglichkeiten innerhalb einer Funktion	langsame Reaktion auf organisatorische Probleme
Leistungsevaluation funktioneller Spezialisten ist einfacher, wenn diese in derselben Abteilung arbeiten	verfestigt Konflikte zwischen Abteilungen
Objektorganisation	
gute Koordination unter funktionellen Spezialisten, die an einem bestimmten Produkt arbeiten	Ineffizienz möglich, wenn Koordination zwischen den Abteilungen scheitert (Duplizierung einiger Abteilungen in einer Betriebseinheit)
weniger Kommunikationsbarrieren	reduziertes Bewusstsein über die Arbeit in anderen Abteilungen
unabhängige Kostenkontrolle	professionelle Entwicklung könnte leiden
Flexibilität	langfristige Zurückhaltung talentierter Mitarbeiter
können als Profitzentren bewertet werden	
schnelle Reaktion auf Kundenbedürfnisse	
Matrix-Organisation	
Gleichgewicht zwischen abstrakten Anforderungen des Produkts oder Projekts und den arbeitenden Menschen	Gefahr, dass ein Autoritätssystem das andere überwältigt
besseres Endergebnis	Rollenkonflikt: Mitarbeiter unterstehen gleichzeitig zwei Vorgesetzten
effiziente Nutzung von Ressourcen	von den Beteiligten wird eine fortwährend hohe Kooperationsbereitschaft verlangt
sehr flexibel	
effektive Kommunikation unter Vertretern verschiedener funktionaler Gebiete	

personal aus mehreren Abteilungen) gegründet werden, die sich ein Jahr lang mit der Verbesserung der Patientenzufriedenheit beschäftigen und nach Projektabschluss wieder aufgelöst werden.

Selten finden sich die genannten Strukturen in Reinform. Mischformen oder Formen, die in einzelnen Unternehmensbereichen dominieren, um die Organisation effizient und überlebensfähig zu machen, sind die Regel. Vor allem kleinere Unternehmen organisieren ihre Aktivitäten um **Teams** herum. Teamstrukturen werden zum Koordi-

Die meisten Organisationen sind Mischformen.

nationsmittel. Wenn Teams in einer Organisation über die eigenen Teamgrenzen hinweg mit anderen Teams vernetzt zusammenarbeiten, wird im englischen Sprachraum von Multiteam Systems gesprochen (Mathieu et al., 2001). Primäre Merkmale jeder Teamstruktur ist eine Dezentralisierung des Entscheidungsprozesses, der auf Ebene des Arbeitsteams stattfindet.

Darüber hinaus bilden sich **Netzwerkstrukturen** aus. Viele Unternehmen haben eine zunehmend schmalere Kernbelegschaft. Kleinere Unternehmen wie Lieferanten, Subunternehmer und outgesourcte Dienstleister, die auf eigene Rechnung arbeiten, gehören zum Netzwerk des Unternehmens. Wertschöpfung wird von außen bezogen und in das Unternehmen integriert. Darüber hinaus verbinden sich Unternehmen in z.B. regionalen Netzwerken, um sich Gegebenheiten am Markt anpassen zu können. Jeder Partner bringt seine Kernkompetenz ein, so dass Höchstleistungen entstehen können, die von einzelnen Unternehmen nicht geleitstet werden können. Zum Beispiel kann in einem regionalen Netzwerk von Mittelständlern gleicher Branchen der Einkauf gemeinsam organisiert werden. Für das Funktionieren von Netzwerken ist Vertrauen notwendig. Ohne Vertrauen sind z.B. Maßnahmen wie die Arbeitnehmerüberlassung nicht möglich: Nur wenn Unternehmen sicher sein können, dass Mitarbeitern nicht abgeworben werden, unterstützen sie sich in dieser Form der Unterstützung. Einige »Dauerbrenner« des Organisierens, die sich als Paradoxien erweisen, sind in Anlehnung an Littmann und Jansen (2000) in der folgenden Übersicht dargestellt.

> **Paradoxien des Organisierens**
> - **Dezentralisation vs. Zentralisierung:** Abgabe von Verantwortung zur Entlastung der Firmenzentrale vs. leichtere Standardisierung von Prozessen (z.B. für Zertifizierungen) durch die Zentrale
> - **Konzentration vs. Diversifikation:** ein Produkt mit Preisvorteil vs. Produktvielfalt
> - **Out- vs. Insourcing:** Abgabe von Produktionsaufträgen zur eigenen Entlastung vs. größere Flexibilität in der eigenen Produktion und evtl. bessere Anpassung an eigene Produkte
> - **Kooperation vs. Wettbewerb:** Konzentration auf alternativen Produktionszweig bzw. Produkt oder direkte Konkurrenz zum Marktmitbewerber
> - **Aufbau von Puffern vs. Just-in-Time:** Produktion auf Vorrat (»für schlechte Zeiten«) vs. »lean production« (Kostenersparnis bei Lagern)
> - **externes vs. organisches Wachstum:** Zusammenschlüsse von Unternehmen vs. Wachstum aus eigener Kraft heraus
> - **Autonomie vs. Dependenz:** Eigene Produktion der Teile vs. Abhängigkeit von Zulieferern **Kernkompetenzen vs. vertikale Integration:** Spezialisierung auf einen Produktionsschritt vs. Zusammenschluss von Unternehmen verschiedener Produktions- oder Handelsstufen eines Produktes
> - **flexible Kleinheit vs. mächtige Größe:** leichtere Koordination des Unternehmens (eingehen auf Spezialwünsche der Kunden möglich) vs. größere Wettbewerbschancen (Kostenvorteil durch Massenproduktion)

Prozessorganisation

In den letzten Jahren rückt die effiziente und innovative Prozessgestaltung innerhalb des Unternehmens immer mehr in den Vordergrund. Beim Prozessmanagement werden die Prozesse der Organisation identifiziert, beschrieben und konsequent an den Anforderungen des Kunden ausgerichtet. Dafür müssen zunächst die Kundenanforderungen ermittelt werden. Ein Prozess ist die inhaltlich abgeschlossene, zeitliche und sachlogische Folge von Aktivitäten, die zur Bearbeitung eines betriebswirtschaftlich

---

Marginal notes:

Viele Organisationen nutzen Teams, viele funktionieren durch ein Netzwerk.

Ein Prozess ist eine inhaltlich abgeschlossene, zeitliche und sachlogische Folge von Aktivitäten, die zur Bearbeitung eines betriebswirtschaftlich relevanten Objektes notwendig sind.

relevanten Objektes notwendig sind. Je unabhängiger die Abteilungen in einem Unternehmen voneinander sind, desto aufwändiger wird die Abstimmung zwischen den Abteilungen. Um die Abläufe zwischen Abteilungen, aber auch innerhalb von Abteilungen (z.B. zwischen verschiedenen Arbeitsgruppen) zu optimieren, müssen die vorhandenen Schnittstellen im Unternehmen abgebaut und die Prozesse fokussiert werden (vgl. Becker & Kahn, 2005).

Im Mittelpunkt der Prozessorganisation steht die **Ablauforganisation** des Unternehmens. Diese Ablauforganisation hebt sich deutlich von der funktionsorientierten Sichtweise und dem Motto »Ablauforganisation folgt Aufbauorganisation« ab. Bei der Prozessorganisation gilt die Logik: »Aufbauorganisation folgt Ablauforganisation« (Gaitanides, 2007, S. 32). Hammer (1997, S. 159) bezeichnet die Prozessorientierung als »Tod des Organigramms«, da die Verantwortungen nicht mehr mit den Funktionen verbunden sind, sondern streng mit den Unternehmensprozessen. die prozessorientierte Sichtweise gibt es keine festen Stellen mehr. Das bedeutet, dass Arbeitsgänge und Arbeitsgangfolgen unabhängig von dem aufbauorganisatorischen Kontext sind. Nun gilt: »Aufbauorganisation folgt Ablauforganisation« (Gaitanides, 2007, S. 32).

Prozesse können z.B. der Produktentwicklungsprozess oder der Auftragsabwicklungsprozess sein. Sie können danach unterschieden werden, ob sie personen-, abteilungs- oder unternehmensübergreifend angelegt sind. Ein personenübergreifender Prozess ist z.B. der Materialannahmeprozess im Wareneingang. Ein abteilungsübergreifender Prozess ist z.B. ein Auftragsabwicklungsprozess, bei dem sowohl die Vertriebsabteilung und die Produktion als auch das Controlling und die Finanzabteilung involviert sein werden.

Unternehmensübergreifende Prozesse erstrecken sich mindestens über zwei Unternehmen wie z.B. bei der Just-in-Time Materiallieferung vom Lieferanten direkt in die Produktion des Kunden. Prozesse wie die Gehaltsabrechnung laufen sehr häufig ab und sind durch Verfahrensanweisungen standardisiert, so dass bei gleicher Ausgangssituation ein gleichartiges Ergebnis zu erwarten ist. Ein Produktentwicklungsprozess für ein bestimmtes Produkt läuft hingegen nur einmalig ab. Verfahrensanweisungen können hier nur einen groben Rahmen hinsichtlich der zu durchlaufenden Entwicklungsstufen abstecken.

Darüber hinaus können Prozesse danach unterschieden werden, wie und wie häufig sie ausgelöst werden. Der Ersatzteillieferungsprozess wird zufällig und abhängig von äußeren Einflüssen ausgelöst, die Gehaltsabrechnung regelmäßig einmal im Monat. Entsprechend der Komplexität der Aufgaben lassen sich Hauptprozesse in verschiedene Teilprozesse zerlegen.

In ◙ Abbildung 2.8 ist der Unterschied zwischen einer Funktions- und Prozessorientierung schematisch dargestellt. Im oberen Teil der Abbildung ist eine herkömmliche Funktionsorientierung (s.o., Abschnitt »funktionale Organisation«) dargestellt. Eine nach Funktionen gegliederte Aufbauorganisation führt zu einer vertikalen Unterteilung der Organisation.

Im visualisierten Beispiel müssen fünf Arbeitsschritte durchgeführt werden, um vom Kundenauftrag bis zur Auslieferung zu gelangen. In diesem Arbeitsablauf sind vier Abteilungen involviert, was zu Informationsverlusten an den Schnittstellen führt. Im unteren Teil ist die Prozessorientierung abgebildet. Es fällt auf, dass die Unterteilung des Unternehmens um 90° gedreht ist. Da der am Kundennutzen orientierte Ablauf im Mittelpunkt steht, stellen die Restriktionen der Abteilungen keine Hindernisse mehr dar. Durch das Ermitteln der Kundenanforderungen und durch das interne Weitergeben der Anforderungen in die verschiedenen Teilprozesse werden die Strukturen der gesamten Organisation analysiert und übersichtlich dargestellt. Dabei zeigt sich, welche (Teil-) Prozesse verbessert werden können und welche ganz entfallen können. Durch eine Integration der Arbeitsinhalte kann im Beispiel die Anzahl der Arbeitsschritte von fünf auf drei gestrafft werden. Dadurch wird die Zahl der Schnittstellen verringert. Die

Im Mittelpunkt der Prozessorganisation steht die Ablauforganisation des Unternehmens.

Bei der Funktionsorientierung folgt die Ablauforganisation der Aufbauorganisation.

Bei der Prozessorientierung richtet sich die Aufbauorganisation nach der Ablauforganisation.

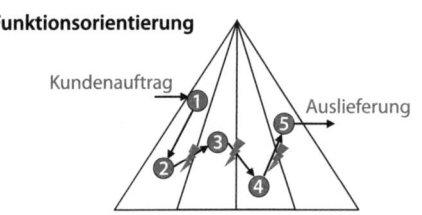

Funktionsorientierung

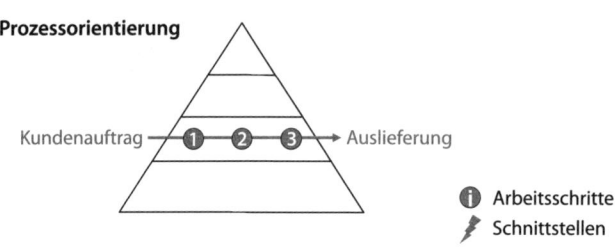

Prozessorientierung

◻ Abb. 2.8 Unterschied zwischen Funktions- und Prozessorientierung

Schnittstellenprobleme sollen durch konsequente interne Kunden-Lieferanten-Beziehungen minimiert werden, indem die Anforderungen eindeutig identifiziert und Leistungsvereinbarungen getroffen werden.

2.3 Organisationskultur und -klima

2.3.1 Organisationskultur

▶ Definition

> **Definition**
> Die **Organisationskultur** ist das von den Mitgliedern einer Organisation geteilte System von Werten und Normen, durch das sich die Organisationsmitglieder von Nicht-Organisationsmitgliedern unterscheiden.

Die Organisationskultur ist das von den Mitgliedern einer Organisation geteilte System von Werten und Normen, durch das sich die Organisationsmitglieder von Nicht-Organisationsmitgliedern unterscheiden.

Der Organisationskultur liegen grundlegende Annahmen und Überzeugungen aller Organisationsmitglieder zugrunde, welche die Eigen- und Umweltwahrnehmung definieren.

Konzept der Organisationskultur nach Schein

Im Modell der Organisationskultur gibt es drei Ebenen: Artefakte, Werte und grundlegende Annahmen.

Schein (2004) versteht unter einer Kultur ein Muster nicht weiter hinterfragter, kultureller Selbstverständlichkeiten, die das Wahrnehmen, Denken und Handeln der Mitglieder von Organisationen beeinflussen. In seinem Model der Organisationskultur hat Schein drei Ebenen spezifiziert, die sich nach dem Grad ihrer Beobachtbarkeit und Abstraktion unterscheiden.

— **Artefakte:** Die erste Ebene sind die Artefakte. Dazu gehört alles, was in der Organisation sichtbar ist, beispielsweise die Struktur, die Büroaufteilung, die Bürotüren (z.B. sind sie offen oder geschlossen?). Allerdings erklären diese leicht beobachtbaren Faktoren nicht, weshalb die Dinge so sind wie sie sind.

— **Werte:** Die zweite Ebene erklärt die strategischen Ziele und die Unternehmensphilosophie; hier sind die artikulierten Werte anzutreffen. Nach Schein kann es vorkommen, dass zwei Organisationen die gleichen Werte wie Integrität, Teamarbeit, Kundenorientierung teilen, ohne dasselbe Verhalten an den Tag zu legen.

— **Grundlegende Annahmen:** Die dritte Ebene bezieht sich auf die impliziten, stillschweigenden Annahmen, warum etwas der Fall sein kann. Die Geschichte des Unternehmens und des Unternehmensgründers, die Werte und Überzeugungen

Verbale	Interaktionale	Artifizielle
Geschichten • Mythen • Anekdoten • Parabeln • Legenden, Sagen, • Märchen	**Riten, Zeremonien, Traditionen** • Feiern, Festessen, Jubiläen • Conventions • Konferenzen, Tagungen • Vorstandsbesuche, Revisorenbesuche • Organisations- entwicklung • Auswahl und Einführung neuer MA, Beförderungen • Beschwerden	**Statussymbole** • Abzeichen, Embleme • Geschenke, Fahnen • Logos • Preise, Urkunden, Incentive-Reisen, • Idole, Totems, Fetische • Kleidung, äußere Erscheinung • Architektur, Arbeitsbedingungen • Plakate, Broschüren Werkszeitungen
Slogans, Mottos, Maximen, Grundsätze		
Sprachregelungen • Jargons, Tabus		
Lieder, Hymnen		
	Magische Handlungen (Mitarbeiterauswahl, strategische Planung, etc.)	
	Tabus	

■ **Abb. 2.9** Symptome der Unternehmenskultur nach Neuberger (1989)

des Gründers, Schlüsselfiguren und Erfolgsgeschichten sind hier gebündelt und nehmen Einfluss auf die Ausbildung der Unternehmenskultur. Beispielsweise wirbt der Drogeriemarkt DM mit dem Slogan: »Hier bin ich Mensch, hier kauf ich ein.« Dadurch soll vor allem der Wert der Menschlichkeit des Unternehmens bzw. des Unternehmensgründers Götz W. Werner eindeutig kommuniziert werden: Mitarbeiter, Kunden und Partner stehen im Mittelpunkt.

Es ist für die Organisationskultur wichtig, dass diese Grundlagen mit neuen Unternehmensmitgliedern geteilt werden. Dies geschieht am Anfang durch die gezielte Auswahl von Mitarbeitern und der engen Zusammenarbeit zwischen Unternehmensgründer und Kollegen. Der Unternehmensgründer hat die Gelegenheit, Werte und Normen direkt weiterzugeben. Mit dem Wachstum der Organisation werden Werte und Normen formalisiert und dienen so der weiteren Sozialisation neuer Mitarbeiter. Mit zunehmendem Wachstum der Organisation werden so die Artefakte oder Symptome der Unternehmenskultur, die verbale, interaktionelle und artifizielle unterteilt werden können, wichtiger (vgl. ■ Abb. 2.9).

Je größer die Organisation, desto stärker sind Werte und Normen formalisiert.

Die Unternehmenskultur wird vor allem durch die Art, wie eine Organisation sich selbst in Relation zu ihrer Umwelt sieht, geprägt. Besonders wichtig sind daher **Riten**, die den Einstieg in die Organisation, die Zugehörigkeit und das Ausscheiden aus der Organisation markieren. Das Bestehen eines Assessment Centers (vgl. Kap. 5) kann z.B. ein Initiationsritus sein. In vielen Unternehmen werden Seminarorte, an denen Mitarbeiter in den Führungsnachwuchskreis aufgenommen werden, zu »Wallfahrtsorten«. Hier wird gelernt: Jetzt gehören wir dazu. Praktiken, die Ritualcharakter haben und eine starke Bindung innerhalb der ganzen Firma stiften, sind z.B. Ehrungen: Das beste Filialteam wird ausgezeichnet, der Mitarbeiter des Monats gekürt. Ausdruck der Unternehmenskultur ist darüber hinaus, wie Menschen gewürdigt werden, die die Organisation verlassen, z.B. wenn sie nach langer Betriebszugehörigkeit in den Ruhestand gehen.

Riten sind wichtig, um eine Unternehmenskultur zu prägen.

Bei der Installation neuer Symbole und Riten gilt es, die Werte, die dabei transportiert werden sollen, bewusst zu reflektieren. Bei Neuem muss argumentiert werden, was

Um eine Unternehmenskultur zu entwickeln, sind Partizipation, Information, symbolisches Handeln und entsprechende Belohnungssysteme hilfreich.

dahintersteckt. Der **Wandel** einer Organisationskultur dauert in der Regel ziemlich lange. Um eine Unternehmenskultur zu entwickeln, sind Partizipation, Information, symbolisches Handeln und entsprechende Belohnungssysteme hilfreich. In vielen Unternehmen werden derzeit wertgeleitete Kulturprozesse angestoßen. Der Kulturprozess wird von der Führungsspitze vorangetrieben. Die Auseinandersetzung und Konkretisierung der Werte erfolgt optimalerweise auf Teamebene (▶ Kap. 3).

> **Funktionen von Unternehmenskultur**
> Unternehmenskultur
> - dient der Abgrenzung gegenüber anderen.
> - stiftet Identität.
> - fördert die Bindung an die Organisation.
> - unterstützt die Stabilität des Systems.
> - gibt als Verhaltensmaßstab Orientierung.
> - unterstützt die Sozialisation neuer Mitglieder.

Subkulturen sind Gruppen, die innerhalb des Unternehmens eine eigene Identität entwickelt haben und sich bewusst oder unbewusst abgrenzen.

Neben einer dominanten Kultur erhöht sich mit zunehmender Größe eines Unternehmens die Wahrscheinlichkeit von **Subkulturen**. Dies sind Gruppen, die innerhalb des Unternehmens eine eigene Identität entwickelt haben und sich bewusst oder unbewusst abgrenzen. Subkulturen können sich anhand vielfältiger Faktoren bilden, z.B. nach Funktionszugehörigkeit (Marketingabteilung, Controlling-Abteilung) oder Standort. In Firmenzentralen oder vorstandsnahen Bereichen herrscht oft eine andere Subkultur vor als in dezentralen Bereichen. In der Forschung und Entwicklung bildet sich eine andere Kultur aus als im Vertrieb.

Eine starke Unternehmenskultur geht oft mit einer effizienten Kommunikation, einem geringeren Kontrollaufwand und einer hohen Motivation der Mitarbeiter einher.

Die **Stärke** einer Unternehmenskultur hängt von mehreren Faktoren ab wie z.B. von der Kommunikationsintensität im Unternehmen oder dem Alter des Unternehmens. Eine starke Unternehmenskultur geht oft mit einer effizienten Kommunikation, einem geringeren Kontrollaufwand und einer hohen Motivation der Mitarbeiter einher. Eine starke Unternehmenskultur kann auch zu Selbstselektionsprozessen führen, so dass sich nur »passende« Mitarbeiter bewerben oder ausgewählt werden.

In **globalisierten Unternehmen** prallen organisationale und nationale Kultur aufeinander (▶ Kap. 8). Dabei ist die Unternehmenskultur weniger tief. Die nationale Vergangenheit ist in vielen global agierenden Unternehmen eine solide Basis für die Unternehmenskultur. So ist z.B. bei McDonalds auch in deutschen Städten das Amerikanische, bei Ikea das Schwedische spürbar.

2.3.2 Organisationsklima

Das Organisationsklima bezieht sich auf die tägliche Wahrnehmung der Organisation durch ihre Mitglieder.

Während die Organisationkultur auf der Geschichte und Tradition einer Organisation beruht, welche die Werte und Normen, die dem Verhalten der Organisationsmitglieder zugrunde liegen, enthält und geteiltes Wissen umfasst, bezieht sich das Organisationsklima auf die **tägliche Wahrnehmung** der Organisation durch ihre Mitglieder. Sogenannte »Klimafaktoren« sind sozial geteilte Wahrnehmungen von organisatorischen Praktiken, Prozeduren und Werten (Reichers & Schneider, 1990).

Das Organisationsklima wird gemessen über die individuelle Wahrnehmung salienter Merkmale des organisationalen Kontextes (Schneider, 1990; vgl. auch Ashforth, 1985; James & Sells, 1981). Ist die Wahrnehmung der Organisationsmitglieder ähnlich, können die Wahrnehmungen der einzelnen Organisationsmitglieder zu einem Wert, dem Organisationsklima, aggregiert werden. Darüber hinaus werden verschiedene inhaltliche Facetten des Klimas betrachtet. Unterschieden wird z.B. das Klima für Veränderung, Qualität, Innovation, Sicherheit, Gerechtigkeit ▶ Web-Exkurs »Innovationsklima« zu Kap. 2 unter www.lehrbuch-psychologie.de).

🌐 **Web-Exkurs**
»Innovationsklima«

2.4 Organisationsdiagnose

2.4.1 Beschreibung

Eine Organisationsdiagnose liefert ein systematisches Verständnis von Organisationen. Auf dieser Grundlage können geeignete Maßnahmen zur Organisationsentwicklung abgeleitet werden, um Probleme zu lösen und die Effektivität zu verbessern. Zudem dient sie dem Ziel, die aktuelle Funktionsweise einer Organisation zu verstehen, denn sie liefert die notwendigen Informationen, um anschließende Interventionsmaßnahmen zu gestalten.

Der Prozess der Organisationsdiagnose beginnt im Idealfall mit einer Auftragsklärung zwischen dem Auftraggeber in der Organisation und dem Organisationsentwickler. Das medizinische Prinzip der Diagnose sähe so aus: Die Organisation (Patient) kommt mit einem Problem zum Organisationsentwickler (Arzt), der sie untersucht, die Ursache des Problems identifiziert und eine Lösung verschreibt. Im organisationalen Kontext läuft die Diagnose aber deutlich komplexer ab, so dass die Analogie nicht passt (vgl. Kap. 3). Die Annahme, dass etwas mit der Organisation (dem »Patienten«) nicht stimmt, muss nicht zutreffend sein.

Im Rahmen der Organisationsdiagnose ergibt sich ein kooperativer Prozess zwischen den Organisationsmitgliedern und dem Organisationsentwickler, indem relevante Informationen gesammelt und analysiert werden und Handlungsempfehlungen und Maßnahmen abgeleitet werden. Die Diagnose kann darauf abzielen, die Ursachen spezifischer Probleme aufzudecken, die Grundlagen effizienter Prozesse zu verstehen oder die Gesamtabläufe in der Organisation oder in bestimmten Abteilungen zu bewerten, um Entwicklungspotenziale zu identifizieren (vgl. Cummings & Worley, 2009).

Eine Organisationsdiagnose kann z.B. Antworten auf die folgenden Fragen geben:
- In welchem Umfang werden Aufgaben auf unterschiedliche Stellen verteilt?
- Auf welcher Basis werden Aufgaben gruppiert?
- Wem legen Individuen und Gruppen Rechenschaft ab?
- Wie viele Mitarbeiter kann ein Manager effektiv leiten?
- Wo liegt die Entscheidungsgewalt?
- In welchem Umfang gibt es Regeln und Vorschriften zur Lenkung von Angestellten und Managern?
- Wie ist das Klima im Unternehmen?
- Welcher Zugang zu Veränderungen passt zur Unternehmenskultur?

> Organisationsdiagnose liefert ein systematisches Verständnis von Organisationen. Auf dieser Grundlage können geeignete Maßnahmen zur Organisationsentwicklung abgeleitet werden, um Probleme zu lösen und die Effektivität zu verbessern.

2.4.2 Organisationen als offene Systeme

Organisationen können als **Systeme** verstanden werden. Nach der Systemtheorie ist ein System ein einheitliches Ganzes, das sich aus Teilen oder Subsystemen zusammensetzt. Die Aufgabe des Systems besteht darin, diese Bestandteile zu einer funktionierenden Einheit zu integrieren. Organisationssysteme setzen sich beispielsweise aus Abteilungen wie Vertrieb, Finanzen und Logistik zusammen. Die Organisation dient dazu, das Verhalten dieser Abteilungen zu koordinieren, damit sie gemeinsam funktionieren und dem übergeordneten Ziel oder der gemeinsamen Strategie dienen können.

Das **Open Systems-Modell** (Cummings & Worley, 2009) berücksichtigt, dass Organisationen im Kontext einer Umwelt existieren, die einerseits auf die Organisation einwirkt und andererseits durch die Organisation beeinflusst wird. Einerseits beein-

> Ein System ist ein einheitliches Ganzes, das sich aus Teilen oder Subsystemen zusammensetzt.

Nach dem Open Systems-Modell besteht jedes organisationale System aus Inputs, Prozessen und Outputs.

Die organisationale Umwelt betrifft alles, was außerhalb der Grenzen der Organisation liegt und Outputs der Organisation direkt oder indirekt beeinflussen kann.

flusst die Umwelt die Funktionsweise und Leistung der Organisation, andererseits wird die Umwelt dadurch beeinflusst, wie die Organisation mit ihr interagiert.

In diesem Modell handeln Organisationen innerhalb einer externen Umwelt, aus der sie spezifische Inputs beziehen, die mittels sozialer und technischer Prozesse zu Outputs umgewandelt werden. Diese Outputs werden an die Umwelt zurückgegeben und können als Feedback bezüglich der Leistung der Organisation genutzt werden (vgl. Cummings & Worley, 2009). Nach dem Open Systems-Modell besteht also jedes organisationale System aus drei zusammenhängenden Teilen: Inputs, Prozesse und Outputs.

Das Open Systems-Modell legt nahe, dass Organisationen und ihre Subsysteme (Abteilungen, Gruppen, Individuen) gemeinsame Merkmale aufweisen, die ihre Organisations- und Funktionsweise erklären. So können offene Systeme beispielsweise hierarchisch geordnet werden: Gesellschaftliche Systeme bestehen aus Organisationen, Organisationen aus Gruppen oder Abteilungen, und Gruppen bestehen aus Individuen. Offene Systeme tauschen Informationen und Ressourcen mit ihrer Umgebung aus. Sie können dabei ihr eigenes Verhalten nicht vollkommen unabhängig steuern, sondern sie werden auch durch äußere Einflüsse mitbestimmt. Organisationen werden z.B. durch die Verfügbarkeit von Arbeit und Personal, Rohmaterialien, Kundenanforderungen, Wettbewerb und gesetzliche Regelungen beeinflusst. Es kann durchaus notwendig sein, zu verstehen, wie diese Umweltbedingungen eine Organisation beeinflussen, um das interne Verhalten der Organisation erklären zu können. Obwohl sich die Systeme auf den unterschiedlichen Ebenen vielfach unterscheiden (z.B. in ihrer Größe und Komplexität), haben sie doch einige gemeinsame Eigenschaften, die auf alle Ebenen gleichermaßen angewandt werden können: Umwelt, Inputs, Prozesse, Outputs, Grenzen, Feedback, Ausrichtung und Äquifinalität (der gleiche Endzustand kann von verschiedenen Anfangsbedingungen aus erreicht werden).

2.4.3 Ebenen der Organisationsdiagnose

Eine Organisationsdiagnose kann auf drei Ebenen stattfinden: Organisation, Abteilung bzw. Gruppe, Individuum.

Wenn man Organisationen als offene Systeme betrachtet, kann eine Organisationsdiagnose auf drei verschiedenen Ebenen stattfinden.

- **Organisationsebene:** Dies ist die oberste Ebene, auf der die Organisation als Ganzes steht. Hier findet die Gestaltung der Unternehmensstrategie, der Unternehmensstruktur und der Prozesse statt.
- **Abteilungs- oder Gruppenebene:** Auf dieser Ebene werden die Strukturen und Methoden für die Gruppeninteraktion (z.B. auch Normen oder Dienstpläne) gestaltet.
- **Individuumsebene:** Auf dieser niedrigsten Ebene befinden sich einzelne Personen oder Arbeitsplätze. Gestaltungsaspekte auf der Individuumsebene betreffen die Art, wie der einzelne Arbeitsplatz gestaltet wird, um bestimmten Anforderungen und Verhaltensweisen zur Aufgabenbewältigung gerecht zu werden.

Eine Organisationsdiagnose kann alle drei Ebenen umfassen oder sich auf spezifische Aspekte einer einzelnen Ebene beschränken. Der Schlüssel zu einer effektiven Organisationsdiagnose liegt darin, zu wissen, welche Aspekte auf den unterschiedlichen Ebenen relevant sind und wie sich die Ebenen ggf. gegenseitig beeinflussen (McCaskey, 1997; Cummings & Worley, 2009). Für eine Teamdiagnose (Gruppenebene) kann es z.B. wichtig sein, zu wissen, welche Variablen die Teamleistung beeinflussen und wie die übergeordnete Organisation auf das Verhalten der Teammitglieder einwirkt.

◨ Abbildung 2.10 zeigt ein globales Modell für die Diagnose organisationaler Systeme. Auf jeder der drei Ebenen werden die Inputs, mit denen das jeweilige (Sub-) System arbeitet, die wichtigsten Gestaltungsfaktoren in der Prozesskomponente und die jeweiligen Outputs benannt. Auf jeder Ebene gibt es eine Feedback-Schleife: Jeder Output wirkt als Rückmeldung für den Input. Auf der Organisationsebene wird bei-

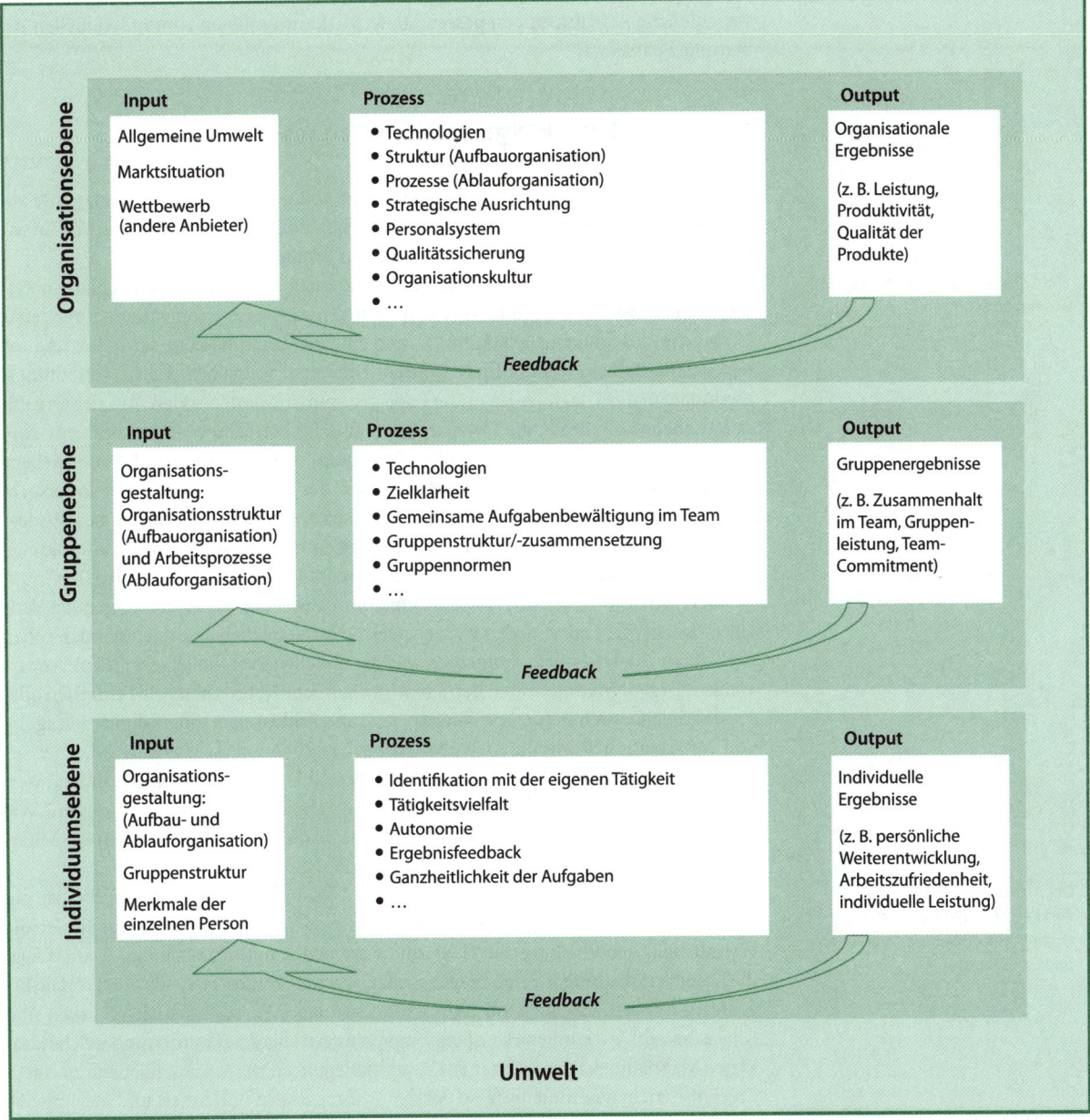

Abb. 2.10 Globales Modell für die Diagnose von Organisationssystemen

spielsweise die Produktqualität (Output) durch Qualitätstests und durch den Grad Kundenzufriedenheit zurückgemeldet, was sich auf die Inputs auswirkt (z.B. entspannt sich der Preiswettbewerb mit anderen Anbietern, wenn die Qualität der eigenen Produkte sehr hoch ist).

Dabei ist zu beachten, dass die Systeme sich gegenseitig beeinflussen. Die äußere Umgebung der Organisation (allgemeine Umwelt) ist der wichtigste Input-Faktor für Entscheidungen auf der Organisationsebene. Die Merkmale des Systems auf Organisationsebene (Organisationsgestaltung) sind wiederum ein wichtiger Input-Faktor für die Gruppenebene. Die Gruppengestaltung ist ihrerseits ein wichtiger Input-Faktor für die Gestaltung der einzelnen Arbeitsplätze auf der Individuumsebene. Die gegenseitige Beeinflussung zwischen den Ebenen verdeutlicht, dass die verschiedenen Ebenen einer Organisation gut aufeinander abgestimmt sein müssen, damit die Organisation effizient arbeiten kann. Daher muss die Organisationsstruktur zur Gestaltung der Aufgaben für

Die verschiedenen Ebenen einer Organisation müssen gut aufeinander abgestimmt sein, damit die Organisation effizient arbeiten kann.

verschiedene Arbeitsgruppen passen; diese wiederum müssen zum individuellen Arbeitsplatz passen.

2.4.4 Ablauf einer Organisationsdiagnose

Wenn Veränderungsmaßnahmen geplant sind, sollte eine Organisationsdiagnose vorangehen. Bei einer Organisationsentwicklungsmaßnahme gliedert sich der Ablauf wie folgt: Organisationsdiagnose, Intervention und Evaluation (vgl. ▶ Kap. 3).

Im Rahmen einer Organisationsdiagnose können insgesamt **sieben Schritte** unterschieden werden. Zu Beginn steht eine Einführungsphase (Kontaktaufnahme, erste Gespräche). Es folgt eine Erkundungs- und eine Planungsphase, in der Inhalt und Art der Datenerhebung konkretisiert werden. Hier wird festgelegt, welche Gestaltungsmerkmale in der Diagnose unter die Lupe genommen werden sollen. Auf der Organisationsebene könnte z.B. die Unternehmensstrategie betrachtet werden, auf der Gruppenebene z.B. die Funktionsweise der Arbeitsteams, und auf der Individuumsebene könnte beispielsweise die Arbeitszufriedenheit der einzelnen Mitarbeiter untersucht werden. In der Planungsphase wird also der Fokus der Organisationsdiagnose festgelegt (Welche Ebene(n) des organisationalen Systems werden betrachtet? Welche konkreten Inputfaktoren, Gestaltungsmerkmale und Outputs sollen analysiert werden?).

Nachdem dies feststeht, erfolgt die Operationalisierung der zu betrachtenden Variablen. Dabei muss entschieden werden, welche Datenquellen analysiert werden sollen (z.B. durch Analyse von Dokumenten wie Handbücher, Protokolle, schriftliche Anweisungen, Organigramme, durch betriebswirtschaftliche Kennzahlen wie Fehlzeiten oder Produktivität, durch Befragung von Experten und Schlüsselpersonen, durch Befragung von Mitarbeitern sowie durch Verhaltensbeobachtung am Arbeitsplatz oder bei Sitzungen) und mittels welcher Messinstrumente und Verfahren die Daten erhoben werden können (Wie kann z.B. die derzeitige Unternehmensstrategie erfasst werden? Wie kann das Teamklima abgebildet werden? Wie kann die Arbeitszufriedenheit der Mitarbeiter reliabel und ökonomisch gemessen werden?).

Nach der Auswahl der Datenquellen und Messinstrumente (z.B. Fragebogen mit quantitativer Auswertung oder Interviews mit qualitativer Auswertung) findet die eigentliche Datenerhebung statt (Durchführung der Hauptuntersuchung). Darauf folgt die Datenverarbeitung, z.B. die Fragebogenauswertung mittels Statistiksoftware. Die Ergebnisse müssen anschließend interpretiert werden (Wo zeichnen sich Stärken und Schwächen ab? Wo können Handlungsempfehlungen abgeleitet werden und welche konkreten Maßnahmen bieten sich an?). Diese Überlegungen werden abschließend zu einem Ergebnisbericht zusammengefasst, der den Auftraggebern präsentiert und idealerweise auch den beteiligten Mitarbeitern in der Organisation zugänglich gemacht wird.

Im ▶ Web-Exkurs »Fallbeispielauflösung Organisationsstruktur und -diagnose im Krankenhaus« zu Kapitel 2 unter www.lehrbuch-psychologie.de wird aufgezeigt, welchen Beitrag eine Organisationsdiagnose als Ausgangspunkt für die Neustrukturierung einer Organisation leisten kann.

Eine Organisationsdiagnose besteht aus sieben Schritten.

Der Ablauf einer Organisationsentwicklungsmaßnahme gliedert sich in Organisationsdiagnose, Intervention und Evaluation.

🌐 **Web-Exkurs**
»Fallbeispielauflösung Kapitel 2«

❓ Kontrollfragen

1. Was ist der Unterschied zwischen Aufbau- und Ablauforganisation?
2. Für welche Unternehmen eignet sich die Matrix-Organisation besonders gut und welche Probleme können durch sie entstehen?
3. Welche Vorteile kann die Prozessorganisation für ein Unternehmen bringen?
4. Was ist der Unterschied zwischen Unternehmenskultur und -klima?
5. Was sind die Ziele einer Organisationsdiagnose?
6. Auf welchen Ebenen kann die Organisationsdiagnose ansetzen?

Jones, G. R. & Bouncken, R. B. (2008). *Organisation: Theorie, Design und Wandel*. München: Pearson.
Neuberger, O. & Kompa, A. (1993). *Wir, die Firma. Der Kult um die Unternehmenskultur*. Weinheim: Beltz.
v. d. Oelsnitz, D. (2009). *Die innovative Organisation*. Stuttgart: Kohlhammer.
Schneider, B. (2010). *Organizational climate and culture*. San Francisco, CA: Jossey-Bass.
Stock-Homburg, R. (2010). *Personalmanagement: Theorien – Konzepte – Instrumente* (2. Aufl.). Wiesbaden: Gabler.

▶ **Weiterführende Literatur**

Literaturverzeichnis

Ashforth, B. E. (1985). Climate formation: Issues and extensions. *Academy of Management Review, 4*, 837–847.
Becker, J. & Kahn, D. (2005). Der Prozess im Fokus. In J. Becker, M. Kugeler & M. Rosemann, M. (Hrsg.), *Prozessmanagement – Ein Leitfaden zur prozessorientierten Organisationsgestaltung*, 5. Aufl. (S. 3–16). Berlin, New York, Tokio, Heidelberg: Springer.
Littmann, P.; Jansen, St.: Oszillodox. Virtualisierung – die permanente Neuerfindung der Organisation. Stuttgart: Klett-Cotta 2000
Bullinger, H.-J., Spath, D., Warnecke, H.-J. & Westkämper, E. (2009). *Handbuch Unternehmensorganisation – Strategien, Planung, Umsetzung*, 3. Aufl. Berlin, New York, Tokio, Heidelberg: Springer.
Cummings, T. G. & Worley, C. G. (2009). *Organization development and change*. Mason, OH: South-Western Cengage Learning.
Donaldson, T. & Preston, L. E. (1995). The stakeholder theory of the corporation: Concepts, evidence, and implications. Academy of Management Review, 20, 65–91.
Gaitanides, M. (2007). *Prozessorganisation – Entwicklung, Ansätze und Programme des Managements von Geschäftsprozessen*. München: Vahlen.
Hammer, M. (1997). *Das prozesszentrierte Unternehmen – Die Arbeitswelt nach dem Reengineering*. Frankfurt: Campus.
James, L. R. & Sells, S. B. (1981). Psychological climate: Theoretical perspectives and empirical research. In D. Magnusson (ed.), *Toward a psychology of situations: An international perspective* (pp. 275–295). Hillsdale, NJ: Erlbaum.
Marrone, J. A. (2010). Team boundary spanning: A multilevel review of past research and proposals for the future. *Journal of Management, 36*, 911–940.
Mathieu, J. E., Marks, M. A. & Zaccaro, S. J. (2001). Multiteam systems. In N. Anderson, D. S. Ones, H. K. Sinangil & C. Viswesvaran (eds.), *Handbook of industrial, work and organizational psychology, Vol. 2: Organizational psychology* (pp. 289–313). London: Sage.
McCaskey, M. (1997). Framework for analyzing work groups. *Harvard Business School Case 9-480-009*. Boston: Harvard Business School.
Neuberger, O. (1989). Symbolisierung in Organisationen. *Augsburger Beiträge zur Organisationspsychologie und Personalwesen, 4*, 24–36.
Neuberger, O. (2006). Mikropolitik und Moral in Organisationen: Herausforderung der Ordnung. Stuttgart: Lucius & Lucius.
Oelsnitz v. d., D. (2009). *Die innovative Organisation*. Stuttgart, Kohlhammer.
Pirntke, G. (2007). *Moderne Organisationslehre. Aktuelle Konzepte und Instrumente*, Bd. 25. Renningen: Expert.
Pugh, D. S., Hickson, D. J., Hinings, C. R., McDonald, K., Turner, C. & Lupton, T. (1963). A conceptual scheme for organizational analysis. *Administrative Science Quarterly, 8*, 289–315.
Reichers, A. E. & Schneider, B. (1990). Climate and culture: An evolution of constructs. In B. Schneider (ed.), *Organizational climate and culture* (pp. 413–433). San Francisco: Jossey Bass.
Schein, E. H. (2004). *Organizational culture and leadership, 3rd Ed*. New York: Wiley Publishers. Schneider, B. (1990). *Organizational climate and culture*. San Francisco: Jossey Bass.
Spath, D. (2009). Grundlagen der Organisationsgestaltung. In H.-J. Bullinger, D. Spath, H.-J. Warnecke & E. Westkämper (Hrsg.), *Handbuch Unternehmensorganisation – Strategien, Planung, Umsetzung* (S. 3–24). Berlin, New York, Tokio, Heidelberg: Springer.
Wiendahl, H.-P. (2008). *Betriebsorganisation für Ingenieure*, 6. Aufl. München: Hanser.

3 Organisationsentwicklung und -beratung

Simone Kauffeld & Henrike Schneider

Lernziele

- Anlässe für Organisationsentwicklung benennen können.
- Merkmale von Organisationsentwicklung kennen.
- Über die historischen Wurzeln der Organisations-entwicklung Bescheid wissen.
- Verschiedene Ansätze in der Organisationsentwicklung unterscheiden können.
- Wissen, wie Organisationsentwicklung verläuft.
- Die Faktoren kennen, die Organisationsentwicklung erfolgreich machen.

Beispiel

Fallbeispiel

Frau F. ist bei einem großen deutschen Finanzdienstleistungsunternehmen als Filialleiterin beschäftigt. Wöchentlich bekommt sie aus der Zentrale der Bank Ziele vorgegeben, die es für sie und ihre Mitarbeiter innerhalb der nächsten Woche zu erfüllen gilt. Dies sind z.B. Vorgaben zu Produkten, die verstärkt an Kunden verkauft werden sollen. In organisationsweit festgelegten, wöchentlichen Filialrunden trifft sich Frau F. mit ihrem Filialteam, um ihren Mitarbeitern Rückmeldung über deren individuelle Zielerreichung der jeweils letzten Woche zu geben. In diesen Filialrunden bekommt Frau F. von ihren Mitarbeitern mehr und mehr die Rückmeldung, dass sie dem hohen Vertriebsdruck nicht mehr lang standhalten könnten. Durch die kurzfristige, wöchentliche Perspektive und die Produkte, die ad-hoc an den Kunden gebracht werden müssten, könnten die Mitarbeiter selten Termine mit Kunden

strategisch planen. Dies erschwere langfristige Investitionen (z.B. den Aufbau einer guten Kundenbeziehung), die sich nicht von Woche zu Woche, sondern erst nach einiger Zeit auszahlen könnten. Frau F. klagt selbst darüber, dass diese Besprechungen selten die Gelegenheit zum Austausch über gute Vorgehensweisen in der Beratung von Kunden bieten. Meist sind es Runden, in denen jeder Mitarbeiter versucht, sich zu rechtfertigen, warum Vertriebsziele nicht erreicht wurden. Frau F. selbst kann die Haltung ihrer Mitarbeiter zum Teil nachvollziehen, da sie sich selbst im wöchentlichen, anschließenden Gespräch mit ihrem Vorgesetzten in einer ähnlichen Lage wiederfindet. Sie sieht sich unter starkem Druck, Rechenschaft für die wöchentliche Vertriebsleistung ihres Teams ablegen zu müssen. Zusätzlich ist in ihren Augen der Montag einer der erfolgreichsten Vertriebstage. Bislang ist aber jeder Montagvormittag durch die Filialrunde und das anschließende Gespräch mit ihrem Vorgesetzten blockiert.

▼

Neben den Filialrunden gibt es viele weitere Führungsinstrumente, welche die Zentrale der Bank entworfen hat, um die Führung und Steuerung in den Filialen zu erleichtern. Frau F. selbst setzt nicht alle Instrumente ein, denn bei vielen Instrumenten ist ihr der Nutzen nicht klar. Andere Instrumente helfen ihr zwar, einen Blick auf die vergangenen Wochen zu werfen, allerdings fühlt sich

Frau F. nur selten darin unterstützt, den Blick auf zukünftige Ziele zu werfen und strategisch zu planen.

Wie kann die Zentrale des Finanzdienstleistungsunternehmens die Erfahrungen von Frau F. nutzen? Zeigt sich eine ähnliche Problematik auf anderen Ebenen der Organisation? Wie kann die bestehende Situation gelöst werden? Wie kann ein Veränderungsprozess initiiert werden?

3.1 Anlässe für und Merkmale von Organisationsentwicklung

Aufgrund der sich zunehmend schneller verändernden Umwelt müssen Organisationen ihre Anpassungs- und Lernfähigkeit stetig verbessern.

In den letzten Jahren stehen Organisationen stärker als je zuvor im Zeichen des Wandels (McKenna, 2006). Die Möglichkeiten der Informations- und Kommunikationstechnologien, die eine digitalisierte Gesellschaft und in der Folge auch eine digitalisierte Wirtschaft schaffen, sind u.a. Auslöser für **Veränderungen**. Darüber hinaus agieren Unternehmen immer globaler, und multinationale Unternehmen expandieren in immer weitere Länder. Dies führt zu einem Anstieg des globalen Wettbewerbs und zu Strukturveränderungen im Unternehmen. Unternehmen stehen immer stärker unter dem Druck zu permanentem Wandel durch Innovationen und Entwicklung. Das Absinken der Geburtenraten und die gleichzeitige Steigerung der Lebenserwartung in Europa, Japan und den USA führen zu einer Verschiebung der Altersverteilung (demografischer Wandel), die auch auf Unternehmen Auswirkungen hat. Organisationen sind aufgrund dieser sich verändernden Umwelt gezwungen, ihre Anpassungs- und Lernfähigkeit stetig zu verbessern. Möglichkeiten dazu bietet die Organisationsentwicklung.

▶ Definition

> **Definition**
>
> Unter **Organisationsentwicklung (OE)** werden alle geplanten Bemühungen verstanden, um ganze Systeme, organisatorische Einheiten und ihre Mitglieder bewusst zu gestalten. Unter OE werden zudem einen Vielzahl von Methoden und Maßnahmen verstanden, die der systematischen, geplanten Veränderung von Organisationsstrukturen und -prozessen dient.

Merkmale von Organisationsentwicklung (OE)
- OE ist eine geplante Form des Wandels.
- Entwicklungs- und Veränderungsprozesse von Organisationen werden langfristig begleitet.
- OE geschieht aus dem Gesamtsystem der Organisation heraus und nicht nur in einzelnen Abteilungen oder Gruppen.
- Am OE-Prozess sind die Betroffenen beteiligt.
- OE hat zum Ziel, die Leistungsfähigkeit der Organisation (Effektivität) und die Arbeitsbedingungen ihrer Mitglieder (Humanität) zu verbessern.
- Durch OE sollen Organisationen in die Lage versetzt werden, langfristig Veränderungen konstruktiv zu bewältigen.
- Interne oder externe Berater unterstützen den OE-Prozess durch geeignete Techniken und Interventionsmethoden.

OE fokussiert dabei nicht nur auf die Veränderung von technischen und organisatorischen Strukturen und Abläufe, sondern auch auf Kommunikations- und Verhaltensmuster sowie auf die in der Organisation herrschenden Normen, Werte und Machtkonstellationen, um die Effektivität der Organisation zu gewährleisten. Die aktive Beteiligung der Mitarbeiter ist bei der Veränderung durch Organisationsentwicklung eingeschlossen.

> OE betrifft neben Strukturen auch Kommunikations- und Verhaltensmuster sowie Normen und Werte.

Es bieten sich verschiedenste Anlässe für OE, die sich aus den oben genannten Trends ergeben, wie z.B.:

- Umzug an einen neuen Standort
- Aufbau neuer Unternehmenssitze im Rahmen einer globalen Expansion
- die Fusion zweier Unternehmen
- Einführung von Teamarbeit
- Umstrukturierung eines Unternehmens
- Einführung neuer Managementsysteme (z.B. TQM)
- Anpassung an veränderte Marktgegebenheiten
- Entwicklung und Implementierung eines Programms für gesundheitsgerechte Mitarbeiterführung

Dabei sind zwei Formen der Veränderung zu unterscheiden: Prozessoptimierung und Prozessmusterwechsel. Bei der **Prozessoptimierung** orientiert man sich an »best practice«, d.h. das bestehende Verhaltensmuster wird kontinuierlich verbessert. Beim **Prozessmusterwechsel** werden bestehende Muster verlassen, und es wird eine radikale Neuordnung und Neuorientierung vorgenommen.

Die inhaltlichen Merkmale von OE werden häufig auch **synonym** als Change Management, Veränderungsmanagement oder Umsetzungsberatung benannt. Während die Organisationsentwicklung eher eine Haltung und ein organisationstheoretisches Konzept umfasst, werden mit Change Managemet oft Maßnahmen zur Umsetzung von geplanten Veränderungen im Sinne von Handwerkszeug beschrieben. Eine klare Abgrenzung der Definitionen ist nicht möglich, da sich die Schlagworte eher der jeweils aktuellen Mode anpassen als unterschiedliche Konzepte bezeichnen (von Ameln et al., 2009). Im Folgenden verwenden wir durchgehend die Bezeichnung »Organisationsentwicklung (OE)«.

> Die Bezeichnungen Organisationsentwicklung (OE), Change Management, Veränderungsmanagement und Umsetzungsberatung werden oft synonym verwendet.

Der Organisationsentwicklung liegt ein humanistisches Menschenbild zugrunde, das sich gut anhand der **X- und Y-Theorie** von McGregor (1960) beschreiben lässt (▶ Exkurs). Nach der X- und Y-Theorie will sich der Mensch von Natur aus verwirklichen und entfalten, strebt danach, seinen Neigungen und Interessen nachzugehen, zeigt Engagement und Initiative und sucht Verantwortung. Die besten Realisierungschancen und die höchste Erfolgswahrscheinlichkeit haben daher OE-Methoden, welche Mitarbeiter zu Beteiligten machen und ihre Wünsche und Hoffnungen berücksichtigen.

> Für eine erfolgreiche OE müssen Mitarbeiter beteiligt werden.

Exkurs

Die X- und Y-Theorie nach McGregor (1960)
Annahmen der X-Theorie

- Der Mensch verfügt über eine angeborene Abneigung gegen Arbeit und neigt dazu, Arbeit zu vermeiden, wenn dies möglich ist.
- Aufgrund der angeborenen Abneigung gegen Arbeit an sich müssen viele Menschen kontrolliert und zur Arbeit angehalten werden, damit sie volle Leistung bringen.

- Von seinem Grundwesen her ist der Mensch bemüht, Verantwortung zu vermeiden, er ist gewillt, geführt zu werden und ist sicherheitsorientiert.
- Auf diesen Annahmen beruhen viele heutige Organisationsstrategien, die sowohl auf »hartes« Management (»tough management«, z.B. durch starkes Controlling der Arbeit oder »Bestrafung«) als auch auf »weiches« Management (»soft management«, z.B. durch Bemühungen um ein gutes Betriebsklima) ausgerichtet sind.

▼

- Nach McGregor sind diese beiden Ausrichtungen jedoch unzureichend, da der Mensch nicht nur durch äußere Anreize motiviert ist, sondern auch in starkem Maße durch seinen Wunsch nach Selbstverwirklichung.
- Das Problem bei »X-Theorie«-Managern ist, dass sie ihren Mitarbeitern nicht oder zu wenig Möglichkeiten zur Selbstverwirklichung geben.

Annahmen der Y-Theorie
- Annahme, dass physische und geistige Anstrengungen bei der Arbeit selbstverständlich und natürlich sind.
- Annahme, dass Kontrolle und Bestrafung nicht die einzigen Möglichkeiten sind, um Menschen zur Arbeit zu motivieren, sondern dass diese sich selbst und ihre

Leistung mit einbringen, wenn sie ein gewisses Commitment zur Organisation haben bzw. sich mit deren Zielen identifizieren.
- Commitment bzw. Bindung des Menschen an eine Organisation entstehen infolge einer für das Individuum befriedigenden Arbeitstätigkeit.
- Annahme, dass der Mensch unter geeigneten Arbeitsbedingungen nach Verantwortung sucht.
- Indem Menschen mit ihren Fähigkeiten angemessen eingebunden werden, kann einer großen Anzahl an Problemen bei der Arbeit vorgebeugt werden.
- McGregor kritisiert, dass die intellektuellen Potenziale des Menschen in der modernen Wirtschaft nur teilweise ausgeschöpft werden.

3.2   Formen der Organisationsberatung

Da es um die aktive Einbindung und Beteiligung der Mitarbeiter geht, wird OE oft als Prozessberatung verstanden und grenzt sich damit in der Regel von inhaltlicher Beratung ab.

Bei der Inhaltsberatung wird ein fachlicher Berater hinzugezogen.

Bei der **Inhaltsberatung** wird der fachliche Berater hinzugezogen, weil er über Expertenwissen oder relevante Informationen verfügt. Die beraterische Tätigkeit besteht im Wesentlichen aus einem Informationssuche- und Informationsbewertungsprozess. Auf dieser Basis erarbeitet der inhaltliche Berater Lösungen, um die Entscheidungssicherheit seiner Klienten zu erhöhen (Jonas et al., 2007). Organisationen ziehen Expertenberater hinzu, wenn sie beispielsweise Informationen über eine Kundengruppe oder Wissen über Marketingstrategien anderer Unternehmen erhalten möchten, die man für eine Konkurrentenanalyse braucht. Es kann aber auch sein, dass Klienten erfahren möchten, wie sich die Stimmung in einer Abteilung nach einer personalpolitischen Maßnahme verändert hat. Der Berater wird dann mithilfe von Interviews oder Fragebögen versuchen, dies zu ermitteln (Schreyögg, 2010).

Bei der Prozessberatung werden Organisationen und ihre Mitglieder aktiv am Organisationsentwicklungsprozess beteiligt. In Lernprozessen lernen sie »Hilfe zur Selbsthilfe«.

Im Gegensatz dazu steht die **Prozessberatung**. Begriff und Konzept der Prozessberatung wurden von Edgar Schein erstmals in den 1960er Jahren in Publikationen über organisatorische Change-Prozesse angeführt. Die Prozessberatung ist heute als Beratungsmodell im gesamten Feld des Counseling, das von der Lebensberatung über Supervision und Coaching bis zur Organisationsentwicklung reicht, nicht mehr wegzudenken (Möller & Hausinger, 2009; Schreyögg, 2010). OE wirft einen besonderen Blick auf »weiche Faktoren« wie Gruppendynamik, Kommunikation, Konflikte, Motivation, Identifikation und Führung (von Ameln et al., 2009). Es geht daher bei einer Prozessberatung um die Entwicklung von Veränderungs- und Problemlösefähigkeiten auf Seiten des Klienten. Die Betroffenen (d.h. die Organisation und ihre Mitglieder) werden aktiv am OE-Prozess beteiligt, weil davon ausgegangen wird, dass die Betroffenen selbst Experten ihrer Situation sind und auch bereit sind, diese Situation optimal zu gestalten.

Die zentrale Aufgabe der Prozessberatung ist nach Schein (1990), den »Klienten beizubringen, wie sie lernen können«. Dafür initiiert der Prozessberater Lernprozesse und unterstützt ihn mittels »Hilfe zur Selbsthilfe«. Die Beteiligung der Organisationsmitglieder kann nach verschiedenen Strategien erfolgen: nach der Top-Down, der Bottom-Up, der bipolaren, der Keil- oder der Multiple-Nucleus-Strategie (▶ Web-Exkurs »Grundlegende Organisationsentwicklungsstrategien« zu Kap. 3 unter www.lehrbuch-psychologie.de).

⊕ Web-Exkurs
»Grundlegende Organisationsentwicklungsstrategien«

3.3 Historische Wurzeln der Organisationsentwicklung

Um den heutigen Stand der OE verstehen zu können, ist es hilfreich, einen Blick auf die historische Entwicklung zu werfen. Ein wichtiges Merkmal von OE ist, dass sie nicht nur an formalisierten Strukturen und den Technologien einer Organisation ansetzt, sondern auch an den menschlichen Verhaltensweisen der Organisationsmitglieder. Veränderung und Entwicklung von Organisationen bedürfen daher nicht nur der Veränderung technisch-formaler Strukturen, sondern auch der informellen, intra- und interpersonellen Strukturen. Diese Grundidee fußt auf verschiedenen historischen Wurzeln, die im Folgenden veranschaulicht werden: Laboratoriumsmethode bzw. Sensitivity Training, Survey Feedback bzw. Aktionsforschung, soziotechnischer Systemansatz und strategische Veränderung.

3.3.1 Laboratoriumsmethode bzw. Sensitivity Training

Die Laboratoriumsmethode (auch häufig als Sensitivity Training oder T-Groups bezeichnet) war zu Beginn die klassische Methode der OE. Die **Grundannahme** hinter der von Kurt Lewin 1946/47 entwickelten Methode ist, dass sich Lernen in einer Trainingsgruppe auf die Entwicklung der gesamten Organisation auswirkt.

> Die Grundannahme hinter der Laboratoriumsmethode von Lewin ist, dass sich Lernen in einer Trainingsgruppe auf die Entwicklung der gesamten Organisation auswirkt.

Das Verständnis für interpersonelle Beziehungen, persönliche Weiterentwicklung, Führung und Gruppenprozesse sollte durch diese Art der Trainings verbessert werden. Das Ziel bestand darin, die Teilnehmer durch Feedback über ihre Gruppeninteraktionen zu Lern- und Denkprozessen darüber anzuregen, wie sie künftig in realen Situationen Gruppendynamiken kompetent steuern könnten. Ihrer Konzeption nach müssen T-Groups für optimale Lernbedingungen drei **Voraussetzungen** erfüllen:

- Unstrukturiertheit der Situation: Die Teilnehmer kennen sich weder gegenseitig noch gibt es einen moderierenden Trainer, der Ablauf oder Themen in die Gruppe einbringt.
- Hier-und-Jetzt-Prinzip: In der Zeit der Zusammenarbeit dürfen sich die Trainingsteilnehmer ausschließlich über Vorgänge in der Gruppe unterhalten.
- Feedback: Um die eigene Wirkung auf andere zu erfahren, geben sich die Teilnehmer gegenseitig Feedback.

> Für optimale Lernbedingungen in der Laboratoriumsmethode müssen drei Voraussetzungen erfüllt sein: Unstrukturiertheit der Situation, Hier-und-Jetzt-Prinzip sowie Feedback.

Heutzutage werden T-Groups in ihrer ursprünglichen Konzeption nur noch selten angeboten und durchgeführt. Die Grundideen und praktischen Aspekte haben sich aber in Angeboten zur Teamentwicklung fortgesetzt (▶ Kap. 7; Cummings & Worley, 2008; Nerdinger et al., 2011).

3.3.2 Survey Feedback bzw. Aktionsforschung

Kurt Lewin prägte gemeinsam mit John Collier, William Whyte, Rensis Likert und anderen Forschern auch die zweite historische Wurzel von Organisationsentwicklung (1948 bis 1980er Jahre). Bei diesem klassischen Forschungsinstrument werden durch schriftliche oder mündliche Befragung Daten in einer Organisation erhoben und anschließend mit einem Feedback-System an die Befragten rückgemeldet. In der Organisation werden anschließend Lösungsvorschläge erarbeitet, umgesetzt und evaluiert (▶ Kap. 9).

> Survey Feedback ist ein Datenerhebungs- und Ergebnisrückmeldungsprozess, bei dem Lösungsvorschläge in der Organisation erarbeitet, umgesetzt und evaluiert werden.

Für die Organisationen hatte die Aktionsforschung den **Nutzen**, dass sie die Forschungsergebnisse nutzen konnten, um ihre Veränderungs- und Umsetzungsprozesse zu begleiten. Die Forscher hatten ihrerseits den Nutzen, diese Prozesse zu untersuchen und Erkenntnisse für ihre Forschung und weitere Praxisprojekte daraus zu gewinnen

3

⊕ **Web-Exkurs**
»**Ablaufphasen eines Aktionsforschungsprozesses**«

Nach dem soziotechnischen Systemansatz stehen technische und soziale Systeme einer Organisation in ständiger Wechselwirkung.

(▶ Web-Exkurs »Ablaufphasen eines Aktionsforschungsprozesses« zu Kap. 3 unter www.lehrbuch-psychologie.de). Heute wird dieses Vorgehen beim Befragen von Mitarbeitern oder Führungskräften eingesetzt, um z.B. Organisationsentwicklungsprojekte einzuleiten.

3.3.3 Soziotechnischer Systemansatz

Untersuchungen des Tavistock Instituts (1949–1953) führten schließlich in den 1960er Jahren zu einer neuen Sichtweise von Organisationen, so dass der soziotechnische Systemansatz entstand (Eric Trist, 1950 bis heute). Er geht davon aus, dass soziale und technische Systeme interagieren. Die soziotechnische Systemtheorie postuliert, dass keine Unabhängigkeit zwischen dem sozialen und dem technischen System einer Organisation herrscht (▶ Kap. 10). Das bedeutet für OE, dass bei einem Veränderungsprozess immer beachtet werden muss, welche Auswirkungen die technischen Bedingungen und das soziale System aufeinander haben.

Der soziotechnische Systemansatz diente auch als Grundlage für demokratische Ansätze der OE und der »Humanisierung der Arbeitswelt«. Zum Teil entstanden aus diesen Ansätzen »Job Enrichment«-Programme (▶ Kap. 10) oder autonome Arbeitsgruppen (▶ Kap. 7). Weiterentwicklungen finden sich in den Ansätzen von Qualitätszirkeln (▶ Kap. 7) oder dem Total Quality Management (TQM; Fatzer, 2005).

Exkurs

Total Quality Management (TQM)

Unter Total Quality Management wird ein umfassendes Qualitätsmanagement in Organisationen verstanden, das auf der Mitwirkung aller Mitglieder beruht. Diese Methode stellt die Qualität in den Mittelpunkt. Das Ziel ist die Erreichung langfristigen Geschäftserfolgs durch die Zufriedenheit der Kunden sowie die Zufriedenheit der Mitglieder der Organisation und durch einen Nutzen für die Gesellschaft. Die European Foundation for Quality Management (EFQM), 1988 durch 14 führende westeuropäische Unternehmen gegründet, hat sich zum Ziel gesetzt, die Wettbewerbsfähigkeit europäischer Organisationen zu steigern. Sie will Ansporn und Unterstützung bei der Entwicklung von Maßnahmen zur Förderung unternehmerischer Spitzenleistungen geben. Dafür stellt die EFQM ein Modell für

die ganzheitliche Betrachtung, Bewertung und Verbesserung von Organisationen zur Verfügung. Unternehmen, die ihre Führung nach TQM ausrichten, können eine Selbstbewertung nach den Kriterien des EFQM-Modells durchführen und sich um den European Quality Award bewerben. Die Kriterien und Teilkriterien des Modells umfassen:
- Ergebnisorientierung
- Ausrichtung auf den Kunden
- Führung und Zielkonsequenz
- Management mittels Prozessen und Fakten
- Mitarbeiterentwicklung und -beteiligung
- kontinuierliches Lernen, Innovation und Verbesserung
- Entwicklung von Partnerschaften
- soziale Verantwortung

3.3.4 Strategische Veränderung

Neue Ansätze zur Organisationsentwicklung berücksichtigen die Komplexität einer Organisation mit ihren Strukturen, ihrer Kultur, Strategie und Systemumgebung.

Aktuelleren Ansätzen (1970er Jahre bis heute) liegt die Annahme zugrunde, dass Organisationen extrem komplex und in ihren jeweiligen Umgebungen (z.B. ihren Märkten) nur schlecht plan- und steuerbar sind. In einem Veränderungsmanagementprozess müssen die Strukturen der Organisation, ihre Kultur, die Strategie und die Systemumgebung berücksichtigt werden (Fatzer, 2005).

Ein mögliches Instrument für ein strategisches Management stellt die **Balanced Scorecard** dar. Dabei handelt es sich um ein strategisches Managementsystem, das die Finanz-, Kunden-, Prozess- und Mitarbeiter-/Lernperspektive berücksichtigt (weiterlesen im ▶ Web-Exkurs »Balanced Scorecard« zu Kap. 3 unter www.lehrbuch-psychologie.de).

⊕ **Web-Exkurs**
»**Balanced Scorecard**«

3.4 Ansätze der Organisationsentwicklung

OE erhebt den Anspruch, Organisationen Unterstützung zu bieten, wenn sie Veränderungen einleiten, Entscheidungen über Veränderungsschritte treffen, Maßnahmen aktiv umsetzen und deren Nachhaltigkeit langfristig sichern. Dieser Anspruch verlangt nach umfassender **Organisationsberatung** (wie auch schon im soziotechnischen Systemansatz gefordert), um die organisationalen Strukturen, aber auch inter- und intraindividuellen Bedingungen in der Organisation zu berücksichtigen. Dafür müssen Maßnahmen der OE idealerweise zugleich auf der Ebene der gesamten Organisationsstrukturen und an den in der Organisation ablaufenden Prozessen, aber auch bei den einzelnen Organisationsmitgliedern ansetzen.

Je nach Ansatzpunkt der OE unterscheidet man strukturale, prozessuale und personale Ansätze (Domsch & Ladwig, 2006; Lehner, 2009; Schiersmann & Thiel, 2010):

- **struktureller Ansatz:** Beim strukturalen Ansatz werden Organisationen als soziotechnische Systeme verstanden und Änderungsprozesse über Eingriffe in die Strukturen der Organisation (z.B. in die Arbeitsbedingungen) angestrebt. Über eine Beschäftigung mit aktuellen Organisationsstrukturen sollen Organisationsmitglieder in die Lage versetzt werden, diese zu hinterfragen und alternative Strukturen zu entwickeln. Hierzu zählt z.B. die Einführung von Job Enrichment zur qualitativen Anreicherung der Arbeit, die Installation von teilautonomen Arbeitsgruppen (► Kap. 10), Qualitätszirkeln (► Kap. 10) oder die Einführung von Zielvereinbarungssystemen (► Kap. 4; Domsch & Ladwig, 2006).
- **prozessualer Ansatz:** Der Fokus des prozessualen Ansatzes liegt auf einer Veränderung der Prozesse innerhalb der Organisation. Hierzu zählen u.a. die Methode des Survey Feedback oder Maßnahmen der Teamentwicklung (► Kap. 7; Lehner, 2009; Schiersmann & Thiel, 2010).
- **personaler Ansatz:** Dieser Ansatz setzt an der Person des Organisationsmitglieds an. Maßnahmen zielen darauf ab, Lernprozesse anzuregen, den eigenen Blick auf die bestehende Situation zu reflektieren, Einstellungsänderungen zu bewirken und die fachliche Qualifikation einer Person anzuheben (Gebert, 2004). Ein klassischer Ansatz ist die zuvor beschriebene Laborationsmethode, welche eine Person für die in einer Gruppe ablaufenden Prozesse sensibilisieren soll, um dadurch eine Änderung auf organisationaler Ebene auszulösen. Als personaler Ansatz gilt auch das Coaching (► Kap. 6; Domsch & Ladwig, 2006).

> Organisationsentwicklungsmaßnahmen setzen im Idealfall gleichzeitig an den Organisationsstrukturen (strukturaler Ansatz), den Prozessen (prozessualer Ansatz) und den Organisationsmitgliedern (personaler Ansatz) an.

Exkurs

Coaching
Eine sehr bekannte und häufig eingesetzte Methode des personalen Ansatzes ist das Coaching. Einer Befragung von Personalmanagern (Böning & Fritschle, 2005) zufolge sind organisationale Veränderungsprozesse der Hauptanlass für Coaching. Bei Coaching handelt es sich um »eine intensive und systematische Förderung ergebnisorientierter Problem- und Selbstreflexionen sowie Beratung von Personen oder Gruppen zur Verbesserung der Erreichung selbstkongruenter Ziele oder zur bewussten Selbstveränderung und Selbstentwicklung. Ausgenommen ist die Beratung und Psychotherapie psychischer Störungen« (Greif, 2008). Der personale Ansatz des Coaching dient demzufolge der Steigerung und dem Erhalt der Leistungsfähigkeit in beruflichen Situationen und unterstützt die Klienten bei personenbezogenen Problemen im Rahmen ihrer beruflichen Rolle (Schreyögg, 2002), worüber die Entwicklung und Effizienz der Organisationen gefördert werden sollen. Coaching versteht sich in der Regel als personenzentrierte Prozessberatung (vgl. aber auch Team-Coaching ► Kap. 7). Dies hat zur Konsequenz, dass der Coach den Klienten unterstützt, Problemzusammenhänge selbstständig zu erkennen. Der Coach initiiert und begleitet den Klienten bei Lernprozessen, damit der Klient Probleme eigenständig lösen, sein Verhalten und seine Einstellungen weiterentwickeln und effektive Ergebnisse erreichen kann.

Der Verlauf von OE wird häufig in verschiedenen **Phasenmodellen** dargestellt. Eines dieser Modelle lässt sich in ◘ Abb. 3.1 finden. Einschränkend muss betont werden, dass

3

Der OE-Prozess läuft in Phasen ab:
1. »Auftauen«, 2. »Verändern«,
3. »Stabilisieren«.

der geradlinig erscheinende Verlauf des Modells in der Praxis selten zu beobachten ist. Dennoch bildet dieses Modell gut ab, welche Schritte bei Veränderungsprozessen zu berücksichtigen sind:

Erste Phase In der ersten Phase des »Auftauens« (in Anlehnung an Lewin, 1963) wird Motivation zur Veränderung hervorgerufen, indem auf die Diskrepanz zwischen bestehenden und angestrebten Verhaltensweisen verwiesen wird. Widerstände gegenüber Veränderungsprozessen werden beseitigt, um Wachstum zu ermöglichen. Wichtige Bestandteile dieser Phase sind die Diagnose der Ist-Situation durch das Festlegen eines Kontraktes und die (Problem-) Analyse (s. Cummings & Worley, 2008). In einem Kontrakt werden die identifizierten Probleme, der Veränderungsbedarf und die in Vorgesprächen vereinbarte Vorgehensweise schriftlich festgehalten. Es werden Rahmenbedingungen für den Veränderungsprozess definiert und Ressourcen bereitgestellt. Der Kontrakt dient als Anstoß und als Vorbereitung für den Veränderungsprozess. In der Regel erfolgt eine Datenerhebung und -auswertung zum Veränderungsthema. Die Ergebnisse werden anschließend als Feedback dem Klientensystem möglichst zu unterschiedlichen Perspektiven des Veränderungsthemas rückgemeldet. Ziele der Analyse für die weitere OE sind Betroffenheit zu erzeugen, Akzeptanz zu schaffen, Widerstände abzubauen, Dringlichkeit darzulegen und Koalitionen aufzubauen. Sinnbezüge werden hergestellt. Über die Analyse werden die Veränderungsprozesse weiter vorwärts getrieben.

Zweite Phase In der zweiten Phase des »Veränderns« werden Interventionsmaßnahmen eingesetzt. Neue Konzepte, Verhaltensweisen, Werte und Einstellungen werden durch Veränderungen in Strukturen und Prozessen der Organisation etabliert. Zunächst erfolgt eine Hierarchie übergreifende Beteiligung der Organisationsmitglieder an den Veränderungsprozessen. Durch die Überordnung gemeinsamer Visionen und Ziele werden die betroffenen Parteien zur Partizipation animiert. Es werden weitere konkrete Maßnahmen und Implementierungsschritte konzipiert und kommuniziert. Im nächsten Schritt erfolgt dann die Implementierung bzw. Umsetzung der konzipierten Maßnahmen und Implementierungsschritte. Über die Implementierung werden die Change Agents als Träger der OE qualifiziert und die weitere OE gesteuert. Für die erfolgreiche Implementierung ist es wichtig, sich die Unterstützung vom Management einzuholen, Resultate einzufordern und erste Ergebnisse der Implementierung rechtzeitig zu kommunizieren. Wichtig ist der richtige Zeitpunkt der Destabilisierung und die gerichtete Aktivierung.

Dritte Phase Der OE-Prozess schließt mit der dritten Phase des »Stabilisierens« ab, in der Veränderungen in die Organisation integriert, stabilisiert und generalisiert werden. Bestandteile der Stabilisierung sind die kritische Reflexion der Prozesse und Ergebnisse, die Dokumentation der gesamten OE, die Evaluation der Prozesse und Maßnahmen, aber auch das Feiern und Bilanzieren von Erfolgen. Durch die Stabilisierung sollen die Veränderungsprozesse nachhaltig »verankert« werden.

In Veränderungsprozessen, bei denen sich verschiedene Veränderungsprojekte und Restrukturierungsprojekte überlappen, ist es wichtig, neben destabilisierenden Elementen immer wieder stabilisierende Elemente einzubauen. **Destabilisierend** wirkt z.B. das Durchbrechen von Ritualen, das Verändern von Symbolen, das Senden von widersprechenden Informationen, Informationsstopps und Informationsflut. Destabilisierung geht mit einem hohen Erregungsniveau aller Beteiligten einher, das dauerhaft gesundheitsschädigende Auswirkungen haben kann. Daher sind stabilisierende Elemente in Veränderungsprozessen wichtig. **Stabilisierend** wirken z.B. der Aufbau von Regelsystemen, die Etablierung von Symbolen, kohärente und handlungsorientiere Informationen, konstantes Verhalten wichtiger Akteure, die Entwicklung einer Vision

Veränderungsprozesse sollten stabilisierende und destabilisierende Elemente enthalten.

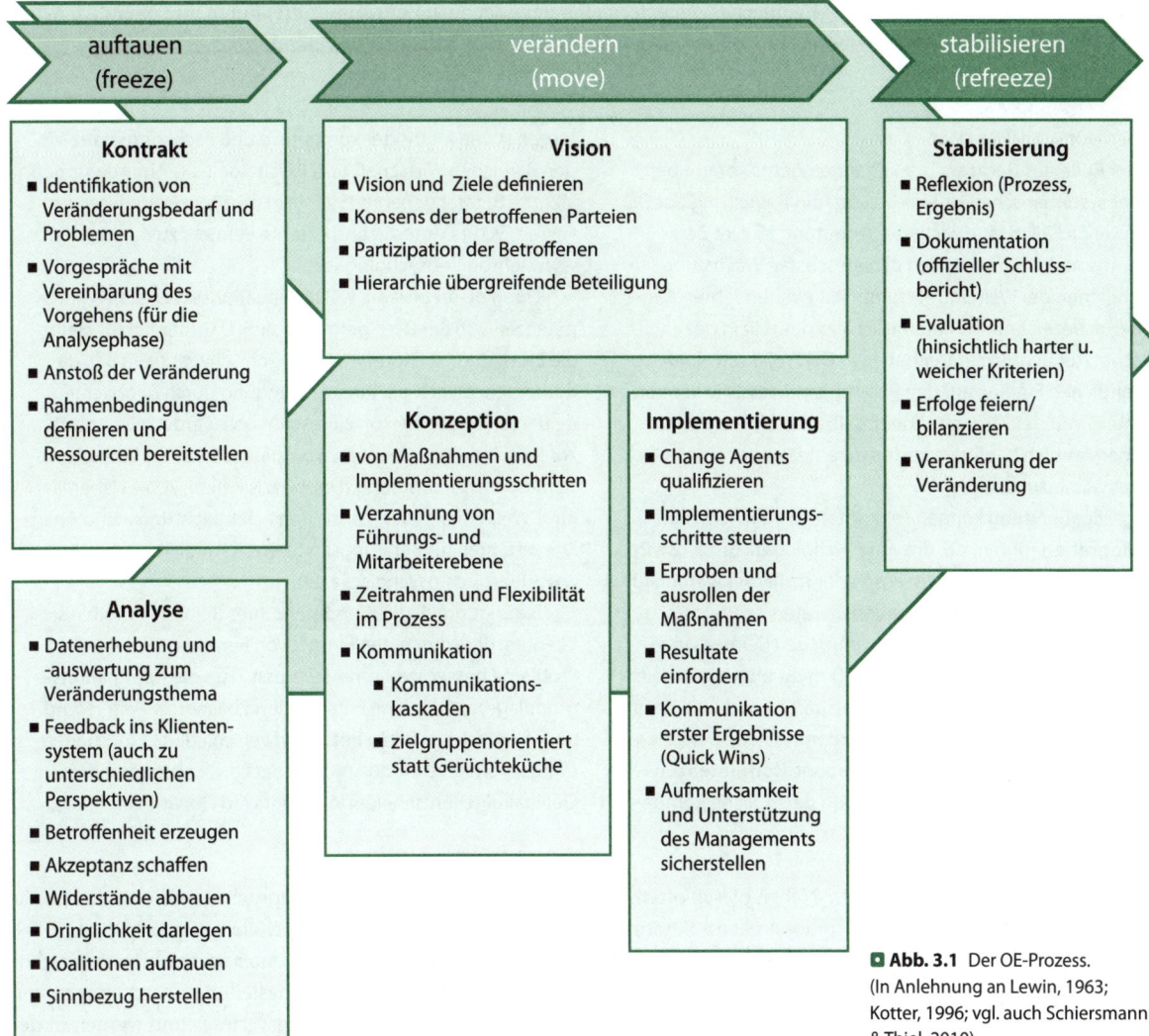

Abb. 3.1 Der OE-Prozess.
(In Anlehnung an Lewin, 1963;
Kotter, 1996; vgl. auch Schiersmann
& Thiel, 2010)

und die Schaffung von Identität (ein Beispiel ist im ▶ Web-Exkurs »Organisationsentwicklung in einem Finanzdienstleistungsunternehmen« zu Kap. 3 unter www.lehrbuch-psychologie.de aufgeführt).

3.5   Akteure der Organisationsentwicklung

Für die Gestaltung von Veränderungsprozessen in Organisationen ist es wichtig, alle betroffenen Organisationsmitglieder mit einzubeziehen. Im Rahmen der OE nehmen diese, in Abhängigkeit von ihrer Funktion, unterschiedliche Rollen ein. Hierbei werden folgende Rollen unterschieden: Sponsoren, Experten, Mitarbeiter und Change Agents. Top Management und **Sponsoren** haben die Aufgabe, ein Bewusstsein für die Dringlichkeit des Wandels zu schaffen, um Veränderungsprozesse anzustoßen und zu unterstützen. Daher spielen sie bei der Formulierung einer Vision, der Zusammensetzung von Projektteams und der Vergabe von Ressourcen eine wichtige Rolle. Die **Experten** fungieren meistens in funktionsübergreifenden Teams als Ansprechpartner für spezifische Fragen und Probleme. Die **Mitarbeiter** sind die Betroffenen und Beteiligten im Veränderungsprozess und damit die »Veränderer«, während die **Change Agents** (häu-

⊕ **Web-Exkurs
»Organisationsentwicklung in einem Finanzdienstleistungsunternehmen«**

Akteure der Organisationsentwicklung sind Sponsoren, Experten, Mitarbeiter und Change Agents.

3

fig interne oder externe Berater oder auch Führungskräfte) durch ihre operative Arbeit als Bindeglied zu den Mitarbeitern und damit als »Veränderungshelfer« fungieren.

Exkurs

Beratung und Berater

Der Rolle des **Beraters** bzw. Change Agents kommt bei der systematischen Unterstützung und Begleitung der OE in vielen Fällen eine wichtige Bedeutung zu. Der Beratungsmarkt gehört zu den dynamischsten Wachstumsbranchen der Welt und »boomt« seit einigen Jahren. Die Berufsbezeichnung »Berater« ist allerdings kein geschützter Begriff. Berater haben in OE-Projekten einen wesentlichen Einfluss auf den Beratungsprozess. Sie können intern von den Organisationen selbst beschäftigt sein, aber deutlich häufiger werden externe Berater zum Zweck der OE hinzugezogen.

Zur Beratung können sehr unterschiedliche **Berufsbiografien** führen, z.B. die von Psychologen, Betriebswirtschaftlern oder Rechtswissenschaftlern. Ferner werden für das **Berufsbild** des Organisationsberaters zahlreiche Zusatzausbildungen (z.B. zum systemischen Berater) angeboten. Diese sagen in der Praxis oft mehr über die Arbeitsweise der Berater aus als ihr universitärer Abschluss (Jonas et al., 2007). Betrachtet man Anforderungen an Berater genauer, spiegeln sich darin verschiedene **Kompetenzen** wider. In der Regel werden soziale und persönliche Kompe-

tenzen sowie Methodenkompetenz und Fachkompetenz in den Bereichen Wirtschaft und Psychologie als Anforderungen an gute Berater genannt (Steinle et al., 2009; weiterlesen im ▸ Web-Exkurs »Interne und externe Berater« zu Kap. 3 unter www.lehrbuch-psychologie.de).

Offen bleibt bislang, welche situationsspezifischen Kompetenzen von Beratern gefordert sind. Darüber hinaus stellt die Erfassung von Kompetenzen eine Schwierigkeit dar, da Kompetenzen erst bei ihrer Anwendung durch Beobachtende der jeweiligen Person zugeschrieben werden. Ein Ansatz zur Erfassung von Beratungskompetenzen ist die Videoanalyse mittels act4consulting (Hoppe & Kauffeld, 2009; Näheres im ▸ Web-Exkurs »act4consulting – Beobachtungs- und Analyseverfahren für Beratungskompetenzen« zu Kap. 3 unter www.lehrbuch-psychologie.de).

Bedingt durch die Kompetenz ihres Beraters erhoffen sich Klienten, dass durch den Einsatz von Beratung bestehende Probleme besser strukturiert werden, dass die Informationsgrundlage, auf der eine Entscheidung basiert, erweitert wird, dass die Unsicherheit in Bezug auf verschiedene Entscheidungsalternativen reduziert und dass die wahrgenommene Qualität einer Entscheidung erhöht wird (Jonas et al., 2007).

Neben expliziten Zielen kann Beratung auch latente Funktionen erfüllen. Sie werden nicht explizit angesprochen, müssen aber dennoch vom Berater beachtet werden.

⊕ **Web-Exkurs**
»Latente Funktionen von Beratung«

Neben diesen oft im Rahmen der Auftragsklärung ausgesprochenen Zielen und Funktionen kann Beratung auch einige **latente Funktionen** erfüllen (Kauffeld et al., 2009; ▸ Web-Exkurs »Latente Funktionen von Beratung« zu Kap. 3 unter www.lehrbuch-psychologie.de). Dazu zählen z.B. Legitimierung, Verantwortungsteilung oder Vertagen von Entscheidungen. Sie sind nicht Gegenstand des Beratungsvertrags und werden in der Regel nicht explizit angesprochen (▸ z.B. Harvey & Fischer 1997; Kramer et al., 2007).

Welches Ziel für eine Person oder eine Organisation, die einen Berater hinzuzieht, jeweils im Vordergrund steht, ist von personalen Faktoren (z.B. Unsicherheit über Entscheidung, Leidensdruck) und situationalen Faktoren (z.B. Wichtigkeit einer Entscheidung, Notwendigkeit einer Rechtfertigung) abhängig. Der Berater befindet sich im Spannungsfeld der verschiedenen expliziten und impliziten Ziele. Er muss die verschiedenen Erwartungen der einflussreichen Akteure auf Seiten des Klienten ausloten und so mit ihnen umgehen, dass er ihnen weitgehend entspricht, ohne dass seine eigenen Interessen zu kurz kommen. »Vordringliches Ziel des Unternehmensberaters ist es, den Klienten zufrieden zu stellen – durch Einsatz welcher Funktionen auch immer« (Kieser, 2002, S. 33). Für den Berater kann ein Missachten latenter Funktionen darin enden, dass er zum Sündenbock für unpopuläre Entscheidungen gemacht wird, dass seine Reputation leidet und dass Folgeaufträge unwahrscheinlicher werden (Kauffeld et al., 2009). Der Erfolg von OE-Projekten hängt nicht von einem Akteur alleine ab, sondern ergibt sich aus der Interaktion der verschiedenen Akteure.

3.6   Evaluation von Organisationsentwicklungsmaßnahmen

Der Gestaltung von organisationalen Veränderungsprozessen kommt eine hohe Bedeutung für den Unternehmenserfolg zu. Aus diesem Grund ist es wichtig, den Erfolg von OE-Maßnahmen zu evaluieren. Die Erkenntnisse aus der Evaluation bieten die Grundlage für die Entscheidung, ob die Maßnahmen verstärkt und weitergeführt, verändert oder abgeschafft werden sollten. Diese Form der Erfolgsmessung ist jedoch nicht unproblematisch, da der Erfolg von Veränderungsprozessen in Organisationen von vielfältigen Einflussfaktoren abhängt, die in ihrer Wechselwirkung nur bedingt analysierbar und steuerbar sind. Aufgrund der unterschiedlichen inhaltlichen Schwerpunkte von verschiedenen OE-Projekten gibt es **keine verbindlichen Messgrößen**, um den Erfolg eines Veränderungsprozesses zu bestimmen. Neben gemeinsam definierten Projektzielen, spielen, wie oben bereits erläutert, häufig latente Ziele eine Rolle, die für den Verlauf und die Bewertung des Erfolges eine erhebliche Bedeutung haben können.

Um den Erfolg von OE-Maßnahmen zu messen, ist es daher wichtig, **verschiedene Aspekte** zu berücksichtigen. Zunächst sollte im Vorhinein ein Kriterium als Indikator für den Maßnahmenerfolg festgelegt werden (z.B. Umsatz, Aktienkurs, Fluktuation, Fehlerquote, Unfälle, Zufriedenheit). Um Kausalrückschlüsse auf die Wirkung der OE-Maßnahme machen zu können, empfiehlt es sich, für die Evaluation ein Experimental-Kontrollgruppendesign zu verwenden, in dem die Messungen der Experimentalgruppe (mit der eine OE-Maßnahme durchgeführt wurde) mit denen der Kontrollgruppe (ohne OE-Maßnahme) verglichen werden können.

Innerhalb der Evaluation wird zudem zwischen Prozess- und in Ergebnisevaluation unterschieden. Die Prozessevaluation hat den Fokus auf dem Prozess der OE an sich (z.B. Erfolg der OE-Durchführung), während die Ergebnisevaluation allein auf das »Endprodukt« im Anschluss an die OE fokussiert (z.B. Veränderung der Kundenzufriedenheit).

Die Evaluation der OE-Maßnahmen kann sowohl qualitativ (z.B. in Form von Interviews oder offenen Fragen) oder quantitativ (z.B. in Form von Ratings oder Unternehmenskennzahlen) erfolgen. Im Umgang mit den Ergebnissen der Evaluation ist es vor allem bei negativen Ergebnissen wichtig, zu berücksichtigen, ob diese auf das Konzept der OE-Maßnahme an sich oder auf die fehlerhafte Implementierung bzw. Durchführung der OE-Maßnahme zurückzuführen sind.

Die Metaanalysen, die zur **Wirksamkeit** von OE-Maßnahmen vorliegen, deuten darauf hin, dass strukturelle Maßnahmen wie die Einführung von teilautonomen Arbeitsgruppen oder die Einführung von Job Enrichment in positiver Beziehung zu weichen, psychologischen Erfolgsmaßen wie der Zufriedenheit der Mitarbeiter und ihrer Einstellung zu Kollegen, der Arbeit und der Organisation stehen. Andere strukturelle Interventionen wie die Einführung von Leistungsbeurteilungen oder Zielvereinbarungssystemen stehen hingegen recht deutlich mit harten Kriterien wie der Zunahme der Arbeitsproduktivität in Verbindung. Prozessinterventionen wie Survey Feedback, Teamentwicklung und Prozessberatung gelten als besonders wirksam hinsichtlich weicher und als eingeschränkt wirksam hinsichtlich harter Leistungskriterien. Ausschließlich personale Interventionen wie gruppendynamische Trainings zeigen kaum Zusammenhänge mit Erfolgsmaßen (vgl. zusammenfassend Nerdinger et al., 2011). Zusammenfassend lässt sich sagen, dass OE-Maßnahmen Effekte zeigen. Die Streuungen sind jedoch so groß, dass die jeweils einzelne Maßnahme betrachtet werden muss bzw. Erfolgsfaktoren für die Wirksamkeit einer Organisationsentwicklungsmaßnahme identifiziert werden müssen.

Es gibt keine verbindlichen Messgrößen, woran der Erfolg eines Veränderungsprozesses gemessen wird.

Es müssen verschiedene Aspekte berücksichtigt werden und in einem experimentellen Design untersucht werden.

Man unterscheidet zwischen Prozess- und Ergebnisevaluation.

Zur Beurteilung von Effekten muss jeweils die einzelne OE-Maßnahme betrachtet werden.

3.7 Widerstände

70% der OE-Maßnahmen scheitern, zumeist an Widerständen der Mitarbeiter.

Schätzungen zufolge scheitern ca. 70% der betrieblichen Veränderungsprozesse (Higgs & Rowland, 2005). Als häufigster Grund des **Scheiterns** wird die mangelnde Unterstützungsleistung seitens der Mitarbeiter angegeben. Entscheidungen in Veränderungsprozessen können jedoch nicht immer für alle Betroffenen positiv ausfallen, da die zu verteilenden Ressourcen begrenzt sind. Dies führt in der Regel zu negative Reaktionen (z.B. Protest, Unzufriedenheit) vor allem bei denjenigen, die nicht von den Entscheidungen profitieren (vgl. Exkurs).

Widerstand von Mitarbeitern äußert sich aktiv und passiv.

Widerstände von Mitarbeitern können sich unterschiedlich äußern. So werden z.B. »aktiver« und »passiver« Widerstand sowie verschiedene Symptome beim Individuum und bei der Gruppe oder Organisation unterschieden (Kleist & Maetz, 2003):

- Beim **aktiven Widerstand** (»Angriff«) äußern sich die Symptome auf Individuumsebene unter anderem durch Widerspruch, Negativsicht, Gegenargumentation, Kritik gegenüber dem Vorgesetzten, Aufregung, Beschwerden, Ausreden für Passivität und Arbeitsverweigerung. Auf Gruppen- und Organisationsebene äußern sich die Symptome in Mitarbeiterkonflikten, Sündenbocksuche, Cliquenbildung und Machtspielen. Change-Zyniker üben mittels boshafter, ironischer Bemerkungen oftmals drastische Kritik an Change-Initiativen der Organisation. Die Change-Verantwortlichen werden als wenig kompetent und engagiert beurteilt. Es herrscht ein ausgeprägter Pessimismus gegenüber dem Erfolg der angekündigten Veränderungen vor. Die Einstellung der Kritiker, die sich in den entsprechenden Verhaltensweisen zeigt, resultiert aus der Erfahrung zahlreicher, als gescheitert eingestufter Change-Prozesse (Wanous et al., 1994).
- Der **passive Widerstand** (»Flucht«) ist auf Individuumsebene durch Symptome wie Abwesenheit am Arbeitsplatz, Lustlosigkeit, Unaufmerksamkeit, Ratlosigkeit und mangelndes Engagement zu erkennen. Auf Gruppen- und Organisationsebene zeigt sich passiver Widerstand durch eine angespannte Atmosphäre und Entscheidungsunfähigkeit sowie durch einen hohen Krankheitsstand und eine hohe Fluktuationsrate.

Exkurs

Sieben-Phasen-Modell nach Streich (1997)
Die Reaktion der Organisationsmitglieder im Veränderungsprozess wird im Sieben-Phasen-Modell nach Streich (1997), welches er in Anlehnung an das Kultur-Schock-Modell von Oberg (▶ Kap. 8) formuliert hat, wie folgt beschrieben: (1) Zu Beginn steht der »Schock« beim Organisationsmitglied, der infolge der Diskrepanz zwischen den eigenen Erwartungen und den tatsächlich eingetroffenen Veränderungen entsteht. (2) Es folgt eine »Verneinung« der neuen Situation, die aber im Idealfall durch (3) eine »Einsicht« in die Notwendigkeit der Veränderung abgelöst wird. Infolge der Einsicht werden (4) die Veränderungen »akzeptiert«, und die Betroffenen machen in (5) der »Ausprobier«-Phase ihre positiven und negativen Erfahrungen mit den neuen Verfahrens- und Verhaltensweisen. Aus dieser Phase erwächst dann im besten Fall auch (6) die »Erkenntnis«, warum die betreffenden Veränderungen notwendig waren. (7) Der Prozess schließt mit einer »Integration« der Veränderung als akzeptiertem Zustand und der Übernahme der eingeführten Verfahrens- und Verhaltensweisen in das eigene Handlungsrepertoire. Im Unternehmen selbst müssen die Veränderungen kulturell verankert werden, damit sie wirkungsvoll und langlebig werden (▶ Kap. 2).

So vielfältig wie die Symptome sind, in denen sich Widerstand äußert, so vielfältig ist auch die Anzahl der möglichen Ursachen für Widerstand. Im Wesentlichen gehen die **Ursachen** auf Defizite bei den Organisationsmitgliedern in einem der folgenden vier Bereiche zurück (vgl. Frey et al., 2008):

- Nicht-Wissen: Es ist unklar, was der Ist- und was der Soll-Zustand ist; welches die Ursachen der Diskrepanz sind und welche Lösungen notwendig sind.
- Nicht-Können: Man kennt Ist, Soll usw., aber man verfügt nicht über die Fertigkeit und Fähigkeit.

- Nicht-Wollen: Es fehlt die Motivation, sich zu verändern, weil z.B. die Kosten-Nutzen Relation als ungünstig wahrgenommen wird.
- Nicht-Dürfen bzw. Nicht-Sollen: Es werden von der Umgebung (Kollegen, Vorgesetzte, usw.) Signale wahrgenommen, dass man sich gar nicht verändern soll.

Darüber hinaus sind die Reaktionen weniger negativ, wenn die Wahrnehmung des Ergebnisses und des Entscheidungsprozesses als subjektiv fair erlebt wird. Die Akzeptanz von Entscheidungen und die Loyalität gegenüber Entscheidungsträgern ist dann eher gegeben. Zusammenfassend werden vier Formen der **Gerechtigkeit** unterschieden:

- Bei der **distributiven Gerechtigkeit** geht es um die Bewertung von Input-Output-Relationen (▸ Kap. 9).
- Die **prozedurale Gerechtigkeit** umfasst die Möglichkeit, seine Meinung kund zu tun (»voice«), das Vertrauen in die Neutralität der Entscheidungsträger sowie konsistente, alle Bedürfnisse berücksichtigende Entscheidungsverfahren. Voice bedeutet nicht Partizipation, d.h. es geht nicht um tatsächliche Mitwirkung im Sinne der Einflussnahme auf Entscheidungen, sondern lediglich um die Möglichkeit, seinen Standpunkt zu vertreten. Menschen reagieren sogar dann positiv auf prozedurale Gerechtigkeit, wenn sie überzeugt sind, durch ihre Meinungsäußerung keinen oder einen nur sehr geringen Einfluss auf die Entscheidung haben zu können.
- Bei der **interaktionale Gerechtigkeit** geht es um soziale Aspekte. Sie unterteilt sich in die informationale und die interpersonale Gerechtigkeit. Bei dem Aspekt der informationalen Gerechtigkeit geht es um die Qualität und Quantität von Informationen, die gegeben werden. Bei dem Aspekt der interpersonalen Gerechtigkeit steht im Vordergrund, inwieweit man mit Würde und Respekt behandelt wird.

Um Widerstände bei den Organisationsmitgliedern abzubauen bzw. diesen vorzubeugen, ist es wichtig, schon zu Beginn für eine ausreichende Akzeptanz der Veränderung durch Management und Mitarbeiter zu sorgen (Bernecker & Reiss, 2003). Hierbei ist es bedeutsam, die drei zentralen Bereiche der **Kommunikation** bei Veränderungsprozessen zu beachten:

- Gründe einer Veränderung (Klärung des Warum?): Wichtig ist, alle Betroffenen darüber aufzuklären, weshalb eine Veränderung erforderlich wird. Häufig kommen hier geänderte Umsystem- und Wettbewerbsbedingungen (z.B. Euro-Einführung, europäischer Binnenmarkt, Globalisierung), eine veränderte Unternehmenssituation (z.B. Fusionen-Aktivitäten, strategische Neupositionierung) oder auch eine proaktive Vermeidung von Stillstand im Unternehmen in Betracht.
- Inhalte einer Veränderung (Klärung des Was?): Um eine umfassende Akzeptanz für eine Veränderung schaffen zu können, muss diese in ihrem Umfang klar umrissen werden. Hierzu zählt, ob es sich um globale, unternehmensweite oder lokale, auf den einzelnen Arbeitsplatz oder die Abteilung bezogene Veränderungen handelt, ob die Einführung Pilotfunktion übernehmen soll, welche Strukturen oder Prozesse betroffen sind, und in welcher Weise diese verändert werden sollen.
- Folgen der Veränderung (Klärung des Danach): Für den einzelnen Betroffenen steht im Vordergrund, wie sich eine Veränderung auf ihn persönlich und sein unmittelbares Arbeitsumfeld auswirkt. Von Interesse sind hier z.B. Veränderungen der Belegschaftsgröße, Umsetzungen innerhalb des Betriebs oder eine Neuverteilung von Aufgaben durch ein Change-Vorhaben.

Regelmäßige Kommunikation schafft Sicherheit, Orientierung und Motivation. Dabei sollten Wiederholungen nicht gescheut werden, da eine Botschaft bei Stress Menschen weniger gut erreicht. Zudem können verschiedene Kommunikationskanäle genutzt werden, um Botschaften zu verankern. Es können zudem die bereits vorhandene Kom-

---

Widerstand entsteht entweder durch Nicht-Wissen, Nicht-Können, Nicht-Wollen oder Nicht-Dürfen.

Distributive, prozedurale und interaktionale Gerechtigkeit fördern Akzeptanz und Loyalität.

Richtige Kommunikation reduziert und verhindert Widerstände. Sie muss die Gründe, die Inhalte und die Folgen der Veränderung transparent machen.

Es sollten verschiedene Kommunikationskanäle genutzt werden sowie spezielle Instrumente.

3

◻ Tab. 3.1 Ansätze zur Überwindung von Veränderungswiderständen

Ansatz	Beispiel	Indikation
Information, Ausbildung	vorbereitende Informationstreffen und Trainings	wenn Mitarbeiter unzureichend oder fehlerhaft informiert bzw. nicht ausreichend kompetent sind
Partizipation, Involvierung	Einbeziehung von Mitarbeitern in die Planung und Umsetzung der Intervention	wenn die Change Agents nicht über ausreichende Informationen verfügen und wenn Mitarbeiter die Macht haben, die Umsetzung zu verhindern
Verhandlung	Vereinbarung mit Betriebsrat; Anreiz für Kontrahenten	wenn es mächtige Kontrahenten gibt, die befürchten, etwas durch die Veränderung zu verlieren
Belohnung	Gehalt, Arbeitszeit, Anerkennung, Autonomie	wenn sich die Aufwands-Ergebnis-Relation durch die Veränderung verschlechtert hat
Zwang	Drohung mit Kündigung oder Beförderungsnachteilen	wenn die Zeit drängt und die Change Agents entsprechende Macht haben
Unterstützung	zusätzliches Training, Coaching, emotionale Unterstützung	wenn Mitarbeiter den Veränderungen nicht gewachsen sind
Manipulation, Kooptierung	Informationsselektion, Einbindung einflussreicher Kontrahenten	wenn andere Ansätze nicht funktionieren oder zu aufwändig sind

Persönliche Kommunikation ist besser als schriftliche.

munikationsinfrastruktur (z.B. Newsletter per E-Mail, Mitarbeiterzeitschrift, Intranet, Mitarbeitergespräche) oder speziell entwickelte Kommunikationsinstrumente (z.B. Mitarbeiterbefragungen, Flugblätter, Workshops, Kick-Off-Veranstaltungen) genutzt werden. Die persönliche Form (z.B. Mitarbeiterversammlungen, Zusammenkünfte, Kaminabende) ist dabei der schriftlichen Form vorzuziehen, da nur hier Mitarbeiter ihre persönlichen Sorgen besprechen und Orientierung und Sicherheit von Führungskräften erhalten können.Die Veränderungskommunikation folgt dabei anderen Gesetzmäßigkeiten als die Regelkommunikation: besser frühzeitig fragmentarisch statt spät und vollständig, lieber schlechte Nachrichten als keine Nachrichten.

Veränderungsprozesse zu managen bedeutet, die Vorstellung der linear-kausalen Steuerung aufzugeben. Die Herausforderung besteht darin, ein komplexes, lebendes System zu steuern. Durch fortlaufende Rückkopplungen an die vorangegangenen Prozessschritte können neue Entwicklungen und Erkenntnisse während der Bearbeitung des Veränderungsprojekts fortlaufend eingebunden werden, und es kann nachgesteuert werden. Darüberhinaus gilt es, die Regeln nach denen Entscheidungen getroffen werden und wurden, offen zu legen und den verschiedenen Betroffenen die Möglichkeit zu geben, sich zu äußern (vgl. prodzedurale Gerechtigkeit).

Weitere Ansätze zur Überwindung von Veränderungswiderständen sowie die Indikation der verschiedenen Maßnahmen sind im ▶ Web-Exkurs »Erfolgsfaktoren in Veränderungsprozessen« zu Kap. 3 unter www.lehrbuch-psychologie.de aufgeführt und in ◻ Tabelle 3.1 zusammengefasst (in Anlehnung an Kotter & Schlesinger, 1979).

Antworten auf die Fragen, die sich aus dem Fallbeispiel ergeben haben, sind im ▶ Web-Exkurs »Fallbeispielauflösung« zu Kapitel 3 unter www.lehrbuch-psychologie.de zu finden.

⊕ Web-Exkurs
»Erfolgsfaktoren in Veränderungsprozessen«

⊕ Web-Exkurs
»Fallbeispielauflösung Kapitel 3«

Cummings, T. G. & Worley, C. G. (2008). *Organization Development and Change.* Mason: South-Western Cengage Learning.
Jonas, E., Kauffeld, S. & Frey, D. (2007). Psychologie der Beratung. In L. von Rosenstiel & D. Frey (Hrsg.), *Enzyklopädie der Psychologie* (S. 283–324). Göttingen: Hogrefe.
Schiersmann, C. & Thiel, H.-U. (2010). *Organisationsentwicklung: Prinzipien und Strategien von Veränderungsprozessen,* 2. Aufl. Wiesbaden: VS.

► **Weiterführende Literatur**

Literaturverzeichnis

Ameln, F. von, Kramer, J. & Stark, H. (2009). *Organisationsberatung beobachtet: Hidden Agendas und blinde Flecke.* Wiesbaden: VS.
Bernecker, T. & Reiss, M. (2003). Kommunikation im Wandel. Kommunikation als Instrument des Change Managements im Urteil von Change Agents. *Zeitschrift Führung und Organisation, 71,* 352–359.
Böning, U. & Fritschle, B. (2005). *Coaching fürs Business.* Bonn: managerSeminare.
Cummings, T. G. & Worley, C. G. (2008). *Organization Development & Change.* Mason: South-Western Cengage Learning.
Domsch, M. E. & Ladwig, D. H. (2006). *Handbuch Mitarbeiterbefragung,* 2. Aufl. Berlin, New York, Tokio, Heidelberg: Springer.
Fatzer, G. (Hrsg.) (2005). *Gute Beratung von Organisationen: Auf dem Weg zu einer Beratungswissenschaft.* Bergisch Gladbach: EHP.
Frey, D., Gerkhardt, M. & Fischer, P. (2008). Erfolgsfaktoren und Stolpersteine bei Veränderungen. In R. Fisch, A. Müller & D. Beck (Hrsg.), *Veränderungen in Organisationen* (S. 281–300). Wiesbaden: VS.
Gebert, D. (2004). *Innovation durch Teamarbeit: Eine kritische Bestandsaufnahme.* Stuttgart: Kohlhammer.
Greenberg, J. (2001). Setting the Justice Agenda: Seven Unanswered Questions about »What, Why, and How«. *Journal of Vocational Behavior, 58 (2),* 210–219.
Greif, S. (2008). *Coaching und ergebnisorientierte Selbstreflexion: Theorie, Forschung und Praxis des Einzel- und Gruppencoachings.* Göttingen: Hogrefe.
Harvey, N. & Fischer, I. (1997). Taking advice: Accepting help, improving judgment, and sharing responsibility. *Organizational Behavior and Human Decision Processes, 70,* 117–133.
Higgs, M. J. & Rowland, D. (2005). All Changes Great and Small: Exploring Approaches to change and its leadership. *Change Management Journal, 5 (2),* 121–151.
Hoppe, D. & Kauffeld, S. (2009). Interaktion in der Beratung von Studierenden: Welche Kompetenzen werden gezeigt und wie wird darauf reagiert? *Vortrag bei der 6. Tagung der Fachgruppe Arbeits- und Organisationspsychologie der Deutschen Gesellschaft für Psychologie in Wien, 9.–11. Sept.*
Jonas, E., Kauffeld, S. & Frey, D. (2007). Psychologie der Beratung. In L. von Rosenstiel & D. Frey (Hrsg.), *Enzyklopädie der Psychologie* (S. 283–324). Göttingen: Hogrefe.
Kauffeld, S., Jonas, E. & Schneider, H. (2009). Strategisches Verhalten in der Berater-Klienten-Interaktion. In H. Möller & B. Hausinger (Hrsg.), *Quo vadis Beratungswissenschaft?* (S. 119–139). Wiesbaden: VS.
Kieser, A. (2002). *Organisationstheorien,* 5. Aufl. Wiesbaden: VS.
Kleist, S. & Maetz, H. (2003). Widerstände im Change Management. In: G. Schewe (Hrsg.), *Change-Management – Facetten und Instrumente* (S. 53–58). Hamburg: Kovac.
Kotter, J. P. & Schlesinger, L. A. (1979). Choosing Strategies for Change. *Harvard Business Review, 57 (2),* 106.
Kotter, J. (1996). *Leading Change.* Cambridge Harvard Business School Press.
Kramer, J., Ameln, F. v. & Stark, H. (2007). Hidden Agendas in Beratungs- und Veränderungsprozessen. *Gruppendynamik und Organisationsberatung, 38 (3),* 234–246.
Lehner, F. (2009). *Wissensmanagement: Grundlagen, Methoden und technische Unterstützung,* 3. Aufl. München: Hanser.
Lewin, K. (1963). *Feldtheorie in den Sozialwissenschaften.* Bern: Huber.
McGregror, D. (1960). The human side of enterprise. Columbus: McGraw Hill.
McKenna, E. F. (2006). *Business psychology and organisational behavior. A student's handbook.* Hove: Psychology Press.

Möller, H. & Hausinger, B. (2009). *Quo vadis Beratungswissenschaft?* Wiesbaden: VS.

Nerdinger, F. W., Blickle, G. & Schaper, N. (2011). Organisationsentwicklung. In F. W. Nerdinger, G. Blickle & N. Schaper (Hrsg.), *Arbeits- und Organisationspsychologie* (S. 149–158). Berlin, New York, Tokio, Heidelberg: Springer.

Schein, E. H. (1990). Prozessberatung. In G. Fatzer (Hrsg.), *Supervision und Beratung* (S. 119–139). Bergisch Gladbach: EHP.

Schiersmann, C. & Thiel, H.-U. (2010). *Organisationsentwicklung: Prinzipien und Strategien von Veränderungsprozessen,* 2. Aufl. Wiesbaden: VS.

Schreyögg, A. (2002). Konfliktcoaching. Stuttgart: Campus.

Schreyögg, A. (2010). Ist Coaching reine Prozessberatung oder sind hier auch andere Beratungsmodelle relevant? *Organisationsberatung, Supervision, Coaching, 17,* 119–132.

Steinle, C., Eichenberg, T. & Dietrich, M. C. (2009). Kompetenzen als Auswahlbasis von Coaches: Ergebnisse einer Literaturanalyse sowie einer explorativen Studie. Organisationsberatung, *Supervision, Coaching, 16,* 413–433.

Streich, R. (1997). Veränderungsmanagement. In M. Reiß, L. v. Rosenstiel, A. Lanz (Hrsg.), *Change-Management* (S. 662-671). Stuttgart: Schäffer-Poeschel.

Wanous, J., Reichers, A. E. & Austin, J. T. (2004). Understanding and managing cynicism about organizational change, Academy of Management *Executive, 11 (1),* 48–59.

4 Führung

Simone Kauffeld, Patrizia Maria Ianiro & Nils Christian Sauer

---

Lernziele

- Wissen, was Führung ist.
- Erklären können, was Manager tun und welche Kompetenzen sie benötigen.
- Theoretische Führungsansätze nennen können.
- Wissen, womit sich neuere Ansätze der Führungsforschung beschäftigen.
- Die Gemeinsamkeiten und Unterschiede der Ansätze erläutern können.
- Erklären können, inwiefern der Gender-Aspekt in Führungspositionen eine Rolle spielt.

Beispiel

Fallbeispiel

Ein kleines Start-Up-Unternehmen ist innerhalb weniger Jahre zu einer mittelständischen IT-Beratung angewachsen. Dabei hat sich die Mitarbeiterzahl fast verdoppelt, und ein zweiter Unternehmensstandort wurde aufgebaut. Die Mitarbeiter sind gewohnt, in überwiegend informellen Strukturen mit kurzen Kommunikationswegen zu arbeiten, was bei der aktuellen Größe des Unternehmens nicht mehr möglich ist. Aus den strukturellen Defiziten sind Unklarheiten entstanden. Zudem ist die Motivation der Mitarbeiter im Vergleich zu den Vorjahren drastisch gesunken.

Nachdem sich die Geschäftsleitung auf neue Prozessabläufe, Rollen und Verantwortungsbereiche geeinigt hat, stehen die Projektleiter nun vor der Aufgabe, die neuen Strukturen in ihren Teams einzuführen. Herr A. wird gleichzeitig beauftragt, ein laufendes Projekt trotz kurzfristiger personeller Ausfälle termingerecht abzuschließen, da sonst Folgeaufträge gefährdet wären. Als Führungskraft ist Herr A dafür verantwortlich, dass sein Team trotz struktureller Veränderungen effektiv arbeitet und die maximale Leistung zeigt.

Wie soll Herr A. vorgehen? Welche Prioritäten soll er setzen und wie mit dem Zeitdruck umgehen? Soll Herr A. die Angelegenheit im Team besprechen, und wenn ja, wie? Wie kann Herr A. seine Ziele erreichen?

4.1   Führungsbegriff

► Definition

> **Definition**
>
> **Führung** dient dazu, andere Menschen individuell und gezielt zu beeinflussen, zu motivieren und/oder in die Lage zu versetzen, zum Erreichen kollektiver Ziele in Organisationen beizutragen.

Der Begriff »Führung« beschreibt einen Interaktionsprozess, in dem Personen absichtlich sozial auf andere Personen einwirken, um Aufgaben im Arbeitskontext gemeinsam zu erfüllen.

Führung ist damit ein Sammelbegriff für alle Interaktionsprozesse, in denen eine absichtliche soziale Einflussnahme von Personen auf andere Personen zur Erfüllung gemeinsamer Aufgaben im Kontext einer strukturierten Arbeitssituation erfolgt (vgl. Wegge & Rosenstiel, 2004).

Reichweiten von Interaktionsprozessen

Interaktionsprozesse können in drei verschiedene Reichweiten untergliedert werden:

- **Unternehmensführung:** Sie umfasst alle Interaktionsprozesse mit Blick auf die Beschaffung, Verteilung, Nutzung, Kontrolle und Entwicklung einzelner Ressourcen einer Organisation, die mit der Absicht erfolgen, das Erreichen der wesentlichen Unternehmensziele zu befördern.
- **Personalmanagement:** Es umfasst alle Interaktionsprozesse im Dienste der Unternehmensführung, die auf die Steuerung der humanen Ressourcen der jeweiligen Organisationsmitglieder zielen.
- **Personale Führung:** Sie umfasst alle unmittelbaren, wechselseitigen und tendenziell eher nicht-symmetrischen Interaktionsprozesse, die zwischen einem oder mehreren Führenden und einem oder mehreren Geführten stattfinden, wobei diese Prozesse von jedem Mitglied und jeder Gruppe einer Organisation ausgehen können, auch im Sinne »lateraler Führung« (Führung unter Gleichgestellten) oder als »Führung von unten«.

Führung kann durch Strukturen (z. B. Vorschriften, Anreize, Rollen) oder Menschen erfolgen. Deshalb muss zwischen personalisierter und entpersonalisierter Führung unterschieden werden (Wegge & Rosenstiel, 2004). **Personalisierte Führung** umfasst alle Interaktionsprozesse, die direkt zwischen gleichzeitig anwesenden Personen geschehen (z. B. Leistungsrückmeldung, Erarbeiten gemeinsamer Arbeitspläne, etc.). Bei **entpersonalisierter Führung** ist hingegen kein sichtbares Eingreifen von Vorgesetzen zu beobachten. Stattdessen veranlassen die geschaffenen Strukturen Mitarbeiter zu systemkonformen Handeln (nach Türk, 1995). Die entpersonalisierte Führung geschieht über organisationale Vorschriften, Strukturen oder Werkzeuge. Konkrete Substitute der Führung können die professionelle Orientierung der Mitarbeiter an Fachleuten anstelle der Führungskraft, die Vorgaben der Arbeitsaufgabe, Implikationen des Leistungsfeedback oder das Zusammenarbeiten in Arbeitsgruppen sein.

Es wird zwischen personalisierter und entpersonalisierter Führung (durch Strukturen) unterschieden.

Bislang stellte die personalisierte Führung den Hauptgegenstand der psychologischen Führungsforschung dar. Die zentrale Frage lautet dabei: Wie muss Führung gestaltet sein, damit wesentliche Ziele des Unternehmens (zufriedene Mitarbeiter, Gewinn, etc.) erreicht werden?

Führungskräften wird im Prozess der Einflussnahme eine besondere Rolle zugesprochen: Führungspersonen sind sogenannte »Agents of Change« (Bass, 1990), d.h. Personen, deren Handeln andere Personen mehr beeinflusst als dass sie von anderen beeinflusst werden. Führungskräfte haben aufgrund ihrer Position, die meist mit Belohnung- und Bestrafungsmacht verbunden ist, ein größeres Einwirkungspotenzial. Allerdings darf nicht außer Acht gelassen werden, dass Führung bzw. soziale Einwir-

◗ Tab. 4.1 Aktuelle Herausforderungen und Anforderungen an Führungskräfte

unternehmensexterne Herausforderungen	unternehmensinterne Herausforderungen
zunehmende Globalisierung: Überbrücken großer räumlicher Distanzen zu Mitarbeitern Auseinandersetzen mit kultureller Heterogenität der Mitarbeiter	**Abflachen von Hierarchien:** stärkeres Übernehmen von Eigenverantwortung Fördern der Kommunikation zwischen Unternehmensleitung und geführten Mitarbeitern
steigende Marktdynamik: Auseinandersetzen mit geringer Planbarkeit der Führung Steigern der Kundenorientierung der Mitarbeiter	**häufige Unternehmensveränderungen:** Fördern von Veränderungsfähigkeit- und -bereitschaft Fördern der Motivation von Mitarbeitern für sich häufig ändernde Ziele/Anforderungen verstärktes Engagement auf veränderungsbedingte Unsicherheit von Mitarbeitern
wachsende technologische Dynamik: Fähigkeit und Bereitschaft zu virtuellem Führen Ersetzen persönlicher Interaktion durch mediengestützte Kommunikation im Rahmen der Mitarbeiterführung	**steigender Partizipationswunsch der Mitarbeiter:** verstärktes Einbinden von Mitarbeitern in Entscheidungsprozesse Vertrauen auf Fähigkeiten der Mitarbeiter

◗ Tab. 4.2 Fragen und Fehlannahmen zur Führung

Fragen und Fehlannahmen	aktuelle Erkenntnisse
Führung steht nur für personalisierte Formen der Einflussnahme.	Falsch. Sowohl formelle Strukturen (z. B. Gestaltung des Arbeitsplatzes, Regeln, Überwachungssysteme) als auch informelle Normen (z. B. Unternehmenskultur) beeinflussen das Verhalten von Organisationsmitgliedern im Sinne der Unternehmensziele, ohne dass eine Führungskraft direkt eingreifen muss (Türk, 1995).
Spricht man auch von Führung, wenn die absichtliche Einwirkung im Dienst der Unternehmensziele misslingt?	Ja. Führung ist nicht mit Führungserfolg gleichzusetzen. Die Absicht eines Akteurs, im Sinne der Unternehmensziele auf andere Personen einzuwirken, genügt, um von Führung zu sprechen. Dabei muss die Absicht von außen nicht unbedingt erkennbar sein (Wegge & Rosenstiel, 2004).
Ist unabsichtliche Einflussnahme im Sinne der Unternehmensziele auch Führung?	Nein. Das Phänomen Führung soll von allen beiläufigen Interaktionen zwischen Vorgesetzten und Mitarbeitern abgegrenzt werden, selbst wenn sich diese förderlich auf das Unternehmen auswirken.
Es gibt Organisationen, in denen überhaupt nicht geführt wird.	Falsch. Jede Organisation verfügt über Strukturen und Abläufe, um übergeordnete Ziele zu erreichen und um auf die Umwelt zu reagieren. Damit eine Organisation handlungsfähig bleibt, muss es immer wieder eine oder mehrere Personen geben, die Abläufe koordinieren, Ziele priorisieren und die für eine »situationsspezifisch angemessene Interpretation der Strukturen« sorgen (Wegge & Rosenstiel, 2004, S. 479).
»Die Führungskraft hat alles im Griff.« »Ist es nur die richtige Führungskraft, lässt sich alles erreichen.« (vgl. Führungsmythen, Neuberger, 2002)	Falsch. Diese Annahmen blenden aus, dass Führung ein komplexer Interaktionsprozess ist, in dem sich Vorgesetzte und Mitarbeiter wechselseitig beeinflussen und bei dem noch andere Einflüsse im Unternehmenskontext eine wichtige Rolle spielen.

kung im Sinne der Unternehmensziele auch von Gleichgestellten oder »formal« Untergebenen erfolgen kann. Jedes Gruppenmitglied kann ein gewisses Ausmaß an Führung zeigen (Bass, 1990). Der Führungsprozess lässt sich daher nur dann vollständig begreifen, wenn er bidirektional betrachtet wird – aus Sicht der Führungskraft und der Geführten (Neuberger, 2002).

Der Wandel der Arbeit führt dazu, dass sich Arbeitstätigkeiten und -prozesse stetig verändern. Das bedeutet, dass sich auch Führungskräfte einer Vielzahl immer neuer Herausforderungen stellen müssen. In ◗ Tabelle 4.1 (Stock-Homburg, 2008; Sauer et al.,

2009) sind einige aktuelle **Anforderungen** an Führungskräfte aufgrund neuer Entwicklungen der modernen Informationsgesellschaft aufgelistet.

Aufgrund der Weite des Forschungsfeldes und der Vielzahl verschiedener Definition, die zum Thema Führung existieren, ist die hier verwendete Führungsdefinition relativ weit gefasst. ▢ Tabelle 4.2 enthält einige aktuelle Erkenntnisse zu den häufigsten Fragen und Annahmen im Hinblick auf das Thema.

4.2   Theoretische Ansätze

Die Frage, welche Persönlichkeitseigenschaften, Verhaltensweisen und/oder situativen Bedingungen für den Führungserfolg maßgeblich sind, beschäftigt Philosophen, Forscher und Praktiker gleichermaßen. In zahlreichen Abhandlungen von Aristoteles über Machiavelli bis hin zu aktuellen Forschungsstudien und Managementratgebern werden erfolgreiche Führungskräfte beschrieben und Empfehlungen gegeben, wie sich Führungskräfte verhalten sollen. Im Folgenden stellen wir verschiedene Ansätze vor, die die Führungsforschung maßgeblich geprägt haben oder Gegenstand des aktuellen wissenschaftlichen Diskurses sind. Die Ansätze unterscheiden sich darin, welche Einflussfaktoren sie für den Führungserfolg verantwortlich machen.

4.2.1 Eigenschaftsorientierte Ansätze

Gemäß eigenschaftstheoretischer Ansätze beruht Führungserfolg auf bestimmten stabilen, individuellen Persönlichkeitsmerkmalen von Führungspersonen.

Die Annahme aller eigenschaftsorientierten Ansätze lautet: Die Fähigkeit zu führen ist, egal ob angeboren oder erworben, eine relativ stabile, zeit- und situationsunabhängige Persönlichkeitsdisposition. Diese Annahme basiert auf der sogenannten **Great-Man-Theorie** (Carlyle, 1888). Nach dieser Theorie gilt: »Ist es nur der richtige Führer, kann er aus einem Heer von Feiglingen Löwen machen.« Das Ziel eigenschaftsorientierter Ansätze ist es daher, diejenigen individuellen Persönlichkeitsmerkmale zu identifizieren, die besonders stark mit Führungserfolg in Verbindungen stehen. Der eigenschaftstheoretische Ansatz hat im wissenschaftlichen Diskurs sehr unterschiedliche Beachtung erfahren. Er wurde in den Anfängen überschätzt, dann heftig kritisiert und als überholt betrachtet, um schließlich in Teilen wieder »rehabilitiert« zu werden (vgl. Neuberger, 2002).

Führungserfolg hängt mit den Persönlichkeitsfaktoren Extraversion und emotionale Stabilität zusammen. Außerdem v. a. mit Intelligenz, Selbstvertrauen und Stresstoleranz.

Darüber hinaus zeigen Metaanalysen (z. B. Judge et al., 2002) geringe, aber bedeutsame Zusammenhänge von Führungserfolg mit den Dimensionen des **Fünf-Faktoren-Modells** der Persönlichkeit (Big Five; Costa & McCrae, 1992). Aktuelle Studien bringen Führungserfolg vor allem mit den Dimensionen Extraversion und emotionale Stabilität in Verbindung (Silversthorne, 2001; Bono & Judge, 2004). Als Korrelate des Führungserfolges konnten u.a. Intelligenz, Selbstvertrauen, emotionale Reife, internale Kontrollüberzeugung und hohe Stresstoleranz ermittelt werden (Yukl, 2002). Als Motive fand man bei Führungskräften ein hohes Leistungsmotiv und ein hohes sozialisiertes Machtmotiv bei gleichzeitig gering ausgeprägtem Anschlussmotiv (Yukl, 2002).

Jenseits aktueller Befunde zum Fünf-Faktoren-Modell verdankt der Ansatz seine überdauernde Anziehungskraft dem kulturell verwurzelten (westlichen) **Individualismus**. Der Gedanke, dass der Erfolg eines Menschen im hohen Maße an seine Persönlichkeit sowie an seine Kenntnisse und Fertigkeiten gekoppelt ist, bestimmt die westliche Leistungsgesellschaft. Dies zeigt sich auch in der personalen Ausrichtung von organisationalen Kontroll- und Belohnungssystemen. Außerdem lässt sich eine einzelne Person leichter einschätzen und ist greifbarer als beispielsweise die Qualität von Gruppeninteraktionen oder der Einfluss von Kontexteffekten. Der starke Fokus auf Charaktereigenschaften lässt sich mit dem fundamentalen Attributionsfehler erklären: Dieser beschreibt die Tendenz von Beobachtern, den Einfluss dispositionaler Faktoren auf das Verhalten anderer zu überschätzen und den Einfluss situativer Faktoren zu unterschätzen (Ross & Nisbett, 1991).

Die geringen bis moderaten Zusammenhänge zwischen Persönlichkeitseigenschaften und Führungserfolg legen nahe, dass auch andere Einflussfaktoren ursächlich am Führungserfolg beteiligt sein müssen.

> Die Zusammenhänge zwischen Persönlichkeitseigenschaften und Führungserfolg sind gering bis moderat.

4.2.2 Verhaltenswissenschaftliche Ansätze

Die kritische Auseinandersetzung mit dem eigenschaftstheoretischen Ansatz ließ den Ruf nach alternativen Erklärungen für den Führungserfolg lauter werden. Das Bedürfnis, sich mit direkt beobachtbaren Einflussgrößen des Führungserfolgs zu beschäftigen, weckte das Interesse am **Verhalten** von Führungskräften. Es wurde nun nicht mehr danach gefragt, welche (angeborenen) Persönlichkeitseigenschaften eine erfolgreiche Führungskraft ausmachen, sondern welche Verhaltensweisen sich hinter dem Erfolgsgeheimnis verbergen. Dieser Ansatz wurde als optimistisch und fortschrittlich erachtet, da er die Hoffnung auf Lern- und Veränderbarkeit von Führung impliziert und den Führungserfolg vom Schicksal der Abstammung sowie von Heldenmythen loslöste (Neuberger, 2002; Felfe, 2009).

> Gemäß verhaltenswissenschaftlicher Ansätze beruht Führungserfolg auf individuellen, mehr oder weniger veränderbaren Verhaltensstile von Führungspersonen.

Der Begriff »**Führungsstil**« bezeichnet ein relativ stabiles Verhaltensmuster, das die Führungskraft in Interaktion mit ihren Mitarbeitern unabhängig von der Situation zeigt. Als Pionier auf dem Gebiet der empirischen Führungsforschung gilt Lewin. Zusammen mit seinen Kollegen (Lewin, Lippitt & White, 1939) variierte er über Instruktionen den Führungsstil von Leitern verschiedener Kindergruppen und untersuchte die Auswirkungen auf die Leistungen und emotionalen Reaktionen der Kinder. Diese Experimente stellen einen ersten Versuch zur Kategorisierung von Führungsstilen dar und brachten die gängige Unterscheidung autoritär, laissez-faire und demokratisch (später auch kooperativ; Wunderer & Grunwald, 1980) hervor.

Ein **autoritärer Stil** bedeutet, dass die Führungskraft alle Entscheidungen allein trifft. Beschlüsse werden in klare Anweisungen übersetzt, deren Einhaltung genau kontrolliert wird. Eine Führungskraft mit einem **demokratischen Stil** vertraut ihren Mitarbeitern, legt viel Wert auf ihre Einschätzungen und ist sehr um Fairness bemüht. Eine Führungskraft mit einem **Laissez-faire-Stil** entzieht sich dem Geschehen fast vollständig und verzichtet auf eine konkrete Lenkung der Mitarbeiter; ihre Anweisungen sind vage und unverbindlich. Lewins Ergebnissen zufolge ist ein demokratischer Stil am erfolgreichsten.

> Führungsstil bezeichnet ein relativ stabiles Verhaltensmuster, das die Interaktion der Führungskraft mit ihren Mitarbeitern unabhängig von der Situation beschreibt. Die drei Führungsstile autoritär, laissez-faire und demokratisch werden unterschieden.

Seit den 50er Jahren hat die Führungsforschung die Systematisierung von beobachtbarem Führungsverhalten in aufwändigen empirischen Studien weiter voran getrieben (s. z. B. Blake & Mouton, 1964; Tannenbaum & Schmidt, 1973). Die Untersuchungen basieren auf konkreten Verhaltensbeschreibungen, anhand derer Mitarbeiter ihre Führungskräfte einschätzen sollten. Mittels faktorenanalytischer Auswertung dieser Einschätzungen konnten die Forscher der sogenannten »Ohio-Studien« zwei übergreifende Dimensionen extrahieren: Mitarbeiterorientierung (Consideration) und Aufgabenorientierung (Initiating Structure). Eine **mitarbeiterorientierte Führungskraft** zeigt Wertschätzung für gute Arbeit, stärkt den Selbstwert von Mitarbeitern, behandelt sie gleichwertig und greift Vorschläge der Mitarbeiter auf. Eine **aufgabenorientierte Führungskraft** initiiert und organisiert das Handeln der Gruppe und betont die Einhaltung von Standards und Terminen. Sie definiert und strukturiert die eigene Rolle sowie die der Gruppenmitglieder und entscheidet im Detail, was von wem getan werden soll. Beide Faktoren lassen sich mit dem Leader Behavior Description Questionnaire (LBDQ; dt. FVVB; Fittkau-Garthe & Fittkau, 1971) abbilden, mit dem Mitarbeiter ihre Führungskraft beschreiben.

Die Frage, welcher Führungsstil sich am günstigsten auf die Leistung und die Zufriedenheit der Mitarbeiter auswirkt, kann nicht eindeutig beantwortet werden.

Während klassische Studien zum Führungsverhalten in erster Linie eine systematische, wertneutrale und zuverlässige Verhaltensbeschreibung und -kategorisierung anstrebten, interessiert in aktuellen Studien primär der Zusammenhang der ermittelten Dimensionen mit dem Führungserfolg. Die Frage, welcher Führungsstil sich am günstigsten auf die Leistung und die Zufriedenheit der Mitarbeiter auswirkt, kann allerdings auch mittels aktueller metaanalytischer Befunde nicht eindeutig beantwortet werden (Judge et al., 2004). Zwar zeigt sich, dass Mitarbeiterorientierung stärker mit Zufriedenheit und Motivation der Mitarbeiter korreliert als Aufgabenorientierung; beim Erfolgskriterium Gruppenleistung sind hingegen kaum Unterschiede zwischen den beiden Dimensionen festzustellen (Judge et al., 2004).

4.2.3 Situationstheoretische Ansätze

Gemäß situationstheoretischer Ansätze folgt Führungserfolg aus der Passung individueller Verhaltensstile auf Anforderungen der Situation.

Die Erkenntnis, dass Führungserfolg weder durch bestimmte Persönlichkeitseigenschaften noch durch einen idealen Führungsstil vollständig erklärt werden kann, beflügelte die Erforschung weiterer Einflussgrößen, darunter vor allem die **Situation**.

Kontingenztheorie

Die Idee, Situationsmerkmale und Führungsverhalten gemeinsam zu betrachten, hat Fiedler (1967) in seinem populären und gleichwohl kontrovers diskutierten **Kontingenzansatz** umgesetzt. Er untersuchte das Zusammenspiel der Führungsstilvariablen Mitarbeiter- und Aufgabenorientierung mit den Situationsvariablen Aufgabenstruktur, Positionsmacht und Beziehung zwischen Führungsperson und Geführten.

Die Führungsstilvariablen sind in Fiedlers Modell stabile Orientierungen des Vorgesetzten. Die Ausprägung dieser Variablen wird daran gemessen, wie der Vorgesetzte den am wenigsten geschätzten Mitarbeiter (»least preferred coworker«, LPC) beschreibt. Je positiver seine Beschreibung ausfällt, desto höher der LPC-Wert und die angenommene Mitarbeiterorientierung.

Die Ausprägung der Situationsmerkmale bestimmen, wie günstig eine Situation eingeschätzt wird. Eine besonders günstige Führungssituation ist durch gut strukturierte Aufgaben, eine starke Positionsmacht der Führungskraft und eine gute Beziehung der Führungskraft mit den Mitarbeitern gekennzeichnet. Fiedlers Kernthese zufolge stellt sich in mittelgünstigen Situationen durch mitarbeiterorientierte Führung der größte Führungserfolg ein, in extrem günstigen oder ungünstigen Situationen dagegen durch aufgabenorientierte Führung.

Die Kontingenztheorie betrachtet Situationsmerkmale und Führungsverhalten gemeinsam.

Die Kontingenztheorie wurde aufgrund methodischer Mängel und der zum Teil fehlenden theoretischen Fundierung stark kritisiert (z. B. Gebert & Rosenstiel, 2002; Neuberger, 2002). Zudem konnten die empirischen Befunde in Folgestudien teilweise nicht repliziert werden. Einige Autoren sehen die Theorie sogar als »gescheitert« an (Wegge & Rosenstiel, 2004).

Reifegrad-Modell

Basierend auf den beiden Führungsstildimensionen Mitarbeiter- und Aufgabenorientierung entwickelten Hersey und Blanchard (1977) ein Vier-Felder-Modell, in das sie den **Reifegrad** der Mitarbeiter als zusätzliche situative Variable integrierten. Der Reifegrad der Mitarbeiter ergibt sich aus den Dimensionen Motivation und Kompetenz. Je nach Ausprägung dieser Dimensionen lassen sich vier Mitarbeitertypen unterscheiden, für die unterschiedliches Führungsverhalten empfohlen wird. Nach diesem Modell ist ein aufgabenorientierter Stil für unmotivierte und wenig kompetente Mitarbeiter (niedriger Reifegrad) angemessen, ein mitarbeiterorientierter Stil eignet sich vor allem für motivierte und kompetente Mitarbeiter. Insgesamt werden vier **Grundstile** unterschieden:

- Telling: diktieren und lenken, effizient bei geringer Reife
- Selling: argumentieren und überzeugen, effizient bei mäßiger Reife
- Participating: ermutigen und einbeziehen, effizient bei mäßiger bis hoher Reife
- Delegating: delegieren und bevollmächtigen, effizient bei hoher Reife

Die Autoren empfehlen Führungskräften, ihre Verhaltensweisen dem Reifegrad der Mitarbeiter anzupassen und ihren Stil erst dann zu verändern, wenn sich auch die Reife der Mitarbeiter weiterentwickelt.

Das Modell erfreut sich unter Praktikern großer Popularität und wird auch heute noch gerne zur Führungskräfteentwicklung eingesetzt (z. B. IBM, vgl. Robbins, 2000). Wissenschaftler zählen es hingegen mit Blick auf die theoretische Fundierung, logische Stringenz und Stimmigkeit eher zur »naiven Alltagstheorie« (Wegge & Rosenstiel 2004, S. 536). So wird kritisiert, dass das Konzept in der Praxis für jedes erdenkliche Verhalten die Absolution erteilt, da die konkrete Situation immer als Begründung herbeigezogen werden kann. Neben der Operationalisierung der Variable Reifegrad und der Unzuverlässigkeit der Messverfahren wird darüber hinaus auch das Fehlen empirischer Belege kritisiert (vgl. Wunderer, 2000; Neuberger, 2002; Wegge & Rosenstiel, 2004).

> Das Reifegrad-Modell unterscheidet vier Reifegrade von Mitarbeiter, für die jeweils ein anderer Führungsstil empfohlen wird, nämlich: Telling, Selling, Participating und Delegating.

Entscheidungstheorie

Vroom und Yetton (1973) haben ein normatives Entscheidungsmodell zum Führungsverhalten entwickelt. Dieses Modell bildet eine Entscheidungslogik ab, mit deren Hilfe Vorgesetzte die gegebene Führungssituation strukturieren und auf dieser Basis den geeigneten Führungsstil bestimmen können. Im Besonderen geht es um die Frage, unter welchen Bedingungen Führungskräfte ihre Mitarbeiter in die Entscheidungsfindung einbeziehen sollen (partizipativer Führungsstil) und wann nicht (direktiver Führungsstil). Anhand eines **Entscheidungsbaums** kann die Führungskraft die Situation oder das Problem diagnostizieren und das richtige Maß an Partizipation auswählen. Entlang der unterschiedlichen Hierarchieebenen des Baumes leiten Fragen bezüglich einzelner Situationsmerkmale (z. B. Ist das Problem strukturiert?) zu den entsprechenden Handlungsempfehlungen. Dabei werden im Modell verschiedene Formen der autoritären, beratenden und Gruppenentscheidung unterschieden.

In der Praxis wurde das Modell genutzt, um das Repertoire an Entscheidungsstrategien einer Führungskraft zu erweitern und individuelle Entscheidungstendenzen bewusst zu machen. So belegen einige Studien, dass die Entscheidungskompetenz von Führungskräften in entsprechenden Trainings verbessert werden kann (Lock & Wheeler, 2005; Vroom & Jargo, 2007). Eine ausführliche kritische Würdigung des Ansatzes findet sich bei Neuberger (2002, S. 507 ff.).

> Führungskräfte strukturieren Führungssituationen anhand eines Entscheidungsbaums. Richtiges Entscheidungsverhalten kann Führungserfolg gewährleisten.

4.2.4 Interaktionistische Ansätze

Die Einflussgrößen Persönlichkeit und Situation treten bei interaktionistischen Ansätzen in den Hintergrund. Im Gegensatz zu kontingenztheoretischen Ansätzen interessiert die **Interaktion** von Vorgesetzten und Mitarbeitern und weniger das Zusammenspiel von Person und Situation. Der Gedanke, dass eine Führungskraft allen Mitarbeitern gegenüber ein einheitliches Führungsverhalten zeigt, wird verworfen (Graen & Uhl-Bien, 1995). Vielmehr stehen die spezifische Beziehung der Akteure und die Frage, wie sich die Qualität und die besonderen Merkmale der Beziehung auf die Produktivität der Zusammenarbeit und die Zufriedenheit der Mitarbeiter auswirkt, im Fokus dieser Ansätze (Gerstner & Day, 1997).

> Interaktionistische Ansätze betrachten die Interaktion von Vorgesetzten und Mitarbeitern.

4

Leader-Member-Exchange

Eine Führungskraft entwickelt mit jedem Mitarbeiter eine separate Austauschbeziehung.

Die Grundidee der Leader-Member-Exchange (LMX) ist, dass jede Führungskraft mit jedem Mitarbeiter eine separate **Austauschbeziehung** entwickelt (Graen & Uhl-Bien, 1995). Die Beziehungen lassen sich nach dem Ausmaß des Austausches unterscheiden. Mitarbeiter, die in hohem Austausch mit der Führungskraft stehen, bilden die Ingroup. Mitarbeiter, die wenig Aufmerksamkeit von ihrer Führungskraft erhalten, bilden die Outgroup. Die Qualität der dyadischen Beziehung lässt sich u.a. an der Ausprägung der Dimensionen Vertrauen und Loyalität bemessen und wird mittels Fragebogen erfasst (Graen & Uhl-Bien, 1995; Schyns & v. Collani, 2002). Die Mitglieder der Ingroup haben die Möglichkeit, ihre Rollen und Aufgaben mit der Führungskraft zu erarbeiten, während die Mitarbeiter in der Outgroup Aufgaben zugewiesen bekommen.

Auf der Grundlage ihrer Studienergebnisse empfehlen Graen und Uhl-Bien (1995) einer Führungskraft, zu möglichst allen Gruppenmitgliedern eine qualitativ hochwertige Beziehung aufzubauen. Metaanalytischen Befunden zufolge ließe sich dadurch eine hohe Arbeitszufriedenheit und Bindung der Mitarbeiter an das Unternehmen erreichen. Eine größere Leistungsfähigkeit gemessen an objektiven Kriterien lässt sich durch eine hohe Beziehungsqualität allerdings nicht gewährleisten (Gerstner & Day, 1997).

Transaktionale und transformationale Führung

Die transformationale Führung wird intensiv beforscht.

Die Unterscheidung von transaktionaler und transformationaler Führung geht auf Burns (1978) zurück, der das Verhalten politischer Führer erforschte. Den transaktionalen Führungsstil schrieb er typischen »Bürokraten« zu. Demgegenüber beschrieb er das Führungsverhalten von charismatischen Persönlichkeiten als transformational. Letztere zeichnen sich ihm zufolge dadurch aus, dass sie ihre Untergebenen zu höheren Werten der Motivation und Moral führen. Initiiert durch die Arbeiten von Bass (1985) untersuchen Forscher seit den 80er Jahren die psychologischen Mechanismen, die diesen beiden Stilen zugrunde liegen. Auch entwickelten Bass und Avolio (1990) mit dem Multifactor Leadership Questionnaire (MLQ) eine Methode, um das transaktionale und transformationale Führungsverhalten empirisch zu erfassen (▶ Web-Exkurs »MLQ – Multifactor Leadership Questionnaire« zu Kap. 4 unter www.lehrbuch-psychologie.de). Die transformationale Führung gehört zu den in den letzten 15 Jahren am häufigsten beforschten Führungstheorien (Avolio et al., 2009).

⊕ Web-Exkurs
»MLQ – Multifactor Leadership Questionnaire«

Transaktionale Führung

Transaktionale Führung basiert auf bedingter Belohnung und Management by Expectation.

Transaktionale Führung ist durch eine Austauschbeziehung zwischen Führungskraft und Mitarbeiter gekennzeichnet. Der transaktional Führende lenkt das Mitarbeiterverhalten direkt durch **bedingte Belohnung**, insbesondere durch Zielvereinbarungen und Rückmeldungen. Zu den wesentlichen Führungsaufgaben gehören die klare und operationale Definition von Zielen und das Setzen von Anreizen. Zudem muss die Führungskraft herausfinden, welche Belohnungen dem Mitarbeiter besonders wichtig sind und die entsprechenden Weg-Ziel-Verknüpfungen verdeutlichen (Wegge, 2002). Der Mitarbeiter lernt im Zuge des Austauschprozesses, für welche Verhaltensweisen er (materielle oder immaterielle) Gegenleistungen vom Vorgesetzten erwarten und wie er Bestrafungen vermeiden kann (Avolio & Bass, 1987). Durch kontinuierliche Verstärkung von erwünschtem Verhalten (z. B. durch Anerkennungen oder finanzielle Anreize) sollen Leistungen und Zufriedenheit der Mitarbeiter gesteigert werden. Diese Formel führt allerdings nicht immer zum Erfolg. Wenn der Zusammenhang von Leistung und Belohnung für die Mitarbeiter nicht deutlich ist (Yankelovich & Immerwahr, 1983) oder die Mitarbeiter das Belohnungssystem als unfair oder manipulativ erleben, kann ein transaktionaler Führungsstil sogar negative Auswirkungen auf die Gruppenleistung haben (Avolio & Bass, 1987).

Neben dem Prinzip der bedingten Belohnung zählen Avolio und Bass (1987) das aktive und das passive **Management by Expectation (Erwartungsmanagement)** zu den transaktionalen Führungsstrategien. Aktives Management by Expectation bezieht sich auf das Setzen von Standards, auf Leistungskontrolle sowie auf das korrektive Eingreifen bei Abweichungen von den gesetzten Maßstäben. Bei der passiven Form dieser Führungsstrategie verzichtet die Führungskraft auf aktive Kontrolle der Abläufe und greift nur in äußersten Notfällen ein.

Die Vermeidung von Führungsverantwortung bildet den äußersten Pol des Passivitätskontinuum transaktionaler Führung und wird Laissez-faire genannt. In jüngster Zeit ist diese **Laissez-faire-Führung** in den Fokus der Forschung gerückt, da Studien gezeigt haben, dass das Fehlen von Führung bzw. schlechtes Führungsverhalten negative Auswirkungen auf die Leistung und Zufriedenheit der Mitarbeiter hat. Auf Basis dieser Ergebnisse wurde der **Nonleadership-Ansatz** entwickelt, der sich mit schlechten Führungsstilen wie z. B. passives Management by Exception, Laissez-faire-Leadership, Belohnungs- und Sanktionsunterlassung befasst (▶ Web-Exkurs »Nonleadership« zu Kap. 4 unter www.lehrbuch-psychologie.de).

Laissez-faire-Führung hat negative Auswirkungen auf die Leistung, oder aber auch auf die Zufriedenheit.

⊕ **Web-Exkurs »Nonleadership«**

Transformationale Führung

Transformationale Führung ist als Erweiterung des transaktionalen Konzepts zu verstehen (Bass & Avolio, 1994). Sie integriert ebenfalls Aspekte einer Austauschbeziehung, beruht aber im Gegensatz zum Ansatz transaktionaler Führung stärker auf intrinsischen Anreizen und Emotionen. Die transformationale Führungskraft beschränkt sich nicht darauf, die egoistischen Ziele der Geführten zu erahnen und zu instrumentalisieren, sondern regt vielmehr eine »innere Wandlung« an und versucht die Bedürfnisse der Geführten, in Anlehnung an die Bedürfnispyramide von Maslow (▶ Kap. 9), auf eine höhere Reifestufe anzuheben. Anstelle von Prämien oder Lob soll der Wunsch nach Selbstverwirklichung oder die Identifikation mit den visionären Gedanken der Führungskraft als Handlungsmotor dienen (s. z. B. Avolio & Bass, 1987). Dem kollektiven Handeln wird ein gesellschaftlich relevanter Wert verliehen, und die Mitarbeiter sind infolgedessen in hohem Maße an das Kollektiv und an die Führungsperson gebunden. Die so »verwandelten« Mitarbeiter sind bereit, über das übliche Maß hinaus zu arbeiten. Um diese Haltung zu erreichen, muss ein Vorgesetzter überzeugend sein und eine vertrauensvolle Beziehung schaffen. Er muss seinen Mitarbeitern Wertschätzung und Respekt entgegenbringen sowie Begeisterung und Zuversicht erzeugen – kurzum das gewünschte Verhalten vorleben (Wegge, 2002). Bass und Avolio (1993) beschreiben folgende Basisstrategien des transformationalen Führens:

Transformationale Führung setzt stärker als die transaktionale auf intrinsische Anreize und Emotionen.

- **idealisierter Einfluss (Charisma):** Die Führungskraft zeigt Überzeugung, betont Vertrauen, positioniert sich auch bei kritischen Themen und übernimmt ethische Verantwortung.
- **inspirative Motivation:** Die Führungskraft formuliert attraktive Zukunftsvisionen, betont die Bedeutung von bevorstehenden Aufgaben und zeigt sich optimistisch, engagiert und enthusiastisch.
- **intellektuelle Stimulation:** Die Führungskraft unterstützt ihre Mitarbeiter darin, eine kritische Haltung zum Status quo einzunehmen und belohnt neue, kreative Lösungsansätze und Inspirationen.
- **individualisierte Beachtung:** Die Führungskraft berücksichtigt die individuellen Bedürfnisse und Fähigkeiten ihrer Untergebenen.

Transformationale Führung basiert auf den vier Basisstrategien idealisierter Einfluss, inspirative Motivation, intellektuelle Stimulation und individualisierte Beachtung.

In der Literatur besteht weitgehend Einigkeit darüber, dass ein transformationaler Führungsstil positive Effekte auf subjektive und objektive Erfolgskriterien der Führung hat (Bono & Judge, 2004; Felfe 2009). So belegen zahlreiche Studien und aktuelle Metaanalysen positive Auswirkungen auf die Zufriedenheit, das Vertrauen und das Commitment der Mitarbeiter (s. z. B. Judge et al., 2004). Auch wirkt sich ein transformationaler Führungsstil positiv auf die Arbeitsleistung der Geführten aus, was sich z. B. in höheren Verkaufszahlen (s. z. B. Howell & Hall-Marenda, 1999) oder indirekt in einer größeren

Transformationale Führung fördert Zufriedenheit, Vertrauen, Leistung der Mitarbeiter sowie die Innovationsfähigkeit des Unternehmens.

Kundenzufriedenheit zeigt (Felfe & Heinitz, 2010). Um in der globalisierten Marktwirtschaft auch in Zukunft konkurrenzfähig zu bleiben, spielt für Organisationen in der heutigen Zeit neben Verkaufszahlen vor allem die **Innovationsfähigkeit** des Unternehmens eine bedeutsame Rolle. In neuen Untersuchungen (z. B. Jung et al., 2008) konnte ein signifikant positiver Zusammenhang zwischen dem Innovationserfolg (gemessen an den Ausgaben für Forschung und Entwicklung, der Anzahl neuer Patente und an der Expertenevaluation) und den Ausprägungen transformationaler Führung der Geschäftsleitung gefunden werden. Dieser Zusammenhang wird durch weitere Einflussfaktoren wie z. B. einem erhöhtem Wettbewerb verstärkt, hingegen durch zunehmende Zentralisierung und Formalisierung abgeschwächt.

Im Vergleich zum transaktionalen Führungsstil zeigt der transformationale einen deutlich stärkeren Effekt auf die subjektiven Urteile der Geführten. Auch bei objektiven Leistungskriterien ist eine Überlegenheit des transformationalen Stils festzustellen (s. z. B. Lowe et al., 1996). Transformationale Führung gilt als **Erfolgsfaktor** und erweist sich besonders günstig bei hoher Unsicherheit der Umwelt, in Zeiten radikaler Veränderungen und auch dann, wenn Vorgesetzte die Arbeit ihrer Untergebenen nicht direkt beurteilen können (s. z. B. Hinkin & Tracey, 1999).

Gerade den Veränderungen der Arbeit durch die Entwicklung neuer Informations- **und Kommunikationstechnologien** scheint transformationale Führung besser gerecht zu werden als transaktionale. So erscheint transformationaler Führung durch Vermittlung einer gemeinsamen Vision in virtuellen Unternehmensformen und virtuellen Teams weniger Schranken gesetzt als transaktionaler Führung (Wegge & Rosenstiel, 2002).

Im Zuge der modernen Informationsgesellschaft hat auch das Thema **ethischer Verantwortung** von Führungskräften stark an Bedeutung gewonnen. Dabei scheinen Verhaltensweisen transformationaler Führung gut mit der Einhaltung ethischer Standards vereinbar (▶ Exkurs).

Transformationale Führung kann auch Nachteile haben.

Trotz der überwiegend positiven Effekte transformationaler Führung sind auch einige **kritische Aspekte** anzumerken. So kann sich eine enge emotionale Beziehung zwischen Führern und Geführten durchaus nachteilig auf den kritischen Diskurs auswirken. An die Stelle von Rationalität tritt die »Verehrung« des Vorgesetzten, was eine »Infantilisierung« der Geführten zur Folge haben kann (Wegge & Rosenstiel 2002, S. 498). Auch ist die Auswirkung transformationaler Führung auf das Stressempfinden der Mitarbeiter umstritten (eine ausführliche Beschreibung des Zusammenhangs von Führungsstilen mit Stress findet sich im ▶ Web-Exkurs »Führungsverhalten und Stress« zu Kap. 4 unter www.lehrbuch-psychologie.de). Zudem wird mit der Betonung charismatischer Eigenschaften transformational Führender die Abgrenzung zum Charisma-Konzept, unscharf und es wird die Nähe zum Great-Man-Mythos deutlich. Bass und Avolio (1998) begreifen Charisma als wichtige Komponente transformationaler Führung und erfassen es über die Basisstrategie »idealisierter Einfluss«. Detaillierte Ausführungen zum Charisma-Konzept sowie zur Abgrenzung vom transformationalen Führungsstil finden sich z. B. bei Bass (1998) und Neuberger (2002, S. 196 ff.).

Obwohl ein transformationaler Führungsstil in der Forschung stärker mit Führungserfolg in Verbindung steht, darf transaktionale Führung nicht vernachlässigt werden, denn Avolio und Bass (1987) zufolge kann ein transformational Führender nur dann erfolgreich sein, wenn er auch transaktionale Führungsstrategien beherrscht. Die beiden Führungsstile werden in ▢ Tabelle 4.3 noch einmal gegenübergestellt.

⊕ Web-Exkurs
»Führungsverhalten und Stress«

4.2.5 Indirekte und implizite Ansätze

Indirekte und implizite Ansätze befassen sich mit der indirekten Wirkung des Handelns von Führungskräften.

Die klassische Führungsforschung ist durch eine führungskraftzentrierte Sichtweise geprägt, die sich mit der Persönlichkeit oder dem Verhalten von Führungskräften aus-

Ethische Führung

In einer globalisierten Welt wird in den Medien immer häufiger von Unternehmensskandalen berichtet: dubiose Spendenzahlungen, Textilproduktion In zweifelhaften Arbeitsumgebungen oder Versagen von Krisenmanagement bei Umweltskandalen. Dadurch wird immer häufiger die Frage nach der ethischen Verantwortung und Integrität einzelner Führungspersonen gestellt. So wird in aktuellen empirischen Studien untersucht, welches Führungsverhalten besonders gut mit ethischen Grundsätzen zu vereinbaren ist. Brown et al. (2005) bemessen ethisches Führungsverhalten daran, ob und in welchem Ausmaß Führungskräfte mit ihren Mitarbeitern ethische Fragen diskutieren, die Richtigkeit ihres eigenen Handelns reflektieren und unethisches Verhalten ihrer Mitarbeiter sanktionieren. Eine ethisch handelnde Führungskraft folgt normativ-ethischen Prinzipien und zeichnet sich u.a. durch Offenheit, Transparenz und Glaubwürdigkeit aus. Sie schafft eine vertrauensvolle Beziehung, ist selbstreflektiert und bemüht sich um eine ausbalancierte Entscheidungsfindung. Diese Verhaltensweisen finden sich vor allem in Beschreibungen der transformationalen Führung. Jedoch wird diese vor dem Hintergrund ethischer Standards nicht nur positiv gesehen, denn insbesondere charismatische Führer können ihre Macht gezielt missbrauchen (Kanungo, 2001).

Rowold und Borgmann (2009) unterscheiden zwei Faktoren ethischer Führung: Die ethische Mitarbeiterführung umfasst aktive Verhaltensweisen der Führungskraft, die direkt das Empfinden der Mitarbeiter beeinflussen. Das ethische Rollenmodell beinhaltet hingegen keinen aktiven Prozess. Stattdessen stellt die Führungskraft ein Vorbild dar. Durch Modelllernen werden positive Verhaltensweisen der Führungskraft verstärkt und von den Geführten übernommen. Die beiden Faktoren ethischer Führung stehen dabei in positivem Zusammenhang mit der subjektiv eingeschätzten Arbeitszufriedenheit und der emotionalen Bindung der Mitarbeiter an ihre Organisation (Rowold & Bergmann, 2009).

Weitere empirische Studien belegen die positiven Effekte ethischer Führung. So zeigen sich im Vergleich zur unethischen Führung eine höhere Teameffektivität (De Hoogh & De Hartog, 2008) sowie eine höhere Zufriedenheit und Bereitschaft der Mitarbeiter, Probleme offen anzusprechen (Felfe, 2009).

◻ Tab. 4.3 Vergleich transaktionale vs. transformationale Führung

Kriterien	transaktionale Führung	transformationale Führung
Schwerpunkt	**Ziele und Aufgaben**	**Vision**
Führungserfolg durch…	klare, operationale Definition von Zielen (Management by Objectives) mitarbeitergerechte Delegation von Aufgaben Anreize für Zielerreichung Eingreifen bei negativem Abweichen vom Soll-Wert (Management by Expectation)	Entwicklung und Kommunikation einer gemeinsamen Vision Artikulation von Werten Kulturarbeit Schaffung einer optimalen Projektarchitektur
Belohnung und Motivation	erwartete oder besondere Leistung führt zu formeller Belohnung (z. B. finanzieller Bonus) extrinsische Motivation	erwartete oder besondere Leistung führt zu einer informellen Belohnung (z. B. persönliche Anerkennung, gesteigertes Vertrauen) intrinsische Motivation
angesprochene Bedürfnisse	v.a. materielle Bedürfnisse	v.a. Bedürfnisse zur Selbstverwirklichung
Entwicklung der Mitarbeiter	durch gemeinsame Zielvereinbarung und Delegation innerhalb eines klar definierten Aufgabenbereichs	durch Inspiration, Coaching und Förderung neuer Ideen
Korrelation mit Erfolgskriterien:	Zufriedenheit mit Führung: $r = .32$ extra Anstrengung: $r = .32$ Effektivität der Führung: $r = .27$	Zufriedenheit mit Führung: $r = .71$ extra Anstrengung: $r = .88$ Effektivität der Führung: $r = .76$

einandersetzt. Bei den Ansätzen der impliziten und indirekten Führung findet dagegen ein Perspektivenwechsel statt. Das direkte Verhalten der Führungskräfte tritt in den Hintergrund, stattdessen steht die **indirekte Wirkung** des Handelns im Fokus.

Führungsprototypen

Der allgemeine Anspruch an Führungskräfte ist, dass sie ihre Mitarbeiter beeinflussen können (Yukl, 2002). Dieser Einfluss hängt von zwei Parteien ab: dem Führenden, der lenkt, und den Geführten, die sich lenken lassen müssen. Der Ansatz der **Implicite Leadership Theories** bezieht die Sichtweise der Mitarbeiter ein und beschreibt den Prozess der Verarbeitung und Strukturierung führungsbezogener Informationen. Jeder Mitarbeiter besitzt implizite, subjektive Vorstellungen über Eigenschaften und Fähigkeiten einer idealen Führungskraft. Diese Führungsprototypen bilden die kognitive Grundlage zur Verarbeitung und Interpretation des Führungsverhaltens. Die Führungsprototypen basieren dabei auf impliziten Annahmen über Führungspersonen, die einerseits sozial geprägt und andererseits ideosynkratisch sind. Dadurch variieren sie zwischen verschiedenen Kulturen und zwischen einzelnen Personen. Dennoch gibt es einige allgemeine positive Attribute, die von einer Führungskraft erwartet werden. Eine elementare Führungsqualität ist dabei Integrität (Kouzes & Posner, 1993). Auf dieser Erkenntnis basiert der Ansatz **authentischer Führung**, der in ▶Web-Exkurs »Authentische Führung« zu Kapitel 4 unter www.lehrbuch-psychologie.de ausführlicher beschrieben wird.

Der Ansatz der **Führungskraftkategorisierung** besagt darüber hinaus, dass die Führungsprototypen als kognitiver Maßstab zur Bewertung der Führungskraft herangezogen werden. Führungskräfte werden auf Grundlage des idealen Führungsprototypen bewertet (s. z. B. Nye, 2005). Je stärker die Führungskraft dem idealen Führungsprototypen entspricht, desto offener sind die Geführten für seinen Führungseinfluss (van Quaquebeke & Brodbeck, 2008). Je größer die Passung von Führungskraft und -prototyp, desto größer das organisationale Commitment, die Arbeitszufriedenheit und das Wohlbefinden der Geführten (Epitropaki & Martin, 2005). Die Wahrnehmung der Führungskraft beeinflusst also maßgeblich, wie viel Einfluss und Macht ihr von ihren Mitarbeitern zugeschrieben wird.

Mit dem Einbezug der Wahrnehmung der Mitarbeiter und ihrer Führungskraftkategorisierung betont der Ansatz der Führungsprototypen die Relevanz kognitiver Prozesse und die Bedeutung beider Sichtweise – der Führungskraft und der Geführten – für das Führungsverhalten. So werden implizite Führungstheorien auch herangezogen, um die Schwierigkeiten von **Frauen** als Führungspersonen zu erklären. Empirische Studien haben gezeigt, dass die meisten Personen das kognitive Konzept Führung schlechter mit dem Konzept Frau als mit dem Konzept Mann assoziieren, so dass es ihnen schwerer fällt, Frauen als Führungskräfte zu kategorisieren (▶ z. B. Johnson et al., 2008; weitere Informationen sind zudem im ▶Web-Exkurs »Frauen in Führungspositionen« zu Kap. 4 unter www.lehrbuch-psychologie.de zu finden).

Symbolische Führung

Das Konzept der symbolischen Führung geht davon aus, dass individuelles Handeln durch **Symbole** beeinflusst und mitgesteuert wird. Bedeutungstragende Symbole nehmen der Führungskraft Kontrolltätigkeiten ab und dienen der indirekten Einwirkung auf die Geführten (Weibler, 2001; Neuberger, 2002). Ein Symbol ist ein konkreter Sachverhalt, der eine übertragene Bedeutung innehat. Symbole können folgendermaßen unterteilt werden: verbale (z. B. Anekdoten, Slogans, Sprachregelungen), interaktionale (z. B. Traditionen, Feiern, Jubiläen) und artifizielle (z. B. Statussymbole, Logos, Urkunden, Kleidung, Architektur) Symbole (▶ Kap. 2).

Der entscheidende Faktor ist sein **Verweisungscharakter**. Das Symbol stellt eine Verdinglichung von Macht, Vertrauen oder Fairness dar und verweist so auf den Füh-

---

Führungsprototypen stellen implizite Annahmen über die Eigenschaften und Fähigkeiten einer idealen Führungskraft dar, die zwischen Kulturen und einzelnen Personen variieren.

⊕ Web-Exkurs
  »Authentische Führung

Der Ansatz der Führungskraftkategorisierung besagt, dass die Passung von Führungsprototypen und tatsächlicher Führungskraft die Offenheit für Führungseinfluss, Arbeitszufriedenheit, organisationales Commitment und Wohlbefinden der Mitarbeiter beeinflusst.

⊕ Web-Exkurs
  »Frauen in Führungspositionen«

Bei der symbolischen Führung setzt der Führende gezielt Symbole und Insignien ein, welche Macht, Rechte und Akzeptanz absichern.

rungsanspruch des Vorgesetzten. So wie der Ehering ein Symbol für Treue ist, stellt das Tragen eines Anzuges symbolisch die Machtposition des Vorgesetzten dar. Dadurch ist das Symbol ein Führungsinstrument, das von der Führungskraft geschaffen und in eine bestimmte Richtung interpretiert wurde, so dass für alle Geführten ein gemeinsames Deutungsmuster vorhanden ist. Damit die Symbole schließlich Führungscharakter erlangen, müssen sie von allen Geführten akzeptiert werden (Neuberger, 2002).

Symbolische Führung setzt sich aus zwei Komponenten zusammen: symbolisierte und symbolisierende Führung. **Symbolisierte Führung** umfasst den passiven Aspekt der Steuerung einer Organisation durch Symbole, **symbolisierende Führung** beschreibt den aktiven Aspekt der Veränderung einer Organisation durch Neuinterpretation gegebener Fakten.

Symbole der Führung unterliegen der Gefahr, über die Zeit zu bloßer Staffage zu werden und nur noch für sich selbst anstatt für den dahinterliegenden Sinn zu stehen (Alvesson & Berg, 1992). Daher spielt der **Kreislauf symbolischer Führung** eine wichtige Rolle, denn die in den Symbolen konkretisierte (verfestigte) Führung muss immer wieder an die neuen Gegebenheiten und Umstände im Unternehmen angepasst (verflüssigt) werden. Daher ist es eine Führungsaufgabe, Innovationen und Veränderungen kontinuierlich neu zu interpretieren und in Symbolen zu konkretisieren (Neuberger, 2002).

> Symbole müssen immer wieder an Gegebenheiten im Unternehmen angepasst werden.

4.2.6 Macht- und Einflussansätze

> ── Definition ────────────────────
>
> **Macht** ist die Fähigkeit, Ergebnisse in Organisationen zu bewirken oder zu beeinflussen (Mintzberg, 1983).

▶ Definition

Macht kennzeichnet das Potenzial eines Individuums, auf andere einzuwirken, und ist somit ein Bestandteil des Führungsgeschehens. Allgemein wird der Begriff »Macht« im deutschen Sprachgebrauch sehr unterschiedlich verwendet: teils als neutraler Oberbegriff, teils um ausschließlich schädigende Formen der sozialen Einwirkung zu beschreiben. Nach einer Terminologie von Scholl (1999) ist von Machtausübung die Rede, wenn der Einwirkende die Interessen des Betroffen missachtet.

Aufgrund machttheoretischer Überlegungen wird oft davon ausgegangen, dass die Beeinflussung einseitig von der Führungskraft auf den Mitarbeiter ausgeht. Macht- und Einflussansätze dagegen betrachten das Führungsgeschehen als **wechselseitigen Einwirkungsprozess** von Führendem und Geführten, der sich auch innerhalb derselben Gruppe von Dyade zu Dyade unterscheiden kann.

> Macht- und Einflussansätze betrachten das Führungsgeschehen als wechselseitigen Einwirkungsprozess von Führendem und Geführten.

Das Einwirkungspotenzial von Organisationsmitgliedern basiert auf formaler und informeller Macht. Die **formale Macht** ergibt sich aus der Position der Mitglieder in der Unternehmenshierarchie und bringt Rechte, Auflagen sowie Pflichten mit sich. Synonym wird dafür häufig auch der Begriff »Autorität« verwendet. **Informelle Macht** entsteht im »Verborgenen« und ist daher für Außenstehende nicht sofort sichtbar. Sie äußert sich in den spezifischen Beziehungen und Netzwerken eines Organisationsmitglieds. So hat beispielsweise eine Sekretärin oft viel Macht, indem sie entscheidet, wer zum Chef vorgelassen wird. Diese Macht ist auf den ersten Blick nicht zu erkennen, hat aber einen großen Einfluss, der sich sogar auf Personalentscheidungen maßgeblich auswirken kann. Daher wird der Einfluss, den Mitarbeiter auf ihren Chef ausüben können, »Führung von unten« genannt (▶ Exkurs).

> Es werden formale und informelle Macht unterschieden.

Die Beeinflussung anderer Mitarbeiter oder Kollegen ist eine zentrale Aktivität innerhalb von Organisationen: Führungskräfte müssen Mitarbeiter zu Handlungen im Sinne der Organisation bewegen, die über die vorgeschriebene Arbeitstätigkeit hinaus-

4

Führung von unten

Es geschieht täglich in unzähligen Situationen: Ein Mitarbeiter verfügt über spezielles Wissen, das für die anstehende Aufgabe von großer Bedeutung ist, so dass er die Führung für das Projekt übernimmt. Diese Art der Macht von Mitarbeitern wird »Führung von unten« genannt. Sie ist definiert als wechselseitige, zielorientierte Beeinflussung von Personen einer höheren Hierarchiestufe mit dem Ziel, Aufgaben gemeinsam zu erfüllen (Wunderer, 2000). Der hierarchisch unterstellte Mitarbeiter kann so mit seinem Verhalten in verschiedenen Situationen Einfluss auf den Chef ausüben.

Führungskräfte müssen immer größere Gruppen von Mitarbeitern führen. In Zusammenhang mit den technischen Entwicklungen hat dies zur Folge, dass sie nicht mehr die Fachexperten für alle Tätigkeiten und Aufgaben ihrer Abteilung sein können. Stattdessen übernehmen sie mehr und mehr die Aufgabe des Moderators von Arbeitsaufgaben. Die hochqualifizierten Mitarbeiter dagegen sind die Fachexperten. Daraus folgt für Vorgesetzte, bewusst die Fähigkeiten der Mitarbeiter einzusetzen und ihnen projektbezogen die Führung zu überlassen, um zielorientiert und effektiv vorzugehen. Für Mitarbeiter stellt diese Situation die Möglichkeit dar, den Vorgesetzten für eigene Ideen und neue Ansätze zu gewinnen. Dazu muss sich der Mitarbeiter klar machen, welche Ziele, Bedürfnisse, Stärken und Schwächen der Vorgesetzte hat, um ihn gezielt beeinflussen zu können. Auf diese Art und Weise können beide Seiten profitieren: der Vorgesetzte von der Expertise und den Ideen des Mitarbeiters und der Mitarbeiter von der Möglichkeit, eigene innovative Ansätze umsetzen und sich so weiterentwickeln zu können.

gehen. Angestellte müssen sich in Bewerbungs- oder Beförderungsgesprächen gegenüber Vorgesetzten präsentieren. Mitarbeiter müssen ihre Tätigkeiten mit ihren Kollegen koordinieren. Bei all diesen Aktivitäten hat jede Person individuelle Ziele und nutzt **Einflusstaktiken**, um diese zu erreichen. In einer Organisation ist jeder Mitarbeiter in unterschiedlichen Rollen an Einflusstaktiken beteiligt, als Eigentümer, Führungskraft, Mitarbeiter oder Kollege (s. z. B. Blickle, 2004). Eine Übersicht der verschiedenen Einflusstaktiken ist in ◻ Tabelle 4.4 dargestellt.

Jede Führungskraft hat ein individuelles Einwirkungspotenzial, welches auf qualitativ unterschiedlichen Machtgrundlagen basiert. French und Raven (1959) unterscheiden dabei fünf verschiedene **Machtgrundlagen**: Belohnungs-, Bestrafungs-, Experten-, Identifikations- und legitimierte Macht.

Verschiedene Machtgrundlagen können unterschieden werden.

Machtgrundlagen

- **Belohnungsmacht** als Möglichkeit der Einwirkung über die Kontrolle positiver Verstärker (Gewährung von Gratifikationen oder der Abwehr von Beeinträchtigungen)
- **Bestrafungsmacht** als Möglichkeit der Einwirkung über die Kontrolle negativer Verstärker (Bestrafung oder Wegnahme von Vergünstigungen)
- **Expertenmacht** als Möglichkeit der Einwirkung durch spezifisches Wissen und Informationen
- **legitimierte Macht** als Möglichkeit der Einwirkung durch die gesellschaftliche Stellung und der damit verbundenen Autorität
- **Identifikationsmacht** als Möglichkeit der Einwirkung durch Attraktivität (andere Personen bewundern oder identifizieren sich mit dem »Mächtigen« und folgen ihm aus eigenem Antrieb)

Wie wirkungsvoll eine Führungskraft ihr Einwirkungspotenzial nutzen kann, hängt stark von den subjektiven Einschätzungen der Geführten ab. Was beispielsweise als Belohnung oder Bestrafung erlebt wird, lässt sich nur aus der Sicht der Geführten definieren. Auch fühlt sich eine Führungskraft nicht allein dadurch »mächtig«, dass sie in der Position ist, Arbeitsabläufe zu kontrollieren, sondern sie muss von ihren Unterge-

□ Tab. 4.4 Einflusstaktiken von Führungskräften, Angestellten und Arbeitern

Einflusstaktiken	Beispiele
sachliche Überzeugung (Rationalität)	Herr A. versucht, seine Teammitglieder durch logische Argumente von seinem Vorhaben zu überzeugen. Um die Durchführbarkeit zu demonstrieren, bespricht er verschiedene Szenarien und legt seinem Team einen ausführlichen Zeitplan vor.
sich beraten lassen (Konsultation)	Beamtin Frau F. sucht gezielt den Rat ihres Vorgesetzten. Sie stellt ihre Ideen für ein verbessertes Zeitmanagement vor und bittet ihn um Verbesserungsvorschläge.
inspirierende Vorschläge	Geschäftsführer Herr K. formuliert Anregungen und Visionen, um seine Mitarbeiter auf die gemeinsamen Werte des Unternehmens zu verpflichten. Er weist darauf hin, wie herausfordernd seine Pläne sind und wie durch besonderes Engagement seitens der Mitarbeiter außergewöhnliche Erfolge erreicht werden können.
Koalitionen bilden	Herr M. bespricht sein Vorhaben zunächst im Team. Erst nachdem ihm seine Kollegen explizit ihre Unterstützung zugesichert haben, präsentiert er seinen Vorschlag Teamleiter Herr A.
einschmeicheln	Der neue Kollege im Vertrieb verhält sich besonders freundlich. Sein einschmeichelndes Verhalten zeigt sich u.a. in der äußerst begeisterten Zustimmung zu den Ansichten des Vorgesetzten, aber auch im Erweisen kleiner Gefälligkeiten gegenüber seinen Kollegen.
übergeordnete Instanzen einschalten	Herr M. ist frustriert, dass die schon lange fällige Beförderung ausbleibt und stattdessen ein neuer, seines Erachtens nach weniger qualifizierter Mitarbeiter eingestellt wurde. Er fühlt sich übergangen und sucht zunächst inoffiziell Unterstützung beim Betriebsrat. Er denkt auch darüber nach, sich an den nächsthöheren Vorgesetzten zu wenden.
Druck ausüben (Assertivität)	Durch ihr bestimmtes und zielstrebiges Auftreten demonstriert Managerin L. Entschlossenheit. Sie ist sich sicher, dass »der Laden ohne sie nicht laufen würde« und findet, dass sie dafür nicht angemessen entlohnt wird. Sie fordert daher eine sofortige Gehaltserhöhung und macht ihrem Vorgesetzten klar, dass sie sich sonst nach einem lukrativeren Arbeitsangebot umsehen wird.
Austausch anbieten	Frau L. fällt auf, dass ihre Kollegin K. fehlerhafte Anschreiben formuliert. Sie bietet ihr an, die Anschreiben in Zukunft auf Rechtschreibung zu prüfen, bevor die Schreiben zum Vorgesetzten weitergeleitet werden. Im Gegenzug soll Frau K. einige Tabellenkalkulationen übernehmen.
blockieren sanktionieren belohnen	Werksleiter Herr I. hat schon alles versucht, um Herrn M. »auf Linie zu bringen«. Den Zurechtweisungen von Herrn I. begegnet Herr M. mit Gelassenheit. Manchmal scheint er nach einer Auseinandersetzung allerdings wesentlich langsamer zu arbeiten (blockieren). Auch gibt er kaum noch Informationen über seine Arbeit preis. Herr I. denkt darüber nach, Herrn M. mit einer fristlosen Entlassung zu drohen (sanktionieren). Zunächst entscheidet er sich jedoch noch mal für eine »sanftere Gangart« und versucht, das gewünschte Verhalten durch die Aussicht auf eine Gehaltserhöhung hervorzulocken (belohnen).
Legitimation	Herr W. ist stolz auf sein Familienunternehmen. Er ist Verfechter klarer Regeln und hierarchischer Ordnungen, an die er seine Mitarbeiter von Zeit zu Zeit gern auch erinnert. In Diskussionen oder Auseinandersetzungen tendiert er dazu, auf seine Kompetenzbereiche hinzuweisen oder seine Autorität als Geschäftsführer zu betonen.
persönliche Appelle	Herr G., Vorstandschef einer Privatbank, muss seine Mitarbeiter im Rahmen eines Workshops auf tiefgreifende Umstrukturierungen vorbereiten. In seiner Rede erinnert er an gemeinsame Ziele und appelliert insbesondere an die Loyalität seiner Mitarbeiter.
Selbstpromotion	Im Bewerbungsgespräch präsentiert sich Frau A. als äußerst kompetent, tüchtig und erfolgreich.

benen auch als Autorität anerkannt werden. Zudem macht es einen erheblichen Unterschied für den Erfolg des Einwirkungsversuches, ob die Untergebenen die Anweisungen aus ihrer Sicht »formal« korrekt (Dienst nach Vorschrift) oder mit persönlichem Engagement befolgen. Grundsätzlich lassen sich drei qualitativ unterschiedliche Reaktionen auf Einwirkungsversuche einer Führungskraft unterscheiden (Yukl, 2002):

- **Commitment** bedeutet, dass die Geführten von den Entscheidungen der Führungskraft überzeugt sind und die Bereitschaft zeigen, Höchstleistungen zu erbringen. Für die Bewältigung komplexer Aufgaben verspricht das Erzeugen von Commitment den größten Erfolg für die Führungskraft.

> Die Einwirkungsmacht einer Führungskraft hängt von der subjektiven Einschätzung der Geführten ab. Es werden drei Reaktionen Geführter unterschieden: Commitment, Compliance und Widerstand.

— **Compliance** bedeutet, dass die Geführten zwar die Anweisungen der Führungskraft befolgen, dabei aber wenig Engagement zeigen. Der Führungskraft ist es nicht
gelungen die Einstellungen der Geführten zu beeinflussen. Für die Bewältigung von
Routineaufgaben genügt es, Compliance bei den Geführten zu erzeugen.

— **Widerstand** bedeutet, dass die Geführten den Vorgaben der Führungskraft entge-
genwirken. Beispielsweise kann das bei einem Veränderungsprozess bedeuten, dass
die Geführten neue Anordnungen und Strukturen ignorieren und einfach weiter-
machen wie gewohnt. Der Widerstand kann in passiver Form (z. B. Verzögerung,
Aufgaben werden nicht erledigt) oder aktiver Form (z. B. Sabotage) erfolgen.

Mikropolitik

Mikropolitisch handelt, wer durch die Nutzung anderer in organisationalen Grauzonen eigene Interessen verfolgt.

Wenden Organisationsmitglieder bewusst Macht- oder Einflusstaktiken an, um ihre
eigenen Ziele zu verfolgen, spricht man von Mikropolitik (Neuberger, 1985). Der Präfix
»Mikro« bezieht sich auf die Systemebene, auf der das politische Handeln stattfindet.
Mikropolitik bedeutet »**Politik im Kleinen**« durch einzelne Akteure oder Gruppen und
grenzt sich von der offiziellen Unternehmenspolitik ab. Vielmehr gedeiht Mikropolitik
in den organisationalen »Grauzonen«, d.h. überall dort, wo Prozesse nicht formal geregelt sind, Handlungsspielräume existieren und unterschiedliche Vorgehensweisen
möglich sind (Neuberger, 2006). Ein mikropolitischer Akteur instrumentalisiert andere mit dem Ziel, den eigenen Handlungsspielraum zu erweitern und sich so fremder
Kontrolle entziehen zu können. Die individuelle Zielverfolgung hat dabei Vorrang und
kann dazu führen, dass ethische und moralische Grundsätze vernachlässigt oder igno-
riert werden.

Mikropolitik kann sich sowohl förderlich als auch schädlich auf einen Betrieb auswirken. Während viele Autoren zunächst nur die die negative, unternehmensfeindliche
und egoistische Seite mikropolitischer Handlungen beschrieben (z. B. Mintzberg, 1983;
Gebert, 1996, 2002), betont Neuberger (2006) die positiven funktionalen Effekte. Er
sieht Mikropolitik »als eine Bedingung dafür, dass der Betrieb überhaupt läuft« (Neuberger, 2006, S. 191).

Mikropolitik kann schnelle, unbüro-kratische Lösungen ermöglichen…

Mikropolitik hat verschiedene **Vorteile**, z. B. dass mikropolitisches Handeln schnelle und unbürokratische Lösungen erlaubt, insgesamt zu einer größeren Flexibilität führt
und somit die Anpassungs- und Überlebensfähigkeit einer Organisation sichern kann
(Huber, 2001; Vigoda, 2003). Zudem kann mikropolitisches Handeln der Verarbeitung
von Frust und Enttäuschungen im Unternehmensalltag dienen. Beispielsweise findet
ein wütender Mitarbeiter seine Genugtuung darin, zeitweilig etwas langsamer zu arbeiten oder mit einem Kollegen über den Chef zu lästern. Auch zeigt sich, dass Mikropolitik die Kontakt- und Netzwerkbildung fördert. So stellen die intensive Kontaktaufnahme, das »Umgarnen« anderer und die Koalitionsbildung beliebte Vorgehensweise dar,
um politische Ziele zu verfolgen (Huber, 2001; Vigoda, 2003).

… birgt aber auch das Risiko »aus-ufernder Kleinkriege«.

Mikropolitik hat jedoch auch **Nachteile** und wird zu einem Problem, wenn kleine
Konflikte zu Kämpfen ausarten und Mitarbeiter beispielsweise eine Ressourcenvergeu-
dung in Kauf nehmen, um ihre eigenen Interessen zu sichern. Bestechungen, Intrigen
und Manipulationen sind Extremformen schädigender Machttaktiken (Neuberger,
2006). Je weniger die Ziele des mikropolitisch handelnden Mitarbeiters mit den Orga-
nisationszielen übereinstimmen, desto mehr kann er der Organisation schaden.

4.2.7 Führung in Gruppen

Gruppenarbeit nimmt zu.

Traditionell hat sich die Führungsforschung auf individuelle Führungskräfte und ver-
tikale Organisation von Arbeitsaufgaben konzentriert. In den letzten Jahren hat sich die
Arbeits- und Organisationsstruktur von Unternehmen allerdings stark verändert. Die
Arbeit in Projektgruppen, teilautonomen und virtuellen Teams nimmt zu (▶ Kap. 2, 7).

◘ Tab. 4.5 Unterschiede zwischen klassischer und geteilter Führung

	klassische Führung	geteilte Führung
Führungsanspruch	durch die Hierarchie oder Position in der Gruppe festgelegt	durch die Übernahme von Aufgaben in der Gruppe gekennzeichnet
Führungsqualität	Problemlösefähigkeiten der Führungskraft	Güte der Zusammenarbeit
Führungsaufgabe	Führungskraft verteilt Aufgaben, strukturiert Arbeitsprozess	alle arbeiten zusammen, um den Arbeitsprozess zu fördern
Führungseigenschaften	distinkte Unterscheidung zwischen Führenden und Geführten anhand der Fähigkeiten, Persönlichkeit, etc.	alle Kollegen sind voneinander abhängig und aktiv am Führungsprozess beteiligt
Einwirkungsmacht	Führungskraft besitzt Belohnungs- und Bestrafungsmacht	Zusammenarbeit als demokratischer Prozess mit einem gemeinsamen Ziel

Diese Entwicklungen reduzieren die Möglichkeiten einer einzelnen Person, die Führungsaufgaben in einer Vielzahl verschiedener, komplexer Arbeitsgruppen kompetent zu übernehmen und Probleme effektiv lösen zu können. Gerade in Arbeitsgruppen, die eigenverantwortlich arbeiten, stehen Führungskräfte einem Verlust an Kontrolle gegenüber, da sie nicht mehr über alle Vorgänge im Team informiert sein können (Wegge, 2001). Auf die Führung in Gruppen kann daher nicht mehr verzichtet werden. Ein Beispiel dafür ist Shared Leadership.

Shared Leadership beschreibt einen Führungsansatz innerhalb von Arbeitsgruppen mit dem Ziel gegenseitiger Führung zur Erreichung der Gruppenziele. Die Führung ist über ein Team verteilt ist (Pearce & Manz, 2005), so dass mehrere, wenn nicht sogar alle Teammitglieder Führungsaufgaben der Motivierung, Orientierung und Unterstützung übernehmen (Carson et al., 2007). Damit unterscheidet sich der Ansatz der geteilten Führung von dem der vertikalen Führung, in der nur eine einzelne Person Einfluss auf andere ausübt (Pearce & Sims, 2002).

Die Hauptunterschiede zwischen klassischer und geteilter Führung sind in ◘ Tabelle 4.5 dargestellt.

Empirische Studien haben gezeigt, dass Shared Leadership die wahrgenommene Effektivität von Teams erhöht (s. z. B. Carson et al., 2007). Auch ist das Gefühl, die notwendigen Fähigkeiten zur Erfüllung der Aufgaben im Team zu besitzen (wahrgenommene Teamwirksamkeit) in Arbeitsgruppen mit geteilter Führung höher (Solansky, 2008). Darüber hinaus wurde festgestellt, dass Shared Leadership positiv mit dem Transactive Memory im Team im Zusammenhang steht (Solansky, 2008; ▸ Kap. 7). Dies beschreibt die Kenntnis der Teammitglieder um die Fähigkeiten und das Wissen der anderen Gruppenmitglieder.

Generell ist Shared Leadership nicht als Ersatz für vertikale Führungsansätze konzipiert (Pearce, 2004). Damit Arbeitsgruppen ihre Ziele erreichen, benötigen sie Führung von außerhalb und innerhalb der Gruppe (Wegge, 1994). Shared Leadership stellt vielmehr den dynamischen, lateralen Einflussprozess innerhalb der Arbeitsgruppe dar, welcher die Effektivität des Teams positiv beeinflusst.

Shared Leadership beschreibt einen dynamischen, interaktiven Einflussprozess innerhalb von Arbeitsgruppen mit dem Ziel gegenseitiger Führung zur Erreichung der Gruppenziele.

4.2.8 Neuroleadership

Neue technische Entwicklungen haben dazu geführt, dass die **Neuropsychologie** in den letzten Jahren einen starken Aufschwung erlebt hat. Die Verknüpfung klassischer Füh-

4

Bei Neuroleadership geht es um die Anwendung der Hirnforschung im Bereich Führung.

Eine wichtige Erkenntnis ist die Bedeutung der Aufmerksamkeit, die Mitarbeiter einer Veränderung erteilen.

rungstheorien mit neurowissenschaftlichen Methoden ist ein Anwendungsfeld der Neuropsychologie im Organisationskontext.

Bei Neuroleadership geht es um die Anwendung der Hirnforschung im Bereich Führung (Elger, 2009). Das Ziel besteht darin, die biologischen Grundlagen der interpersonellen Beziehung zwischen Führenden und Geführten zu untersuchen, so dass die Effektivität existierender Führungsansätze mit neurowissenschaftlichen Belegen unterstützt werden kann (Rock & Ringleb, 2009).

Der Neuroleadership-Ansatz macht u.a. Aussagen zum Changemanagement, zur Zielsetzung, zur Strategieentwicklung und zur Entscheidungsfindung. Dabei konzentriert sich die Forschung auf die vier Gehirnsysteme Entscheidungssystem, Belohnungssystem, emotionales System und Gedächtnissystem (Egler, 2009). Erste Befunde weisen z. B. auf die Bedeutung von **Aufmerksamkeit** im Führungskontext hin. Eine Hauptaufgabe von Führungskräften besteht darin, neue Ideen zu vermitteln und Änderungen im Arbeitsablauf anstoßen. Dies ist nur möglich, wenn sie die volle Aufmerksamkeit der Mitarbeiter gewinnen. Um dies zu erreichen, müssen Mitarbeiter aus ihren täglichen Routinen gerissen werden, um sich vollständig auf die neuen Informationen konzentrieren zu können. Anschließend muss die Aufmerksamkeit der Mitarbeiter über längere Zeit auf die Veränderungen fokussiert werden, so dass die neuen Ideen stetig im Bewusstsein sind. Nur dadurch können die Änderungen internalisiert und das Denken der Mitarbeiter verändert werden.

Trotz der Chance, mit den Methoden der Neurowissenschaften neue Einsichten und Erkenntnisse zum Führungsverhalten zu gewinnen, sieht sich der Neuroleadership-Ansatz Kritik ausgesetzt; beispielsweise wird kritisiert, dass altbekannte Theorien in anderen Worten formuliert und als Neuheiten verkauft werden (McGregor, 2007).

4.3 Blick in die Praxis: Der Führungsalltag

Nachdem wir die verschiedenen Führungsansätze strukturiert und überblicksweise dargestellt haben, wollen wir nun die Frage klären, was eine Führungskraft bei der Arbeit tut. Dabei sollen drei Themen fokussiert werden: die täglichen Tätigkeiten einer Führungskraft, die Dilemmata, denen sie gegenübersteht, und die Instrumente, die sie zur Führung einsetzt.

4.3.1 Führungstätigkeiten

Der Arbeitsalltag von Führungskräften wird oft als hektisch, vielseitig und fragmentiert beschrieben. Kurze Kontaktepisoden wechseln einander ab. Kommunikation macht bis zu 90% des Arbeitsalltages aus, wobei unterschiedliche Kommunikationskanäle, vor allem mündliche, genutzt werden. Die Kommunikation bezieht sich nicht nur auf Untergebene, sondern auch Kollegen und eigene Vorgesetzte wollen bedient werden. Führungskräfte stehen vor der Notwendigkeit, auf ungeplante und unvorhersehbare Ereignisse zu reagieren und Entscheidungen bei unvollständiger oder zu viel Information zu treffen (s. z. B. Yukl, 2002).

Die Tätigkeiten eines Managers lassen sich vier Bereichen zuordnen: traditionelles Management, Human Resource Management, Kommunikation und Networking.

Wie ◘ Abbildung 4.1 (nach Yukl & Van Fleet, 1992) zeigt, sind die Tätigkeiten eines Managers sehr vielfältig und breit gefächert. Daher werden sie in vier Hauptbereiche unterteilt: traditionelles Management, Human Resource Management, Kommunikation und Networking.

Typische Tätigkeiten eines Managers, die dem **traditionellen Management** zugeordnet werden, sind Planung und Kontrolle interner Abläufe und Projekte. Dazu gehören vor allem die rationale Analyse der Aufgaben und die Entscheidungsfindung.

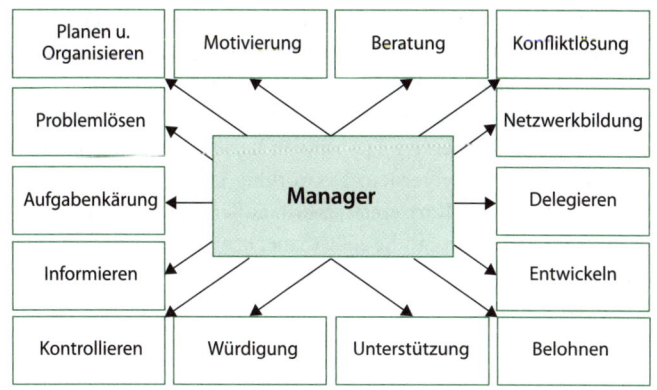

◘ **Abb. 4.1** Aufgaben eines Managers

Ein weiterer Tätigkeitsbereich ist das **Personalmanagement** oder auch **Human Resource Management**. Neben Personalauswahl und -entwicklung gehören Maßnahmen zur Motivation und Disziplinierung von Untergebenen sowie Konfliktmanagement dazu.

Zur **Kommunikation** gehören der Austausch von Routineinformation und die Abwicklung von Büroarbeit. Sie findet über unterschiedliche Kanäle (elektronisch, schriftlich, mündlich) und Hierarchieebenen (Untergebene, Kollegen, Vorgesetzte) statt. Mündliche Kommunikation wird der schriftlichen und elektronischen vorgezogen und erfolgt häufig im Rahmen von Meetings (Luthans et al., 1988).

Networking bezeichnet die gezielte Ausweitung von Kommunikationsnetzen. Dabei werden vor allem Beziehungen zu anderen Führungskräften auf gleicher oder höherer Ebene unter taktischen und strategischen Gesichtspunkten geknüpft und gepflegt (◘ Abb. 4.2; Neuberger, 2002; Yukl, 2002).

Erfolgreiche Manager knüpfen weitreichenden Netzwerke nicht nur innerhalb, sondern auch außerhalb ihrer Organisation, z. B. auf Firmenevents, im Rahmen von gesellschaftlichen Veranstaltungen, durch die Mitarbeit in Interessensgemeinschaften oder auch durch den Besuch von Workshops und Kongressen (Yukl, 2002). Auf diese Weise können Manager Netzwerke aufbauen, die sich aus direkten, indirekten und lateralen Kontakten zusammensetzen und Untergebene, Kollegen, Vorgesetzte und Bekannte umfassen.

In Zeiten der modernen Informationsgesellschaft werden diese Netzwerke in **Social Networks** wie Xing oder LinkedIn aufrechterhalten und gepflegt, damit sie später für Informationssammlung, Ressourcengewinnung oder Koalitionen genutzt werden

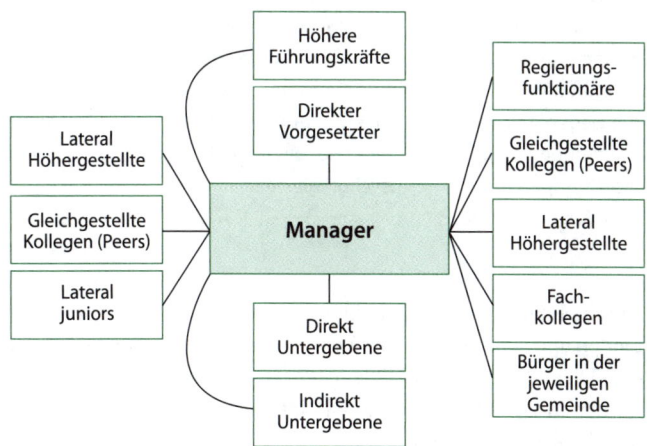

◘ **Abb. 4.2** Netzwerk eines Managers. (Aus Michael & Yukl, 1993. Mit freundlicher Genehmigung von Pearson Education.)

können. Das Aufbauen interpersonaler Beziehungen durch Networking wird als spezifische Kompetenz zur Karriereentwicklung angesehen, die einen wichtigen Faktor der Eigeninitiative zur Karriereförderung darstellt (Thompson, 2005). Folglich steht karrierebezogenes Networking mit der Anzahl an Beförderungen, Gehalt und wahrgenommenem Karriereerfolg positiv in Beziehung (Forret & Dougherty, 2004).

Für erfolgreiche und effektive Manager haben Kommunikation und Networking einen zentralen Stellenwert.

Dabei ist neben internem Networking im eigenen Unternehmen auch externes Networking für den Karrierefortschritt äußerst relevant (Michael & Yukl, 1993).

In der Leadership-Studie 2009 (Sauer et al., 2009) wurde untersucht, ob die Anzahl an Kontakten mit der Wichtigkeit dieser Kontakte für den eigenen Erfolg zusammenhängt. Es wurde jedoch als bedeutsamer angesehen, die richtigen Personen zu kennen, als eine möglichst große Anzahl an Kontakten zu haben.

4.3.2 Führungsdilemmata

In ihrer Führungstätigkeit stehen Führungskräfte häufig vor dem Dilemma, dass sie Entscheidungen zwischen gleichwertigen Alternativen treffen müssen.

Managementsituationen stellen sich selten eindeutig dar. Stattdessen sind sie meistens komplex, mehrdeutig, vage und über die Zeit variierend. Die Vorgaben und Anforderungen an Führungskräfte können sich dabei gegenseitig ausschließen (s. z. B. Neuberger, 2002). Dadurch werden Manager in ihrer Führungstätigkeiten des Öfteren vor **Dilemmata** gestellt. Um diese lösen zu können, müssen sie eine Entscheidung zwischen zwei gleichwertigen, aber gegensätzlichen Alternativen treffen, wobei für beide gute Gründe sprechen.

Die widersprüchlichen Vorgaben entstehen dabei aus den verschiedenen **Rollen**, die einer Führungskraft zugeschrieben werden (Neuberger, 2002): Um die Wettbewerbsfähigkeit des Unternehmens zu gewährleisten, sollen sie einerseits in ihrem Unternehmensbereich Flexibilität und Innovation fördern, andererseits wird verlangt, dass sie die Effektivität der Arbeit durch Prozessoptimierung und Zuverlässigkeit steigern (Gebert, 2002). Einerseits sollen sie alle Mitarbeiter gleich behandeln, ohne Bevorzugung oder Vorrechte, andererseits sollen sie auf den Einzelfall eingehen und persönliche Beziehungen mit den einzelnen Mitarbeitern aufbauen. Sie sollen einerseits Distanz zu ihren Mitarbeitern wahren und ihren Status betonen, um ihre Autorität zu wahren und als Führender wahrgenommen zu werden, andererseits sollen sie Gleichberechtigung betonen und Einfühlungsvermögen gegenüber ihren Mitarbeitern zeigen. Dies sind drei exemplarisch vorgestellte Führungsdilemmata, denen Führungskräfte gegenüberstehen (vgl. Neuberger, 2002).

Exkurs

Balance-Modell der Führung

Im Balance-Modell der Führung werden die Führungsdilemmata in acht Spannungsfeldern integriert. Diese werden strukturell den vier Hauptmanagementbereichen einer Führungskraft zugeordnet (Grote & Kauffeld, 2007). Jedes Spannungsfeld ergibt sich aus der Gegenüberstellung von stabilisierenden und dynamisierenden Kompetenzen der Führungskraft. Stabilisierende Kompetenzen tragen zur Beständigkeit von Arbeitsabläufen und -prozessen bei, während dynamisierende Kompetenzen Veränderungen im organisationalen Kontext ermöglichen. Die vier Managementbereiche umfassen Aufgaben-, Beziehungs-, Veränderungs- und mikropolitisches Management (Grote et al., 2009; weiterlesen in ▶ Web-Exkurs »Spannungsfelder des Balance-Modells der Führung« zu Kap. 4 unter www.lehrbuchpsychologie.de).

Um die Führungsdilemmata überwinden zu können, ist es notwendig, die stabilisierenden und dynamisierenden Komponenten der Spannungsfelder in Einklang zu bringen. Dies ist anhand von Balance-Strategien der Führung möglich. Diese Strategien werden in vier Bereiche unterteilt: intra- und interindividuell, zeitlich und organisational (Grot et al., 2009):

- **intraindividuelle Balance-Strategien** stellen persönliche Maßnahmen für die Führungskraft wie z. B. Coachings und Trainings dar, mit deren Hilfe die fehlende bzw. gering ausgeprägte Kompetenz aufgebaut werden kann. So wäre ein Coaching zum Aufbau der strategischen Kompetenz eine Maßnahme für eine stark aufs operationale Tagesgeschäft konzentrierte Führungskraft.
- **interindividuelle Balance-Strategien** umfassen gemeinsame Maßnahmen innerhalb des Führungsteams, mit denen beide Komponenten eines Spannungsfeldes in die Führungsarbeit eingebracht werden. Die Führungsaufgaben in einem Führungsteam würden so aufgeteilt, dass eine Führungskraft das Tagesgeschäft leitet, während eine zweite die Rolle des Strategen übernimmt.
- **zeitliche Balance-Strategien** stellen eine Organisation der Führungsaufgaben nach einem festen Zeitplan dar. So würde die Führungskraft einen Rahmenplan aufstellen, nach dem sich im ersten Jahr ausschließlich auf das Tagesgeschäft konzentriert wird und im nächsten Jahr die weitere strategische Ausrichtung überdacht wird.
- **organisationale Balance-Strategien** umfassen die Aufteilung der Führungsaufgaben anhand der Organisationsstruktur. Das Unternehmen wird so strukturiert, dass eine Abteilung für die Erwirtschaftung des Umsatzes (Tagesgeschäft) verantwortlich ist, während eine andere Abteilung mit der experimentellen Testung der Produkte für zukünftige Märkte (Strategie) beauftragt ist.

> Führungsdilemmata können mit intra- und interindividuellen, zeitlichen und organisationalen Balance-Strategien überwunden werden.

4.3.3 Führungsinstrumente

Damit ein Manager seine Mitarbeiter wirksam führen kann, reichen die Kenntnis der verschiedenen Führungsansätze und die Diagnose seines Führungsverhaltens nicht aus. Vielmehr bedarf es der Entwicklung und des Einsatzes von Führungsinstrumenten (Felfe, 2009). Dies sind Hilfsmittel zu Unterstützung der Führungskraft bei der Umsetzung im operativen Alltag, die bei einer Vielzahl unterschiedlicher Aufgaben eingesetzt werden können. Da der Beratungsmarkt für Unternehmen und Manager sehr lukrativ und hart umkämpft ist, gibt es eine Fülle an Führungsinstrumenten, die häufig Modeerscheinungen unterliegen. In der Leadership-Studie 2009 (Sauer et al., 2009) wurden Führungskräfte daher nach der regelmäßigen Nutzung einer Auswahl etablierter Führungsinstrumente befragt. Die Ergebnisse sind in ◻ Abbildung 4.3 dargestellt. Es wird deutlich, dass **Mitarbeitergespräche** und **Zielvereinbarungen** eine herausragende Bedeutung bei der Nutzung von Führungsinstrumenten spielen.

Im Folgenden wird auf die beiden häufig genutzten Führungsinstrumente Mitarbeitergespräche und Zielvereinbarung eingegangen.

> Mitarbeitergespräche und Zielvereinbarungen sind wichtige Führungsinstrumente.

Mitarbeitergespräche

Mitarbeitergespräche stellen institutionalisierte Gespräche dar, die einen formalen Anlass, eine spezifische Zielsetzung und einem festen Zeitrahmen haben. Sie ergeben sich nicht spontan, sondern werden fest terminiert und vorbereitet (s. z. B. Hossiep et al., 2008; Felfe, 2009). Es ist daher sinnvoll, dass ein einheitliches und systematisches Vorgehen anhand eines standardisierten Instrumentes innerhalb der gesamten Organisation gewährleistet wird.

Ein Mitarbeitergespräch wird in fünf Phasen unterteilt: Einstiegsphase, mitarbeiterorientierte Phase, Abgleichphase, Klärungsphase und Abschlussphase (Felfe, 2009). Es dient der Verbesserung der Beziehung von Vorgesetzten und Mitarbeitern, da es Offenheit und gegenseitiges Verständnis fördert und die Zusammenarbeit erleichtert. Mögliche Anlässe für ein Mitarbeitergespräch können Zielvereinbarungen, Leistungsbeurteilungen, Karriereplanung, Förderung und Potenzialentwicklung oder Konfliktmoderation darstellen. Es kann dazu dienen, Aufgaben zu delegieren und zu koordinieren, Mitarbeiter zu motivieren oder zu kritisieren sowie Stärken und Schwächen zu analysie-

> Mitarbeitergespräche haben einen formalen Anlass, festen Zeitrahmen, spezifische Zielsetzung und standardisiertes Vorgehen.

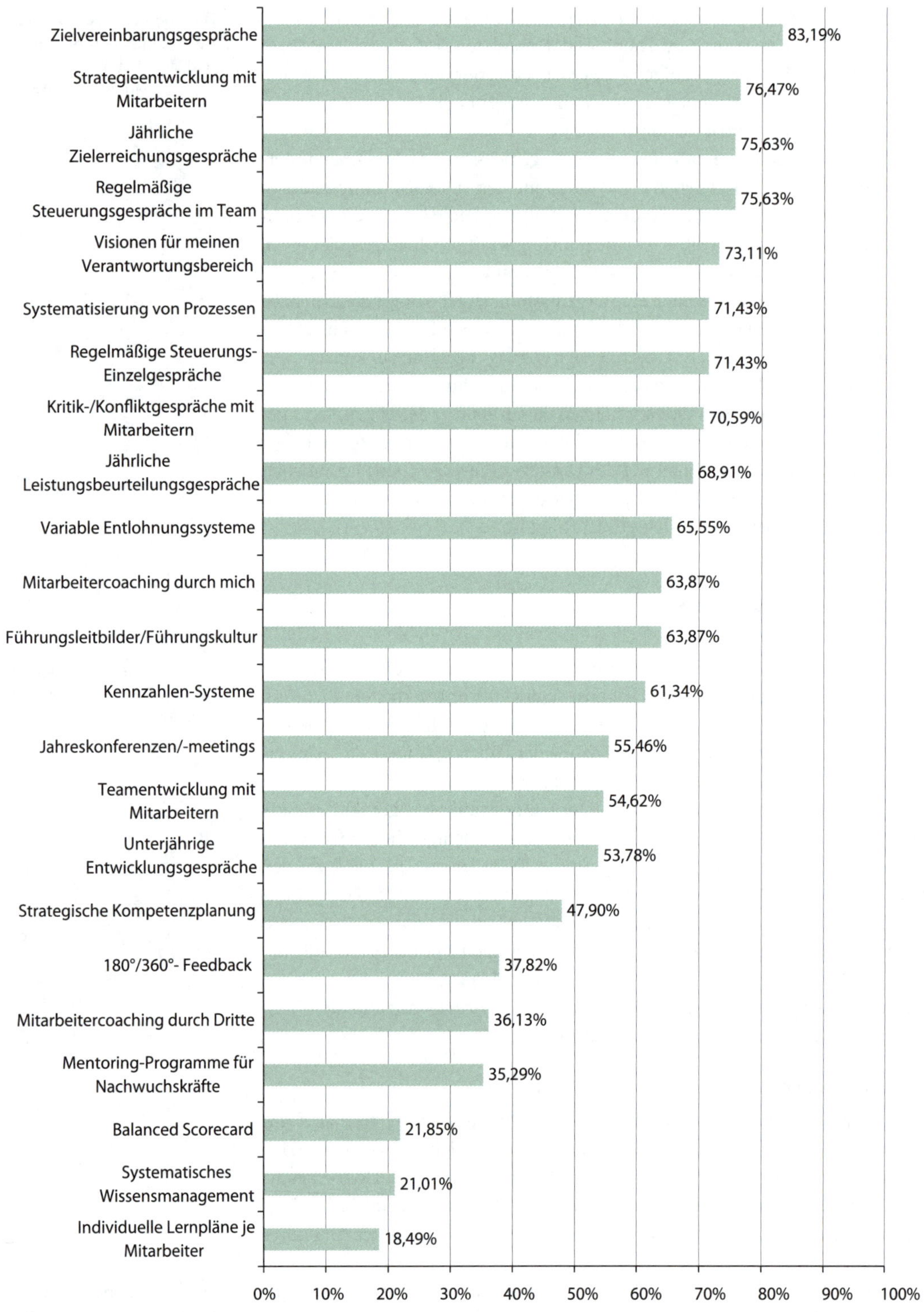

Führungsinstrument	Prozent
Zielvereinbarungsgespräche	83,19%
Strategieentwicklung mit Mitarbeitern	76,47%
Jährliche Zielerreichungsgespräche	75,63%
Regelmäßige Steuerungsgespräche im Team	75,63%
Visionen für meinen Verantwortungsbereich	73,11%
Systematisierung von Prozessen	71,43%
Regelmäßige Steuerungs-Einzelgespräche	71,43%
Kritik-/Konfliktgespräche mit Mitarbeitern	70,59%
Jährliche Leistungsbeurteilungsgespräche	68,91%
Variable Entlohnungssysteme	65,55%
Mitarbeitercoaching durch mich	63,87%
Führungsleitbilder/Führungskultur	63,87%
Kennzahlen-Systeme	61,34%
Jahreskonferenzen/-meetings	55,46%
Teamentwicklung mit Mitarbeitern	54,62%
Unterjährige Entwicklungsgespräche	53,78%
Strategische Kompetenzplanung	47,90%
180°/360°- Feedback	37,82%
Mitarbeitercoaching durch Dritte	36,13%
Mentoring-Programme für Nachwuchskräfte	35,29%
Balanced Scorecard	21,85%
Systematisches Wissensmanagement	21,01%
Individuelle Lernpläne je Mitarbeiter	18,49%

Abb. 4.3 Nutzung von Führungsinstrumenten

ren (Mentzel et al., 2009). Voraussetzung für ein erfolgreiches Gespräch ist die aktive Rolle des Mitarbeiters, damit das Gespräch nicht einseitig aus Sicht der Führungskraft verläuft. Ziel ist stattdessen ein partnerschaftlicher, zielorientierter Dialog mit gleichverteilten Gesprächsanteilen Daher sollten beide Seiten – Führungskraft und Mitarbeiter – die Gelegenheit zur Vorbereitung des Gesprächs erhalten (Neuberger, 2004).

Zielvereinbarungen

Zielvereinbarung stellt eine wesentliche Führungsaufgabe dar. Der Managementansatz, bei dem Zielsetzung als zentrale Führungsfunktion im Mittelpunkt steht, wird **Management by Objectives** genannt (Drucker, 1998). Dabei wird die Führung an Leistungszielen und am Grad der Zielerreichung ausgerichtet. Aus den übergeordneten Unternehmenszielen werden untergeordnete Teilziele abgeleitet, die von den Mitarbeitern realisiert werden. Die Teilziele sollten gemeinsam mit den Mitarbeitern erarbeitet werden, so dass Anforderungen des Unternehmens und Bedürfnisse der Mitarbeiter gleichermaßen berücksichtigt werden. Damit die Zielvorgabe eine leistungssteigernde Wirkung hat, müssen die Ziele SMART sein, also **s**pezifisch, **m**essbar, **a**ktiv beeinflussbar, **r**ealistisch umsetzbar und **t**erminiert (Drucker, 1998).

> Management by Objectives ist ein Führungsansatz, bei dem Zielsetzung nach der SMART-Formel im Mittelpunkt steht.

Der Ansatz des Management by Objectives hat eine herausragende Bedeutung in Unternehmen erreicht. Allerdings wird häufig an der praktischen Umsetzung der Zielvereinbarung **Kritik** geübt. Denn häufig werden Ziele direktiv vorgegeben und von den Mitarbeitern als unrealistisch bzw. unerreichbar wahrgenommen (▶ Kap. 9). Dies kann zu Demotivierung, Unzufriedenheit und Resignation der Mitarbeiter führen und damit das Gegenteil der erhofften Leistungssteigerung bewirken (Felfe, 2009). Auch kann die ausschließliche Orientierung an Zielen die Gefahr eines überhöhten Leistungsdrucks und Vernachlässigung weiterer elementarer Führungsfunktionen nach sich ziehen (Hentze et al., 1997).

> MbO hat eine große Bedeutung in Unternehmen, kann aber auch negative Folgen haben, wenn die Ziele von Mitarbeitern als unrealistisch erlebt werden.

Die Auflösung des Fallbeispiels ist im ▶ Web-Exkurs »Fallbeispielauflösung Führung in Organisationen« zu Kapitel 4 auf www.lehrbuch-psychologie.de zu finden.

> ⊕ **Web-Exkurs**
> **»Fallbeispielauflösung**
> **Kapitel 4«**

❓ Kontrollfragen

1. Welche Prozesse zeichnen Führung aus?
2. Wovon geht der eigenschaftsorientierte Führungsansatz aus und welches Ziel verfolgt er?
3. Wie wird der eigenschaftsorientierte Führungsansatz aus heutiger Sicht bewertet?
4. Womit beschäftigt sich der verhaltenswissenschaftliche Ansatz in Bezug auf Führungserfolg?
5. Was ist ein Führungsstil und wie lassen sich Führungsstile kategorisieren?
6. Wie erklären situative Führungstheorien Führungserfolg?
7. Wie lautet der Kontingenzansatz von Fiedler?
8. Welche vier Grundstile der Führung unterscheiden Hersey und Blanchard in ihrem Reifegrad-Modell?
9. Was steht in den interaktionistischen Ansätzen im Vordergrund?
10. Wie lassen sich transaktionale und transformationale Führung voneinander abgrenzen?
11. Was sind Basisstrategien des transformationalen Führers?
12. Welche Dimensionen schlechter Führung unterscheidet das Nonleadership-Konzept?
13. Welche Perspektive nimmt der Führungsprototypenansatz ein?
14. Wie lautet das Konzept der symbolischen Führung?
15. Aus welchen Komponenten setzt sich symbolische Führung zusammen?
16. Worin unterscheiden sich formelle und informelle Macht?
17. Welche drei Ergebnisse des Einwirkungsversuchs einer Führungskraft lassen sich unterscheiden?
18. Was versteht man unter mikropolitischem Handeln?
19. Was wird unter dem Shared Leadership-Ansatz verstanden?
20. Welchen Bereichen lassen sich die Tätigkeiten eines Managers zuordnen?

▶ **Weiterführende Literatur**

Felfe, J. (2009). *Mitarbeiterführung.* Göttingen: Hogrefe.

Grote, S. & Kauffeld, S. (in Druck). *Die Zukunft der Führung.* Berlin, New York, Tokio, Heidelberg: Springer.

Neuberger, O. (2002), *Führen und führen lassen,* 6. Aufl. Stuttgart: Lucius & Lucius.

Rosenstiel, L. von (2009). *Führung von Mitarbeitern: Handbuch für erfolgreiches Personalmanagement.* Stuttgart: Schäffer-Poeschel.

Literaturverzeichnis

Alvesson, M. & Berg, P. O. (1992). *Corporate Culture and Organizational Symbolism.* Berlin, New York: de Guyter.

Avolio, B. & Bass, B. (1987). Transformational leadership, charisma and beyond. In: J. Hunt, B. R. Baliga, H. P. Dachler & C. A. Schriesheim (Hrsg.), *Emerging leadership vistas* (S. 29–49) Lexington, MA: Heath.

Avolio, B. J., Reichard, R. J., Hannah, S. T., Walumbwa, F. O. & Chan, A. (2009). 100 Years of Leadership Intervention Studies: A Meta-Analysis. *The Leadership Quarterly, 20,* 764–784.

Barrera, M., Sandler, I. N. & Ramsay, T. B. (1981). Preliminary development of a scale of social support: Studies on college students. *American Journal of Community Psychology, 9,* 435–447.

Bass, B. M. (1985). *Leadership and performance beyond expectations.* New York: Free Press.

Bass, B. M. (1990). *Bass and Stogdill's handbook of leadership: Theory, research, and managerial applications,* 3rd ed. New York: Free Press.

Bass, B. M. (1998). *Transformational leadership: Industry, military, and educational impact.* Mahwah, NJ: Erlbaum.

Bass, B. M. & Avolio, B. J. (1993). Transformational Leadership: A Response to Critiques. In M. M. Chemers & R. Ayman. *Leadership Theory and Research: Perspectives and Directions* (S. 49–80). San Diego: Academic Press.

Bass, B. M. & Avolio, B. J. (1994). *Improving Organizational Effectiveness Through Transformational Leadership.* Thousand Oaks: Sage.

Blake, R. R. & Mouton, J. S. (1964). *The managerial grid.* Houston, TX: Gulf Pub.

Blickle, G. (2004): Einflusskompetenz in Organisationen. *Psychologische Rundschau, 55 (2),* 82–93.

Bono, J. E. & Judge, T. A. (2004). Personality and transformational and transactional leadership: A meta analysis. *Journal of Applied Psychology, 89,* 901–910.

Brown, M. E., Trevino, L. K. & Harrison, D. A. (2005). Ethical leadership: A social learning perspective for construct development and testing. *Organizational Behavior and Human Decision Processes, 97,* 117–134.

Burns, J. M. (1978). *Leadership.* New York: Harper & Row.

Carlyle, T. (1888) *On Heroes, Hero-Worship and the Heroic in History.* New York: Stokes & Brother.

Carson, J. B., Tesluk, P. E. & Marrone, J. A. (2007). Shared leadership in teams: An investigation of antecedent conditions and performance. *Academy of Management Journal, 50,* 1217–1234.

Costa, P. T. Jr. & McCrae, R. R. (1992). *Revised NEO Personality Inventory (NEO-PI-R) and NEO Five-Factor (NEO-FFI) Inventory professional manual.* Odessa, FL: Psychological Assessment Resources.

De Hoogh, A. H. B. & Den Hartog, D. N. (2008). Ethical and despotic leadership, relationships with leader's social responsibility, top management team effectiveness and subordinates' optimism: A multi-method study. *The Leadership Quarterly, 19,* 297–311.

Drucker, P. F. (1998). *Die Praxis des Managements.* Düsseldorf: Econ.

Elger, C. E. (2009). *Neuroleadership: Erkenntnisse der Hirnforschung für die Führung von Mitarbeitern.* München: Haufe.

Epitropaki, O. & Martin, R. (2005). From ideal to real: A longitudinal study of the role of implicit leadership theories on leader-member exchanges and employee outcomes. *Journal of Applied Psychology, 90,* 659–676.

Felfe, J. (2009). *Mitarbeiterführung.* Göttingen: Hogrefe.

Felfe, J. & Heinitz, K. (2010). The impact of consensus and agreement of leadership perceptions on commitment, OCB and customer satisfaction. *European Journal of Work and Organizational Psychology, 19,* 279–303.

Fittkau-Garthe, H. & Fittkau, B. (1971). *Fragebogen zur Vorgesetzten-Verhaltens-Beschreibung (FVVB). Handanweisung.* Göttingen: Hogrefe.

Forret, M. L. & Dougherty, T. W. (2004). Networking behaviors and career outcomes: differences for men and women? *Journal of Organizational Behavior, 25,* 419–437.

French, J. R. P. & Raven, B. (1959). The bases of social power. In D. Cartwright (ed.), *Studies in social power* (pp. 150–167). Ann Arbor, MI: Institute for Social Research.

Gebert, D. (1996). Sprachspiele der Mikropolitik. Zwischen Aufklärung und Verwirrung. *Organisationsentwicklung, 3,* 71–73.

Gebert, D. (2002). *Führung und Innovation.* Stuttgart: Kohlhammer.

Gebert, D. & von Rosenstiel, L. (2002). *Organisationspsychologie: Person und Organisation.* Stuttgart: Kohlhammer.

Gerstner, C. R. & Day, D. V. (1997). Meta-analytic review of leader-member exchange theory: Correlates and construct issues. *Journal of Applied Psychology, 82,* 827–844.

Graen, G. B. & Uhl-Bien, M. (1995). Relationship-based approach to leadership: Development of leader-member exchange (LMX) theory of leadership over 25 years: Applying a multi-level multi-domain perspective. *Leadership Quarterly, 6,* 219–247.

Grote, S. & Kauffeld, S. (2007). Stabilisieren oder dynamisieren: Das Balance-Inventar der Führung. In J. Erpenbeck & L. von Rosenstiel (Hrsg.), *Handbuch Kompetenzmessung* (S. 317–336). Stuttgart: Schäffer-Poeschel.

Grote, S., Kauffeld, S. & Weide, C. (2009). Stabilisierende und dynamisierende Kompetenzen von Führungskräften: Das Balance-Inventar der Führung. In S. Kauffeld, S. Grote & E. Frieling (Hrsg.), *Handbuch Kompetenzentwicklung* (S.107–123). Stuttgart: Schäffer-Poeschel.

Hentze, J., Kammel, A. & Lindert, K. (1997). *Personalführungslehre: Grundlagen, Funktionen und Modelle der Führung.* UTB Nr. 1374. Bern: Haupt.

Hersey, B. & Blanchard, K. (1977). *Management of Organizational Behavior.* Englewood Cliffs.

Hinkin, T. R. & Tracey, J. B. (1999). The relevance of charisma for transformational leadership in stable organizations. *Journal of Organizational Change Management, 12,* 105–119.

Howell, J. M. & Hall-Marenda, K. E. (1999). The ties that bind: The impact of leader-member exchange, transformational and transactional leadership, and distance on predicting follower performance. *Journal of Applied Psychology, 84,* 680–694.

Hossiep, R., Bittner, J. & Berndt, W. (2008). *Mitarbeitergespräche – wirksam, nachhaltig, motivierend.* Göttingen: Hogrefe.

Huber, J. (2001). *Allgemeine Umweltsoziologie.* Opladen: Westdeutscher Verlag.

Johnson, S. K., Murphy, S. E., Zewdie, S. & Reichard, S. Z. (2008). The strong, sensitive type: Effects of gender stereotypes and leadership prototypes on the evaluation of male and female leaders. *Organizational Behaviour and Human Decision Processes, 106,* 39–60.

Judge, T. A., Bono, J. E., Ilies, R. & Gerhardt, M. (2002). Personality and leadership: A qualitative and quantitative review. *Journal of Applied Psychology, 87,* 765–780.

Judge, T. A., Piccolo, R. F. & Ilies, R. (2004). The forgotten ones? The validity of Consideration and Initiating Structure in leadership research. *Journal of Applied Psychology, 89,* 36–51.

Jung, D., Wu, A. & Chow, C. W. (2008). Towards understanding the direct and indirect effects of CEOs' transformational leadership on firm innovation. *The Leadership Quaterly, 19,* 585–594.

Kanungo, R. N. (2001). Ethical values of transactional and transformational leaders. *Canadian Journal of Administrative Sciences, 18 (4),* 257–65.

Kouzes, J. M. & Posner, B. Z. (1993). *Credibility: How leaders gain and lose it, why people demand it.* San Francisco: Jossey-Bass.

Lewin, K., Lippitt, R. & White, R. (1939). Patterns of aggressive behavior in experimentally created »social climates.« *Journal of Social Psychology, 10 (3),* 43–195.

Lock, M. & Wheeler, R. (2005). *LJI – Leadership judgement indicator.* Oxford: Hogrefe.

Lowe, K. B., Kroeck, K. G. & Sivasubramaniam, N. (1996). Effectiveness correlates of transformational and transactional leadership: A meta-analytic review of the MLQ literature. *Leadership Quarterly, 7,* 385–425.

Luthans, F., Hodgetts, R. M. & Rosenkrantz, S. (1988). *Real managers.* Cambridge, MA: Ballinger

McGregor, J. (2007). The business brain in close-up. *Business Week, 23,* 68–69.

Mentzel, W., Grotzfeld, S. & Haub, C (2009). *Mitarbeitergespräche: Mitarbeiter motivieren, richtig beurteilen und effektiv einsetzen.* Planegg: Haufe.

Michael, J. & Yukl, G. A. (1993). Managerial Level and Submit Function as Determinants of Networking Behavior in Organizations. *Group & Organization Management, 18* (3), 328–351.

Mintzberg, H. (1983). *Power in and around organizations.* Englewood Cliffs: Prentice-Hall

Neuberger, O. (2002). *Führen und führen lassen.* Stuttgart: Lucius & Lucius.

Neuberger, O. (2004). *Das Mitarbeitergespräch.* Leonberg: Rosenberger.

Neuberger, O. (2006). Mikropolitik: Stand der Forschung und Reflexion. *Zeitschrift für Arbeits- und Organisationspsychologie, 50 (4),* 189–202.

Nye, J. L. (2005). Implicit theories and leadership perceptions in the thick of it: The effects of prototype matching, group setbacks, and group outcomes. In B. Schyns & J. R. Meindl (Hrsg.), *The leadership horizon series.* Greenwich, CT: Information Age Pub.

Pearce, C. L. (2004). The future of leadership: Combining vertical and shared leadership to transform knowledge work. *Academy of Management Executive, 18,* 47–57.

Pearce, C. L. & Manz, C. C. (2005). The new silver bullets of leadership: The importance of self- and shared leadership in knowledge work. *Organizational Dynamics, 34,* 130–140.

Pearce, C. L. & Sims, H. P. Jr. (2002). Vertical versus shared leadership as predictors of the effectiveness of change management teams: An examination of aversive, directive, transactional, transformational and empowering leader behaviors. *Group Dynamics, 6,* 172–197.

Riggs, M. T., Warka, J., Babasa, B., Betancourt, R. & Hooker, S. (1994). Development of self-efficacy and outcome expectancy scales for job-related applications. *Educational and Psychological Measurement, 54,* 793–802.

Robbins, S. (2000). *Organizational behavior. Concepts-controversies-applications*. Englewood Clifs, NJ: Prentice Hall.

Rock, D. & Ringleb, A. H. (2009). Defining NeuroLeadership as a field. *NeuroLeadership Journal, 2,* 1–7.

Ross, L. & Nisbett, R. E. (1991). *The person and the situation: Perspectives of social psychology.* New York: McGraw-Hill.

Rowold, J. & Borgmann, L. (2009). Zum Zusammenhang zwischen ethischer Führung, Arbeitszufriedenheit und affektivem Commitment. *Wirtschaftspsychologie, 2,* 60–66.

Sauer, N. C., Honert, M. & Kauffeld, S. (2009). Leadership-Studie 2009 – Führen in Zeiten der Krise. *Vortrag bei dem 8. Kongress für Wirtschaftspsychologie, Potsdam, 14.–15. Mai.*

Scholl, W. (1999). Restrictive control and information pathologies in organizations. *Journal of Social Issues, 55,* 101–118.

Schyns, B. & Von Collani, G. 2002. A new occupational self-efficacy scale and its relation to personality constructs and organizational variables. European *Journal of Work and Organizational Psychology, 11 (2),* 219–241.

Silversthorne, C. (2001). Leadership effectiveness and personality: A cross-cultural evaluation. *Personality and Individual Differences, 30,* 303–309.

Solansky, S. T. (2008). Leadership style and team processes in self-managed teams. *Journal of Leadership & Organizational Studies, 14,* 332–341.

Stock-Homburg, R. (2008). *Personalmanagement.* Wiebaden: Gabler

Tannenbaum, R. & Schmidt, W. H. (1973). How to choose a leadership pattern. *Harvard Business Review, May–June,* 162–180.

Thompson, J. A. (2005). Proactive personality and job performance. A social capital perspective. *Journal of Applied Psychology, 90,* 1011–1017.

Türk, K. (1995). Entpersonalisierte Führung. In A. Kieser, G. Reber & R. Wunderer (Hrsg.), *Handwörterbuch der Führung* (S. 328–340). Stuttgart: Schäffer-Poeschel.

van Quaquebeke, N. & Brodbeck, F. C. (2008). Entwicklung und erste Validierung zweier Instrumente zur Erfassung von Führungskräfte-Kategorisierung im deutschsprachigen Raum. *Zeitschrift für Arbeits- und Organisationspsychologie, 52,* 70–80.

Vigoda, E. (2003). *Developments in Organizational Politics: How Political Dynamics affect Employee Performance in Modern Work Sites.* Cheltenham; Edward Elgar.

Vroom, V. H. & Yetton, P. W. (1973*). Leadership and Decision Making.* Pittsburgh, Pa.: University of Pittsburgh Press.

Vroom, V.H. & Jago, A.G. (2007). The role of situation in leadership. *American Psychologist, 62,* 17–24.

Wegge, J. (1994). *Führung von Arbeitsgruppen.* Göttingen: Hogrefe.

Wegge, J. (2001). Gruppenarbeit. In H. Schuler (Hrsg.), *Lehrbuch der Personalpsychologie* (S. 483–507). Göttingen: Hogrefe.

Wegge, J. (2002). *Führung von Arbeitsgruppen* (Habilitationsschrift). Dortmund: Universität Dortmund.

Wegge, J. & Rosenstiel, L. von (2004). Führung. In H. Schuler, *Lehrbuch Organisationspsychologie* (S. 475–513). Bern: Huber.

Weibler, J. (2001). *Personalführung.* München: Vahlen.

Wunderer, R. (2000). *Führung und Zusammenarbeit. Eine unternehmerische Führungslehre.* Neuwied: Luchterhand.

Wunderer, R. & Grunewald, W. (1980). *Führungslehre.* Berlin: de Gruyter

Yankelovich, D. & Immerwahr J. (1983). *Putting the Work Ethic to Work: A Public Agenda Report on Restoring America's Competitive Vitality.* New York: The Public Agenda Foundation.

Yukl, G. (2002). *Leadership in organizations.* Upper Saddle River, NJ: Prentice-Hall.

Yukl, G. & Van Fleet, D. D. (1992). Theory and Research on Leadership in Organisations. In M. D. Dunnette & L. M. Hough (eds.), *Handbook of Industrial and Organizational Psychology,* vol. 3 (pp. 147–197). Palo Alto, CA: Consulting Psychologists Press.

5 Personalauswahl

Simone Kauffeld & Anna Grohmann

Lernziele

- Die einzelnen Phasen der Personalauswahl kennen lernen.
- Verstehen, was Personalmarketing so bedeutsam macht.
- Erfahren, dass eine gute Passung zwischen Bewerber und zu besetzender Stelle den späteren Berufserfolg und die Arbeitszufriedenheit erhöht.
- Erkennen, dass die Durchführung komplexer Auswahlverfahren von diagnostischen Laien unter Umständen problematisch ist und wodurch dies umgangen werden kann.
- Verstehen, warum qualitativ hochwertige Personalauswahlverfahren wichtig sind.

Beispiel

Fallbeispiel

Nach erfolgreichem Universitätsabschluss sucht Frau S. dringend eine Arbeitsstelle im Marketingbereich. Nach tagelangen Recherchen fällt ihr folgende Zeitungsannonce positiv auf: »Wir suchen junge und aufgeschlossene Mitarbeiter für unser Unternehmen. Sie arbeiten gerne im Team? Sie haben bereits Erfahrungen im Marketingbereich gesammelt und möchten gerne neue Herausforderungen annehmen? Dann bewerben Sie sich bei uns!« Frau S. ist begeistert und schreibt sofort eine Bewerbung. Bereits zwei Wochen später wird sie zu einem Vorstellungsgespräch eingeladen. Ihr zukünftiger Chef führt ein Interview mit ihr, und da er von ihrer gewinnenden Art sofort begeistert ist, wird sie kurze Zeit später als feste Mitarbeiterin eingestellt. Motiviert beginnt Frau S. mit der Arbeit. Die ersten zwei Monate zeigen jedoch, dass sie sich etwas ganz anderes unter der Stellenbeschreibung vorgestellt hatte und ihre Kompetenzen in anderen Bereichen liegen. Denn sie erhält Aufgaben, mit denen sie sich kaum auskennt, und hat erhebliche Probleme sich in das Unternehmen zu integrieren. Da ihr Chef zunehmend unzufriedener mit der Leistung von Frau S. wird, erhält sie noch in der Probezeit die Kündigung.

Was könnte das Unternehmen bei der nächsten Personalauswahl besser machen, um einen Mitarbeiter einzustellen, der den Anforderungen gewachsen ist? Welche Verfahren kann das Unternehmen einsetzen?

5.1   Grundbegriffe

▶ Definition

> **Definition**
>
> **Personalauswahl** bezeichnet die Zuweisung von Bewerber zu Stellen in der Organisation durch Rekrutierung und den Einsatz von Auswahltechniken, die auf einer Anforderungsanalyse beruhen und der Identifizierung des am besten geeignetsten Bewerbers dienen.

5.1.1   Eignungsdiagnostik

Die Eignungsdiagnostik dient der Überprüfung der Passung zwischen Bewerber und Arbeitsplatz.

Die Eignungsdiagnostik ist ein wesentlicher Bestandteil der Personalauswahl. Mit ihrer Hilfe kann die **Passung** überprüft werden, also inwieweit ein Bewerber für eine spezifische Tätigkeit geeignet ist. Ein Bewerber ist umso wahrscheinlicher für eine Stelle geeignet, je besser er aufgrund seiner gegebenen Voraussetzungen zur Bewältigung der beruflichen Anforderungen imstande ist. Bei der Eignungsdiagnostik wird demnach die Übereinstimmung zwischen der angestrebten beruflichen Position und den Voraussetzungen des Bewerbers analysiert (Schuler & Höft, 2007).

Es gibt biografie-, eigenschafts- und simulationsorientierte Verfahren berufsbezogener Eignungsdiagnostik.

Eignungsdiagnostische Testverfahren werden in biografie-, eigenschafts- und simulationsorientierte Instrumente unterteilt (Schuler & Höft, 2007). Die berufsbezogene Eignungsdiagnostik ist nicht nur sehr hilfreich für die personellen Entscheidungen einer Organisation, sondern auch für den einzelnen Bewerber, da damit eventuelle Über- bzw. Unterforderung im Vorhinein vermieden werden kann.

5.1.2   Prozess der Personalauswahl

Der Personalauswahlprozess besteht aus Personalmarketing, Anforderungsanalyse, dem Personalauswahlverfahren an sich, der Auswahl und Einstellung des am besten geeigneten Bewerbers und der abschließenden Evaluation.

Im Folgenden wird der **Prozess der Personalauswahl** schematisch dargestellt (vgl. ◘ Abb. 5.1). Um eine fundierte Personalauswahl zu ermöglichen, sollten Personalmarketing und Anforderungsanalyse gut abgestimmt und parallel durchgeführt werden.

◘ **Abb. 5.1** Schematische Darstellung des Personalauswahlprozesses

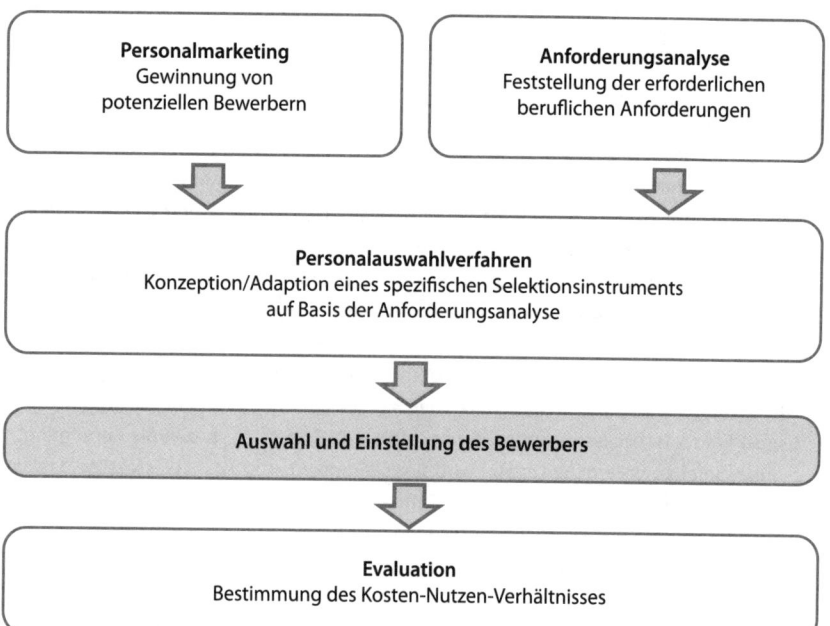

Beim Personalmarketing werden potenzielle Bewerber auf das Unternehmen und mögliche Stellenausschreibungen aufmerksam gemacht. Bei der Anforderungsanalyse werden die erforderlichen beruflichen Anforderungen im Hinblick auf die zu besetzende Stelle bestimmt. Die Anforderungsanalyse bildet die Grundlage für das zu verwendende Personalauswahlverfahren. Es wird ein bestimmtes Personalauswahlverfahren entwickelt bzw. auf die spezifischen Anforderungen des zu besetzenden Arbeitsplatzes angepasst und anschließend mit den Bewerbern durchgeführt. Das Ergebnis des Personalauswahlverfahrens liefert die Basis für die eignungsdiagnostische Entscheidung. Der am besten geeignete Bewerber wird schließlich ausgewählt und eingestellt. Um die Güte des Personalauswahlverfahrens zu überprüfen, sollte eine Evaluation durchgeführt werden. Dazu wird im Idealfall eine Kosten- und Nutzenanalyse berechnet, um den finanziellen Ertrag eines Personalauswahlverfahrens konkret bestimmen zu können.

5.2 Personalmarketing

> **Definition**
>
> **Personalmarketing** dient der langfristigen Gewinnung und Bindung von qualifizierten Mitarbeitern.

► Definition

5.2.1 Begriffsbestimmung

Die passenden Fach- und Führungskräfte für das Unternehmen zu gewinnen, ist für jedes Unternehmen essenziell wichtig. Nur so kann die Organisation ihren Personalbedarf decken, wachsen und sich entwickeln. Mit Maßnahmen zum Personalmarketing positioniert sich ein Unternehmen im relevanten Arbeitsmarkt. Die Schaffung von Voraussetzungen zur langfristigen Sicherung der Versorgung einer Unternehmung mit kompetenten und motivierten Mitarbeitern ist das Ziel des Personalmarketings. Dies ist nur zu erreichen, wenn der Arbeitgeber die Interessen der Mitarbeiter berücksichtigt.

Angesichts des **Fachkräftemangels** wird der Personalauswahlprozess zukünftig noch besser mit dem Personalmarketing abgestimmt werden müssen, um qualifiziertes Personal gezielter zu erreichen. Zudem nimmt vor diesem Hintergrund das Talentmanagement, also die Rekrutierung, Förderung und dauerhafte Bindung von qualifizierten Mitarbeitern an das Unternehmen, eine zentrale Rolle ein (Strack & von der Linden, 2008).

Vor dem Hintergrund des Fachkräftemangels müssen Personalmarketing und -auswahl besser aufeinander abgestimmt werden.

5.2.2 Arten der Personalbeschaffung

Zur Rekrutierung von Personal lassen sich die interne und die externe Bewerberansprache als zentrale Formen unterscheiden (Weber & Packebusch, 2002):

- **interne Bewerberansprache:** Für die interne Bewerberansprache sind Unternehmensangehörige, die durch Fortbildungen und Trainings gezielt auf eine vorhandene Stelle vorbereitet werden können, besonders bedeutsam (Felser, 2010). Zu den internen Beschaffungsmethoden gehören das Job Posting, das Job Bidding und Mitarbeiterempfehlungen (Kleynhans et al., 2009):
  - Job Posting bezeichnet die Stellenausschreibung innerhalb der Organisation.
  - Job Bidding ist die selbstständige Bewerbung eines Beschäftigten auf eine freie Stelle innerhalb des Unternehmens.
  - Bei der Mitarbeiterempfehlung wird dem Personalchef eine geeignete Person für die zu besetzende Stelle empfohlen und diese anschließend motiviert, sich auf die Stelle zu bewerben.

Es gibt interne und externe Arten der Bewerberansprache.

externe Bewerberansprache: Bei der externen Personalbeschaffung geht es um die Gewinnung von Schulabgängern, Hochschulabsolventen, Mitarbeitern von Konkurrenzunternehmen, Arbeitssuchenden und Selbstständigen. Es wird zwischen der aktiven und der passiven Form der externen Personalbeschaffung unterschieden (Weber & Packebusch, 2002):

- aktive Form: Zur aktiven externen Personalbeschaffung zählt die Anwerbung potenzieller Mitarbeiter über Stellenanzeigen, die Agentur für Arbeit, Weiterbildungsanbieter, Schulen, Handwerkskammern, Praktika, Tag der offenen Tür sowie die Sichtung von Stellengesuchen. Die externe Bewerberansprache über soziale Netzwerke (etwa Xing) wird auch immer häufiger genutzt. Bei der externen Bewerberansprache haben potenzielle Bewerber die Möglichkeit, auf ein konkretes Stellenangebot zu reagieren, das Unternehmen ist den Bewerbern jedoch häufig nur mittelbar (z. B. über Internetseiten) bekannt.
- passive Form: Zur passiven externen Personalbeschaffung gehören Initiativbewerbungen und Mundpropaganda. Bei der Initiativbewerbung wissen die Bewerber nicht, ob zum aktuellen Zeitpunkt überhaupt eine Stelle frei ist.

Normalerweise hat die interne Rekrutierung vor der externen Priorität. Bei folgenden Ausnahmen hat jedoch die externe Personalbeschaffung Priorität:

- wenn Fähigkeiten gebraucht werden, die aktuell im Unternehmen nicht vorhanden sind
- wenn das Unternehmen Mitarbeiter mit möglichst unterschiedlichen Ideen beschäftigen und dazu Mitarbeiter mit unterschiedlichem beruflichen Hintergrund gewinnen möchte

> Die interne Bewerberansprache hat üblicherweise vor der externen Priorität.

☐ Tabelle 5.1 (in Anlehnung an Weber & Packebusch, 2002; Kleynhans et al., 2009) gibt einen Überblick zu den unterschiedlichen internen und externen Beschaffungsmethoden.

☐ **Tab. 5.1** Personalbeschaffungsmethoden

interne Beschaffungs- methoden	externe Beschaffungsmethoden	
	aktiv	**passiv**
Job Posting	Stellenanzeigen/Inserate	Initiativbewerbung
Job Bidding	Sichtung von Stellengesuchen	Mundpropaganda
	Agentur für Arbeit	
Mitarbeiterempfehlung	Praktika	
	Berufsgenossenschaften/Handwerks-kammern	
	Weiterbildungsanbieter	
	Tag der offenen Tür	
	Job-/Firmenkontaktmesse	
	soziale Netzwerke (z. B. Xing)	
	Schulen	

5.2.3 Ziele und Funktionen des Personalmarketings

> Personalmarketing hat drei zentrale Funktionen: Es dient dazu, Bewerber zu akquirieren, Mitarbeiter zu motivieren und das Unternehmen zu profilieren.

Personalmarketing hat nach Scholz (1999) im Wesentlichen drei verschiedene Funktionen: die Akquisitionsfunktion, die Motivationsfunktion und die Profilierungsfunktion:

- **Akquisitionsfunktion:** Damit ist gemeint, dass externe Bewerber sich für das Unternehmen und die zu besetzende Stelle interessieren. Um Interesse zu erzeugen sind nicht nur Lohn- und Arbeitszeitregelungen, sondern auch immaterielle und emotionale Aspekte des Unternehmensimages wichtig.
- **Motivationsfunktion:** Sie bezieht sich darauf, die Mitarbeiter, die bereits in dem Unternehmen tätig sind, für das Unternehmen zu begeistern. Je mehr sich ein Mitarbeiter mit der vorherrschenden Unternehmenskultur identifizieren kann, desto eher wird dies gelingen.
- **Profilierungsfunktion:** Sie beinhaltet, dass sich das Unternehmen durch seine Besonderheiten für potenzielle und bestehende Mitarbeiter klar und differenzierbar positioniert und sich dadurch gegenüber anderen Unternehmen profiliert. Diese Positionierung bestimmt die Akquisitions- und Motivationsfunktion entscheidend mit (Scholz, 1999).

Für das Unternehmen besteht in Zeiten des Fachkräftemangels das primäre Ziel des Personalmarketings im Aufbau einer attraktiven **Arbeitgebermarke**, was auch unter dem Begriff des Employer Branding subsumiert werden kann (▶ Exkurs).

> Personalmarketing zielt im Wesentlichen darauf ab, eine attraktive Arbeitgebermarke zu schaffen (Employer Branding).

Exkurs

Employer Branding

Mit Employer Branding wird der unternehmensstrategische Aufbau einer Arbeitgebermarke bezeichnet (Schumacher & Geschwill, 2009). Studien unterstützen die Bedeutsamkeit, eine Arbeitgebermarke aufzubauen und aufrechtzuerhalten. Das Unternehmen soll zu einer Marke werden, die sich eindeutig von anderen Unternehmen abgrenzen lässt und mit der potenzielle Bewerber und Unternehmensangehörige positive Eigenschaften verbinden. Nicht nur der Kontakt mit Unternehmensvertretern wie etwa Interviewern kann die Attraktivität des Arbeitgebers auf potenzielle Bewerber erhöhen, sondern ein professioneller Internetauftritt kann einen ebensolchen positiven Einfluss haben. Eine Metaanalyse zeigt zudem, dass Bewerber, die den Personalauswahlprozess eines Unternehmens positiv wahrnehmen, das Unternehmen tendenziell positiver bewerten und eine stärkere Absicht aufweisen, ein mögliches Jobangebot anzunehmen und die Stelle anderen Personen weiterzuempfehlen.

Erfolgreiches Personalmarketing zeichnet sich dadurch aus, dass die Mitarbeiter nicht nur für das Unternehmen gewonnen werden, sondern darüber hinaus auch erfolgreich in das Unternehmen integriert werden und langfristig in dem Unternehmen tätig sind (Felser, 2010). Dafür ist es notwendig, eine gute **Passung** zwischen dem Bewerber und der zu besetzenden Stelle anzustreben.

> Eine gute Passung zwischen Bewerber und Stelle ist wichtig für die Gewinnung und erfolgreiche Integration des Bewerbers in das Unternehmen.

Im Rahmen der Personalauswahl werden unterschiedliche Arten der Passung einer Person mit Variablen ihres beruflichen Umfeldes unterschieden (vgl. ◘ Abb. 5.2, nach Kristof-Brown et al., 2005). Der **Person-Environment Fit** beschreibt die generelle Passung zwischen einer Person und ihrer Arbeitsumgebung und lässt sich in folgende Kategorien untergliedern: Person-Job Fit, Person-Organisation Fit, Person-Group Fit und Person-Supervisor Fit:

- **Person-Job Fit:** Er ist definiert als die Passung zwischen den Fähigkeiten einer Person und den Ansprüchen des Jobs oder den Wünschen einer Person und den Aufgaben des Jobs. Beim Person-Job Fit soll unter allen Bewerbern die Person gefunden werden, die die nötigen Fertigkeiten, Fähigkeiten und das geforderte Wissen für die zu besetzende Stelle aufweist, weshalb der Person-Job Fit eine zentrale Rolle in der Eignungsdiagnostik spielt. Die generelle Arbeitszufriedenheit wird am meisten vom Person-Job Fit beeinflusst.
- **Person-Organisation Fit:** Er bezeichnet die Passung zwischen einer Person und der Organisation und gibt an, inwieweit die Charakteristika der Person mit denen der Organisation übereinstimmen. Das organisationale Commitment wird am stärksten durch den Person-Organisation Fit beeinflusst. Ein hoher Person-Organisation

> Der Person-Environment Fit beschreibt die generelle Passung zwischen Person und Arbeitsumgebung.

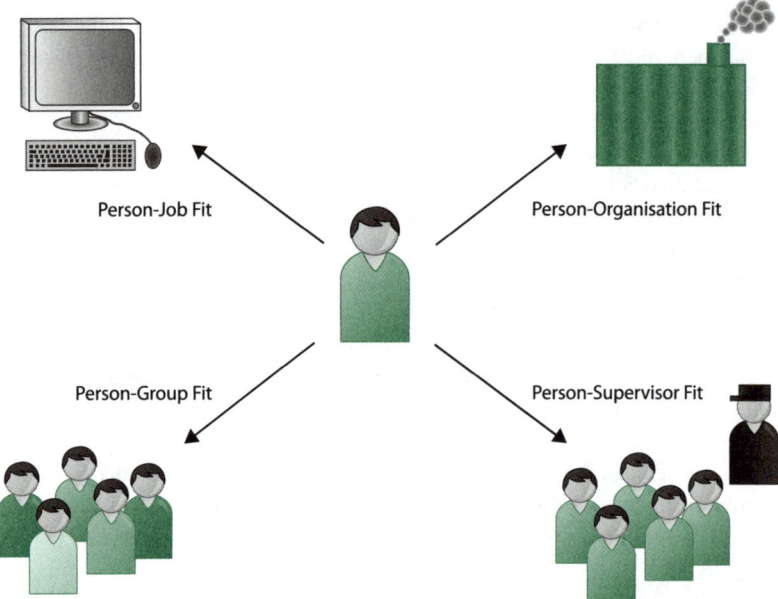

Fit kann zu einem Engagement für das Unternehmen führen, das über die eigentlichen beruflichen Aufgaben hinausgeht, und kann das Fluktuationsrisiko verringern.

— **Person-Group Fit:** Er beschreibt die Passung zwischen einer Person und der Gruppe, mit der sie zusammenarbeitet. Der Person-Group Fit ist im Arbeitsalltag besonders wichtig, da ein Großteil der zu erledigenden Aufgaben eine Zusammenarbeit mit den Kollegen erfordert. Die Zufriedenheit mit den Mitgliedern einer Arbeitsgruppe wird am meisten durch den Person-Group Fit beeinflusst.

— **Person-Supervisor Fit:** Er beschreibt die Passung zwischen einer Person und ihrem Vorgesetzten. Die Zufriedenheit mit dem Vorgesetzten wird am stärksten durch den Person-Supervisor Fit beeinflusst.

5.3   Anforderungsanalyse

► Definition

Definition

Die **Anforderungsanalyse** umfasst die Ermittlung berufsrelevanter Voraussetzungen eines Bewerbers für einen zu besetzenden Arbeitsplatz.

Bei der Anforderungsanalyse geht es um die Erfassung der personrelevanten Voraussetzungen für die zu besetzende Stelle.

Unter einer Anforderungsanalyse versteht man im Allgemeinen die Bestimmung personrelevanter psychischer (z. B. logisches Denkvermögen) und psycho-physischer Voraussetzungen (z. B. Reaktionsgeschwindigkeit) für die zu besetzende Stelle, für die die Eignung eines Bewerbers festgestellt werden soll (Reimann, 2005). Das wesentliche Ziel der Anforderungsanalyse ist die Bereitstellung von Informationen, die für die inhaltliche Gestaltung eines eignungsdiagnostischen Verfahrens wie z. B. eines Assessment Centers relevant sind (Hossiep & Bräutigam, 2008). Als Ergebnis einer Anforderungsanalyse liegt ein Anforderungsprofil vor, welches alle benötigten sowie wünschenswerten Voraussetzungen und Kompetenzen einer Person für die zu besetzende Stelle beinhaltet.

Zur Durchführung einer Anforderungsanalyse können verschiedene Methoden gewählt werden. Allgemein lassen sich drei methodische Zugänge unterscheiden (z. B. Schuler & Höft, 2007):

- **erfahrungsgeleitet-intuitive Methode**: Anforderungen werden z. B. aus der erfahrungsbasierten Beurteilung der beruflichen Tätigkeit, der erforderlichen Arbeitsmittel und Arbeitsgegenstände abgeleitet (z. B. Expertenurteil von einem Mitarbeiter der Agentur für Arbeit).
- **arbeitsplatzanalytisch-empirische Methode:** Unter Verwendung von teil- oder vollstandardisierten Methoden (z. B. Fragebögen) werden die beruflichen Tätigkeiten an konkreten Arbeitsplätzen analysiert.
- **personbezogen-empirische Methode:** Auf Basis statistischer Zusammenhänge zwischen den Merkmalen der Berufstätigen und Kriterien, etwa der beruflichen Leistung, werden die Anforderungen abgeleitet.

Ein klassisches Verfahren zur Anforderungsanalyse stellt die Critical Incident Technique von Flanagan (1954) dar (► Exkurs).

> Ein Verfahren zur Anforderungsanalyse ist die Critical Incident Technique.

Exkurs

Critical Incident Technique

Bei diesem tätigkeitsspezifischen Verfahren werden vor allem erfolgskritische Ereignisse der Arbeitssituation betrachtet, da diese besonders gut erfolgreiche von weniger erfolgreichen Stelleninhabern unterscheiden. Die generierten Critical Incidents werden nach ihrer Bedeutung (Erfolg vs. Misserfolg) erfasst, gewichtet und kategorisiert und als Anforderungen an das Verhalten zusammengefasst (Reimann, 2005). Die Critical Incident Technique umfasst fünf Schritte, die am Beispiel eines Tischlers erläutert werden (Flanagan, 1954):
- Bestimmung des allgemeinen Ziels der Tätigkeit, z. B. Anfertigen eines Möbelstücks

- Planung der Erhebung, z. B. Auswahl von Tischlern mit mehrjähriger Berufserfahrung als Zielpopulation und Festlegung von Beurteilungskriterien
- Datenerhebung, z. B. Interview mit oder Beobachtung des Tischlers
- Datenanalyse, z. B. Zusammenfassung der Daten durch Kategorienbildung, etwa Genauigkeit bei der Anfertigung der Bestandteile oder Schnelligkeit bei der Montage
- Interpretation und Darstellung der Ergebnisse, z. B. Entwicklung eines Leitfadens zur Reduzierung von Unfällen bei Tischlern

---

Ein aktuelles Verfahren zur Anforderungsanalyse stellt das **Explojob** von Proyer (2007) dar. Es ermöglicht, berufliche Anforderungen und Tätigkeiten anhand von sechs Dimensionen zu kategorisieren (handwerklich-technisch, untersuchend-forschend, künstlerisch-kreativ, erziehend-pflegend, führend-verkaufend und ordnend-verwaltend). Mit dem Explojob gewinnt man Informationen zu den Aufgabenbereichen der zu beurteilenden Position, zu den Fähigkeiten und Eigenschaften der Stelleninhaber sowie zu deren Gestaltungsmöglichkeiten. Es handelt sich um ein Fragebogenverfahren, welches aus 84 bzw. in der Kurzversion aus 60 Items besteht und mit dem ein individuelles Profilblatt erstellt werden kann, das je nach Bedarf zur Stellenbeschreibung bzw. Stellenbesetzung genutzt werden kann (Proyer, 2007).

> Das Explojob ist ein Verfahren zur Anforderungsanalyse, das berufsbezogene Merkmale anhand von sechs Dimensionen kategorisiert.

Da sich Arbeitsstellen sowohl zwischen Unternehmen als auch innerhalb eines Arbeitsbereiches gravierend unterscheiden können, empfiehlt es sich, vor jeder Eignungsbeurteilung bzw. Stellenausschreibung eine Anforderungsanalyse durchzuführen (Reimann, 2005).

5.4 Verfahren der Personalauswahl

5.4.1 Anforderungen an Personalauswahlverfahren

Gütekriterien

Unabhängig von der Art des Verfahrens muss ein Personalauswahlverfahren die drei **Hauptgütekriterien** Objektivität, Reliabilität und Validität erfüllen (z. B. Bühner, 2006):

Personalauswahlverfahren müssen objektiv, reliabel und valide sein.

- **Objektivität:** Unter Objektivität versteht man die Unabhängigkeit der Ergebnisse vom Testleiter; das bedeutet, dass ein Test dann sehr objektiv ist, wenn mehrere Testleiter bei den gleichen Probanden zum gleichen Ergebnis kommen.
- **Reliabilität:** Die Reliabilität eines Tests, also dessen Zuverlässigkeit, beschreibt die Genauigkeit, mit der ein Test ein bestimmtes Merkmal misst, unabhängig davon, ob der Test auch wirklich das Merkmal misst, das gemessen werden soll.
- **Validität:** Man bezeichnet einen Test als sehr valide, wenn man von den Ergebnissen unmittelbare und fehlerfreie Rückschlüsse auf die Ausprägung eines Merkmals ziehen kann. Die Validität eines Tests gibt demnach den Grad der Genauigkeit an, mit dem der Test das Merkmal misst, welches er vorgibt zu messen. Bei der Validität unterscheidet man zwischen Inhaltsvalidität, Augenscheinvalidität, Konstruktvalidität und Kriteriumsvalidität.

Zwei Unterkategorien der Kriteriumsvalidität spielen in der Eignungsdiagnostik eine besonders wichtige Rolle: die prädiktive und die inkrementelle Validität (z. B. Bühner, 2006):

Prädiktive Validität dient der Prognose zukünftiger Leistungen.

- **prädiktive Validität:** Sie dient zur Vorhersage von Kriterienwerten, die zeitlich nach den eigentlichen Testwerten erhoben werden, was eine Prognose von zukünftigem Verhalten oder zukünftigen Leistungen ermöglicht und deshalb eine große Bedeutung für die Eignungsdiagnostik hat. Eine Studie von Trapmann et al. (2007) zeigt beispielsweise, dass Schulnoten den Studienerfolg gut vorhersagen. Grafologische Verfahren haben hingegen eine sehr geringe prädiktive Validität (Schmidt & Hunter, 1998, s. Exkurs).

Inkrementelle Validität ist das Ausmaß, in dem ein weiteres Verfahren zur Voraussage eines Kriteriums beiträgt.

- **inkrementelle Validität:** Sie bezeichnet den Beitrag, den ein weiterer Test über ein bereits vorhandenes Testverfahren hinaus zur Vorhersage eines Kriteriums leistet. Wenn beispielsweise in einem Unternehmen bislang ausschließlich unstrukturierte Interviews durchgeführt wurden und seit kurzem zusätzlich Intelligenztests eingesetzt werden, dann wird bei der inkrementellen Validität eingeschätzt, wie viel der Intelligenztest über das unstrukturierte Interview hinaus zur Vorhersage des Berufserfolgs beiträgt. Eine Studie von Gutknecht et al. (2005) zeigte etwa, dass sowohl die Gesamtbeurteilung im Assessment Center als auch der Studienerfolg über die schulische Leistung hinaus den Berufserfolg vorhersagen, d.h. eine inkrementelle Validität aufweisen.

Exkurs

Grafologische Verfahren

Mit grafologischen Verfahren sollen ausgehend von der Handschrift des Bewerbers (z. B. Neigung und Höhe der Handschrift) Rückschlüsse auf dessen Persönlichkeitsmerkmale gezogen werden. In Deutschland werden grafologische Gutachten zur Eignungsdiagnostik mittlerweile mit einer Einsatzhäufigkeit von 2,4% nur noch sehr selten verwendet. In bestimmten Ländern wie etwa der Schweiz, Frankreich und Israel wird die Grafologie v.a. in der psychologischen Beratung und der Eignungsdiagnostik hingegen relativ häufig eingesetzt (Guthke et al., 2002). Grafologische Verfahren zeigen für das Kriterium Berufserfolg geringe prädiktive Validitäten. Wenn Grafologen mit inhaltsfreien Schriftstücken arbeiten, geht die Validität sogar gegen Null.

Auch die Nebengütekriterien sind bei Auswahl und Entwicklung von eignungsdiagnostischen Verfahren von Bedeutung.

Bei der Auswahl und Entwicklung von Testverfahren sollte neben den Hauptgütekriterien auch auf die **Nebengütekriterien** geachtet werden (z. B. Moosbrugger & Kelava, 2007). Für die Personalauswahl sind vor allem die Nebengütekriterien Ökonomie, Fairness und soziale Akzeptanz bedeutsam. So zeigt sich beispielsweise im Hinblick auf die soziale Akzeptanz, dass Interviews und Arbeitsproben von den Bewerbern positiver als Intelligenztests eingeschätzt werden. Intelligenztests werden wiederum positiver als Persönlichkeitstests, Tests zur Einschätzung der Ehrlichkeit, grafologische Verfahren und die Erfassung biografischer Informationen bewertet (Hausknecht et al., 2004).

Darüber hinaus wurden speziell für den Bereich der berufsbezogenen Eignungsbeurteilung Qualitätsstandards geschaffen, die in einer professionellen Personalauswahl berücksichtigt werden sollten (▶ Exkurs).

Exkurs

DIN 33430

Die DIN 33430 dient der Qualitätssicherung in der berufsbezogenen Eignungsbeurteilung und soll eignungsdiagnostische Aussagen auf dem neuesten Stand der Wissenschaft und Technik ermöglichen (Hornke, 2004). Da Personalauswahl in der Praxis vielfach von nicht umfassend qualifizierten Personalverantwortlichen durchgeführt wird, ist die Validität der dabei getroffenen eignungsdiagnostischen Entscheidungen häufig fraglich (Dormann et al., 2009). Die DIN 33430 soll in erster Linie Unternehmer und Bewerber vor defizitären Eignungsbeurteilungen schützen und bezieht sich auf den gesamten Prozess der berufsbezogenen Eignungsbeurteilung, einschließlich dessen Dokumentation und der verwendeten eignungsdiagnostischen Methoden. Personenbezogene Lizenzen dienen als Qualifikationsnachweis für die im Rahmen der Eignungsbeurteilung notwendigen Kenntnisse gemäß der DIN 33430. Folgende Fragen sind beispielsweise in der Checkliste zur DIN 33430 enthalten: »Wurde eine Anforderungsanalyse durchgeführt? Kann jeder Anforderungsdimension, die erhoben werden soll, mindestens ein Verfahren zugeordnet werden, mit dem diese Dimension erfasst werden soll?«

Stereotype Threat

Das Risiko, ein negatives Stereotyp über die eigene Gruppe zu bestätigen, bezeichnen Steele und Aronson (1995) als Stereotype Threat. Unter **Stereotyp** wird ein kognitives Ungleichgewicht zwischen dem Selbstkonzept, dem Gruppenkonzept und der Aufgabendomäne verstanden (Schmader et al., 2008). Wenn eine Schülerin beispielsweise eine hohe Motivation hat, in einer Mathearbeit gut abzuschneiden (positive Verknüpfung zwischen Selbst und Aufgabendomäne), sich der Tatsache bewusst ist, dass sie ein Mädchen ist (positive Verknüpfung zwischen Selbst und sozialer Gruppe) und gleichzeitig gelernt hat, dass Mädchen schlecht in Mathe sind (negative Verknüpfung zwischen Gruppenkonzept und Aufgabendomäne), kommt es zu Stereotype Threat: Das kognitive Ungleichgewicht führt zu einer Stressreaktion und zu Überwachungsprozessen, mit denen die Betroffenen prüfen, ob sie sich stereotypenkonform verhalten. Diese Prozesse binden Kapazitäten, die dann nicht mehr für die Bearbeitung der Aufgabe zur Verfügung stehen. Dadurch sinkt die Leistung. Stereotype Threat ist in vielen Laborstudien bei vielen stereotypisierten Bevölkerungsgruppen nachgewiesen worden (z. B. Stone et al., 1999). Dieser und ähnliche Laborbefunde legen die Frage nahe, ob sich Stereotype Threat auf die Leistung von Bewerbern in Personalauswahlverfahren auswirkt. Es wäre möglich, dass z. B. Frauen, die sich auf eine Stelle als Pilotin bewerben, im Einstellungstest schlechter abschneiden, weil ihnen in der Bewerbungssituation das Stereotyp bewusst ist, dass Piloten üblicherweise Männer sind. Mehrere Laborstudien mit simulierten Personalauswahlverfahren zeigten jedoch keinen Einfluss von Stereotype Threat auf die Aufgabenleistung der Versuchsteilnehmer (z. B. Mayer & Hanges, 2003). Die wenigen Feldstudien zu Stereotype Threat erbrachten widersprüchliche Ergebnisse und wiesen teilweise methodische Probleme auf (weiterlesen im ▶ Web-Exkurs »Stereotype Threat in der Personalauswahl« zu Kap. 5 unter www.lehrbuch-psychologie.de).

> Unter Stereotype Threat versteht man das Risiko, ein negatives Stereotyp über die eigene Gruppe zu bestätigen.

> ⊕ Web-Exkurs »Stereotype Threat in der Personalauswahl«

5.4.2 Arten von Personalauswahlverfahren

Personalauswahlverfahren werden in biografie-, eigenschafts- und simulationsorientierte Verfahren unterteilt, was auch als **trimodaler Ansatz der Eignungsdiagnostik** bekannt ist (Schuler & Höft, 2007):

- Der biografische Ansatz ermittelt Verhaltensergebnisse und folgt dem Prinzip der Vorhersagevalidität bzw. prädiktiven Validität.

- Eigenschaftsorientierte Verfahren erfassen zeitlich stabile Merkmale (z. B. Gewissenhaftigkeit) und werden primär hinsichtlich ihrer Konstruktvalidität geprüft; ein Verfahren ist dann konstruktvalide, wenn es das betreffende Merkmal so misst, dass dies mit vorhandenen Theorien übereinstimmt.
- Simulationsorientierte Verfahren erfassen Verhalten, das in ähnlicher oder gleicher Form auch am Arbeitsplatz gezeigt wird; sie folgen dem Prinzip der inhaltlichen Validität, bei dem der Test die zu erfassende Verhaltensweise repräsentiert.

Personalauswahlverfahren unterteilen sich in biografie-, eigenschafts- und simulationsorientierte Verfahren.

🌐 **Web-Exkurs**
»Multimodales Interview (MMI®)«

Ein Verfahren, das alle Aspekte des trimodalen Ansatzes vereint, ist das **Multimodale Interview (MMI®)**. Es kombiniert die drei zentralen Ansätze der Eignungsdiagnostik (Konstrukt-, Simulations- und Biografieprinzip) und besteht aus acht Phasen, angefangen vom Gesprächsbeginn bis hin zum Gesprächsabschluss (Schuler, 2002; weiterlesen im ▶ Web-Exkurs »Multimodales Interview (MMI®)« zu Kap. 5 unter www.lehrbuch-psychologie.de).

Biografieorientierte Verfahren

Biografieorientierte Verfahren dienen der Vorhersage zukünftigen Arbeitsverhaltens anhand der beruflichen Vergangenheit.

Biografieorientierten Verfahren liegt eines der zentralen Axiome psychologischer Messungen zugrunde: Der beste Prädiktor von zukünftigem Verhalten ist vergangenes Verhalten. Diese Verfahrensart bezieht sich demnach auf die **berufliche Vergangenheit** eines Bewerbers. Zu den biografieorientierten Verfahren zählen etwa der biografische Fragebogen, das biografische Interview sowie die Analyse von Bewerbungsunterlagen:

- **biografischer Fragebogen:** Eine biografische Frage für eine Marketingassistentin lautet beispielsweise »Wie viele Werbekampagnen haben sie bereits betreut?« Nach Mael (1991) sind biografische Fragen durch folgende Merkmale gekennzeichnet:
  - Sie sind historisch, d.h. auf die Vergangenheit des Bewerbers bezogen.
  - Sie sind objektiv und nehmen auf Fakten Bezug, sodass wenig Interpretationsspielraum bleibt.
  - Sie sind sind aus erster Hand, d.h. sie implizieren die eigenen Beobachtungen des Bewerbers. Zudem sind sie diskret, umfassen also einzelne Ereignisse.
  - Sie sind verifizierbar, zumindest prinzipiell nachprüfbar und beziehen sich auf den beruflichen Hintergrund des Bewerbers.
- **biografisches Interview:** Eine bekannte Form des biografischen Interviews ist das Patterned Behavior Description Interview (PBDI). Dabei liegt der Fokus auf spezifischen Aspekten des Lebenslaufs, die einen Bezug zur angestrebten Stelle aufweisen. Demgemäß werden als Vorbereitung eine verhaltensbezogene Arbeitsanalyse mittels Critical Incident Technique durchgeführt, fünf verhaltensbezogene Leistungsaspekte gebildet und Fragen zu den kritischen Ereignissen und den dazugehörigen Leistungsaspekten abgeleitet (Janz, 1982).
- **Bewerbungsunterlagen:** Es wird zwischen der Online-Bewerbung, bei der die Bewerbungsunterlagen per E-Mail oder Internetformular versendet werden, und der Offline-Bewerbung, bei der die traditionell gestalteten Bewerbungsunterlagen per Post an das Unternehmen übermittelt werden, unterschieden (Batinic & Appel, 2009). Eine vollständige Bewerbungsmappe sollte in Deutschland ein Anschreiben, einen Lebenslauf mit Foto, Zeugnisse und Bescheinigungen sowie bei Bedarf Referenzen enthalten. Insgesamt 99,2% der Unternehmen nutzen die Analyse von Bewerbungsunterlagen, welches damit zu den am häufigsten verwendeten Auswahlverfahren in Unternehmen zählt (Schuler et al., 2007).

Die Durchsicht von Bewerbungsunterlagen stellt eines der am häufigsten verwendeten Personalauswahlverfahren dar.

Eigenschaftsorientierte Verfahren

Obwohl Persönlichkeits- und Intelligenztests in den USA und einem Großteil der europäischen Länder (z. B. Großbritannien mit 69% und Spanien mit 74%) häufig eingesetzt werden, sind in Deutschland, vor allem in kleinen und mittelständischen

Unternehmen, unstrukturierte Einstellungsinterviews weit verbreitet (Nachtwei & Schermuly, 2009). Psychologische Testverfahren wie etwa Intelligenz-, Persönlichkeits- und Integritätstests zählen zu den eigenschaftsorientierten Verfahren und weisen folgende Merkmale auf:

- **Intelligenztests:** Sie gelten als valider Prädiktor des Berufserfolgs ($r = .51$; Schmidt & Hunter, 1998). In Deutschland zeigt sich über Berufsgruppen und Unternehmen hinweg ein bedeutsamer Zusammenhang zwischen allgemeinen kognitiven Fähigkeiten und dem Ausbildungserfolg bzw. der beruflichen Leistung (Hülsheger & Maier, 2008).
- **Persönlichkeitstests:** Das Bochumer Inventar zur berufsbezogenen Persönlichkeitsbeschreibung (BIP) von Hossiep und Paschen (2003) stellt einen explizit berufsbezogenen Persönlichkeitstest dar. Es erfasst 14 berufsrelevante Dimensionen, die den vier Persönlichkeitsbereichen berufliche Orientierung, Arbeitsverhalten, soziale Kompetenzen und psychische Konstitution zugeordnet werden können. Ein Vergleich des BIP mit einem allgemeinen Persönlichkeitsverfahren (NEO-PI-R) zeigt, dass beide Verfahren bedeutsame Beiträge zur Erklärung von subjektiven und objektiven Berufserfolgskriterien leisten (Hülsheger et al., 2006). Demnach sind prinzipiell auch allgemeine Persönlichkeitstests zur Vorhersage des Berufserfolgs geeignet.
- **Integritätstests:** Sie sind ein Sammelbegriff für zwei Verfahrensarten, die beide das Ziel haben, kontraproduktives bzw. deviantes Verhalten vorherzusagen (Hossiep & Bräutigam, 2007). Integritätstests weisen in einer Metaanalyse eine prädiktive Validität von $r = .41$ für das Kriterium Berufserfolg auf (Schmidt & Hunter, 1998). Das Inventar berufsbezogener Einstellungen und Selbsteinschätzungen (Marcus, 2006) ist das erste publizierte Instrument der Verfahrensklasse der Integritätstests im deutschsprachigen Raum und dient der Erfassung von kontraproduktivem Verhalten im beruflichen Kontext.

Simulationsorientierte Verfahren

Mit simulationsorientierten Verfahren wird die Eignung eines Bewerbers mit einem **realitätsnahen Verfahren** überprüft, das Verhaltensanforderungen enthalten soll, die der späteren beruflichen Tätigkeit möglichst ähnlich sind. Zu den simulationsorientierten Verfahren zählen etwa Arbeitsproben, Praktika und Probezeit.

- **Arbeitsproben:** Arbeitsproben gelten als klassische Instrumente der Eignungsdiagnostik und liefern mit einer prädiktiven Validität von $r = .54$ eine sehr gute Vorhersage des späteren Berufserfolgs (Schmidt & Hunter, 1998). Das Ziel klassischer Arbeitsproben besteht darin, die motorischen Fähigkeiten des Bewerbers zu prüfen. So soll etwa der Bewerber bei der Drahtbiegeprobe einen Draht gemäß einer Vorlage biegen. Dieses Verfahren bietet sich für handwerkliche Berufe an (z. B. für Schlosser). Ein aktuelleres Instrument, das dem Bereich der Arbeitsproben zugeordnet werden kann, ist die Arbeitsprobe zur berufsbezogenen Intelligenz – Büro- und kaufmännische Tätigkeiten (AZUBI-BK; Schuler & Klingner, 2005). Das Verfahren dient der Erfassung der berufsbezogenen Intelligenz und vereinigt die beiden Diagnoseansätze Arbeitsprobe und Intelligenztests.
- **Praktika und Probezeit:** Ein Praktikum erlaubt einen Einblick in die Leistungsfähigkeit und das Arbeitsverhalten des potenziellen Arbeitnehmers (Lorenz & Rohrschneider, 2009). Auf diese Weise können sich Arbeitgeber und Bewerber vor dem Stellenantritt besser kennen lernen und eine mögliche Passung überprüfen. Ein Bewerber kann nicht nur durch Praktika vor dem Stellenantritt realistische Informationen über die zu besetzende Stelle erhalten, sondern auch durch ein Realistic Job Preview (s. Exkurs). Die Probezeit bietet ausreichend Zeit, um die Eignung eines Kandidaten für die zu besetzende Stelle umfassend zu prüfen. Man sollte jedoch

Zu den eigenschaftsorientierten Personalauswahlverfahren zählen Intelligenz-, Persönlichkeits- und Integritätstests.

Simulationsorientierte Verfahren überprüfen die Eignung des Bewerbers anhand von realitätsnahen Tätigkeitssimulationen.

Zu den simulationsorientierten Personalauswahlverfahren zählen Arbeitsproben, Praktika und Probezeit.

darauf achten, dass der Kandidat im vorgelagerten Personalauswahlprozess sehr sorgfältig ausgewählt wird, damit die Probezeit mit qualifizierten Personen durchgeführt werden kann (Schuhmacher, 2009).

Exkurs

Realistic Job Preview

Das Realistic Job Preview ist eine Methode, die dem Bewerber ein realistisches Bild der zu besetzenden Stelle vermitteln soll. Hierbei werden vom Unternehmen sowohl positive als auch negative Informationen zur zukünftigen Tätigkeit bereitgestellt. Die Ausgewogenheit von positiven und negativen Aspekten hängt von der zu besetzenden Stelle ab. Für einen Telefonmarketing-Job wäre ein Realistic Job Preview z. B. die Information darüber, dass viele der angerufenen Personen abwertend auf Telefon-

marketing reagieren und nur ca. 1% tatsächlich auf das Angebot eingehen (Buckley et al., 2002).

Studien zeigten, dass Beschäftigte, die vor Antritt ihrer Tätigkeit ein Realistic Job Preview erhielten, z. B. realistischere Erwartungen an den Job hatten und weniger Fluktuationsgedanken hegten als Beschäftigte, die im Vorfeld kein realistisches Bild ihrer Tätigkeit bekamen. Durch ein Realistic Job Preview kann der Bewerber also im Vorfeld besser einschätzen, was auf ihn zukommen wird und ob die Stelle zu ihm passt.

Assessment Center

Assessment Center (AC) zählen ebenfalls zu den simulationsorientierten Verfahren. Sie haben in den letzten Jahrzehnten stark an Bedeutung gewonnen. Sie sind die kostenintensivsten Personalauswahlverfahren. Durch die Möglichkeit, viele Bewerber parallel bewerten und dementsprechend auswählen zu können, werden sie häufig eingesetzt und sind in Unternehmen sehr populär. Sie werden besonders häufig für die Eignungsdiagnostik von Trainees und kaufmännischen Auszubildenden eingesetzt. Bemerkenswert ist dabei, dass die Prozentzahl der Unternehmen, die AC einsetzen, im Vergleich zum Jahr 1985 für beide Beschäftigungsgruppen um etwa 30% angestiegen ist (Schuler et al., 2007). Nur wenn AC eine ausreichend hohe Qualität aufweisen, rechtfertigt sich deren Aufwand. Zu den wichtigsten **Qualitätskriterien für AC** zählen (Schermuly & Nachtwei, 2010; ▶ auch Web-Exkurs »Qualitätskriterien von Assessment Centern« zu Kap. 5 unter www.lehrbuch-psychologie.de):

- Erstellung eines Anforderungsprofils im Vorfeld der AC-Konstruktion
- Vertrautmachen mit den Anforderungsdimensionen in einem Beobachtertraining
- Konstanthaltung des Zeitrahmens zwischen Vorbereitung und Absolvierung einer Übung für jeden Teilnehmer

Obwohl AC in den letzten Jahren immer häufiger eingesetzt und beliebter wurden, hat sich der durchschnittliche korrigierte Validitätskoeffizient des AC binnen der letzten 20 Jahre verringert. Die Ursache für diesen Gegensatz sieht Schuler (2007) in der Tatsache begründet, dass AC zunehmend von diagnostischen Laien anstatt von Psychologen durchgeführt werden und somit eine Vielzahl methodischer Möglichkeiten des AC ungenutzt bleibt. Dieses Problem kann unter anderem durch eine Beachtung der Qualitätskriterien von AC vermieden werden.

Im AC durchläuft der Bewerber mehrere unabhängige **Übungen**. Dies sind für Deutschland typischerweise unter anderem Rollenspiele, Gruppendiskussionen, Präsentationsaufgaben, Interviews und Postkorb-Übungen (Obermann, 2009):

- **Rollenspiele:** Sie sind meist als Zweiergespräche aufgebaut. Als Themen für Rollenspiele eignen sich u.a. Verhandlungs-, Verkaufs- und Konfliktgespräche. Bei Rollenspielen liegt der Fokus z. B. auf dem Gesprächsverhalten, der Kommunikationsfähigkeit und dem Durchsetzungsvermögen der Bewerber.
- **Gruppendiskussion:** Hierbei wird verstärkt auf die Interaktion mit den anderen Diskutanten geachtet. Gruppendiskussionen können mit oder ohne vorgegebene Rollen durchgeführt werden. Bei Diskussionen mit vorgegebenen Rollen, etwa Pro und Kontra von Studiengebühren, erhalten die Teilnehmer eine spezifische Rolle

---

Marginalien:

Assessment Center sind die kostenintensivsten Personalauswahlverfahren und bieten die Möglichkeit, viele Bewerber parallel zu bewerten.

⊕ **Web-Exkurs** »Qualitätskriterien von Assessment Centern«

Die Validität von AC hat trotz steigender Verwendungshäufigkeit aufgrund laienhafter Anwendung abgenommen.

Typische AC-Übungen sind z. B. Rollenspiele, Gruppendiskussionen, Präsentationsaufgaben, Interviews und Postkorb-Übungen.

zugewiesen, die sie in der Gruppendiskussion einnehmen und zielstrebig verfolgen sollen. Bei Gruppendiskussionen ohne vorgegebene Rolle können die Teilnehmer ihre eigene Meinung einbringen.

- **Präsentationsaufgaben:** Hier wird vor allem das freie Sprechen vor einer Gruppe von Zuhörern getestet. Zu den Präsentationsaufgaben zählt z. B. die Verkaufspräsentation, bei der ein Produkt vorgestellt und beworben werden soll, und die Selbstpräsentation, in der die positiven Eigenschaften und Kompetenzen der eigenen Person herausgestellt werden sollten.
- **Interview:** Es dient dem Unternehmen als Test des fachlichen, sozialen und persönlichen Potenzials des Bewerbers. Dem Bewerber dient ein Interview dazu, Informationen über die zu besetzenden Stelle und das Unternehmen zu erlangen. Es existieren drei Arten von Interviews (z. B. Weuster, 2008): unstrukturierte, teilstrukturierte und (hoch) strukturierte Interviews. Beim unstrukturierten Interview gibt es keine vorgegebenen Fragen, es hat keine feste Gesprächsstruktur und kann ganz individuell gestaltet werden. Beim strukturierten Interview sind je nach Grad der Strukturierung und Ansatzpunkt unterschiedliche Arten möglich. Durch die Strukturierung wird eine bessere Vergleichbarkeit zwischen den Bewerbern erreicht. Zudem kann ein strukturiertes Interview auch Interviewer-Effekte reduzieren.
- **Postkorb-Übung:** Hierbei wird der Bewerber z. B. mit einem Stapel unbearbeiteter Briefe, Telefon- und Terminnotizen konfrontiert. Er hat meist eine Stunde Zeit, um diesen Stapel abzuarbeiten und pro Vorgang zu notieren, was er damit tun würde. Dabei wird verstärkt auf die Organisation der eigenen Arbeit und das Entscheidungsverhalten des Bewerbers geachtet.

Jeder Bewerber wird von mehreren Beobachtern in Hinblick auf vorher festgelegte Merkmalsdimensionen eingeschätzt. Dabei besteht das AC nicht immer nur aus Verhaltensbeobachtungen, sondern es ist auch möglich, Leistungstests, computergestützte Problemlöseszenarien oder Fragebogeninstrumente zu integrieren (Kanning et al., 2007). Die abschließende Bewertung eines jeden Bewerbers ergibt sich aus der Integration aller Einzelergebnisse im Rahmen einer Beobachterkonferenz. Dabei sind neben einer möglichst hohen Standardisierung im Kategoriensystem eine konsequente Beobachterrotation und eine systematische Beobachterschulung zu Beginn hilfreich.

Der Einsatz **neuer Techniken** beschert z. B. Web-Assessments, PC-Postkörbe oder die Aufzeichnung von AC auf Video. Die Erfassung von Beobachtungen erfolgt durch die direkte Eingabe im Laptop, so dass eine schnelle Weiterverarbeitung der Daten erfolgen kann. Zu beachten ist, dass es nicht »das AC« gibt, sondern dass auch unterschiedliche Varianten und Weiterentwicklungen existieren (▶ Exkurs).

> Beim AC schätzen die Beobachter die Bewerber auf vorgegebenen Dimensionen ein. Die Einzelergebnisse werden zu einer Gesamtbeurteilung integriert.

Exkurs

Varianten und Weiterentwicklungen des AC

Es können folgende Varianten des AC unterschieden werden (in Anlehnung an Obermann, 2009):

- **Einzel-AC:** Bei diesem Verfahren wird nur ein Teilnehmer bewertet. Das Einzel-AC enthält die gleichen typischen Übungen, Beobachter und Beobachtungssysteme wie das klassische AC, einzig Gruppenübungen sind nicht enthalten.
- **Development Center:** Ziel dieses Verfahrens, das die typischen AC-Aufgaben enthält, ist die Entwicklung des Teilnehmer. Während beim regulären AC das Feedback und der Lerngewinn eher beiläufig erfolgen, soll

sich der Teilnehmer im Development Center bereits während des Verfahrens entwickeln.

- **Lernpotenzial-AC:** Bei diesem Verfahren steht die Prozessdiagnose im Vordergrund. Potenzial bezeichnet dabei das Vermögen, bestimmte Kompetenzen prinzipiell erlernen zu können. Denn wenn ein Teilnehmer eine für ihn neue Übung nicht direkt erfolgreich bewältigen kann, so darf man in diesem Fall nicht davon ausgehen, dass der Teilnehmer diese Kompetenz nicht später noch erlernen kann. Der Fokus liegt demnach auf der Lern- oder Veränderungsfähigkeit des Teilnehmers.

▼

- **Exit-AC:** Die Teilnehmer bewerben sich nicht auf eine neue Position, sondern müssen im AC zeigen, dass sie auf der jetzigen Position richtig sind.
- **dynamisiertes AC:** Die einzelnen Übungen bauen aufeinander auf, d.h. sie sind miteinander vernetzt. Das Ergebnis einer Einzelarbeit (z. B. Fallstudie) wird in der

Gruppendiskussion genutzt, das Ergebnis der Gruppendiskussion muss präsentiert werden.
- **AC on the job:** Potenzialträgern im Unternehmen werden innovative Projekte übertragen. Bei der Bearbeitung werden diese von Kollegen, Vorgesetzten, Kunden, Kooperationspartnern beobachtet.

5.4.3 Einsatzhäufigkeit und prädiktive Validität psychologischer Verfahren

Die häufigsten Personalauswahlverfahren sind Analysen der Bewerbungsmappen, strukturierte Interviews und Online-Bewerbungen.

Eine Studie zur Nutzung psychologischer Verfahren in der Personalauswahl spiegelt die Bedeutung des Internets für die Eignungsdiagnostik wider (Schuler et al., 2007): Die Analyse von Online-Bewerbungsunterlagen nimmt mit einer Einsatzhäufigkeit von 71,2% den dritten Platz der am häufigsten verwendeten Auswahlverfahren ein. Noch häufiger werden die Analyse von Bewerbungsunterlagen (99,2%), gefolgt vom strukturierten Einstellungsinterview durch die Personalabteilung (81,6%) zur Personalauswahl genutzt.

Arbeitsproben, IQ-Tests und strukturierte Interviews sagen Berufserfolg am validesten vorher. Integritätstests, Arbeitsproben und strukturierte Interviews haben zusätzlich zu Intelligenztests die höchsten inkrementellen Validitäten.

Die klassische Metaanalyse von Schmidt und Hunter (1998) zeigt, dass die prädiktiven Validitäten von Arbeitsproben ($r = .54$), Intelligenztests ($r = .51$) und strukturierten Einstellungsinterviews ($r = .51$) am höchsten sind. Diese Verfahren sagen demnach das Kriterium berufliche Leistung am besten vorher.

Zudem analysierten Schmidt und Hunter (1998) die inkrementellen Validitäten von Personalauswahlverfahren. Den höchsten Validitätszuwachs zusätzlich zu einem Intelligenztest liefern Integritätstests mit einem Validitätszuwachs von 27%, Arbeitsproben mit einem Validitätszuwachs von 24% und strukturierte Einstellungsinterviews mit einem Validitätszuwachs von 24%. Vor dem Hintergrund ihrer hohen prädiktiven Validitäten werden Intelligenztests, Arbeitsproben und Persönlichkeitstests vergleichsweise selten in der Praxis eingesetzt. Allerdings wird aktuell ein **Trend zur Professionalisierung** der Personalauswahl verzeichnet (Nachtwei & Schermuly, 2009), so dass sich die vergleichsweise geringen Nutzungshäufigkeiten dieser Auswahlverfahren vermutlich zukünftig erhöhen werden.

5.5 Kosten- und Nutzenanalyse in der Personalauswahl

5.5.1 Nutzen von Personalauswahlverfahren

Wie hoch der Nutzen von Personalauswahlverfahren ist, kann durch monetäre Kennzahlen ausgedrückt werden.

Der Nutzen von Personalauswahlverfahren kann in **monetären Kennzahlen** ausgedrückt werden. Während in der Produktion und in Berufen, die messbare Ergebnisse liefern, die Arbeitsleistung eines einzelnen Mitarbeiters relativ einfach bestimmt werden kann, ist dies bei Berufen, die sich nicht direkt durch Produktions- oder Verkaufszahlen kennzeichnen lassen, schwieriger. In Berufen mit messbaren Ergebnissen kann die Arbeitsleistung eines Mitarbeiters z. B. bestimmt werden, indem der prozentuale Anteil am durchschnittlichen Ergebnis des Unternehmens gemessen wird. Bei Berufen, die sich nicht direkt durch Produktions- oder Verkaufszahlen kennzeichnen, können beispielsweise **Schätzverfahren** zum Einsatz kommen, bei denen Experten wie etwa Vorgesetzte den finanziellen Wert der durchschnittlichen Mitarbeiterleistung oder aber die benötigten Kosten für die Ausführung einer beruflichen Tätigkeit einschätzen (Kersting, 2004a).

Der leistungsstärkste Mitarbeiter erzielt üblicherweise eine doppelt so hohe Leistung wie der leistungsschwächste.

Allgemein gilt, dass der leistungsstärkste Mitarbeiter üblicherweise eine doppelt so hohe Leistung wie der leistungsschwächste Mitarbeiter erzielt (Kersting, 2004a). Eine

Studie zur **Variabilität der beruflichen Leistung** zeigt, dass valide Personalauswahlverfahren sehr wichtig für die Vorhersage späterer Berufsleistung sind (Hunter et al., 1990): In der Studie wurde untersucht, wie die berufliche Leistung in Abhängigkeit von dem Ausmaß der Komplexität einer Tätigkeit variiert. Ein überdurchschnittlicher Mitarbeiter wurde als Person definiert, deren Leistung eine Standardabweichung über dem Durchschnitt liegt. Ein überdurchschnittlicher, un- bzw. angelernter Mitarbeiter produziert 19% mehr Arbeitsertrag, ein überdurchschnittlicher Facharbeiter 32% mehr Arbeitsertrag und ein überdurchschnittlicher Manager erzielt 48% mehr Arbeitsertrag als der Durchschnitt.

Taylor-Russell-Modell

Das wohl bekannteste Nutzenmodell wurde von Taylor und Russell (1939) entwickelt. Danach wird die **Erfolgsquote** eines Personalauswahlverfahrens, also der Anteil der geeigneten Bewerber von den insgesamt eingestellten Bewerbern, durch die folgenden drei Einflussgrößen bestimmt:

- Validitätskoeffizient des verwendeten Verfahrens
- Basisquote, d.h. Anteil der prinzipiell geeigneten Bewerber von den insgesamt vorhandenen Bewerbern
- Selektionsquote, d.h. Anteil der eingestellten Bewerber von den insgesamt vorhandenen Bewerbern

> Mithilfe des Taylor-Russell-Modells kann die Erfolgsquote des verwendeten Verfahrens bestimmt werden.

Die **Basisquote** kann auf Grundlage von Erfahrungswerten bestimmt werden. Wenn es sich bei der zu besetzenden Stelle beispielsweise um eine Anlerntätigkeit handelt, die in der Vergangenheit von fast jedem eingestellten Bewerber problemlos ausgeführt wurde, dann könnte man eine Basisquote von 99% annehmen. Die **Selektionsquote** beträgt im Beispiel eines Unternehmens, bei dem zwei von insgesamt 20 Bewerbern eingestellt werden, exakt 10%.

> Die Selektionsquote wird berechnet, die Basisquote kann aufgrund von Erfahrungen geschätzt werden.

Wenn man die Basisquote und die Selektionsquote konstant hält, zeigt der Vergleich von einem Personalauswahlverfahren mit einem geringeren Validitätskoeffizienten und einem Personalauswahlverfahren mit einem **hohen Validitätskoeffizienten** den positiven Nutzen für den Selektionsprozess für den zweiten Fall: Es werden mehr geeignete Bewerber richtigerweise eingestellt und mehr ungeeignete Bewerber richtigerweise abgelehnt. Zudem ist der Anteil der geeigneten Bewerber, die fälschlicherweise abgelehnt werden, und der Anteil der ungeeigneten Bewerber, die fälschlicherweise eingestellt werden, deutlich geringer. Ein Nachteil des Taylor-Russell-Modells ist, dass monetäre Aspekte wie die Kosten des Auswahlverfahrens nicht formal mit berücksichtigt werden.

> Personalauswahlverfahren mit hoher Validität liefern einen größeren Nutzen als Verfahren mit niedriger Validität.

Brogden-Cronbach-Gleser-Modell

Das Brogden-Cronbach-Gleser-Modell berücksichtigt den **monetären Nutzen** von Personalauswahlverfahren (Brogden, 1949; Cronbach & Gleser, 1965). Trotz zahlreicher Erweiterungen gilt es auch heute noch als Standard im Gebiet der Kosten-Nutzen-Analysen (Rowold, 2007). Der Nutzenzuwachs wird in Geldeinheiten gemessen und ist mithilfe verschiedener Parameter berechenbar (▶ Beispiel).

Durch die Verwendung von Personalauswahlverfahren mit hohen Validitäten können **hohe finanzielle Gewinne** erzielt werden (Schmidt & Hunter, 1998). Das Beispiel zeigt deutlich den finanziellen Zusatznutzen eines validen Personalauswahlverfahrens im Vergleich zur Zufallsauswahl. So erzielt das Unternehmen im Beispiel durch den Einsatz eines Intelligenztests einen zusätzlichen finanziellen Nutzen von 47960 Euro. Wenn das Unternehmen hingegen einen Integritätstest einsetzt, beträgt der Zusatznutzen 38360 Euro im Vergleich zur Zufallsauswahl. Zudem wird bei Konstanthaltung aller übrigen Parameter der Einfluss des Validitätskoeffizienten offensichtlich: Durch den Einsatz des Intelligenztests im Vergleich zum Inte-

> Im Vergleich zur Zufallsauswahl sind valide Personalauswahlverfahren mit einem erheblichen finanziellen Nutzen verbunden.

Beispiel

Vergleich des zusätzlichen finanziellen Nutzens des Einsatzes eines Intelligenztests und eines Integritätstests

Der zusätzliche finanzielle Nutzen durch den Einsatz eines Personalauswahlverfahrens im Vergleich zur Zufallsauswahl berechnet sich nach dem Brogden-Cronbach-Gleser-Modell wie folgt:

$$\Delta U = N_E \cdot T \cdot r_{xy} \cdot SD_y \cdot \bar{Z}_X - N_B \cdot C$$

Dabei bezeichnet ΔU den Nutzenzuwachs in Geldeinheiten (z. B. Euro), N_E die Anzahl der eingestellten Bewerber, T die Verweildauer der eingestellten Bewerber in der Organisation, r_{xy} die prädiktive Validität des Personalauswahlverfahrens, SD_y die Standardabweichung des Kriteriums (z. B. Berufsleistung) in Geldeinheiten, $\bar{Z}_X$ den Mittelwert des z-standardisierten Prädiktorwerts X (z. B. durchschnittlich erzielter, z-standardisierter Testwert im Auswahlverfahren) der ausgewählten Bewerber, N_B die Anzahl der Bewerber, die an dem Auswahlverfahren teilgenommen haben und C die Kosten des Personalauswahlverfahrens pro Bewerber.

Mit Bezug auf das Fallbeispiel am Anfang des Kapitels wird angenommen, dass in beiden Fällen insgesamt zehn Bewerber das Auswahlverfahren durchlaufen, jedoch nur

Frau S. die begehrte Stelle als Marketingassistentin erhält. Die Verweildauer im Unternehmen beträgt fünf Jahre. Die prädiktive Validität des Intelligenztests liegt bei r = .51 und die prädiktive Validität des Integritätstests bei r = .41. Der jährliche Arbeitsertrag eines durchschnittlichen Arbeiters ist ungefähr doppelt so groß wie sein jährliches Gehalt. Wenn man annimmt, dass eine Marketingassistentin 30000 Euro jährlich verdient, beträgt der jährliche Arbeitsertrag pro Mitarbeiter durchschnittlich 60000 Euro. Ein überdurchschnittlicher Facharbeiter erzielt 32% mehr Arbeitsertrag als der Durchschnitt. Wenn man nun davon ausgeht, dass Frau S. eine überdurchschnittliche Leistung zeigt und somit eine Standardabweichung über dem Durchschnitt liegt, beträgt die Standardabweichung der Berufsleistung von Frau S. insgesamt 19200 Euro. Die z-standardisierten Testwerte haben einen Mittelwert von $\bar{x} = 0$ und eine Standardabweichung von SD = 1. Wenn man annimmt, dass die Bewerber eine überdurchschnittliche Leistung zeigen und damit der Testwert im Durchschnitt eine Standardabweichung über dem Mittelwert liegt, beträgt $\bar{Z}_X = 1$. Die Verfahrenskosten betragen pro Person jeweils 100 Euro.

☐ Tab. 5.2 Zusätzlicher finanzieller Nutzen eines Intelligenztests im Vergleich zu einem Integritätstest

		Intelligenztest	Integritätstest
N_E	Anzahl der eingestellten Bewerber	1	1
T	Verweildauer in Jahren	5	5
r_{xy}	prädiktive Validität des Verfahrens	.51	.41
SD_y	Standardabweichung der Berufsleistung	19200 €	19200 €
Z_x	durchschnittlich erzielter Testwert	1	1
N_B	Anzahl der Teilnehmer am Auswahlverfahren	10	10
C	Kosten des Verfahrens pro Bewerber	100 €	100 €
ΔU	**finanzieller Nutzen im Vergleich zur Zufallsauswahl**	**47960 €**	**38360 €**

gritätstest kann ein finanzieller Gewinn in Höhe von 9600 Euro für das Unternehmen verzeichnet werden.

5.5.2 Kosten von Personalauswahlverfahren

Ein qualitativ minderwertiger Personalauswahlprozess ist für das Unternehmen, aber auch für den einzelnen Bewerber mit negativen Folgen und Kosten verbunden.

Eignungsbeurteilungen können für den Bewerber sowohl finanzielle Kosten (z. B. Reisen zum Vorstellungsgespräch) als auch psychische Kosten (z. B. enttäuschte Erwartungen) haben. Zudem können langfristig bei einer **qualitativ minderwertigen Personalauswahl** Über- und Unterforderung am Arbeitsplatz für den ausgewählten Bewerber resultieren. Auf Seiten des Unternehmens entstehen Kosten für den kompletten

Personalauswahlprozess, für die Einarbeitung oder Personalkosten für die Durchführung von Auswahlgesprächen (Reimann et al., 2009).

Eine **qualitativ hochwertige Personalauswahl** ist nicht nur mit einem finanziellen Vorteil für das Unternehmen verbunden, sondern kann langfristig auch zu einem positiven Betriebsklima führen. Zufriedene Mitarbeiter werden sehr wahrscheinlich keinen Arbeitsplatzwechsel in Betracht ziehen; dies bedeutet für das Unternehmen weniger Kosten für die Eignungsbeurteilung, Personalauswahl oder auch Einarbeitungsphasen. Darüber hinaus kann ein qualitativ hochwertiges Auswahlverfahren zu einem Imagegewinn für das Unternehmen beitragen (vgl. Kersting, 2004b).

Antworten auf die Fragen im Fallbeispiel sind zu finden im ▶ Web-Exkurs »Fallbeispielauflösung: Personalauswahl im Marketingbereich« zu Kapitel 5 unter www.lehrbuch-psychologie.de.

> Ein qualitativ hochwertiger Auswahlprozess kann finanzielle Vorteile und einen Imagezuwachs für das Unternehmen sowie höhere Mitarbeiterzufriedenheit zur Folge haben.

> ⊕ Web-Exkurs »Fallbeispielauflösung Kaptiel 5«

? Kontrollfragen

1. Was sind die einzelnen Phasen innerhalb des Personalauswahlprozesses und was ist in den einzelnen Phasen zu beachten?
2. Warum ist es wichtig, externes und internes Personalmarketing durchzuführen?
3. Was ist für die erfolgreiche und langfristige Anstellung sowohl für den Bewerber als auch für die Organisation ausschlaggebend?
4. Warum ist es möglicherweise problematisch, wenn Nicht-Psychologen den Personalauswahlprozess betreuen und wie kann dieses Problem behoben bzw. verringert werden?
5. Warum ist es wichtig, qualitativ hochwertige Auswahlverfahren trotz ihrer mittelbaren Kosten einzusetzen?

Felser, G. (2010). *Personalmarketing*. Göttingen: Hogrefe.
Kersting, M. (2008). *Qualität in der Diagnostik und Personalauswahl – der DIN-Ansatz*. Göttingen: Hogrefe.
Obermann, C. (2009). *Assessment Center: Entwicklung, Durchführung, Trends*, 4. Aufl. Wiesbaden: Gabler.
Schuler, H. (Hrsg.) (2006). *Lehrbuch der Personalpsychologie*, 2. Aufl. Göttingen: Hogrefe.
Weuster, A. (2008). *Personalauswahl: Anforderungsprofil, Bewerbersuche, Vorauswahl und Vorstellungsgespräch*, 2. Aufl. Wiesbaden: Gabler.

> ▶ **Weiterführende Literatur**

Literaturverzeichnis

Batinic, B. & Appel, M. (2009). Online-Bewerbungen aus Sicht von Bewerbern und Unternehmen. *Zeitschrift für Personalpsychologie, 8*, 14–23.
Brogden, H. E. (1949). When testing pays off. *Personnel Psychology, 2*, 171–185.
Buckley, M. R., Mobbs, T. A., Mendoza, J. L., Novicevic, M. M., Carraher, S. M. & Beu, D. S. (2002). Implementing realistic job previews and expectation-lowering procedures: A field experiment. *Journal of Vocational Behaviour, 61*, 263–278.
Bühner, M. (2006). *Einführung in die Test- und Fragebogenkonstruktion*, 2. Aufl. München: Pearson Education.
Cronbach, L. J. & Gleser, G. C. (1965). *Psychological tests and personnel decisions*, 2nd ed. Urbana: University of Illinois Press.
Dormann, C., Moosbrugger, H., Stemmler, G. & Maier, G. A. (2009). Erwerb von Personenlizenzen zur DIN 33430 im Rahmen des Psychologiestudiums. *Psychologische Rundschau, 60*, 23–27.
Felser, G. (2010). *Personalmarketing*. Göttingen: Hogrefe.
Flanagan, J. C. (1954). The critical incident technique. *Psychological Bulletin, 51*, 327–359.
Franke, N. (2000). Personalmarketing zur Gewinnung von betriebswirtschaftlichem Führungsnachwuchs. *Marketing ZFP Zeitschrift für Forschung und Praxis, 22*, 75–92.
Guthke, J., Beckmann, J. F. & Schmidt, G. (2002). Ist an der Graphologie doch etwas dran? Untersuchungen zur Übereinstimmung von Graphologenurteil und psychometrischen Persönlichkeitstests. *Zeitschrift für Personalpsychologie, 1*, 171–176.
Gutknecht, S. P., Semmer, N. K. & Annen, H. (2005). Prognostische Validität eines Assessment Centers für den Studien- und Berufserfolg von Berufsoffizieren der Schweizer Armee. *Zeitschrift für Personalpsychologie, 4*, 1–11.
Hausknecht, J. P., Day, D. V. & Thomas, S. C. (2004). Applicant reactions to selection procedures: An updated model and meta-analysis. *Personnel Psychology, 57*, 639–683.

Hornke, L. F. (2004). Normen, Standards, Richtlinien auch für die Personalarbeit. In L. F. Hornke & U. Winterfeld (Hrsg.), *Eignungsbeurteilungen auf dem Prüfstand: DIN 33430 zur Qualitätssicherung* (S. 9–25). Heidelberg: Spektrum.

Hossiep, R. & Bräutigam, S. (2007). Inventar berufsbezogener Einstellungen und Selbsteinschätzungen (IBES) von B. Marcus. *Zeitschrift für Personalpsychologie, 6,* 85–90.

Hossiep, R. & Bräutigam, S. (2008). Ansätze zur systematischen Erfassung überfachlicher Positionsanforderungen. In W. Sarges & D. Scheffer (Hrsg.), *Innovative Ansätze für die Eignungsdiagnostik* (S. 275–285) Göttingen: Hogrefe.

Hossiep, R. & Paschen, M. (2003). *Das Bochumer Inventar zur berufsbezogenen Persönlichkeitsbeschreibung (BIP),* 2. Aufl. Göttingen: Hogrefe.

Hülsheger, U. R. & Maier, G. W. (2008). Persönlichkeitseigenschaften, Intelligenz und Erfolg im Beruf: Eine Bestandsaufnahme internationaler und nationaler Forschung. *Psychologische Rundschau, 59,* 108–122.

Hülsheger, U. R., Specht, E. & Spinath, F. M. (2006). Validität des BIP und des NEO-PI-R: Wie geeignet sind ein berufsbezogener und ein nicht explizit berufsbezogener Persönlichkeitstest zur Vorhersage von Berufserfolg. *Zeitschrift für Arbeits- und Organisationspsychologie, 50,* 135–147.

Hunter, J. E., Schmidt, F. L. & Judiesch, M. K. (1990). Individual differences in output variability as a function of job complexity. *Journal of Applied Psychology, 75,* 28–42.

Janz, T. (1982). Initial comparisons of patterned behavior description interviews versus unstructured interviews. *Journal of Applied Psychology, 67,* 577–580.

Kanning, U. P., Pöttker, J. & Gelléri, P. (2007). Assessment Center-Praxis in deutschen Großunternehmen. *Zeitschrift für Arbeits- und Organisationspsychologie, 51,* 155–167.

Kersting, M. (2004a). Kosten und Nutzen beruflicher Eignungsbeurteilungen. In L. F. Hornke & U. Winterfeld (Hrsg.), *Eignungsbeurteilungen auf dem Prüfstand: DIN 33430 zur Qualitätssicherung* (S. 55–77). Heidelberg: Spektrum.

Kleynhans, R., Markham, L., Meyer, W., O´Neill, C., Schlechter, A., van Aswegen, S., Botha, S. & Lotz, O. (2009). *Fresh perspectives – Human resource management.* Kapstadt: Pearson.

Kristof-Brown, A. L., Zimmerman, R. D. & Johnson, E. C. (2005). Consequences of individuals' fit at work: A meta-analysis of person-job, person-organization, person-group, and person-supervisor fit. *Personnel Psychology, 58,* 281–342.

Lorenz, M. & Rohrschneider, U. (2009). *Erfolgreiche Personalauswahl: Sicher, schnell und durchdacht.* Wiesbaden: Gabler.

Mael, F. A. (1991). A conceptual rationale for the domain and attributes of biodata items. *Personnel Psychology, 44,* 763–792.

Marcus, B. (2006). *Inventar berufsbezogener Einstellungen und Selbsteinschätzungen (IBES).* Göttingen: Hogrefe.

Mayer, D. M. & Hanges, P. J. (2003). Understanding the stereotype threat effect with »culture-free« tests: An examination of its mediators and measurement. *Human Performance, 16,* 207–230.

Moosbrugger, H. & Kelava, A. (2007). Qualitätsanforderungen an einen psychologischen Test (Testgütekriterien). In H. Moosbrugger & A. Kelava (Hrsg.), *Testtheorie und Fragebogenkonstruktion* (S. 7–26). Berlin, New York, Tokio, Heidelberg: Springer.

Nachtwei, J. & Schermuly, C. C. (2009). Acht Mythen über Eignungstests. *Harvard Business Manager, 4,* 6–10.

Obermann, C. (2009). *Assessment Center: Entwicklung, Durchführung, Trends.* Wiesbaden: Gabler.

Proyer, R. T. (2007). Explojob – Das Werkzeug zur Beschreibung von Berufsanforderungen und -tätigkeiten (deutschsprachige Adaption des Position Classification Inventory™ nach Gary D. Gottfredson und John L. Holland). *Zeitschrift für Personalpsychologie, 6,* 174–178.

Reimann, G. (2005). Arbeits- und Anforderungsanalyse. In K. Westhoff, L. J. Hellfritsch, L. F. Hornke, K. D. Kubinger, F. Lang, H. Moosbrugger, A. Püschel & G. Reimann (Hrsg.), *Grundwissen für die berufsbezogene Eignungsbeurteilung nach DIN 33430* (S. 111–127). Lengerich: Pabst.

Rowold, J. (2007). Überblick über Kosten-Nutzen-Analysen im Bereich der Arbeits- und Organisationspsychologie. In A. Süßmair & J. Rowold (Hrsg.), *Kosten-Nutzen-Analysen und Human Resources* (S. 34–50). Weinheim: Beltz.

Schermuly, C. C. & Nachtwei (2010). Assessment Center optimieren. *Harvard Business Manager, 9,* 16–17.

Schmader, T., Johns, M. & Forbes, C. (2008). An integrated process model of stereotype threat effects on performance. *Psychological Review, 115,* 336–356.

Schmidt, F. L. & Hunter, J. E. (1998). The validity and utility of selection methods in personnel psychology: Practical and theoretical implications of 85 years of research findings. *Psychological Bulletin, 124,* 262–274.

Scholz, C. (1999). Personalmarketing für High-Potenzials: Über den Umgang mit Goldfischen und Weihnachtskarpfen. In A. Thiele & B. Eggers (Hrsg.), *Innovatives Personalmarketing für High-Potenzials* (S. 27–38). Göttingen: Verlag für Angewandte Psychologie.

Schuhmacher, F. (2009). *Mythos Assessment Center: Risikomanagement bei Personalentscheidungen und Leitfaden zur Anwendung.* Wiesbaden: Gabler.

Schuler, H. (2002). *Das Einstellungsinterview.* Göttingen: Hogrefe.

Schuler, H., Hell, B., Trapmann, S., Schaar, H. & Boramir, I. (2007). Die Nutzung psychologischer Verfahren der externen Personalauswahl in deutschen Unternehmen: Ein Vergleich über 20 Jahre. *Zeitschrift für Personalpsychologie, 6,* 60–70.

Schuler, H. & Höft, S. (2007). Diagnose beruflicher Eignung und Leistung. In H. Schuler (Hrsg.), *Lehrbuch Organisationspsychologie* (S. 289–343). Bern: Huber.

Schuler, H. & Klingner, Y. (2005). *Arbeitsprobe zur berufsbezogenen Intelligenz – Büro- und kaufmännische Tätigkeiten (AZUBI-BK).* Göttingen: Hogrefe.

Schumacher, F. & Geschwill, R. (2009). *Employer Branding.* Wiesbaden: Gabler.

Strack, R. & von der Linden, C. (2008). Talente: weltweit gesucht. *Wirtschaftspsychologie aktuell, 3,* 21–24.

Steele, C. M. & Aronson, J. (1995). Stereotype threat and the intellectual test performance of African Americans. *Journal of Personality and Social Psychology, 69,* 797–811.

Stone, J., Lynch, C., Sjomeling, M. & Darley, J. (1999). Stereotype threat effects on black and white athletic performance. *Journal of Personality and Social Psychology, 77,* 1213–1227.

Trapmann, S., Hell, B., Weigand, S. & Schuler, H. (2007). Die Validität von Schulnoten zur Vorhersage des Studienerfolgs – eine Metaanalyse. *Zeitschrift für Pädagogische Psychologie, 21,* 11–27.

Taylor, H. C. & Russell, J. T. (1939). The relationship of validity coefficients to the practical effectiveness of tests in selection. *Journal of Applied Psychology, 23,* 565–578.

Weber, B. & Packebusch, L. (2002). *Durch qualifizierte Mitarbeiter / Mitarbeiterinnen zum Erfolg. Personal halten und gewinnen – Eine Handlungshilfe.* Mönchengladbach: IAP Hochschule Niederrhein Eigenverlag.

Weuster, A. (2008). *Personalauswahl – Anforderungsprofil, Bewerbersuche, Vorauswahl und Vorstellungsgespräch,* 2. Aufl. Wiesbaden: Gabler.

6 Personalentwicklung

Simone Kauffeld & Sven Grote

Lernziele

- Wissen, was unter Personalentwicklung zu verstehen ist.
- Die Ziele, Chancen und Risiken der Personalentwicklung nennen können.
- Kompetenzmessung, -entwicklung und -management einordnen können.
- Wissen, wie ein Trainingsprogramm aufgesetzt werden sollte.
- Trainingsformen nach der Nähe zum Arbeitsplatz und des Zeitpunkts im Lebenszyklus eines Mitarbeiters unterscheiden können.

- Wirksame Gestaltungsprinzipien von Trainings kennen.
- Den Unterschied zwischen ergebnis- und prozessbezogener Evaluation erklären können.
- Instrumente zur ergebnis- und prozessbezogenen Evaluation kennen.
- Den Return on Investment (ROI) erklären können.
- Trainingsspezifische Erfolgsfaktoren identifizieren können.

Beispiel

Fallbeispiel

Herr M. ist seit zwei Jahren im Einkauf eines großen Unternehmens der Konsumgüterindustrie beschäftigt. Er hat den Eindruck, dass er den Anforderungen gewachsen ist, und möchte sich perspektivisch weiterentwickeln. Dies thematisiert er im Mitarbeitergespräch mit seinem Vorgesetzen. Sein Vorgesetzter möchte ihn gern halten und verspricht, sich um eine Projektmanagementschulung für ihn zu bemühen. Eine Gehaltserhöhung erscheint im Moment nicht möglich. Im Arbeitsbereich von Herrn M. wird kaum in Projekten gearbeitet, daher fragt er sich, wie nachhaltig die Qualifizierung sein wird. Außerdem verspricht der Vorgesetzte Herrn M. mehr Führungsverantwortung. Deshalb bekommt Herr M. eine neue Kollegin, Frau L., als Mitarbeiterin zugeordnet.

Sie erhalten eine Stelle in diesem Unternehmen als Personalentwickler. Was könnten Sie tun, um Frau L. vor, zu Beginn und während ihrer neuen Tätigkeit bestmöglich zu unterstützen? Wie können Sie Herrn M. beraten, um die Weiterentwicklung seiner neuen Mitarbeiterin zu fördern?

6.1   Begriffsbestimmung

Unter dem Begriff »Personalentwicklung« werden alle geplanten Maßnahmen (im Unterschied zur Sozialisation) gefasst, die geeignet sind, die **individuelle** beruflichen Handlungskompetenz (in Abgrenzung zur Organisationsentwicklung) der Mitarbeiter zu entwickeln und zu erhalten. Mit Personalentwicklung soll der Unternehmenserfolg unter weitgehender Berücksichtigung der Potenziale und Interessen der Mitarbeiter gesichert werden.

Im Gegensatz zur Organisationsentwicklung (vgl. Kap. 3) zielt die Personalentwicklung auf das Individuum im Unternehmen ab. Sie setzt also an der **Person** an und versucht, diese z. B. durch Ausbildungs- und Trainingsprogramme zur Kompetenz-, Performanz- und Motivationssteigerung zu motivieren. Dabei sind organisationale oder technische Veränderungen oft nicht ohne Maßnahmen zur Personalentwicklung möglich. Beispielsweise bedarf es bei der Umstellung auf eine neue Software Personalentwicklungsmaßnahmen (z. B. Trainings für die Mitarbeiter) ebenso wie bei der Einführung einer neuen Arbeitsorganisationsform. Umfangreiche Personalentwicklungsprogramme werden oft aufgesetzt, um z. B. organisationale Veränderungsprozesse voranzutreiben.

6.1.1   Ziele der Personalentwicklung

Mit der Personalentwicklung werden im Unternehmen verschiedene Ziele verfolgt:
- Leistungs- und Wettbewerbsfähigkeit erhöhen, indem z. B. der erforderliche Bestand an Fach- und Führungskräften bereitgestellt wird bzw. Mitarbeiter entwickelt werden, um den Anforderungen gerecht zu werden
- Flexibilität erhöhen, um z. B. unabhängig vom externen Arbeitsmarkt zu werden oder die Mitarbeiter möglichst lang beschäftigungsfähig zu halten
- Motivation und Integration der Mitarbeiter erhöhen, z. B. durch Einarbeitungsprogramme für neue Mitarbeiter
- Qualifikationen sichern und anpassen, um z. B. Nachfolgeplanungen vornehmen zu können
- individuelle Befähigungen und Erwartungen berücksichtigen, um z. B. Über- und Unterforderungen zu vermeiden und die Mitarbeiter an das Unternehmen zu binden

Bei der Betrachtung von Zielen der Personalentwicklung kann zwischen der Unternehmens- und der Mitarbeitersicht unterschieden werden (vgl. ❏ Tab. 6.1). Die Personalentwicklung hat dabei die Rolle, Konzepte und Instrumente zu erarbeiten, Prozesse zu implementieren, voranzutreiben und ggf. zu verstetigen, zu beraten und die Qualität der aufgesetzten Prozesse zu sichern.

6.1.2   Akteure der Personalentwicklung

Als Akteure der Personalentwicklung gelten die Unternehmensleitung, die Personalentwicklung als Organisationseinheit, die Führungskräfte und die Mitarbeiter:
- Die **Unternehmensleitung** legt den strategischen Rahmen für das Unternehmen fest, determiniert die Notwendigkeit und Ausprägung der Personalentwicklung und lebt aktiv Personalentwicklung im Führungsprozess vor.
- Die **Personalentwicklung als Organisationseinheit** im Unternehmen unterstützt die Linienbereiche bei der Übersetzung der unternehmensstrategischen Vorgaben, liefert notwendige Instrumente, ist Dienstleister und Partner der Führungskräfte und Manager aller Personalentwicklungsaktivitäten.

Personalentwicklung umfasst Maßnahmen zur Erweiterung der individuellen beruflichen Handlungskompetenz.

Personalentwicklung verfolgt mehrere Ziele, u. a. die Erhöhung der Leistungsfähigkeit, der Flexibilität und Motivation der Mitarbeiter.

Akteure der Personalentwicklung sind die Unternehmensleitung, die Personalentwicklung als Organisationseinheit, die Führungskräfte und die Mitarbeiter.

◻ Tab. 6.1 Ziele der Personalentwicklung

aus Unternehmenssicht	aus Mitarbeitersicht
Verbesserung der Leistungs- und Wettbewerbsfähigkeit	
Deckung des qualitativen Personalbedarfs; Sicherung des erforderlichen Bestands an Fach- und Führungskräften	Standortbestimmung
	Transparenz über Anforderungen
Verbesserung von Arbeitsleistung und Produktivität z. B. über die Implementierung von Zielvereinbarungs- und Feedbackinstrumenten	Anpassung/Verbesserung der Qualifikation an die Anforderungen des Arbeitsplatzes
Steigerung der Attraktivität als Arbeitgeber auf dem Arbeitsmarkt; Verbesserung des Unternehmensimages durch Employer Branding	Übertragung höherer Verantwortung/qualifizierter(er) Aufgaben
Verankerung einer strategieunterstützenden Kultur im Unternehmen	Aufstiegsmöglichkeiten
Erhöhung der Flexibilität: mehrere Mitarbeiter können die gleichen Funktionen ausüben	
flexible Teams und Organisationseinheiten	Aktivierung von bisher kaum oder nicht genutzten Fähigkeiten
Steigerung der Innovationsfähigkeit	vielfältigere/abwechslungsreichere Aufgaben
Unabhängigkeit vom externen Arbeitsmarkt	Sicherung bzw. Erhöhung der unternehmensinternen bzw. beruflichen Beschäftigungsfähigkeit (Employability)
Erweiterung der Auswahl- und Einsatzmöglichkeiten des Personals durch Zusatzqualifikationen	
Verbesserung der Selbstorganisationsfähigkeit der Mitarbeiter	
Erhöhung der Motivation und Integration	
höhere Zufriedenheit und Arbeitsmotivation bei der Belegschaft positive Auswirkungen auf das Betriebsklima	Befriedigung persönlicher (Karriere-) Motive (Selbstentfaltung, Selbstverwirklichung, Prestige, Macht)
Förderung der Identifikation mit den Organisationszielen; Loyalität gegenüber dem Unternehmen	Erhöhung des Selbstbewusstseins
	Persönlichkeitsentwicklung und -bildung
bessere Integration der Mitarbeiter in das Unternehmen	Verbesserung des Einkommens
Anpassung der Qualifikation	
Nutzung der Mitarbeiterpotenziale	vorausschauende (proaktive) Qualifizierung für zukünftige berufliche/betriebliche Anforderungen
mittel- u. langfristige Nachwuchssicherung und -förderung (Nachfolgeplanung)	Sicherung der erreichten Stellung (bzw. des Arbeitsplatzes)
Berücksichtigung individueller Befähigungen, Erwartungen und Möglichkeiten	
Vermeidung von Über- und Unterforderung	Erfüllung individueller Lern- und Entwicklungsbedürfnisse
Übereinstimmung zwischen Person und Position	Work-Life-Balance
Realisierung von Chancengleichheit auf Basis der Eignungsgrundlagen	gesundheitliches Wohlbefinden
Bindung an das Unternehmen	

- Die **Führungskräfte** werden als »Personalentwickler vor Ort« gefordert. Sie haben einen hohen Anteil an operativer Personalentwicklung.
- Die **Mitarbeiter** müssen Verantwortung für ihre persönliche Entwicklung übernehmen, um ihre Beschäftigungsfähigkeit (Employability) zu erhöhen.

6.2   Kompetenzorientierung

6.2.1   Fokussierung auf Kompetenzen in der Personalentwicklung

Mit Personalentwicklungsmaßnahmen sollen **Kompetenzen** von Mitarbeitern und Führungskräften, die zur Bewältigung beruflicher Situationen befähigen, erhalten, aufgebaut und weiterentwickelt werden. Kompetenzen werden benötigt, um selbstorganisiert und kreativ in offenen Situationen agieren zu können. Sie werden als Handlungsvoraussetzung verstanden, die jedoch erst im Handlungsprozess zum Ausdruck kom-

Personalentwicklungsmaßnahmen sollen Kompetenzen erhalten, aufbauen und weiterentwickeln. Sie sind Handlungsvoraussetzungen.

men. Neben der Summe von Wissen, Können, Fähigkeiten und Fertigkeiten umfasst das Konstrukt Kompetenz auch die Anwendungsfähigkeit. Kompetenzen zeigen sich im beruflichen Alltag im Tätigkeitsvollzug in Form beobachtbarer, situationsgebundener Verhaltensweisen. Sie sind multimodal, insofern sie kognitive, emotional-motivationale, volitive und aktionale Komponenten einschließen. Kompetenzen werden erst in Handlungszusammenhängen und sozialen Kontexten sichtbar und entwickeln sich auch dort. Sie sind vor allem in der Auseinandersetzung mit neuen, komplexen Aufgabenstellungen veränder- und entwickelbar (vgl. Kauffeld, 2006; Erpenbeck & v. Rosenstiel, 2007).

Der Begriff der **beruflichen Handlungskompetenz** lässt sich in vier Kompetenzbereiche unterteilen: Fach-, Methoden-, Sozial- und Selbstkompetenz (Kauffeld, 2006; ► Übersicht).

> Man unterteilt vier Bereiche beruflicher Handlungskompetenzen: Fach-, Methoden-, Sozial- und Selbstkompetenz.

Berufliche Handlungskompetenzen

- **Fachkompetenz:** Unter Fachkompetenz werden alle Kenntnisse, Fertigkeiten und Fähigkeiten verstanden, die sich auf die Organisation, Aufgaben, Prozesse sowie den eigenen Arbeitsplatz beziehen.
- **Methodenkompetenz:** Bei der Methodenkompetenz geht es darum, inwiefern Techniken, Methoden und Vorgehensweisen zur Strukturierung der eigenen oder von Gruppenaktivitäten angewendet werden.
- **Sozialkompetenz:** Sie beinhaltet die Fähigkeit, sich im sozialen Umgang situationsspezifisch und angemessen z. B. durch Einfühlungsvermögen, Kommunikations- und Kooperationsfähigkeiten zu verhalten.
- **Selbstkompetenz:** Sie bezieht sich darauf, wie Individuen mit sich bei der Arbeit umgehen, z. B. zählen die Bereitschaft zur Selbstentwicklung, Selbstreflexion, Leistungsbereitschaft und Belastbarkeit zur Selbstkompetenz.

> Kompetenzen können direkt in der Arbeit gefördert werden.

Mit dem Kompetenzbegriff wird die Weiterentwicklung nicht nur in geplanten und systematischen Trainingsmaßnahmen fokussiert, sondern auch in der Arbeitstätigkeit selbst (arbeitsimmanent). Der Kompetenzbegriff wird der Tatsache gerecht, dass Wissen und Können nicht nur in organisierten Lehr- und Lernsituationen erworben werden, sondern sich Menschen in pädagogisch ungeplanten und unstrukturierten Lernprozessen auf informellem Wege relevante Kenntnisse und Fähigkeiten aneignen. Unter dem Schlagwort der **arbeitsorientierten Kompetenzentwicklung** wird der Frage nachgegangen, wie Lernen direkt in der Arbeit gestaltet werden kann und wie der Arbeitsbezug in Lernumgebungen zu verbessern ist (vgl. Sonntag & Stegmaier, 2007; ► Web-Exkurs »Beispiel zur selbstorganisierten Kompetenzentwicklung« zu Kap. 6 unter www.lehrbuch-psychologie.de).

> ⊕ Web-Exkurs
> »Beispiel zur selbstorganisierten Kompetenzentwicklung«

6.2.2 Kompetenzmanagementsysteme

> Unternehmen definieren unternehmensbezogene Kompetenzmodelle und richten ihre Personalinstrumente darauf aus.

Ein Kompetenzmanagementsystem unterstützt eine Organisation bei der Erreichung herausfordernder Unternehmensziele, bei der Umsetzung neuer Strategien und in Veränderungsprozessen. Mit einem Kompetenzmanagementsystem erfolgt eine inhaltliche Ausrichtung der Personalarbeit – und damit auch der Personalentwicklung – auf Kompetenzen. Die Beschäftigung mit und die Definition von Kompetenzen mündet üblicherweise in ein unternehmensbezogenes **Kompetenzmodell**. Damit soll ein einheitlicher Sprachgebrauch zu Kompetenzen über Organisationseinheiten und Bereiche hinweg sichergestellt werden. Konkret umfasst ein Kompetenzmanagementsystem ein betriebliches Kompetenzmodell, die Möglichkeit individueller Kompetenzeinschätzungen bzw. -messungen sowie auf das Kompetenzmodell ausgerichtete Personalinstrumente (Grote et al., 2006).

Kompetenzmodelle als Grundlage des Kompetenzmanagements Kompetenzmodelle stellen einen »Kristallisationspunkt« dar, mit dem die Konsistenz, die Effektivität und die Transparenz der Personalarbeit für Mitarbeiter, Führungskräfte und Personalverantwortliche erhöht wird. Anhand von Kompetenzen werden Anforderungen an die Kompetenzentwicklung formuliert, Lernziele von Maßnahmen definiert und Evaluationen angesetzt. Im unternehmensweit einheitlichen Kompetenzmodell (auch als Kompetenzkatalog bezeichnet) werden alle notwendigen Kompetenzen in einer hierarchischen Struktur organisiert, mit einem entsprechenden Sollwert versehen und den einzelnen Jobrollen im Unternehmen zugeordnet. Bei der Entwicklung eines Kompetenzmodells werden typischerweise erfolgreiche Stelleninhaber und Experten, die die zukünftige Entwicklung der Anforderungen an die Tätigkeit abschätzen sollen, befragt. Ein Beispiel für ein konzeptionell ausgearbeitetes Kompetenzmodell, das act4teams®-Kompetenzmodell, das als Rahmenmodell für die Ableitung von Kompetenzen im Unternehmen herangezogen werden kann und dezidierte Annahmen über das Zusammenwirken von Kompetenzen beschreibt, ist im ▶ Web-Exkurs »Das act4teams®-Kompetenzmodell« zu Kapitel 6 unter www.lehrbuch-psychologie.de beschrieben.

Kompetenzmessung Das **Management** enthält die Elemente Planung, Realisierung und Kontrolle: Die im Kompetenzmodell beschriebenen Kompetenzen müssen gemessen werden. Es gilt, Abweichungen (Gaps) zwischen den vorhandenen Kompetenzen und den für die beschriebenen Positionen erforderlichen Kompetenzgrade herauszuarbeiten. Dies ist die Voraussetzung für die Entwicklung maßgeschneiderter Kompetenzentwicklungsprogramme.

Systematik durch Integration von HR-Instrumenten Beim Aufbau eines Kompetenzmanagements besteht die Notwendigkeit der Systematisierung von HR-Instrumenten. Ein Kompetenzmanagementsystem ist durch die Übereinstimmung von Personalinstrumenten mit einem unternehmensbezogenen Kompetenzmodell gekennzeichnet. Anforderungsprofile, Stellenbeschreibungen, Einarbeitungspläne und Stellenanzeigen müssen sowohl inhaltlich gleiche Anforderungen als auch formell einheitliche Formulierungen verwenden und am Kompetenzmodell orientiert sein.

⊕ **Web-Exkurs
»Das act4teams®-
Kompetenzmodell«**

Basis für Kompetenzentwicklung ist eine vorausgehende Kompetenzmessung.

Kompetenzmanagementsysteme unterstützen Organisationen bei der Erreichung herausfordernder Ziele.

◼ **Abb. 6.1** Aufbau eines Kompetenzmanagementsystems

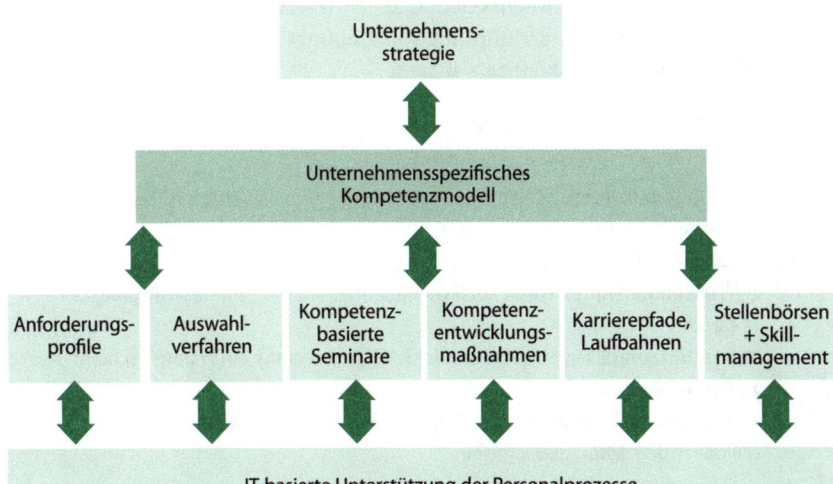

6.3   Kompetenzentwicklung

Nur eine systematische Planung und Durchführung der Trainings ermöglicht es, konkrete Ziele zu erreichen.

Damit Kompetenzentwicklungsmaßnahmen (hier am Beispiel von Trainingsprogrammen aufgezeigt) dem Unternehmen helfen, konkrete Ziele zu erreichen und Kompetenzlücken zu beseitigen, ist deren **systematische Planung und Durchführung** unabdingbar.

Was bei der systematischen Planung und Durchführung eines Trainingsprogramms zu beachten ist und in welcher Abfolge die einzelnen Schritte vorgenommen werden, zeigt ◘ Abbildung 6.2 (Kauffeld, 2010, S. 18).

◘ **Abb. 6.2** Ablaufmodell des Trainingsprozesses

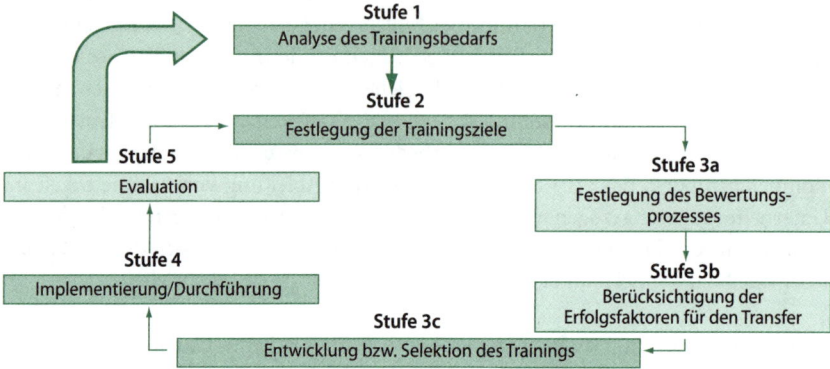

6.3.1   Analyse des Kompetenzentwicklungsbedarfs

Die systematische Bedarfsanalyse hilft, Frustration, Unzufriedenheit und unnötige finanzielle Verluste zu vermeiden.

Die eingehende Analyse des Kompetenzentwicklungsbedarfs einer Organisation ist ein unverzichtbarer Schritt zur erfolgreichen Kompetenzentwicklung. Wird er übersprungen, kann es passieren, dass ein scheinbar Erfolg versprechendes Training entwickelt wird, das jedoch an den Bedürfnissen der Organisation vorbeigeht. Die Trainingsinhalte und -methoden sind für die Organisation ungeeignet. Das Training setzt auf dem falschen Leistungsniveau an und führt nicht zu den gewünschten Ergebnissen. Die **Bedarfsanalyse** hilft also, Frustration, Unzufriedenheit und unnötige finanzielle Verluste zu vermeiden und geht folgenden Fragen nach: Ist ein Training notwendig? Was soll erreicht werden? Was müssen die Teilnehmer am Ende können? Wozu müssen sie es können? Was soll anders werden? Was muss trainiert werden? Wer muss trainiert werden?

Trainings haben neben der Kompetenzentwicklung oft vielfältige andere Gründe.

Die Funktion von Trainings in Unternehmen liegt nicht notwendigerweise in der Kompetenzentwicklung von Mitarbeitern und der Anwendung von Gelerntem im Arbeitsalltag. Gründe für die Durchführung von Trainings jenseits der bedarfsorientierten Kompetenzentwicklung können z. B. sein:

Gründe
- **Leistungsdefizite:** Die Leistung ist nicht gut genug, daher ist ein Training auch ohne vorherige Bedarfsanalyse nötig.
- **Belohnung:** Falls eine Gehaltserhöhung nicht möglich ist, dann doch wenigstens ein angenehmes, wenn auch unpassendes Training zur Besänftigung der Mitarbeiter.
- **Wertschätzung:** Den Mitarbeitern fehlt Wertschätzung, ein Training scheint dies zu kompensieren.
- **Ausgleich:** Die Tätigkeit ist einseitig und belastend, ein Training kann als Ausgleich für den Alltag gedacht sein.

▼

- **Gewohnheit:** Es wurde schon immer so gemacht; außerdem gibt es ein Budget dafür.
- **Nachahmung:** Jedes Unternehmen tut es, also tun wir es auch.
- **Unternehmensbindung:** Zur Identifikation der Mitarbeiter mit dem Unternehmen wird ein gemeinsames Fundament in Form eines Netzwerkes und eine gemeinsame, organisationsspezifische Sprache, die es im Training zu erlernen gilt, geschaffen. Dies ist besonders wichtig, wenn Mitarbeiter räumlich weit verteilt arbeiten oder weniger in der Organisation als beim Kunden vor Ort arbeiten, z. B. in der Unternehmensberatung.
- **Personalmarketing:** Karriereplanung sowie durchdachte und abgestimmte Kompetenzentwicklungsmaßnahmen sind für das Unternehmen in Zeiten des »War for Talents« unerlässlich. Für potenzielle Bewerber sind Trainings im Unternehmen ein Pluspunkt bei der Auswahl ihres künftigen Arbeitgebers.
- **Networking:** In Trainings können Kontakte in der Organisation geknüpft werden. So können bei neuen Herausforderungen schnell geeignete Ansprechpartner gefunden werden, zu denen im Training ein Vertrauensverhältnis aufgebaut wurde.

Die Bedarfsanalyse umfasst mindestens drei verschiedene **Analyseebenen**: die Organisations-, die Aufgaben- und die Personenanalyse.

Die Bedarfsanalyse umfasst die Ebenen Organisation, Aufgaben und Personen.

Organisationsanalyse Bei der Organisationsanalyse geht es um die Grundfrage, wie der Organisationskontext für ein Training aussieht. Die Organisationsanalyse klärt so den Kontext für Trainingsmaßnahmen. Dazu gehört unter anderem die Unternehmensstrategie. Im Zusammenhang mit dem Trainingsbedarf müssen folgende Fragen beantwortet werden: Welche kurz- und längerfristigen Ziele hat das Unternehmen und mit welcher Strategie werden diese verfolgt? Ist das Training mit dieser Strategie kompatibel? (Beispielsweise wird ein Unternehmen, das nur hoch spezialisierte und erfahrene Bewerber einstellen möchte, unter Umständen ein geringeres Interesse an Trainingsmaßnahmen haben.) Welcher Trainingsbedarf ergibt sich aus der Strategie? Wie werden Trends und Entwicklungen diesen Trainingsbedarf beeinflussen? (Wie will man z. B. mit einer zunehmend älteren Belegschaft umgehen, interkulturelle Kompetenz fördern und den Konkurrenzkampf um die besten Absolventen gewinnen?) Die Strategie beeinflusst, ob, wie oft und welche Art von Training angeboten wird und wie viel Geld für Trainingsmaßnahmen zur Verfügung steht.

Bei der Organisationsanalyse geht es um den Organisationskontext für ein Training.

Aufgabenanalyse Mithilfe der Aufgabenanalyse wird festgestellt, welches Wissen und welche Fertigkeiten, Fähigkeiten und Kompetenzen für eine bestimmte Tätigkeit erforderlich sind. Ziel ist eine genaue Beschreibung der einzelnen Aufgaben eines Arbeitsplatzes sowie eine Auflistung der für eine erfolgreiche Aufgabenbewältigung notwendigen Kompetenzen, d.h. des Wissens, der Fertigkeiten, der Fähigkeiten und möglicherweise anderer Eigenschaften, die für eine optimale Aufgabenbewältigung benötigt werden (Noe, 2002). Bei der Aufgabenanalyse wird die gesamte Arbeitstätigkeit in einzelne Aufgaben untergliedert (Welche Aufgaben umfasst ein Arbeitsplatz? Wie wichtig sind diese Aufgaben? Welche Kompetenzen sind zur Erledigung dieser Aufgaben entscheidend?). Zu den klassischen Aufgaben eines Sekretärs gehören z. B. die Terminplanung, das Verfassen von Briefen und das Führen von Telefonaten.

Aus der Aufgabenanalyse können mögliche Inhalte eines Trainings abgeleitet werden. Informationen sollten immer von den Personen eingeholt werden, die sich am besten mit dem Arbeitsplatz auskennen. Solche »Experten« sind u.a. diejenigen Mitarbeiter, die die Arbeit ausführen. Wenn möglich, sollten während der gesamten Aufga-

Mithilfe der Aufgabenanalyse werden Wissen, Fertigkeiten, Fähigkeiten und Kompetenzen für eine bestimmte Tätigkeit festgestellt.

6

benanalyse mehrere Erhebungsmethoden miteinander kombiniert werden, um die Gültigkeit und Aussagekraft der Ergebnisse zu erhöhen. Die Aufgabenbeschreibungen müssen in eine Auflistung von Kompetenzen übersetzt werden (Welche Kompetenzen werden benötigt, um eine Aufgabe zu erledigen, und welche dieser Kompetenzen sind besonders wichtig? Am Beispiel des Sekretärs: Was muss man wissen, können oder haben, um erfolgreich Briefe zu schreiben? Reichen Rechtschreibkenntnisse, Stilgefühl und Einfühlungsvermögen, EDV-Kenntnisse, Beherrschung von Redewendungen, Höflichkeitsformeln und Ausdrucksvermögen aus?) Meist wird versucht, diese Kompetenzen anhand von Beobachtungen, Fragebögen und Interviews zu identifizieren (Noe, 2002; Grote et al., 2006).

Mithilfe der Personenanalyse wird festgestellt, welche Mitarbeiter ein Training benötigen.

Personenanalyse Die Personenanalyse soll Aufschluss darüber geben, welche Mitarbeiter ein Training benötigen. Die Personenanalyse orientiert sich an folgenden Fragen (vgl. Noe, 2002): Welche Kompetenzen haben die Mitarbeiter? Welche, für den (zukünftigen) Job entscheidenden, Kompetenzen fehlen ihnen? Haben sie die grundlegenden kognitiven Fertigkeiten, um den (zukünftigen) Job auszuführen und ein Training zu durchlaufen? Welche Leistung erbringen die Mitarbeiter? Ist die Leistung zu schwach? Oder verändern sich die Anforderungen des Arbeitsplatzes? Sind die Mitarbeiter sich im Klaren über die Leistungsziele? Erhalten sie regelmäßiges Feedback? Jährliche Leistungsbeurteilungen, Eigenaussagen der Mitarbeiter und Informationen aus der Personalauswahl wie z. B. aus Leistungsbeurteilungen geben Aufschluss über die Stärken und Schwächen einzelner Mitarbeiter.

Für die Praxis

Ein Vertriebstraining kann für die Mitarbeiter angeboten werden, die ihre Tätigkeit nicht »gut genug« ausfüllen, es kann aber auch für die besten 20% im Vertrieb (Top Performer) konzipiert werden. Im zweiten Fall bekommt das Training nicht nur einen Belohnungscharakter und drückt Wertschätzung gegenüber den Besten aus, sondern man verspricht sich hier auch den größten finanziellen Nutzen.

Verkaufen die Besten nach dem Training 20% mehr, bringt dies einen größeren finanziellen Nutzen als wenn die schlechtesten Verkäufer 20% mehr verkaufen. Trainingsmaßnahmen im Unternehmen sollten niemals ausschließlich defizitorientiert sein. Im Sinne der Unternehmensentwicklung gilt es vielmehr, auch die besten Mitarbeiter sowie deren Stärken durch geeignete Trainingsmaßnahmen weiterzuentwickeln.

Bei der demografischen Analyse wird der spezielle Trainingsbedarf unterschiedlicher demografischer Gruppen betrachtet.

Zur Personenanalyse kann auch eine **demografische Analyse** gehören, die den speziellen Trainingsbedarf unterschiedlicher demografischer Gruppen betrachtet wie z. B. der Trainingsbedarf von Frauen, Männern, Mitarbeitern verschiedener Altersgruppen und ethnischen Minderheiten. Beispielsweise brauchen ältere Mitarbeiter unter Umständen Unterstützung im Umgang mit neuen Technologien. Frauen brauchen hingegen ein spezielles Training oder Mentoring, um die »gläserne Decke« zu durchbrechen und sich für Führungspositionen zu entwickeln. Mitarbeiter mit Migrationshintergrund benötigen möglicherweise spezielle Sprachkurse. Um die Synergien in interkulturell zusammengesetzten Projektteams nutzen zu können, müssen entsprechende Kompetenzen gestärkt werden. Damit altersheterogene Teams effektiv sein können, müssen die Teammitglieder davon überzeugt sein, dass die Altersheterogenität für ihre Aufgabe hilfreich ist (Lehmann-Willenbrock & Kauffeld, 2008). Je vielfältiger die Mitarbeiter in Unternehmen werden, umso mehr unterschiedliche Bedürfnisse müssen berücksichtigt werden. Einige Unternehmen setzen darüber hinaus auf eine **lebensphasenorientierte Personalentwicklung**, die nicht nur ältere Mitarbeiter, sondern auch jüngere mit ihren speziellen Bedürfnissen z. B. in der Phase der Familiengründung einbezieht (Rump et al., 2008; weiterlesen im ▶ Web-Exkurs »Empfehlungen für Unternehmen zum Umgang mit heterogenen Mitarbeitern« zu Kap. 6 unter www.lehrbuch-psychologie.de). Nur durch die Kombination der drei Analyseebenen lässt sich ein vollständiges Bild des Kompetenzentwicklungsbedarfs einer Organisation gewinnen.

Eine lebensphasenorientiere Personalentwicklung bezieht die speziellen Bedürfnisse verschiedener Altersgruppen mit ein.

⊕ **Web-Exkurs**
Empfehlungen für Unternehmen zum Umgang mit heterogenen Mitarbeitern

6.3.2 Festlegung der Trainingsziele

Aus der Bedarfsanalyse werden die Ziele eines Trainings entwickelt. Dabei kann zwischen übergeordneten Zielen und spezifischen Zielen unterschieden werden.

Übergeordnete Ziele Ein übergeordnetes Ziel kann beispielsweise sein, den Zugang zu Trainings auf verschiedene Beschäftigungsgruppen zu erweitern. Trainingsmaßnahmen werden nicht mehr nur für Manager, sondern auch für Mitarbeiter, Zulieferer oder Kunden angeboten. ◻ Tabelle 6.2 enthält einige Beispiele für übergeordnete Trainingsziele und ihre Umsetzung.

Spezifische Trainingsziele Neben solchen übergeordneten Zielen ist es entscheidend, spezifische Trainingsziele festzulegen (z. B. Was soll ein Mitarbeiter können, der an einem bestimmten Training teilgenommen hat?). Vor allem die spezifischen Ziele leiten den Entwicklungsprozess eines Trainingsprogramms und sind zugleich geeignet, um Kriterien für die spätere Evaluation des Trainings abzuleiten. Die Ziele sollten daher möglichst konkret formuliert werden. Eine Möglichkeit dazu ist die Festlegung spezifischer Verhaltensziele, die von den Teilnehmern beeinflusst werden können. Die Ziele dürfen anspruchsvoll sein, sollten aber gleichzeitig realistisch bleiben. Sie sollten messbar (d.h. kontrollierbar) und terminiert (d.h. auf einen bestimmten Zeitpunkt bezogen) sein. Die Teilnehmer eines Vertriebstrainings sollen z. B. Folgendes lernen: die Phasen des Verkaufsgesprächs kennen und anwenden, persönliche Angaben des Kunden vollständig erfassen, den Kunden auf Sonderaktionen ansprechen, mit dem Kunden die Vorteile der einzelnen Produkte für ihn persönlich erarbeiten, Verkaufs-

Eine Bedarfsanalyse mündet in Trainingszielen.

Trainingsziele können übergeordnet oder spezifisch sein.

◻ **Tab. 6.2** Übergeordnete Trainingsziele und Möglichkeiten der Umsetzung

Übergeordnete Trainingsziele	Möglichkeiten der Umsetzung
Zugang zu Trainingsmaßnahmen erweitern	Trainingsmaßnahmen nicht nur für Manager sondern für Mitarbeiter, Zulieferer, Kunden, usw.
Lernangebot erweitern	über das herkömmliche Seminartraining hinaus auch neue Technologien zum Training verwenden Möglichkeiten zum informellen Lernen schaffen
Kundenservice verbessern	Training im Kundenumgang Training im Umgang mit schwierigen Situationen Training im Umgang mit Produkten und Dienstleistungen
Training und Transfer begünstigende Arbeitsumgebung schaffen	Mitarbeitern die Bedeutung kontinuierlichen Lernens verdeutlichen Managern die Bedeutung einer lernförderlichen Atmosphäre verdeutlichen ausreichend Zeit zum Lernen bieten Räume schaffen, in denen informelles Lernen in Gesprächen, Wissensaustausch und Kreativität stattfinden kann
Wissensmanagement verbessern	Wissen kenntnisreicher Mitarbeiter festhalten und zugänglich machen Information übersichtlich organisieren und festhalten
Entwicklungsmöglichkeiten schaffen	Trainingsmaßnahmen anbieten, die über die Arbeitsanforderungen hinaus das Entwicklungspotenzial der Mitarbeiter ansprechen sicherstellen, dass Mitarbeiter diese Angebote kennen und nutzen können

6

Es können Verhaltens- und Leistungsziele formuliert werden.

Transparente und vorab kommuni-
zierte Trainingsziele erhöhen die
Motivation der Teilnehmer.

Aus Trainingszielen gilt es Evalua-
tionskriterien zu definieren.

Bildungscontrolling verstärkt den
Druck auf Personalverantwortliche,
den Nutzen von Qualifizierung nachzuweisen.

hilfen wie z. B. Produktprospekte in das Verkaufsgespräch integrieren und geschlosse-
ne Fragen in der Abschlussphase nutzen. An diesen Zielen können sich die Teilnehmer
auch selbst messen.

Neben den Verhaltenszielen werden oft **Leistungsziele** formuliert. Dabei wird angenommen, dass sich das veränderte Verhalten in der Leistung der Teilnehmer nieder-
schlägt. Die genannten Verhaltensweisen im Verkauf nach der Teilnahme am Vertriebstraining sollten beispielsweise dazu führen, dass die Verkaufsleistung gesteigert wird,
neue Kunden gewonnen werden und das Verhältnis von Beratungsgesprächen zu Ab-
schlüssen gesteigert wird.

Eine genaue **Definition** der Trainingsziele erfüllt so mehrere Funktionen. Neben
der transparenten Information und damit der Fokussierung für Trainer und Teilnehmer
wird die Motivation der Teilnehmer erhöht. Die Trainingsziele können durch Aufmerk-
samkeitslenkung und Anstrengungsmobilisierung wirken. Die Teilnehmer können sich
an den an sie gestellten Trainings- und Leistungsanforderungen orientieren. Leistungsbereitschaft, Eigeninitiative, Verantwortungsbereitschaft und Selbstregulationsfähig-
keit der Mitarbeiter werden gefördert. Dies funktioniert v.a. dann, wenn die Trainingsteilnehmer die Ziele annehmen und sich an diese binden.

Darüber hinaus werden mit der spezifischen Definition der Trainingsziele **Evalua-
tionskriterien** bereitgestellt. Zudem kann die Rückmeldung über das erzielte Ergebnis
für den einzelnen Trainingsteilnehmer leistungssteigernd wirken und für potenzielle
Teilnehmer ein positives Signal für die Motivation zu Teilnahme, Lernen und Transfer
setzen.

6.3.3 Planung

Im Planungsprozess des einzelnen Trainingsprogramms wird zwischen der Festlegung
von Bewertungskriterien, der Berücksichtigung der Erfolgsfaktoren für den Lerntransfer sowie der Entwicklung des Trainings unterschieden.

Festlegung der Bewertungskriterien

Unsicherheiten über die Effekte von Weiterbildung werfen Fragen auf: Lohnt sich das
Engagement in Weiterbildung? Rechtfertigt der tatsächliche Nutzen – nicht nur der
angestrebte – die Investitionen? Die Auswirkungen dieser Zweifel bekommen in Zeiten
knapperer Budgets vor allem Personalverantwortliche, Personalentwickler und Berater
zu spüren. Im Hinblick auf **Bildungscontrolling** geraten sie mehr und mehr in die
Verantwortung, den Nutzen von Qualifizierungsmaßnahmen nachzuweisen und diesen ggf. zu optimieren.

Schätzungen deuten darauf hin, dass nur 10–15% des Gelernten in berufliche Leistung umgesetzt werden (Baldwin & Ford, 1988). Eine durchschnittlich mittlere Effekt-
stärke von $d = .60$ (Arthur et al., 2003) verweist zwar darauf, dass Trainings möglicherweise **besser als ihr Ruf** sind, jedoch ergeben sich in Abhängigkeit verschiedener Trainingsmethoden (z. B. Vortrag, Diskussion, CBT, Selbstinstruktion) unterschiedliche
Effekte, je nach Zielen des Trainings (z. B. kognitive, interpersonale, psychomotorische
Fertigkeiten) und Art des Kriteriums (z. B. Zufriedenheit, Lernen, Verhalten, Leistung).

6.3.4 Entwicklung und Selektion der Trainingsmethoden

Unternehmen können auf ein breites Spektrum an Kompetenzentwicklungsmaßnahmen zurückgreifen, die in unterschiedlichster Art und Weise systematisiert werden
können.

Systematisierung von Kompetenzentwicklungsmaßnahmen

- Kompetenzentwicklungsmaßnahmen können z. B. beim Individuum, Team oder der Organisation ansetzen (vgl. Kauffeld et al., 2009).
- Sie können z. B. zur Qualifikationsanpassung an konkrete bestehende oder zukünftige Anforderungen, an die Umsetzung einer bestimmten Unternehmensstrategie, zur Unterstützung bei der Einführung neuer Technologien, zur Vorbereitung auf den beruflichen Aufstieg bzw. zur Übernahme von Führungsaufgaben, zur Steigerung der Arbeitsmotivation, Leistung, Produktivität, Qualität, Kundenorientierung, zur Verringerung von Fluktuation, Erhöhung des Commitments, der Erhöhung der Veränderungsbereitschaft, Flexibilität, der Förderung der persönlichen Entwicklung der Mitarbeiter, der Steigerung der Arbeitszufriedenheit, der Verbesserung der Kommunikation und Kooperation oder der Reduktion von beruflicher Beanspruchung konzipiert und durchgeführt werden.
- Sie können auf fachliche oder überfachliche Kompetenzen abzielen.
- Sie können von Vorgesetzten initiiert oder von Mitarbeitern eigeninitiativ gewählt sein.
- Sie können vom Unternehmen oder von anderen Geldgebern finanziert werden.
- Sie können in der Arbeit oder in der Freizeit liegen.
- Sie können Teilnehmer mehrerer Organisationen, einer Organisation oder einer Organisationseinheit bedienen.
- Sie können danach unterschieden werden, ob sie bewusst eingeleitet, angeleitet, fremdgesteuert und fern vom Arbeitsplatz oder ob sie teilweise unbewusst, selbstgesteuert und während der Arbeitsausführung ansetzen. Während im ersten Fall traditionelle Formen der Weiterbildung beschrieben werden (z. B. Verhaltenstraining, Fortbildungsseminare, Messebesuche), sind es im zweiten Fall eher Lernformen im Arbeitsprozess, die über Arbeitsanreicherung, Job Rotation oder Problemlösegruppen angeregt werden.

Im folgenden Abschnitt steht im Vordergrund, wie Trainingsmethoden so entwickelt oder ausgewählt werden, dass sie geeignet sind, die vorher festgesteckten Ziele zu erfüllen. Gegenstand einer Vielzahl von Maßnahmen zur Kompetenzentwicklung sind Wissensvermittlung, Verhaltensmodifikation und Persönlichkeitsentwicklung. Während des Trainings kommen verschiedene Methoden- und Lerntechniken unterschiedlicher lernpsychologischer, kognitionspsychologischer oder führungstheoretischer Fundierung zum Einsatz (vgl. Sonntag & Schaper, 2006; Kauffeld, 2010).

> Trainings sind eine Form der Kompetenzentwicklung.

Exkurs

Lerntheoretische Ansätze

Zu den bekanntesten lerntheoretischen Ansätzen, die Hinweise auf die Gestaltung von Trainings geben können, gehören (vgl. ausführlich Kauffeld, 2010):

- behavioristische Ansätze, die das sichtbare Verhalten fokussieren, aber die internen Prozesse des Lernenden vernachlässigen
- kognitivistische Ansätze, bei denen die Denk- und Verarbeitungsprozesse der Lernenden eine entscheidende Rolle spielen (d.h. Lernen ist abhängig von Vorwissen und Informationsverarbeitungsmechanismen)
- motivationstheoretische Ansätze, die die Beweggründe für Lernen und Verhaltensänderung untersuchen
- handlungsorientierte Ansätze, die davon ausgehen, dass bei vollständigen Tätigkeiten am besten gelernt wird
- konstruktivistische Ansätze, bei denen Lernen als aktiver Prozess verstanden wird
- die Selbstorganisationstheorie, die irreversible Prozesse innerer Wechselwirkungen als ursächlich für ein sich selbstständig neu produzierendes und reorganisierendes System betrachtet
- neurobiologische Ansätze, welche Lernprozesse anhand der Funktionsweise des menschlichen Gehirns und des Nervensystems beschreiben
- Ansätze der Andragogik, die Hinweise zum Lernen im Erwachsenenalter geben

Lerntheoretische Ansätze geben Hinweise zur Gestaltung von Kompetenzentwicklungsmaßnahmen.

Lerntheoretische Ansätze, die auf den Grundsätzen des Konstruktivismus aufbauen, stellen z. B. den aktiv Lernenden in den Mittelpunkt. Die zentrale Annahme des Konstruktivismus ist, dass Menschen ihre Realität durch aktive Verarbeitungsprozesse ihrer Wahrnehmung selbst konstruieren. So setzt jeder Lernprozess eine aktive Konstruktion von Wissen voraus. Wissen muss in Eigenregie erzeugt und kann keinesfalls nur passiv absorbiert werden. Direkter Wissenstransfer vom Lehrenden zum Lernenden ist damit unmöglich.

Situierte Lernarrangements orientieren sich stark an der realen Arbeitssituation der Teilnehmer. Sie sind durch die folgenden Prinzipien charakterisiert:

- Situiertheit, Authentizität: Lernen und Transfer sind stark an den Kontext gebunden. Daher sollten Lernsituationen und -inhalte möglichst plastisch und umfassend die späteren Anwendungssituationen einbeziehen. Nach den Prinzipien der Situiertheit und der Authentizität sollen Lernende an ähnlichen Aufgaben üben, wie sie im Anwendungsfeld gegeben sind.
- Orientierung an realistischen Problemen: Die Lernumgebung soll so gestaltet sein, dass es dem Lernenden möglich ist, an realistischen Problemen und authentischen Situationen zu arbeiten. Dies soll gewährleisten, dass dem Lernenden der Anwendungskontext klar wird und dass eine Anwendung außerhalb der Lernsituation erfolgreich ist. Das Lernen und der Lerninhalt sollen keine Selbstzwecke sein, sondern Möglichkeiten zur Lösung vielfältiger Alltagsprobleme schaffen.
- Aktivierung, Exploration: Lernen und Transfer sind besonders nachhaltig, wenn Lernende eine aktive Rolle einnehmen. Deshalb sollen situierte Lernumgebungen eine eigenständige, erfahrungsbasierte Erprobung von Strategien ermöglichen.
- multiple Perspektiven: Damit das Gelernte möglichst breit im Gedächtnis verankert und dadurch leichter auf andere Situationen übertragen wird, sollten situierte Lernumgebungen unterschiedliche Vorgehensweisen und Perspektiven anbieten. Dies wird durch abwechslungsreiche Aufgaben, unterschiedliche Lösungsmöglichkeiten und in verschiedenen Kontexten zum selben Lerngegenstand erreicht.
- Vielfalt der Kontexte: Den Lernenden sollen durch die Lernumgebung verschiedene Kontexte, in denen das Gelernte gesehen werden kann, geboten werden. Dem Lernenden soll klar werden, dass Wissen nicht nur auf einen Kontext, sondern auch auf neue Problemstellungen bezogen werden kann.
- Ergänzung durch Anleitung: Neben explorativen und aktivierenden Lernmöglichkeiten zur Selbsterprobung ist eine bedarfsorientierte Anleitung anzubieten, da Lernen allein nach dem Trial-und-Error-Prinzip unter Umständen ineffektiv bleiben kann.
- Informationsmöglichkeiten: Die Lernumgebung muss die zum Problemlösen nötigen Informationen bereitstellen.

Das situierte Lernen zielt auf die Herstellung kontextbezogener sozialer Lernumgebungen ab.

Das **situierte Lernen** zielt auf die Herstellung kontextbezogener sozialer Lernumgebungen ab und umfasst daher ein ganzes Spektrum an Methoden wie z. B. das Cognitive Apprenticeship. Es handelt sich dabei um eine Methode, die im Sinne von Meister-Lehrlings-Verhältnissen kognitive Prozesse für den Lernenden sichtbar machen soll. Dabei wird versucht, die Vorteile einer praktischen Lehre auch für die theoretische Ausbildung zu nutzen (weiterlesen im ▶ Web-Exkurs »Cognitive Apprenticeship« zu Kap. 6 unter www.lehrbuch-psychologie.de).

◉ Web-Exkurs
»Cognitive Apprenticeship«
Trainings on-the-job, off-the-job und near-the-job können alternativ eingesetzt oder sinnvoll miteinander kombiniert werden.

◉ Web-Exkurs
»Game-based Learning«

Neben der Unterscheidung lernpsychologischer, kognitionspsychologischer oder führungstheoretischer Zugänge kann man **Trainingsformen** danach unterscheiden, wie nah am oder fern vom Arbeitsplatz sie realisiert werden:

- **Training off-the-job** findet außerhalb des Arbeitsplatzes statt und nimmt daher einen zusätzlichen Zeitraum in Anspruch. Dazu werden klassische Seminare und Trainings gezählt, aber auch Business Games, Fallstudien, Rollenspiele und Simulationen gezählt (Näheres zu Business Games s. ▶ Web-Exkurs »Game-based Learning«

zu Kap. 6 unter www.lehrbuch-psychologie.de). Trainings off-the-job bieten den Vorteil, dass der Einzelne außerhalb des Arbeitskontextes an einem Training teilnehmen und sich dadurch stärker auf die Trainingsinhalte konzentrieren kann. Das Trainingsdesign soll helfen, die Trainingsinhalte adäquat zu transportieren. Darüber hinaus gilt: Jeder Trainingsinhalt muss mit Anforderungen und der Realität im Unternehmen verbunden sein. Beispiele und Übungen müssen für die Teilnehmer glaubhaft und relevant sein oder noch besser von ihnen selbst z. B. in Form von Fallbeispielen eingebracht werden. Während des Trainings sollten die Teilnehmer immer wieder angeregt werden, innezuhalten und zu reflektieren, wie sie das, was sie gerade gelernt haben, nutzen können, um effektiver zu arbeiten. Damit kann die Anwendung des Gelernten in der Praxis gefördert werden.

- **Trainings on-the-job** erfolgen direkt am Arbeitsplatz. Es geht dabei um Erfahrungslernen. Es wird gelernt, während gleichzeitig eine Leistung erbracht wird. Beispiele hierfür sind Job Rotation, Job Enlargement, Job Enrichment, Praktikum, Coaching und Mentoring (Näheres hierzu ▶ Web-Exkurse »Coaching« und »Mentoring« zu Kap. 6 unter www.lehrbuch-psychologie.de). Beim On-the-job-Training ist die Transferlücke minimiert. Das Training on-the-job wird jedoch oft als »Lernen nebenbei« missverstanden (vgl. Kauffeld et al., 2009). Erfolgsversprechender sind daher oft Kombinationen: Ein off-the-job Training kann um on-the-job Elemente ergänzt werden, z. B. durch ein Patenmodell, oder mit near-the-job Maßnahmen kombiniert werden, z. B. mit Reflexionssitzungen, Learning Networks o.ä.

- **Trainings near-the-job** sind Maßnahmen wie Workshops, Projektgruppen und Lernstätten, in denen nicht nur die Kompetenzentwicklung der Teilnehmer fokussiert sind, sondern auch eine konkrete inhaltliche Erarbeitung von Problemlösungen und Verbesserungsvorschlägen für den Arbeitsbereich erwartet wird. Die Abkopplung von der unmittelbaren Arbeitstätigkeit ermöglicht eine bessere Systematisierung des Lernprozesses und gleichzeitig eine verbesserte didaktische Reflexion als bei Kompetenzentwicklungsmaßnahmen on-the-job, bei denen die Mitarbeiter sich selbst überlassen bleiben. Im Unterschied zu Kompetenzentwicklungsmaßnahmen off-the-job bleibt aber die Nähe zu den Herausforderungen in der Arbeit bestehen, so dass die Transferlücke verkleinert und die Anwendung in der Praxis erleichtert wird. Ein optimaler Transfer kann also durch die Kombination der verschiedenen Trainingsformen erreicht werden.

Anhand des Trainingszeitpunkts im Lebenszyklus eines Mitarbeiters können ferner vier weitere Trainingsformen unterschieden werden: Training zur Vorbereitung auf den Job (into-the-job), jobbegleitend (along-the-job), zur Vorbereitung auf den nächsten Job (into-the-next-job) und zur Beendigung des Jobs (out-of-the-job):

- **Training into-the-job:** Das Training into-the-job dient dem Kennenlernen der Organisation, ihrer Ziele, Philosophie, Taktiken und Produkte. Es ermöglicht dem neuen Mitarbeiter, notwendige Informationen zu sammeln, so dass er schnell zu einem produktiven Mitglied der Organisation werden kann. Allgemein fördert es die Bindung zum Unternehmen und beugt somit Anpassungsproblemen vor. Training into-the-job wird bislang häufig vernachlässigt, obwohl es von neuen Mitarbeitern in der Regel erwünscht ist und zu mehr Zufriedenheit und zu weniger Kündigungen während der ersten sechs Monate führt. Neben der Berufsausbildung oder Trainee-Programmen können als Patenmodelle oder Mentoring genutzt werden. Ein Einarbeitungshandbuch kann sinnvoll sein, ebenso Ansätze zum Game-based Learning mit denen das neue Unternehmen spielerisch vorgestellt wird.

- **Training along-the-job:** Beim Training along-the-job können alle Formen des Trainings zum Einsatz kommen. Die Maßnahmen finden Laufbahn begleitend statt.

⊕ **Web-Exkurse »Coaching« und »Mentoring«**

Eine am sog. Lebenszyklus orientierte Trainingseinteilung unterscheidet Training into-the-job, along-the-job, into-the-next-job und out-of-the-job.

6

— **Training into-the-next-job:** Beim Training into-the-next-job werden Potenzialträger auf eine bestimmte Zielperspektive hin entwickelt und gefördert. Mentorenprogramme, bei denen eine erfahrene Führungskraft einen weniger erfahrenen Mitarbeiter oder eine weniger erfahrene Führungskraft in ihrem beruflichen Alltag, bei der Karriereplanung oder bei der persönlichen Weiterentwicklung unterstützt, sind hier ebenfalls einzuordnen. Mitarbeitern bei der Karriereplanung zu helfen, bindet diese an die Organisation, signalisiert Interesse am Einzelnen und bietet den Mitarbeitern Sicherheit und eine Perspektive. Dabei ist nicht nur an vertikale, sondern auch an horizontale Karrierepfade zu denken.

— **Training out-of-the-job:** Beim Training out-of-the-job im Unternehmen sollen zwei Formen berücksichtigt werden. Zum einen das Outplacement (▶ Exkurs), das dem Arbeitnehmer den Wiedereinstieg in den Beruf bzw. das Finden einer neuen Perspektive erleichtern soll, wenn das Unternehmen Personal abbauen muss, zum anderen wird die Ruhestandsvorbereitung aufgegriffen. Beide Veranstaltungsformen wenden sich an Mitarbeiter, die das Unternehmen verlassen werden. Trotzdem rentiert sich die Investition nicht nur für die Mitarbeiter, sondern auch für die Unternehmen, weil sie u.a. mit motivierten Mitarbeitern für die verbleibenden Monate rechnen können. Darüber hinaus setzt das Unternehmen ein positives Signal für die restliche Belegschaft (▶ Exkurs).

Exkurs

Outplacement

Der Begriff »outplacing« bedeutet frei übersetzt »herausplatzieren«. Es handelt sich dabei um eine Methode, die dem Arbeitnehmer den Wiedereinstieg in den Beruf bzw. das Finden einer neuen Anstellung erleichtern soll. Meistens kommt es bei Unternehmensschließungen oder einem Verkauf zum Einsatz, da dann viele Arbeitsplätze in kurzer Zeit wegfallen. Das Outplacing beinhaltet u.a. Anregungen für den Lebenslauf, Hilfe bei der Stellensuche oder Tipps für künftige Vorstellungsgespräche (Rösler & Kauffeld, 2009). Die Outplacementberatung verfolgt primär das Ziel der Selbsthilfe. Durch entsprechendes Coaching und Training soll es dem Klienten ermöglicht wer-

den, in Eigenaktivität zu seinem Ziel zu gelangen. Den Lösungsansatz bildet jedoch nicht nur das Finden einer neuen Beschäftigung, denn im Rahmen der Perspektivenfindung stellen auch Weiterqualifizierungsmaßnahmen oder eine selbstständige Tätigkeit Alternativen dar. Diese Form der Kombination aus Training und Beratung endet spätestens, sobald eine neue Perspektive gefunden wurde. Die Kosten übernimmt in den meisten Fällen der vorherige Arbeitgeber. Zunehmend entscheiden sich auch viele Arbeitnehmer aus eigener Initiative für eine Outplacementmaßnahme und tragen dann selbst die Kosten (Rösler & Kauffeld, 2009). Outplacing stellt eine freiwillige Leistung des Unternehmens dar.

6.3.5 Prinzipien der Trainingsgestaltung

Im Folgenden werden einige bedeutsame und nachgewiesen wirksame Prinzipien der Trainingsgestaltung kurz beschrieben (vgl. Kauffeld, 2010).

Bewährte und überprüfte Prinzipien zur Gestaltung von Trainings, deren Möglichkeiten selten ausgeschöpft werden, sind Advanced Organizers, Overlearning, Automatizität, Ausprobieren, Intervalltraining, ganzheitliches Lernen und Feedback.

— **Advanced Organizers:** Darunter werden z. B. Zusammenfassungen, Gliederungen oder Diagramme verstanden, die vorab präsentiert werden, um den Trainees einen Überblick über den Lerninhalt zu geben. So wird die Struktur des Lerninhalts erkennbar. Dadurch können Trainees während des Lernens ihre Aufmerksamkeit auf die relevanten Aspekte und Zusammenhänge lenken, die Lerninhalte besser organisieren und mit bereits vorhandenem Wissen verknüpfen.

— **Overlearning:** Die Mehrheit der Forschungsergebnisse unterstützt tatsächlich das alte Sprichwort »Übung macht den Meister«. Belege deuten darauf hin, dass Übung bis zum Punkt des Overlearnings fortgesetzt werden sollte, oder bis dahin, wo der Trainee beschlossen hat, dass er das Material gelernt hat (Diskrell et al., 1992). Overlearning ist besonders wichtig, wenn die gelernte Fertigkeit in der Praxis nur selten geübt werden kann, die Leistung aber dennoch auf dem gleichen Niveau gehalten werden soll.

- **Automatizität:** Auch dieses Konzept betont den Stellenwert von Übung. Die Idee dahinter ist, dass sehr häufig wiederholte Fertigkeiten automatisiert ablaufen und nur noch minimale Aufmerksamkeit erfordern. Die Ausführung der Fertigkeit wird schnell und effizient. Es wird sogar möglich, mehrere Tätigkeiten gleichzeitig auszuführen. Eine besondere Rolle spielt die Automatisierung, wenn Daueraufmerksamkeit gefragt ist wie z. B. bei Fluglotsen im Kontrollturm. Wenn nämlich die Signale, auf die reagiert werden muss, nur sehr selten auftreten, nimmt die Leistung mit der Zeit ab. Ist die Fertigkeit allerdings stark automatisiert, benötigt ihre Ausführung nur noch so wenig Aufmerksamkeit, dass der Leistungsabfall verhindert werden kann. Um eine so starke Automatisierung zu erreichen, können allerdings Tausende von Wiederholungen nötig sein (Goldstein & Ford, 2002).
- **Ausprobieren:** Wenn möglich sollten Trainingsteilnehmer unbedingt die zu erwerbende Fertigkeit auch selber ausüben! Dieser Hinweis mag banal scheinen, aber oftmals werden Fertigkeiten nur vom Trainer demonstriert, es wird nur über ihre Ausübung gesprochen, oder Trainees üben eine von der Zielfertigkeit abweichende Fertigkeit aus. Motorische und mentale Fertigkeiten sind jedoch wesentlich effektiver zu erlernen, wenn man die Gelegenheit bekommt, sich selber an ihnen zu versuchen.
- **Intervalltraining:** Sollte Übung kontinuierlich sein (»massed practice«), oder sollten Übungssitzungen über die Zeit verteilt sein (»spaced practice«)? Nahezu alle Belege sprechen für eine über die Zeit verteilte Übung, vor allem wenn es um Wissensabruf oder motorische Fertigkeiten geht (Schmidt & Bjork, 1992; Kauffeld & Lehmann-Willenbrock, 2010).
- **ganzheitliches Lernen:** Die Trainingsforschung hat sich auch damit befasst, ob es besser ist, Lernmaterial in separate Abschnitte zu unterteilen (»part learning«) oder das Material als Ganzes zu präsentieren (»whole learning«). Die Ergebnisse legen nahe, dass »whole learning« besser ist als »part learning«, besonders wenn Trainees über ein hohes Level kognitiver Fähigkeiten verfügen und die zu lernende Aufgabe stark strukturiert und sehr komplex ist (Goldstein & Ford, 2002). Wenn eine Fertigkeit so komplex ist, dass »whole learning« nicht infrage kommt, kann eine Art sequenzielles »part learning« verwendet werden. Dabei werden immer weitere Abschnitte hinzugefügt und eingeübt, bis die Fertigkeit erlernt ist (Goldstein & Ford, 2002).
- **Feedback:** Ein anderes kritisches Element ist die Feedbackgabe an Trainees bezüglich ihrer Lernfortschritte. Training ohne Feedback führt häufig nur zu geringen Leistungssteigerungen, erst mit Feedback entfaltet es seine volle Wirksamkeit (Goldstein & Ford, 2002). Dennoch ist nicht jede Art von Feedback gleichermaßen nützlich. Um effektiv zu sein, muss Feedback unmittelbar statt verzögert gegeben werden. Feedback sollte spezifisch und glaubwürdig sein und auf die individuellen Bedürfnisse der Trainees eingehen. Leistungsschwache Trainees benötigen beispielsweise ganz besonders spezifisches und besser wertschätzendes Feedback (Goldstein & Ford, 2002). Mehr Feedback ist generell besser, obwohl es einen Punkt gibt, an dem zu viel Feedback die Trainingsteilnehmer nur überfordert, verwirrt und Ohnmachtsgefühle weckt. Schließlich hat die Forschung gezeigt, dass positives Feedback effektiver ist als negatives Feedback, welches darauf fokussiert, was der Teilnehmer falsch machte (Martocchio & Webster, 1992).

Die bisherigen Gestaltungselemente von Trainings sind zumeist als »universelle Prinzipien« beschrieben und verstanden worden. In den letzten Jahren rücken jedoch die Besonderheiten der Gestaltung **altersspezifischer Trainingsprogramme** in den Fokus der Aufmerksamkeit (► Exkurs).

Trainings älterer Mitarbeiter gewinnt an Bedeutung.

Exkurs

Trainings für Ältere

Bei der Gestaltung von Trainingsmaßnahmen für Ältere gilt es verschiedene Prinzipien zu berücksichtigen, da sie Veränderungen nach anderen Kriterien bewerten als jüngere Kollegen (▶ Tab. 6.3 in Anlehnung an Sonntag & Stegmaier, 2007).

◨ **Tab. 6.3** Gestaltung von Trainingsmaßnahmen für Ältere

Lernprinzip	Erläuterung
Übung und frühe Erfolge ermöglichen	Ältere sind in Trainingskontexten häufig unsicher und ängstlich, ob sie den Lernanforderungen gerecht werden. Das Training sollte daher so aufgebaut werden, dass Ältere durch angemessene Übungsphasen frühe Erfolge erreichen können. Angst provozierende Wettbewerbssituationen sind zu vermeiden.
Vertrautheit herstellen	Bei der Vermittlung von neuem Wissen oder neuen Fähigkeiten sollte, soweit möglich, an vorhandenes Wissen und bestehende Erfahrungen angeknüpft werden.
Lerninhalte klar strukturieren und sequenzieren	Ältere können ihre Aufmerksamkeit oft nicht mehr so gut auf verschiedene Informationen gleichzeitig verteilen. Lerninhalte sollten daher sequenziert vermittelt werden, so dass ein neues Themengebiet erst dann begonnen wird, wenn ein bereits behandeltes sinnvoll abgeschlossen wurde.
ausreichend Lernzeit einplanen	Da die Geschwindigkeit der Informationsverarbeitung mit dem Alter eher zurückgeht, benötigen ältere Lernende durchschnittlich mehr Zeit für denselben Lernstoff. Im Training sollte sichergestellt werden, dass die Älteren beim Lernen nicht unter Zeitdruck geraten.
Organisation des Lernens fördern	Im Training sollte (nebenbei) vermittelt werden, wie man neues Wissen organisieren kann. Durch Vermittlung von Lernstrategien kann die Enkodierung, das Wiederholen und das Abrufen neuer Informationen erleichtert werden.

6.3.6 Multimediales Lernen

▶ **Definition**

┌─ **Definition** ─────────────────────────────────
Unter **E-Learning** versteht man Lernen, welches mit elektronischen Informations- und Kommunikationstechnologien unterstützt bzw. ermöglicht wird.
└──

Beim E-Learning werden Computer-based und Web-based Trainings unterschieden.

Zwei weitere Begriffe, die in diesem Zusammenhang häufig anzutreffen sind, sind CBT und WBT:

- **CBT** steht für **Computer-based Training**. Dies bedeutet, dass Software auf dem Computer installiert wird und dass das Lernen dann unabhängig von Netzwerkanschlüssen funktioniert. Dadurch sind aufwändige Animationen möglich.
- **WBT** steht für **Web-based Training**. Es wird also per Internet auf die Lernsoftware zugegriffen. Das hat mehrere Vorteile, z. B. können Inhalte schnell aktualisiert werden, und Trainer können den Kurs direkt »steuern«, indem sie z. B. Änderungen vornehmen oder bestimmte Module freischalten, so dass auch individuell maßgeschneidertes Lernen möglich ist. Die Teilnehmer können per Chat oder E-Mail untereinander und mit den Trainern interagieren.

Es gibt synchrone und asynchrone Kommunikationsmedien.

Eine weitere Unterscheidung im Bereich des E-Learnings ist die zwischen synchroner und asynchroner Kommunikation, d.h. zwischen gleichzeitiger und zeitversetzter Kommunikation.

- Zu den **synchronen Kommunikationsmedien** zählen Chats und Videokonferenzen, bei denen die Teilnehmer zwar an verschiedenen Orten, aber dennoch gleichzeitig vor dem Bildschirm sitzen. Das hat den Vorteil, dass Teilnehmer sich direkt miteinander austauschen und auf Beiträge reagieren können. Allerdings ist der Erfolg synchroner Kommunikation stark von der Moderation des Trainers abhängig, denn Teilnehmer können – anders als im persönlichen Gespräch – ohne die subtilen nonverbalen Signale nur schwer erkennen, wann der Zeitpunkt passend ist, um einen Beitrag einzubringen.

- Zu den **asynchronen Kommunikationsmedien** gehören E-Mails und Webforen, bei denen Teilnehmer einen Beitrag verfassen können, wann es ihnen gerade passt. Dadurch ist ausreichend Zeit, um Inhalte zu durchdenken, Fragen auszuformulieren oder komplexe Gedankengänge nachzuvollziehen. Der Austausch wird automatisch dokumentiert und ist dann in den E-Mails oder Postings auf Foren nachlesbar. Nachteile asynchroner Kommunikation liegen darin, dass keine direkte Reaktion auf Beiträge möglich ist und längere Wartezeiten entstehen können. Außerdem muss auch hier der Trainer immer wieder auf den roten Faden hinweisen.

E-Learning sorgte anfänglich für große Begeisterung, weil es sowohl für Teilnehmer als auch für Unternehmen viele **Vorteile** birgt:

- Für die **Teilnehmer** ist z. B. angenehm, dass das Lernen im E-Learning ganz individuell auf sie zugeschnitten werden kann. Sie können selbstgesteuert und nach eigenem Tempo lernen, und es gibt kein langweiliges Warten auf langsamere Teilnehmer. Individuelles Vorwissen kann berücksichtigt und bereits Bekanntes übersprungen werden. Lücken können in aller Ruhe geschlossen werden. Das Lernen ist zeit- und ortsunabhängig. Die Teilnehmer können sowohl am Arbeitsplatz als auch zu Hause über das Internet lernen und zu der Tageszeit, an der es ihnen am besten passt. Die Überprüfung des Lernerfolgs geschieht beim E-Learning schnell, unkompliziert und oft sogar automatisch. Die Softwaresysteme können Leistungsdaten der Teilnehmer speichern, um den wachsenden Lernerfolg festzuhalten. Automatische Leistungsauswertungen oder elektronisch verabreichte und ausgewertete Tests verursachen zudem weniger Prüfungsängste als Klassenzimmertests, bei denen eine Bloßstellung vor Trainern und Teilnehmern droht. In den Lernmodulen können zudem umfangreiche Wissensressourcen ohne einen Medienwechsel zur Verfügung gestellt werden. Die schnelle, unbegrenzte Distribution von Lehrmaterialen ohne räumliche Beschränkung ist ein weiterer Vorteil.

Vorteile des E-Learning sind die Möglichkeit für die Teilnehmer, das Lernen individuell (Inhalt/Tempo) zeit- und ortsunabhängig zu gestalten …

- Für **Unternehmen** liegt der Hauptvorteil von E-Learning darin, dass enorme Kosten (Trainerkosten, Reisekosten, Spesen, Hotelkosten, Personalausfallkosten) und viel Zeit eingespart werden können. Die Produktion einfacher E-Learning-Module ist günstig. Das E-Learning ist zudem von einer fast unbegrenzten Zahl von Mitarbeitern simultan nutzbar, so dass kein »Trainingsstau« entsteht.

… sowie für die Unternehmen, dass Kosten und Zeit eingespart werden können.

Einige Empfehlungen für den Einsatz des E-Learnings sind im ► Web-Exkurs »E-Learning« zu Kapitel 6 unter www.lehrbuch-psychologie.de zu finden.

⊕ **Web-Exkurs »E-Learning**

Blended Learning als Mischung aus Präsenzseminaren und E-Learning entstand als Reaktion auf enttäuschte Erwartungen an den Einsatz von reinem E-Learning. Es soll die Vorteile des E-Learnings nutzen und gleichzeitig seine Nachteile ausgleichen. Ein Blended Learning-Konzept kann z. B. die folgenden drei Phasen aufweisen:

Blended Learning verknüpft traditionelle Präsenzveranstaltungen und virtuelles Lernen, denn ein Nachteil des E-Learnings besteht darin, dass kein sozialer Kontakt zur Trainingsgruppe und dem Trainer besteht.

- 1. Phase: In der ersten Phase erarbeiten sich die Teilnehmer mit der Lernsoftware selbstständig einen gemeinsamen Wissensstand. Dies ist wichtig, um zusammen effektiv lernen zu können. Die erste Phase endet mit einem Test, der als Zulassungsvoraussetzung für das Training dient.
- 2. Phase: Während der zweiten Phase, dem Training, werden die zuvor erarbeiteten Lerninhalte vertieft, wiederholt und eingeübt. Die Teilnehmer verfügen über eine ähnliche Wissensbasis, so dass verhaltensbezogen trainiert werden kann. Auch während des Seminars kann die Lernsoftware bei der Vor- und Nachbereitung zum Einsatz kommen.

> ▬ 3. Phase: In der dritten Phase findet individuelles Coaching für die Teilnehmer statt. Jeder Teilnehmer wird persönlich in seinem Arbeitsumfeld bei der Umsetzung des Gelernten unterstützt. So wird ein erfolgreicher Transfer sichergestellt (vgl. ausführlich Kauffeld, 2010).

Exkurs

Neue Trainingsmedien

Zu den neuen Trainingsmedien gehören der MP3-Player, der Personal Digital Assistant (PDA) und auch das Mobiltelefon. Sie sind klein, tragbar und können bis zu mehreren Gigabyte speichern. Daher eignen sie sich perfekt für das Training unterwegs und on-the-job. Sie können »just in time« bei akutem Bedarf eingesetzt werden, z. B. um vor dem Kundengespräch spezifische Kenntnisse schnell aufzufrischen, um einige Minuten Leerlauf zu füllen, im Pendlerzug oder auf der Dienstreise. Auch zur Transfersicherung im Anschluss an ein Seminar oder E-Training sind die neuen Medien einsetzbar. Zusätzlich bietet das Lernen mit diesen trendigen Geräten einen Motivationskick.

Das Mobile Learning (M-Learning) bietet vielfältige Möglichkeiten: von der Erinnerungsfunktion des Mobiltelefons, die allmorgendlich an einen bestimmten Trainingsinhalt erinnert, bis hin zum ausgefeilten M-Learning-Programm, bei dem ganze Trainingssequenzen auf dem klei-

nen Helfer abgespielt werden. Einige Beispiele sind in Kauffeld (2010) zusammengetragen:

▬ Die Hotelkette Hilton verwendet MP3-Player mit Videofunktion, um über 5000 Mitarbeitern den richtigen Umgang mit Speisen und Getränken nahe zu bringen. Diverse zweiminütige Module können nach Bedarf abgespielt werden.

▬ Der Finanzdienstleister Capitol One händigt seinen Mitarbeitern MP3-Player mit Audio-Lernprogrammen als Ergänzung zu Seminaren aus. Der MP3-Player ist zugleich Anreiz und Lernmedium.

▬ Die Firma Tyco, Produzent von Sicherheits- und Brandschutzgeräten, bietet ihren Technikern auf dem PDA Flash Simulationen zur Programmierung von Alarmanlagen.

▬ Amerikanische Universitäten wie Duke und Stanford bieten gratis MP3-Podcasts zu Themen wie Managementtechniken, Marketing, Frauen in Führungsrollen, Innovation und Globalisierung.

6.3.7 Implementierung von Trainingsprogrammen

Die Implementierung von Trainingsprogrammen setzt eine positive Einstellung voraus.

Für die Implementierung von Trainings ist es entscheidend, dass die Unternehmensleitung und die Mitarbeiter einem Training gegenüber positiv eingestellt sind und dass sie es unterstützen und annehmen. Hierzu tragen Informationen zum Zweck, zur Vorgehensweise und zu den Zielen des Trainings bei.

Unabhängig von der gewählten Methode sind bei jedem Training die Phasen vor (Pre-Training), während (Training) und nach dem Training (Post-Training) zu berücksichtigen; im Folgenden wird auf die Pre-Training- und auf die Post-Training-Phase eingegangen.

Das Pre-Training dient der Informierung aller Beteiligten.

Pre-Training Vor dem Training sollte es eine Vorbereitungsphase geben, die dazu führt, dass die Teilnehmer eine Lern- und Transferabsicht entwickeln können. Für jedes Training müssen alle wichtigen Stakeholder, einschließlich der Manager, der direkten Vorgesetzten, Trainees und Trainer ein Verständnis dafür entwickelt haben, warum das Training durchgeführt wird und warum genau diese Teilnehmer ausgewählt wurden. Darüber hinaus sollte Einigkeit darüber herrschen, was im Training gelernt und was transportiert werden soll, was die spezifischen arbeitsbezogenen Verhaltensergebnisse für die einzelnen Trainees sind, wie diese mit der Verbesserung der Arbeitsausführung verknüpft sind und wie die aus dem Training resultierenden Verhaltensergebnisse mit übergeordneten Ergebnissen verbunden sind. Dieses Verständnis ist wichtig, weil es die lern- und transferbezogene Motivation der Teilnehmer erhöht. Die im Vorfeld zu versendenden Informationen erläutern die Trainingsergebnisse, kommunizieren Erwartungen an die Verbesserung der Ausführung, kreieren eine geteilte Vision über die Wichtigkeit des Trainingsprogramms und verdeutlichen, was das Training für die einzelnen Teilnehmer erreichen kann und welche übergeordneten Ergebnisse angestrebt werden. Zur Unterstützung der organisatorischen Abwicklung des Trainings bieten sich oft Softwarelösungen an (▶ Exkurs).

Post-Training Nach dem Training müssen der Transfer und die Anwendung des Gelernten, die fortdauernde Übung und das Lernen bzw. Vertiefen in der Arbeit thematisiert werden. Ein gutes Training allein ist nicht ausreichend, um die vom Management gewünschten Erfolge zu bringen vielmehr ist die Einbettung in den Arbeitsalltag entscheidend.

> Das Post-Training dient dem Transfer und der Anwendung des Gelernten.

Andere Teilnehmer und Kollegen können eine wertvolle Quelle für Informationen, Rat und Unterstützung im Prozess des Lerntransfers sein. Eine Möglichkeit zum Networking zwischen den Teilnehmern sind »booster sessions« (»Antreibersitzungen«), in welchen eine Gruppe von Teilnehmern zusammenkommt, um Gelerntes zu besprechen und zu reflektieren, um Erfolge und Misserfolge zu teilen und um über erfolgreichen Transferstrategien zu sprechen. Diese Treffen sollten formalisiert werden. Strukturierte Sitzungen sollten von Trainern oder inhaltlichen Experten, die Erfahrung mit dem Lerntransfer haben, gefördert werden. Die Anzahl und Häufigkeit solcher Sitzungen ist von der Art des ersten Trainings abhängig. Sechs Wochen nach dem Training ist oft ein geeigneter Zeitpunkt, um den Transfererfolg zu reflektieren. Die Implementierung von Post-Training-Maßnahmen sollte zum Standard werden, so dass sich die Teilnehmer mit ihren Kollegen über das Lernen und den Trainingstransfer vernetzen und beim Transfer voneinander profitieren können.

Für die Praxis

Um mit den Teilnehmern im Training effektiv arbeiten zu können, kann es sinnvoll sein, dass diese nicht nur mit klaren Erwartungen in das Seminar kommen, sondern auch formulieren können, was sie in die Veranstaltung einbringen wollen, was sie bereit sind, an Ressourcen zur Verfügung zu stellen und was sie geben wollen, damit das Seminar ein Erfolg wird. Dadurch wird die potenzielle Konsumentenhaltung der Teilnehmer aufgeweicht und die

Selbstverantwortung der Teilnehmer am Trainingserfolg in den Fokus gerückt. Dafür kann es z. B. hilfreich sein, dass Teilnehmer sich um ein Seminar bewerben müssen oder dass sie im Vorfeld eine E-Learning-Einheit bestehen müssen, um am Training teilnehmen zu können. Die Motivation der Teilnehmer ist ein entscheidender Prädiktor für den Erfolg einer Kompetenzentwicklungsmaßnahme (Kauffeld et al., 2008).

Die **Evaluation des Trainings** und v. a. die **Beurteilung des Lerntransfers** nach dem Training sind kritisch für einen effektiven Trainingsprozess, denn sie liefern Informationen, die wichtig für die laufende und systematische Verbesserung des Trainings und des Lerntransfers sind. Evaluationen und Beurteilungen helfen außerdem dabei, Manager bzw. direkte Abteilungsleiter, Teilnehmer und Trainer für die Lernverbesserung und den Transferprozess verantwortlich zu machen. Letztendlich kommuniziert dies die Wichtigkeit des Trainings und hilft dabei, eine Kultur zu kreieren, die das Lernen und dessen Anwendung bei der Arbeit wertschätzt.

> Nur durch Evaluation und v. a. Beurteilung des Lerntransfers können Trainings kontinuierlich verbessert werden.

Die Bedeutung von Pre- und Post-Trainingsaktivitäten für den Transfer wird in Unternehmen oftmals unterschätzt.

Inwieweit die genannten drei Phasen Pre-Training, Training und Post-Training bei der Konzeption und Durchführung eines Trainings berücksichtigt werden, kann als Qualitätsmerkmal für die ausgearbeiteten Konzepte gelten.

6.4 Evaluation

6.4.1 Evaluationsstrategien

Wie können Trainingsmaßnahmen evaluiert werden? In der Praxis können Evaluationen sehr unterschiedlich aussehen. Die folgende Übersicht enthält verschiedene Aspekte von Evaluationen, die berücksichtigt werden müssen.

Evaluationen können sehr unterschiedlich aussehen; es müssen zahlreiche Aspekte berücksichtigt werden (u. a. Zielsetzung, Auftraggeber, Methode).

Aspekte von Evaluationen

- **Zielsetzung:** Wozu dient Evaluation? Welche Ziele werden mit der Evaluation verfolgt? Wem nützt und wem schadet die Evaluation? Wie hieb- und stichfest müssen die Ergebnisse sein? Was passiert (jetzt und später) mit den Ergebnissen und Befunden? Dieser Aspekt umfasst die Funktion sowie die weitere Verwertung der Evaluation.
- **Auftraggeber:** Wer wünscht die Evaluation? Wer ist der Auftraggeber und wer nutzt die Ergebnisse der Evaluation, z. B. Dozent, Personalentwickler, Unternehmensleitung, Trainingsteilnehmer und Wissenschaftler? Wer erhält die Ergebnisse der Evaluation?
- **Auftragnehmer:** Wer führt die Evaluation durch? Es macht einen Unterschied, ob Trainer, Personalabteilung oder Teilnehmer die Evaluation durchführen, oder ob externe Personen (z. B. Wissenschaftler) von außen kommen und »neutral« Daten sammeln.
- **Gegenstand:** Wer oder was wird evaluiert? Zur Auswahl stehen z. B. Trainer, Trainingsmodule oder Teilkomponenten (z. B. Medieneinsatz) ebenso wie komplette Seminare oder gesamte Fortbildungsprogramme. Es werden z. B. die Teilnehmerzufriedenheit, der Lernerfolg, die Verhaltensänderungen am Arbeitsplatz, die Methodenvielfalt im Training, das Ausmaß der Teilnehmeraktivität, die Art und Qualität der Unterrichtsmaterialien oder die Angemessenheit der Intervention erfragt.
- **Methode:** Wie wird evaluiert? Für eine Evaluation werden Daten systematisch dokumentiert, um die Untersuchung, das Vorgehen und die Ergebnisse nachvollziehbar und überprüfbar zu machen.
- **Erfolgsmaße:** Welche Messzahlen stehen zur Bewertung zur Verfügung? Welche Methoden kommen zum Einsatz, z. B. Tests, Prüfungsaufgaben, Fragebögen, Interviews mit Chefs oder Kollegen, Beobachtung im Training oder am Arbeitsplatz, Auswertung von Dokumenten (z. B. Einsatz bestimmter Formblätter) oder von Kennzahlen (z. B. Fehlerquote, Produktivität)? Welche Qualität haben die gesammelten Daten? Als Quellen werden interne Daten (sind Teile des evaluierten Systems) und externe Daten (stehen außerhalb) herangezogen.
- **Zeitpunkte:** Wann wird evaluiert? Eine Evaluation kann zu verschiedenen Zeitpunkten ansetzen: vor der Erprobung, während der Erprobung oder nach der Durchführung des Trainings. Ziele, Inhalte und Konzept können vor Schulungsbeginn in Form einer Expertenrunde überprüft werden. Während des Trainings kann die Zufriedenheit der Teilnehmer mit einzelnen Modulen und Rahmenbedingungen erfragt werden. Nach Abschluss der Veranstaltung kann die Umsetzung des Gelernten in der Arbeit und deren Auswirkung geprüft werden.

In Abhängigkeit von der Zielsetzung der Evaluation wird im folgenden zwischen der ergebnisbezogenen und der prozessbezogenen Evaluation unterschieden:

- Bei der ergebnisbezogenen Evaluation geht es um die Wirksamkeit einer Maßnahme. Es steht eine Entscheidung über ein oder mehrere z. B. alternative Trainingsprogramme im Vordergrund. Es geht darum, betrieblichen Entscheidungsträgern die notwendigen Informationen bereitzustellen, ob ein Trainingsprogramm durchgeführt, reduziert oder zurückgezogen werden soll.
- Bei der prozessbezogenen Evaluation geht es darum, förderliche und hinderliche Faktoren zu identifizieren, die dazu führen, dass ein Trainingsprogramm wirkt oder nicht wirkt. Es geht außerdem darum, ein Trainingsprogramm zu optimieren.

Es kann zwischen der ergebnis- und prozessbezogenen Evaluation unterschieden werden.

6.4.2 Ergebnisbezogene Evaluation

Das bekannteste und in der Praxis am weitesten verbreitete ergebnisbezogene Evaluationskonzept ist das **Vier-Ebenen-Modell** von Kirkpatrick (1967). Es umfasst die vier Ebenen Reaktion, Lernen, Verhalten und Resultate.

- **Reaktionsebene:** Sie gibt Auskunft über die Zufriedenheit der Teilnehmer. Oft wird dabei differenziert nach der Zufriedenheit mit dem Trainer, der Atmosphäre, den Inhalten, der Form, etc. Als Antwortformat werden oft sog. »Happy-Sheets« vorgegeben. Die Teilnehmer kreuzen anhand von vorgegebenen Smileys an, wie zufrieden sie mit verschiedenen Aspekten der Seminardurchführung waren. Da sich viele Fragen der »Happy-Sheets« faktisch auch auf kulinarische Aspekte des Seminarumfeldes bezogen, wurden diese spöttisch teilweise auch als »Schnitzelfrage(n)« bezeichnet. Die Reaktionsebene wird auch als Happiness-Index bezeichnet. Neben einer schriftlichen Bewertung am Ende des Seminars kann auch eine Befragung mit zeitlichem Abstand zum Seminar erfolgen. Ferner sind Feedbackrunden zum Trainingsabschluss üblich. Gruppendiskussionen oder die telefonische Nachbefragung der Teilnehmer werden ebenfalls genutzt.
- **Lernebene:** Hierzu zählen z. B. der Wissenszuwachs und die Einstellungsänderung. Wissenszuwächse werden in der Regel mit Wissenstests abgeprüft, die jedoch nicht für alle Fortbildungsformen leicht anwendbar sind. Bei verhaltensorientierten Trainings ist beispielsweise weit mehr als die Kenntnis bestimmter Techniken abzuprüfen. Für maßgeschneiderte Interventionen müssten daher spezifische Tests entwickelt werden.
- **Verhaltensebene:** Diese Ebene bezieht sich auf den Transfererfolg umfasst Veränderungen im Arbeitsverhalten. Sie entspricht der Umsetzung und Generalisierung des Gelernten am Arbeitsplatz und gibt an, inwieweit der Transfer vom Lern- ins Arbeitsfeld gelungen ist. Um Aussagen über Verhaltensänderungen zu bekommen, sind Beobachtungen das Mittel der Wahl (vgl. z. B. Kauffeld, 2006; Erpenbeck & von Rosenstiel, 2007). Ferner werden Transferbefragungen oder Interviews der Teilnehmer, ihrer Vorgesetzten oder Kollegen genutzt. Auch Arbeitsanalysen oder Angaben über die Arbeitsleistung können zur Evaluation auf der Verhaltensebene herangezogen werden.
- **Resultatsebene:** Hier werden die Auswirkungen des geänderten Verhaltens in Form objektiver Leistungskriterien und Kennzahlen der Organisation gemessen. Es gilt festzustellen, inwieweit Organisationsziele aufgrund der Maßnahme erreicht wurden. Dabei wird in der Regel versucht, betriebliche Kennzahlen zu berücksichtigen. Eine klare Zuschreibung der Kennzahlen zu den Effekten einer Fortbildung ist jedoch nicht trivial, da in Unternehmen viele Prozesse parallel ablaufen und wirken. (Modifikationen des Modells schlagen die Berücksichtigung einer fünften Ebene vor: Return on Investment (ROI; Philipps, 1999; s. Exkurs) oder Bestimmung des gesellschaftlichen Nutzens.)

Das Vier-Ebenen-Modell umfasst die Ebenen Reaktion, Lernen, Verhalten und Resultate.

6

Return on Investment (ROI)

Der ROI ist eine Kennzahl, die Kosten und Nutzen einer Trainingsmaßnahme in Verhältnis zueinander setzt. Bei der Berechnung des ROI wird davon ausgegangen, dass ein Training behandelt werden kann wie jede andere unternehmerische Investition auch. Die Auswirkungen des Trainingsprogramms müssen in Euro gemessen und die Ergebnisse dokumentiert werden, um weiterführende Investitionen zu begründen. Dabei werden zunächst alle Programmkosten (z. B. Personal-, Betriebs- und Materialkosten) in Geldeinheiten erfasst. Die Programmwir-

kungen werden bei der Kosten-Nutzen-Analyse in monetäre Einheiten überführt, um den Netto-Nutzen (Differenz zwischen Nutzen und Kosten des Programms) zu ermitteln. Die Formel für den ROI lautet: ROI = monetärer Nutzen der Trainingsmaßnahme / Kosten der Trainingsmaßnahme. Eine Übersicht zur Berechnung des ROI ▶ Web-Exkurs »Checkliste zur Berechnung des ROI«, ein Anwendungsbeispiel ▶ Web-Exkurs »Beispiel einer Kosten-Nutzen-Analyse« zu Kapitel 6 unter www.lehrbuch-psychologie.de.

Bei erfolgreichen Trainingsmaßnahmen ist die Teilnehmerzufriedenheit nicht zwangsläufig hoch. Sog. »Happy-Sheets« sind nicht sehr aussagekräftig.

Bislang sind Trainingsevaluationen primär auf die Ebenen Reaktion und Lernen fokussiert. Während 78% der Unternehmen Zufriedenheitserfolg messen, sind es beim Lernerfolg nur noch 32%. Für den Transfererfolg interessieren sich nur noch 9% und für den Unternehmenserfolg lediglich 7% (van Buren & Erskine, 2002).

Die **Evaluation mit Happy-Sheets** (s.o.) am Seminarende ist beliebt, da der Aufwand sehr gering ist. Die Reaktionsebene, die oft als einzige Evaluationsebene betrachtet wird, hat jedoch nur geringe Aussagekraft. Zum einen zeigt die Praxis, dass es Trainern durch die Instruktion der Teilnehmer in der Regel nicht schwer fällt, traumhafte Bewertungen zu erzielen. Die Zufriedenheitsbewertungen liegen oft am oberen positiven Ende der Bewertungsskala. Zum anderen hängt Zufriedenheit mit einem Training kaum mit dem Lernerfolg und dem Transfererfolg zusammen. In zwei Fallstudien zeigt Mayer (2003), dass ein Trainingsprogramm, welches zur Zufriedenheit der Teilnehmer führt, nur wenige Konsequenzen in ihrem Verhalten aufweist. Dagegen bringt ein Training, in dem die Teilnehmer an ihre Grenzen gebracht und konfrontiert werden, diese dazu, das Training nicht hoch zufrieden zu verlassen, langfristig aber ihr Verhalten zu ändern. Die hierarchische Anlage des Vier-Ebenen-Modells von Kirkpatrick (1994) muss daher infrage gestellt werden. Die implizierten kausalen Beziehungen zwischen den Ebenen konnten in Forschungsarbeiten zudem nicht nachgewiesen werden (Alliger & Janak, 1989; Alliger et al., 1997). Beim Einsatz von Happy-Sheets bleibt die Frage, ob der Transfer durchgeführter Schulungs- bzw. Trainingsmaßnahmen gelungen ist, unbeantwortet. So kann erst von Transfer gesprochen werden, wenn die Anwendung und Generalisierung neuen Wissens, neuer Fähigkeiten oder Fertigkeiten in der Arbeit geglückt ist.

Ein Instrument zur ökonomischen Messung des Fortbildungserfolgs stellt das **Maßnahmen-Erfolgs-Inventar (MEI)** dar (Kauffeld et al., 2009). Beim MEI fungieren die vier Ebenen von Kirkpatrick (1967, 1994) als Rahmenmodell. Unverzichtbar ist dabei die Festlegung von Sollgrößen, um im Nachhinein bewerten zu können, ob die Ziele erreicht wurden. Welche Ausprägung des Zufriedenheitswertes wird als Erfolg verbucht? Wie muss der Wissenstest ausfallen, um von einem positiven Lernergebnis sprechen zu können? Eine Reduzierung der Durchlaufzeit um welchen Wert wird als Erfolg definiert? Welcher Wert in der Neukundengewinnung lässt auf einen Erfolg der Trainingsmaßnahme schließen? Neben dem Vorher-Nachher-Vergleich sind Kontrollgruppen oder der Vergleich mit anderen Unternehmen (Benchmarking) in Erwägung zu ziehen.

⊕ **Web-Exkurs**
»Was muss bei der Evaluation berücksichtigt werden?«

6.4.3 Prozessbezogene Evaluation

Mit einer prozessbezogenen Evaluation können förderliche und hinderliche Faktoren für den Lerntransfer identifiziert werden.

Bei der ergebnisbezogenen Evaluation wird häufig übersehen, dass das Ergebnis nur Aussagen darüber zulässt, ob das Training einen Nutzen hat oder nicht. Doch was passiert, wenn die Ergebnisse nicht optimal ausfallen? Ursachen für den nicht erfolgten

Transfer werden in der Regel nicht geliefert. Welche Faktoren den Lerntransfer behindern und wo Stellschrauben im Prozess sind, bleibt im Dunkeln. Wenn gewünschte Ergebnisse nicht erzielt wurden, ist jedoch die Suche nach Ursachen nicht nur eine interessante Forschungsfrage, sondern auch ein wichtiger Schritt, um Trainingsprogramme zu verbessern und strategische Entscheidungen zu treffen.

Neben mangelnden motivationalen oder kognitiven Voraussetzungen der Teilnehmer sind vor allem **Transferprobleme** zu berücksichtigen, die im Training selbst begründet liegen wie z. B. die mangelnde Übereinstimmung zwischen Trainingsinhalten und den Anforderungen der Praxis. Darüber hinaus geraten vor allem Merkmale der Arbeitsumgebung in den Fokus. Transferprobleme können im Vorfeld der eigentlichen Trainingsmaßnahmen auftreten, wenn z. B. die Trainingsteilnehmer nur unzureichende Informationen über Sinn und Zweck des Trainings erhalten haben. Barrieren des Transfers können sich nach erfolgter Trainingsmaßnahme im Arbeitsumfeld manifestieren, beispielsweise aufgrund der mangelnden Verstärkung und Bestätigung des Teilnehmers bei der Ausübung seines neu erlernten Wissens am Arbeitsplatz. Häufig sind sich Vorgesetzte oder Kollegen von Trainingsteilnehmern nicht bewusst, wie wichtig ihre Unterstützung für den Trainingsteilnehmer ist. Ferner wird übersehen, dass die Anwendung neuen Wissens und neuer Fähigkeiten zu Beginn der Umsetzung zusätzlichen Zeitaufwand und Mühe kostet. Eine hohe Arbeitsbelastung kann den Transfer der Trainingsinhalte in die Arbeit behindern. Kommt der Teilnehmer von einem Seminar zurück, sollte er nicht in den nächsten Tagen mit Unmengen von E-Mails und Notizzetteln zu kämpfen haben und im Akkord arbeiten müssen. Denn die Gefahr wäre aufgrund der mangelnden Transferkapazität groß, dass er weitermacht wie gehabt. Bei e-learning-gestützten oder -unterstützten Trainingsprogrammen muss darüber hinaus die Technik berücksichtigt werden (Wie geübt ist ein Teilnehmer beim Technikeinsatz? Wie ist seine Einstellung zur IT-Nutzung?).

Bislang gab es kaum Versuche, die transferrelevanten Faktoren in ihrer Gesamtheit bzw. in ihrem komplexen Beziehungsgefüge zu erfassen. Somit existiert eine Vielzahl verschiedener Maße unterschiedlichster und teils fragwürdiger psychometrischer Qualität, die eine Verallgemeinerung der Ergebnisse verschiedener Studien fraglich machen und Schlussfolgerungen über zugrunde liegende Konstrukte uneinheitlich und schwierig gestalten (Ruona et al., 2002, Blume, 2010). Zusammenfassend fehlte es bisher an Erklärungsansätzen, Optimierungskonzepten und standardisierten, psychometrisch überprüften Messinstrumenten. Um diese Lücke zu schließen und so eine Untersuchung der angenommenen, den Lerntransfer beeinflussenden Faktoren zu ermöglichen, entwickelten Holton et al. (2000; vgl. Kauffeld et al., 2008) das Lerntransfer-System-Inventar (LTSI, ▶ Exkurs).

> Transferprobleme können die Umsetzung des Gelernten im Berufsalltag verhindern.

> Erfolgsfaktoren für den Transfer liegen in der Person des Teilnehmers, dem Training und dem Arbeitsumfeld.

> Umfassende Instrumente zur Erfassung aller transferrelevanten Faktoren sind selten.

Exkurs

Lerntransfer-System-Inventar (LTSI)

Beim LTSI handelt es sich um ein global validiertes Messinstrument zum Lerntransfer. Angelehnt an das Modell von Baldwin und Ford (1988) werden im LTSI neben Merkmalen der Teilnehmer und des Trainings vor allem Merkmale der Arbeitsumgebung fokussiert. Es gibt elf spezifische Faktoren, die sich direkt auf eine speziell zu evaluierende Kompetenzentwicklungsmaßnahme beziehen, und fünf generelle Faktoren, die für verschiedene Veranstaltungen gelten, welche den Lerntransfer beeinflussen können.

Durch den Einsatz des LTSI können potenzielle Barrieren für den Transfer der Trainingsinhalte in die Arbeit erkannt werden. Das LTSI dient

- der frühzeitigen Identifizierung von Problemen mit Transferfaktoren, bevor groß angelegte Kompetenzentwicklungsmaßnahmen durchgeführt werden (z. B. als Frühwarnsystem vor umfassenden Trainingsreihen),
- der Evaluation existierender Trainingsprogramme,
- der Diagnose von Ursachen für bekannte Transferprobleme,
- der Entwicklung von Maßnahmen, die den Transfer erhöhen sowie
- der Sensibilisierung von Trainern und Vorgesetzten für Transferprobleme.

6

Zu jedem nachhaltigen Training gehört ein systematischer Transfer.

🌐 **Web-Exkurs**
»Ideen zur Optimierung des Transfers«

Konkrete Ansätze zur Transferoptimierung sind z. B. eine Bewerbung für die Trainingsteilnahme, Intervalltrainings, Transferprojekt, on-the-job-Untersützung und Interviews am Trainingsende.

Potenzielle Ansatzpunkte für die **Optimierung des Transfers** lassen sich aus der prozessbezogenen Evaluation aufspüren. Niedrige Werte auf einem Faktor sollten dabei nicht zu vorschnellem Aktionismus führen. Zuerst sollte in einem zusätzlichen Schritt analysiert werden, welche Bedeutung der Faktor im Zusammenspiel mit den anderen Faktoren in der speziellen Organisationskultur hat. Erst wenn klar ist, dass der betreffende Faktor für das Transfersystem der speziellen Organisation von großer Bedeutung ist, kann mit der Planung von Veränderungen vorangeschritten werden (im ▶ Web-Exkurs »Ideen zur Optimierung des Transfers« zu Kap. 6 unter www.lehrbuch-psychologie.de sind Optimierungsmöglichkeiten den einzelnen Faktoren des LTSI zugeordnet). Die einzelnen Optimierungen werden in der Regel mehr als einen der Erfolgsfaktoren für den Transfer beeinflussen. Im Folgenden sind vier konkrete Ansatzpunkte beschrieben, die sich sowohl auf fachliche als auch auf überfachliche Seminare anwenden lassen.

- **Bewerbung für die Teilnahme am Training:** Wenn eine Bewerbung für die Teilnahme an dem Training nötig ist, werden die potenziellen Teilnehmer sich im Vorfeld mit der Maßnahme auseinandersetzen. Denn Lernen funktioniert besser, wenn jemand ein Ziel verfolgt und sich dafür Wissen und Fähigkeiten aneignet. Lernen auf Anordnung dagegen führt nicht weit. Seine Entwicklung kann jeder nur selbst verantworten. Die Bewerbung für ein Training sollte zum einen dazu führen, dass die Erwartungen der Trainingsteilnehmer klarer werden, zum anderen könnte dies aber auch die Transfermotivation steigern.
- **Intervalltrainings:** Intervalltrainings, in denen Lern- von Anwendungsphasen in der Arbeit unterbrochen werden, stellen eine transferförderliche Möglichkeit der Trainingsgestaltung (LTSI-Faktor Transferdesign) dar, sind aber gleichzeitig eine Möglichkeit, die empfundene Jobübereinstimmung zu erhöhen, indem Gelerntes direkt ausprobiert wird und Transferhemmnisse in die nächste Veranstaltung eingebracht werden können (s. Kauffeld & Lehmann-Willenbrock, 2010).
- **Transferprojekt:** Bei der Entwicklung eines Projektes am Ende des Seminars geht es primär darum, die Transfermotivation zu steigern.
- **Unterstützung on-the-job durch Trainer:** Über das Training hinaus gehen auch Vorschläge zur Praxisbegleitung. Beispielsweise kann der Trainer sich nach Beendigung des Seminars am Arbeitsplatz der Teilnehmer von der Art und Weise der Umsetzung des persönlichen Projektes überzeugen. Wann und in welcher Form dies geschieht, sollte schon am ersten Trainingstag besprochen werden. Voraussetzung dafür ist, dass der Auftraggeber diese Form der Rückmeldung wünscht. Als Beispiel kann das Transfercoaching angeführt werden: Der Teilnehmer wird durch den Trainer an seinem Arbeitsplatz beobachtet. Der Seminarteilnehmer bekommt im Anschluss eine Rückmeldung vom Trainer. Im Anschluss an das Feedback werden die persönlichen Ziele verändert, erweitert oder erneuert. Ein Beispiel für ein Transfercoaching ist im Folgenden dargestellt (vgl. Neininger & Kauffeld, 2009). Eine Alternative wäre ein Transfertag, bei dem sich die Seminarteilnehmer in der Gruppe vor Ort treffen und ihre Transfererfolge resümieren.
- **Interviews am Trainingsende:** Wenn eine Begleitung über das Training hinaus nicht möglich ist, können die Teilnehmer am Ende des Trainings zu ihrem antizipierten erfolgreichen Transfer interviewt werden, um die Transfermotivation zu steigern. Ziel dieser Aufgabe ist es, bei den Teilnehmern das Gefühl nach dem Transfer herzustellen, als wäre das Vorhaben schon abgeschlossen. Das gesamte Plenum wird in Interviewer und Befragte aufgeteilt, so dass die Interviews spontan in Paaren durchgeführt werden können. Möglich ist dabei der symbolische Einsatz von Mikrofonen, die nach zehn Minuten beim Rollentausch an den Partner übergeben werden. In den Interviews können Fragen bezüglich der Zeit nach dem Seminar, der Umsetzung des Gelernten, des Umgangs mit der Arbeit sowie Probleme und Veränderungen gestellt werden. Die gemachten Erfahrungen der Teilnehmer werden nach den Interviews im Plenum besprochen. Der Austausch kann auch als

Pressekonferenz organisiert werden, in der die Teilnehmer nach ihren Transfererfahrungen befragt werden und darlegen sollen, wie sie zum besten Mitarbeiter oder zum besten Team im Unternehmen geworden sind. Bei der Umsetzung dieser Aufgabe muss darauf geachtet werden das die Teilnehmer nicht in die Gegenwartssprache zurückfallen oder die Aufgabe ausschließlich für humorvolle Einlagen nutzen. Hilfreich kann dabei der Einsatz eines Flipchartbogens als Kalenderblatt mit dem entsprechenden Zukunftsdatum sein.

Beispiel

Transfercoaching bei der Sick AG: Weiterbildung effektiv in den Arbeitsalltag integrieren

Die SICK AG, Hersteller von Sensoren, setzt die Methode des Transfercoachings ein, um sicherzustellen, dass Seminarinhalte auch in den Arbeitsalltag integriert werden. Dazu wird das klassische Seminar um die Komponente des Transfercoaching erweitert. Transfercoaching bedeutet eine individuelle Beratung der Seminarteilnehmer im Arbeitsalltag. Das Transfercoaching beginnt schon vor dem Seminar. In einem so genannten Einstiegscoaching werden gemeinsam mit dem persönlichen Coach der Veränderungsbedarf analysiert und konkrete Veränderungsziele festgelegt. Zwei Wochen nach dem Seminar startet das Veränderungscoaching. In maximal vier, über mehrere Monate verteilten Sitzungen unterstützt der Coach die Mitarbeiter bei der Anwendung von Seminarinhalten, der Konkretisierung des Gelernten, der Überwindung von Hindernissen und Rückschlägen sowie bei der Anwendung und Abgleichung des Erreichten mit den vorher festgelegten Zielen.

Ohne Transfercoaching werden diese Aufgaben alleine und oft eher nebenbei erledigt. Durch die Beratung werden sie dagegen in den Mittelpunkt gerückt, und die Teilnehmer erhalten individuell die Unterstützung, die sie benötigen. Die SICK AG bietet das Transfercoaching ihren Mitarbeitern gratis und auf freiwilliger Basis an.

Worauf könnte die Wirksamkeit des Transfercoachings zurückzuführen sein? Vermutlich spielen folgende Faktoren eine Rolle:
- Die Teilnehmer entkommen ihrer Rolle als passive »Stoffdurchkauer«. Sie bekommen die Gelegenheit, selbst aktiv mit dem Lernstoff umzugehen.
- Die Teilnehmer bekommen intensive Beratung und Feedback zum Anwendungserfolg und sind nicht mehr auf sich alleine gestellt.
- Die Unterstützung ist ganz auf die individuelle Situation zugeschnitten. Abstraktes kann so konkret umgesetzt werden.
- Die langfristige Betreuung führt dazu, dass die Teilnehmer über einen langen Zeitraum lernen und üben, statt nur in wenigen Tagen komprimiert etwas einzupauken.
- Das Lernen geschieht anhand praktischer Probleme, die für die Teilnehmer von Bedeutung sind.
- Die Bedeutung des Lernens und der Anwendung von Inhalten wird den Teilnehmern immer wieder ins Bewusstsein gerufen.
- Durch die Unterstützung des Transfercoaching seitens der Firmenleitung wird eine veränderungs- und lernunterstützende Atmosphäre geschaffen.

(vgl. Behrendt et al., 2007).

Darüber hinaus wurde die **Führungskraft** in verschiedenen Studien immer wieder als wesentlicher Erfolgsfaktor identifiziert. In ◻ Tabelle 6.4 sind verschiedene Handlungsempfehlungen für Führungskräfte zusammengetragen, die förderlich auf den Lerntransfer wirken (vgl. auch Machin, 2002; Johannes & Kauffeld, 2009). Es werden Empfehlungen für die Zeiträume vor, während und nach dem Training gegeben. Besonders vor und nach dem Training hat die Führungskraft Ansatzpunkte, um zum Lerntransfer ihrer Mitarbeiter beizutragen. Die Empfehlungen während des Trainings kommen vor allem dann zum Tragen, wenn die Führungskraft selbst als Trainer seiner Mitarbeiter fungiert (vgl. Johannes & Kauffeld, 2009). Darüber hinaus kann die Führungskraft optimalerweise bei der Bedarfsanalyse Einfluss auf Inhalte und Form des Trainings nehmen. Dies ist auch bei Orientierungsgesprächen, in die sie bei größeren Trainings- oder Teamentwicklungsmaßnahmen eingebunden sein sollte, möglich (vgl. z. B. Kauffeld et al., 2009).

Die Rolle von Führungskräften wird an dieser Stelle erweitert. Neben der Personalentwicklung ist es die Aufgabe von Führungskräften, ihren Mitarbeitern als **Lernberater** zur Verfügung zu stehen. Mitarbeiter brauchen jemanden, der mit ihnen diskutiert,

Die Bedeutung der Führungskraft kann mit Blick auf den Lerntransfer nicht überbetont werden.

Führungskräfte können zur Sicherung des Transfers als Lernberater eingesetzt werden.

□ Tab. 6.4 Möglichkeiten zur Förderung des Lerntransfers vor, während und nach dem Training durch die Führungskraft

vor dem Training	während des Trainings	nach dem Training
Beteiligung der Teilnehmer an der Entscheidung wann, wo, welches Training besucht wird	Nutzung von Vorgehensweisen, die denen am Arbeitsplatz ähnlich sind	Setzen von spezifischen Leistungszielen resultierend aus der Anwendung der Trainingsinhalte
Information der Teilnehmer über den Grund und erwartete Ergebnisse des Trainings	Anwendung von Fällen aus dem echten Leben, die die Teilnehmer kennen	Sicherstellen, dass Vorgesetzte und Kollegen den Trainingsteilnehmer bei seinen Versuchen, das Gelernte am Arbeitsplatz anzuwenden, bestärken
Reduzierung von Ängsten gegenüber dem Training	Beschreibung einer Vielzahl an unterschiedlichen Beispielen	
Setzen von Lernzielen	Unterstützung der Trainingsteilnehmer bei der Entwicklung von detaillierten und gut ausgearbeiteten Wissensstrukturen sowie Selbstregulationstechniken (z. B. Planung, Überwachung und Überprüfung des Lernprozesses)	Sicherstellen, dass nötige Materialien und Ressourcen für die Anwendung des Wissens vorhanden sind
Berücksichtigung von Lernzielen, die der Arbeitsgruppe zugute kommen. Der Teilnehmer ist Abgesandter der Gruppe.		positive Verstärkung von besserer Leistung
Unterstützung der Trainingsteilnehmer bei der Entwicklung von Lernstrategien		Reduzierung von Barrieren beim Lerntransfer wie Zeitmangel oder mangelnde Anwendungsgelegenheiten
Entwicklung eines konkreten Plans, wie die Teilnehmer die Trainingsergebnisse anwenden können	Setzen von kurzfristigen Transferzielen für das sofortige Anwenden der Trainingsinhalte	Überwachung und Rückmeldung relevanter Leistungskriterien nach dem Training
bereits im Vorfeld Identifikation von Faktoren, die den Lerntransfer behindern können	Setzen von längerfristigen Zielen, die eine exzellente Beherrschung der Trainingsinhalte darstellen	Initiierung von Lernen unter Kollegen; der Teilnehmer erhält Gelegenheit, sein Wissen darzustellen und anderen zu vermitteln; dies dient nicht nur der Multiplikation der Trainingsinhalte und des Bekanntmachens von Wissensträgern, sondern signalisiert auch Wertschätzung gegenüber den Teilnehmenden
Unterstützung des Trainingsteilnehmers beim Erkennen von Vorteilen des Trainings für das Unternehmen; In-Bezug-Setzen der Trainingsinhalte zu organisationale Zielen und Entwicklungen	Unterstützung der Trainingsteilnehmer bei der Entwicklung von spezifischen Aktionsplänen	
Training aller Mitglieder einer Arbeitseinheit zur gleichen Zeit, um gegenseitige Unterstützung zu ermöglichen	Sammlung von möglichen Hindernissen bei der Umsetzung der Trainingsinhalte sowie Erarbeitung von Reaktionsmöglichkeiten, wenn diese Hindernisse auftreten	
	Schaffung einer positiven Trainingsatmosphäre	

wie sie am besten vorgehen. Für die Führungskraft bedeutet dies, Fragen zu stellen und dem Mitarbeiter zu helfen, sich eigener Lernmethoden bewusst zu werden. Die Führungskraft muss davon überzeugt sein, dass sein Mitarbeiter entwicklungsfähig ist und ihm dies signalisieren. Vor allem gilt dies auch für ältere Mitarbeiter. Wer häufig hört, dass er kaum entwicklungsfähig sei, hört auf, sich anzustrengen. Darüber hinaus ist die Führungskraft verpflichtet, mit dem Mitarbeiter Standortbestimmungen vorzunehmen, Lernfortschritte zu bewerten und Unterstützung beim Transfer zu leisten.

Um ergebnis- und prozessbezogene Evaluationsansätze zu koppeln, wurde das Adaptive Evaluation System for Training (aes4training®) entwickelt (Kauffeld, 2009). Mithilfe der zugehörigen Software werden maßgeschneiderte Befragungen generiert. Die Evaluationsergebnisse helfen zum einen, zu entscheiden, ob eine Maßnahme fortgeführt oder eingestellt werden sollte, zum anderen erlaubt dieses Wissen, Trainingsmaßnahmen mit den geeigneten »Stellschrauben« zu verbessern.

6.4.4 Evaluation und Mikropolitik

Studien zeigen, dass Führungskräfte Informationen über finanzielle Ergebnisse der Trainings gegenüber anekdotenhaften bevorzugen, und zwar unabhängig von den berichteten Effekten des Programms (Mattson, 2003). Nichtsdestotrotz müssen Impulse für die Steuerung des Geschehens gewollt sein. Nicht selten laufen groß angelegte Evaluationen ins Leere, weil mikropolitisch längst andere Entscheidungen getroffen wurden.

Evaluationen haben oft verdeckte Funktionen (neben der Qualitätsmessung und Optimierung).

Neben den beiden Hauptfunktionen Qualitätsmessung und Optimierung haben Evaluationen oft verdeckte weitere Funktionen. Damit befinden sich Trainingsevaluationen in guter Gesellschaft mit andern Beratungsdienstleistungen (vgl. Jonas et al., 2007, ▶ Übersicht).

Verdeckte Funktionen von Evaluationen

– Personen kontrollieren und disziplinieren: Evaluationen kontrollieren und disziplinieren Abteilungen, Dozenten und Kursteilnehmer (aus der Schulzeit kennt man die Tests mit Strafcharakter). Auch machen sie oft Machtverhältnisse deutlich.

– Dokumentation und Rechtfertigung: Mit »glänzenden« Ergebnissen einer Evaluation lässt sich die Arbeit einer Schulungsmaßnahme öffentlich besonders gut herausstellen. Das hilft, bisherigen oder künftigen Aufwand besser zu legitimieren. Bei dieser Evaluationsfunktion kommt der Formulierung und Gestaltung sowie der Präsentation der Befunde besondere Bedeutung zu (»Hochglanz- und Festschriftcharakter«).

– Didaktische Verstärkung: Indem im Abschluss- bzw. Umsetzungsfeedback noch bestimmte inhaltliche Aspekte der Lehrveranstaltung abgefragt werden, werden das Erinnern unterstützt und der Transfer gestärkt.

– Von »heißen Eisen« ablenken (Cooling-Out): Gelegentlich erfüllt eine groß und langfristig angelegte Evaluation den Zweck, Zeit zu gewinnen. Anstehende, aber unerwünschte Entscheidungen lassen sich leichter aufschieben, wenn man auf »wissenschaftlich fundierte« Ergebnisse wartet, und bis dahin verliert das brisante Thema (hoffentlich) an Brisanz. Evaluationsbefunde werden vieldeutig interpretiert, da man vermieden hat, sich auf eindeutige Zielgrößen und Cut-Off-Werte festzulegen. Fast jede Entscheidung ist zu rechtfertigen. Diese Strategie hofft auf den »Cooling-out-Effekt«.

– Aus systemischer Sicht stößt die Evaluation im Unternehmen einen Prozess an: Diesen gilt es über die Befragung und die Rückspiegelung von Ergebnissen zu nutzen. Die Evaluation kann eine Diskussion darüber anstoßen, durch welche Art und Weise sich der Austausch über die Umsetzung der Trainingsinhalte im Unternehmen maximal fördern lässt. Für den direkten Nutzen ist es interessant, zu überlegen, wie die Art der Fragen das Nachdenken der Teilnehmer über sich selbst und damit den Selbsterkenntnisprozess unterstützten kann. Fragen sollten offen angelegt sein, um den Austausch mit den Teilnehmern im Training sowie den Kollegen und Vorgesetzten in der Arbeit anzuregen. Optimal angelegte Evaluationen können dies miteinander verbinden und einen hohen Nutzen stiften.

6.5   Stärken und Schwächen der Personalentwicklung

Abschließend sollen mithilfe einer **SWOT-Analyse** (aus dem Englischen für Strengths (Stärken), Weaknesses (Schwächen), Opportunities (Chancen) und Threats (Gefahren)) sowohl innerbetriebliche Stärken und Schwächen als auch externe Chancen und Gefahren der Personalentwicklung betrachtet werden (vgl. Meifert, 2010, ◘ Tab. 6.5). Während viele PE-Instrumente vorhanden und etabliert sind, die Personalentwicklung ein Dienstleistungsverständnis entwickelt hat und diesem nachkommt, bleiben Fragen zur strategischen und impulsgebenden Personalentwicklung an vielen Stellen offen.

Eine Auflösung zum Fallbeispiel findet sich im ▶ Web-Exkurs »Fallbeispielauflösung« zu Kapitel 6 unter www.lehrbuch-psychologie.de.

⊕ Web-Exkurs
  »Fallbeispielauflösung
  Kapitel 6«

◘ Tab. 6.5 Stärken und Schwächen, Chancen und Gefahren

Stärken	Schwächen
große Vielfalt an Instrumenten	geringe Messbarkeit der Programme, Tools und eigener Effizienz
Bewusstsein für die Bedeutung von PE in Unternehmen vorhanden	häufig wenig Vernetzung der Personalentwicklungsinstrumente
PE-Know-How in Konzernunternehmen und bei großen Mittelständlern	oft unterschiedliche Kompetenzmodelle für Personalauswahl, Beurteilung und Beförderung
PE unterhält interne Kundenbeziehungen zu Führungskräften	zu komplizierte Instrumente
gutes Kundenfeedback bei den Aspekten Servicequalität, Kunden- und Bedarfsorientierung	Forschungs-Praxis-Lücke: es wird auf gut vermarktete Instrumente statt auf evidenzbasierte Instrumente und Vorgehensweisen gesetzt
	eigener Strategieprozess fehlt
	Mangel an unternehmensstrategischen Kompetenzmodellen
	fehlende Langfristigkeit
	geringes Personalentwicklungs-Know-how in kleineren Unternehmen
Chancen	**Gefahren**
Akzeptanz der Personalentwicklung als Erfolgsfaktor	Kostensensibilität und verschärfte Betrachtung von Input-Output-Relation
Verzahnung von Unternehmens- und Personalentwicklung	Mangel an Personalentwicklungsstrategie
Akzeptanz der Personalentwicklungs-Steuerungsmodelle und der Wirksamkeitsketten	Degradierung zum reinen Dienstleister
	fehlende Impulse aus der PE für das Unternehmen
	wenig Innovationen
	mangelnde Verantwortungsübernahme
	Virtualisierung und Outsourcing von HR-Prozessen/Instrumenten

---

❓ Kontrollfragen

1. Worin bestehen die Handlungsfelder der Personalentwicklung?
2. Aus welchen Bestandteilen besteht die Bedarfsanalyse und was zeichnet diese aus?
3. Welche Evaluationsstrategien gibt es?
4. Nennen Sie einige Beispiele dafür, wie die Führungskraft vor, während und nach dem Training den Lerntransfer fördern kann.

► **Weiterführende Literatur**

Erpenbeck, J. & Rosenstiel, L. v. (2007). *Handbuch Kompetenzmessung*, 2. Aufl. Stuttgart: Schäffer-Poeschel.

Grote, S., Kauffeld, S. & Frieling, E. (2006). *Kompetenzmanagement in Organisationen.* Stuttgart: Schäffer-Poeschel.

Kauffeld, S. (2010). *Nachhaltige Weiterbildung. Betriebliche Seminare und Trainings entwickeln, Erfolge messen, Transfer sichern.* Berlin, New York, Tokio, Heidelberg: Springer.

Kauffeld, S., Grote, S. & Frieling, E. (2009). *Handbuch Kompetenzentwicklung.* Stuttgart: Schäffer-Poeschel.

Sonntag, K. (2006). *Personalentwicklung in Organisationen*, 3. Aufl. Göttingen: Hogrefe.

Sonntag, K. & Stegmaier, R. (2007). *Arbeitsorientiertes Lernen. Zur Psychologie der Integration von Lernen und Arbeit.* Stuttgart: Kohlhammer.

Literaturverzeichnis

141   6

Literaturverzeichnis

Alliger, G. M. & Janak, E. A. (1989). Kirkpatrick`s levels of training criteria: Thirty years later. *Personnel Psychology, 42 (2)*, 331-342.

Allinger, G. M., Tannebaum, S. I., Bennet W. Jr. & Traver, H. (1997). A meta-analysis of the relations among training criteria. *Personnel Psychology, 50*, 341–358.

Arthur, W. J., Bennett, W. J., Edens, P. S. & Bell, S. T. (2003). Effectiveness of training in organizations: A meta-analysis of design and evaluation features. *Journal of Applied Psychology, 88 (2)*, 234-245.

Baldwin, T. T. & Ford, J. K. (1988). Transfer of training: A review and directions for future research. *Personnel Psychology, 41 (1)*, 63-105.

Behrendt, P., Pritschow, K. & Rüdesheim, B. (2007). Transfercoaching. Vom Seminar zur erfolgreichen Umsetzung im Berufsalltag. *Zeitschrift Führung und Organisation, 76 (1)*, 49–56.

Bergmann, G. & Meurer, G. (2003). *Best Patterns Marketing, Erfolgsmuster für Innovations-, Kommunikations- und Markenmanagement*. München: Luchterhand.

Blume, B. D., Ford, J. K., Baldwin, T. T. & Huang, J. L. (2010). Transfer of Training: A Meta-Analytic Review. *Journal of Management, 36*, 1065–1105.

Driskell, J. E., Willis, R. P. & Copper, C. (1992). Effect of overlearning on retention. *Journal of Applied Psychology, 77*, 615-622.

Erpenbeck, J. & Rosenstiel, L. v. (2007) *Handbuch zur Kompetenzmessung*. Stuttgart: Schäffer-Poeschel.

Goldstein, I. L. & Ford, J. K. (2002). *Training in organizations. Needs assessment, development, and evaluation*. Belmont, CA: Wadsworth.

Grote, S., Kauffeld, S. & Frieling, E. (2006). *Kompetenzmanagement in Organisationen*. Stuttgart: Schäffer-Poeschel.

Holton, E. F. III, Bates, R. A. & Ruona, W. E. A. (2000). Development of a generalized learning transfer system inventory. *Human Resource Development Quarterly, 11 (4)*, 333-360.

Johannes, C. & Kauffeld, S.(2009). Führung als Hebel zur Steigerung der Vertriebsleistung: Das Cohen Brown-Vertriebstraining. In S. Kauffeld, S. Grote & E. Frieling (Hrsg.), *Handbuch Kompetenzentwicklung* (S. 124-158). Stuttgart: Schäffer-Pöschel.

Jonas, E., Kauffeld, S. & Frey, D. (2007). Psychologie der Beratung. In L. v. Rosenstiel & D. Frey (Hrsg.), *Enzyklopädie der Psychologie. Wirtschaftspsychologie* (S. 312-353). Göttingen: Hogrefe.

Kauffeld, S. (2006). *Kompetenzen messen, bewerten, entwickeln*. Stuttgart: Schäffer-Poeschel.

Kauffeld, S. (2010). *Nachhaltige Weiterbildung*. Heidelberg: Springer.

Kauffeld, S., Bates, R., Holton III, E. F. & Müller, A. (2008). Das deutsche Lerntransfer-System-Inventar (GLTSI): psychometrische Überprüfung der deutschsprachigen Version. *Zeitschrift für Personalpsychologie, 7 (2)*, 50-69.

Kauffeld, S., Grote, S. & Frieling, E. (2009). *Handbuch Kompetenzentwicklung*. Stuttgart: Schäffer-Poeschel.

Kauffeld, S. & Lehmann-Willenbrock, N. (2010). Sales training: Effects of spaced practice on training transfer. *Journal of European Industrial Training, 34*, 23-37.

Kirkpatrick, D. L. (1967). Evaluation of training. In R. L. Craig (ed.), *Training and development handbook: A guide to human resources development* (pp.18.1-18.27). New York, NY: McGraw-Hill.

Kirkpatrick, D. L. (1994). *Evaluating training programs*. San Francisco: Berrett-Koehler Publishers.

Lehmann-Willenbrock, N. & Kauffeld, S. (2008). Altersheterogene Arbeitsgruppen – Auswirkungen des demographischen Wandels auf die Gruppenarbeit. In I. Jöns (Hrsg.), *Erfolgreiche Gruppenarbeit* (S.141-148). Wiesbaden: Gabler.

Machin, M. A. (2002). Planning, managing, and optimizing transfer of training. In K. Kraiger (Hrsg.), *Creating, implementing, and managing effective raining and development* (S. 263-301). San Francisco: Jossey-Bass.

Martocchio, J. J. & Webster, J. (1992). Effects of feedback and cognitive playfulness on performance in microcomputer software training. *Personnel Psychology, 45 (3)*, 553-578.

Mattson, B. W. (2003). The effect of alternative reports of human resource development results on managerial support. *Human Resource Development Quarterly, 14 (2)*, 127-152.

Mayer, B. M. (2003). *Systemische Managementtrainings*. Heidelberg: Carl Auer.

Meifert, M. T. (2010). *Strategische Personalentwicklung. Ein Programm in acht Etappen*. Berlin, New York, Tokio, Heidelberg: Springer.

Neininger, A. & Kauffeld, S. (2009). Reflexion als Schlüssel zur Weiterentwicklung von Gruppenarbeit. In S. Kauffeld, S. Grote & E. Frieling (Hrsg.), *Handbuch Kompetenzentwicklung* (S. 233-255). Stuttgart: Schäffer-Pöschel.

Noe, R. A. (2002). *Employee training and development*. Boston: McGraw-Hill Irwin.

Rösler, D. & Kauffeld, S. (2009). Outplacement – Perspektivenfindung leicht gemacht. In S. Kauffeld, S. Grote & E. Frieling (Hrsg.) *Handbuch Kompetenzentwicklung* (S. 459-480). Stuttgart: Schäffer-Pöschel.

Rump, J., Eilers, S. & Groh, S. (2008). *Strategie für die Zukunft. Ein Leitfaden für Unternehmen zur Bindung und Gewinnung von Mitarbeiterinnen und Mitarbeitern. Lebensphasenorientierte Personalpolitik.* Mainz: Ministerium für Wirtschaft, Verkehr, Landwirtschaft und Weinbau Rheinland-Pfalz.

Ruona, W. E. A., Leimbach, M., Holton, E. F. & Bates R. (2002). The relationship between learner utility reactions and predicted learning transfer among trainees. *International Journal of Training and Development, 6 (4),* 218-228.

Schmidt, R. A. & Bjork, R. A. (1992). New conceptualizations of practice: Common principles in three paradigms suggest new concepts for training. *Psychological Science, 3 (4),* 207-217

Sonntag, K. & Schaper, N. (2006). Förderung beruflicher Handlungskompetenz. In K. Sonntag (Hrsg.), *Personalentwicklung in Organisationen* (S.2 70-297). Göttigen: Hogrefe.

Sonntag, K. & Stegmaier, R. (2007). *Arbeitsorientiertes Lernen: Zur Psychologie der Integration von Lernen und Arbeit.* Stuttgart: Kohlhammer.

Van Buren, M. & Erskine, W. (2002). *ASTD State of the Industry Report.* Washington, DC: ASTD.

7 Teams und ihre Entwicklung

Simone Kauffeld & Eva-Maria Schulte

Lernziele

- Die Klassifizierung von Teams und ihre Bedeutung für Organisationen kennen.
- Die Einflussgrößen und Prozessvariablen nennen können, die die Erfolgsmaße der Teamarbeit beeinflussen.
- Über die Phasen einer Teamentwicklung Bescheid wissen.
- Kenntnisse über Teamdiagnose und -entwicklungsmaßnahmen haben.

Beispiel

Fallbeispiel

Der Teamleiter einer Bankfiliale sucht Hilfe bei seinem Vorgesetzten, da die Zusammenarbeit im Team momentan nicht funktioniert und sich Kunden zunehmend über die schlechte Beratung beschweren. Er weiß nicht, woran es liegt, könnte sich aber vorstellen, dass eine Teamentwicklung helfen könnte und möchte seinen Vorgesetzten bitten, dies zu veranlassen. Er schildert seinem Vorgesetzten die aus seiner Sicht bestehenden Probleme im Team und was er bereits alles versucht hat: »Nachdem in kurzer Zeit mehrere Kundenbeschwerden eingegangen sind, habe ich das Team zu einer Besprechung gerufen und alle gebeten, sich gegenseitig Feedback zu ihrem Beratungsverhalten zu geben. Jeder hatte so die Möglichkeit, sein eigenes Verhalten zu optimieren. Aber statt des gewünschten konstruktiven Austauschs hat sich mein Team nur gegenseitig mit Vorwürfen überschüttet, und es entstand eine

lange Diskussion über die unterschiedlichen Ansichten bezüglich einer guten Kundenberatung – jedoch ohne Ergebnis. Vielmehr wurden im Laufe des Gesprächs zunehmend Beschwerden über zu viele Überstunden, eine zu hohe Arbeitsbelastung, etc. geäußert. Schließlich sind wir frustriert auseinandergegangen, ohne dass wir Maßnahmen zur Steigerung der Kundenzufriedenheit festgelegt haben. Seitdem hat sich die Stimmung im Team noch weiter verschlechtert.«

Der Vorgesetzte schlägt vor, jedes Teammitglied auf ein Seminar zum Thema »Richtig arbeiten im Team« zu schicken, um so die Teamfähigkeit jedes einzelnen zu erhöhen. Allerdings betont er auch, dass er nach dieser Maßnahme eine deutliche Steigerung der Leistung des Teams erwartet, da bereits viel in Fortbildungsmaßnahmen seiner Teammitglieder investiert wurde, ohne dass bisher erkennbare Verbesserungen festzustellen sind.

7.1 Teams in Organisationen

7.1.1 Definition und Klassifikation

▶ Definition

> **Definition**
>
> **Teams** bestehen aus mehreren Personen, die interagieren, voneinander abhängig sind, ein gemeinsames Ziel verfolgen und ein Wir-Gefühl haben. Sie werden durch andere und durch sich selbst als Gruppe wahrgenommen (Kauffeld, 2001).

In Teams interagieren mehrere Personen miteinander, um ein gemeinsames Ziel zu erreichen.

Arbeitsteams zeichnen sich darüber hinaus durch die Einbettung in bestimmte Organisationsstrukturen sowie eine gemeinsame, von den Teammitgliedern zu bearbeitende Aufgabenstellung aus (Antoni, 2000; Brodbeck & Guillaume, 2010). Zur Erfüllung dieser Aufgabe steuert jedes Teammitglied individuelles Wissen, Fähigkeiten und Fertigkeiten bei, die erst in der Kombination einen Erfolg ermöglichen (Forsyth, 2009).

Im oben genannten Fallbeispiel haben wir ein Team aus einer Bankfiliale kennengelernt. Natürlich gibt es noch viele andere Arten von Teams; ◻ Abbildung 7.1 gibt einen Überblick (vgl. z. B. Forsyth, 2009). Sie können mittels der Dimensionen Spezialisierung, Hierarchie, Beständigkeit und Integration in die Arbeitsorganisation klassifiziert werden (Antoni, 2000; Hollenbeck et al., 2010):

Teams können anhand von vier Dimensionen eingeordnet werden: Spezialisierung, Hierarchie, Beständigkeit und Integration in die Arbeitsorganisation.

- **Spezialisierung:** Sie gibt das Ausmaß an, in dem Teammitglieder spezialisiertes Wissen und Fähigkeiten haben. Eine hohe Ausprägung auf dieser Dimension bedeutet, dass die Entwicklung der relevanten Fähigkeiten bzw. des relevanten Wissens Zeit brauchen, so dass einzelne Personen nicht schnell zu ersetzen sind. Bei interdisziplinären Forschungsteams liegt meist eine derart hohe Spezialisierung der Fähigkeiten vor. Teams mit einer niedrigen Ausprägung zeichnen sich hingegen dadurch aus, dass ihre Teammitglieder Generalisten sind, die jeden Job innerhalb des Teams ausführen können. Mitarbeiter in der Produktion müssen sich oft gegenseitig ersetzen können, z. B. um Pausenablösung und Urlaubsvertretung so zu gestalten, dass die Produktion reibungslos weiterlaufen kann.
- **Hierarchie:** Bei dieser Dimension geht es um die Verteilung von Macht. Sie gibt an, inwiefern die Verantwortung für Entscheidungen der Gruppe einer einzelnen Person oder aber dem gesamten Team obliegt. Gibt es eine Führungskraft, die aufgrund ihrer Autorität Entscheidungen treffen darf, ist diese Dimension stark ausgeprägt. Auch wenn es keine Führungskraft gibt, ist der Einfluss einer informellen Führungsperson denkbar. Bekommt eine Person im Team beispielsweise aufgrund seiner langjährigen Erfahrung das Vertrauen der anderen Teammitglieder, wird ihre Entscheidung richtungsweisend sein, ohne dass sie die Macht hätte, ihren Willen auch gegen Wiederstand durchzusetzen. Ist die Verteilung der Macht gering ausgeprägt, kann eine Entscheidung durch eine gemeinsame Diskussion und Konsensfindung getroffen werden. Ebenso wäre ein Mehrheitsentschluss denkbar, z. B. müssen Geschworene in den USA eine gemeinsame Entscheidung treffen, wobei jede Stimme dasselbe Gewicht hat.
- **Beständigkeit:** Diese Dimension beschreibt das Ausmaß, in dem die Mitgliedschaft in einem Team über die Zeit stabil ist. Ein beständiges Team hat eine gemeinsame Vergangenheit und eine gemeinsame Zukunft. Außerdem wechseln die Teammitglieder sehr selten.
- **Integration:** Bei dieser Dimension geht es um die Integration von Teams in die Arbeitsorganisation. Während beispielsweise klassische Arbeitsgruppen in die Arbeitsorganisation integriert sind, bestehen Projektgruppen parallel zur herkömmlichen Organisationsstruktur, da die Teammitglieder nur temporär zusammenarbeiten und eigentlich in andere Organisationseinheiten integriert sind.

	Spezialisierung	Hierarchie	Beständigkeit	Integration
klassische Arbeitsgruppen sind funktions- und arbeitsteilig organisiert, wobei die Mitarbeitenden von einem Vorgesetzten Anweisungen zur Erfüllung der gemeinsamen Arbeitsaufgabe erhalten	↑	↑	↑	↓
Fertigungsteams übernehmen im Unterschied zu klassischen Arbeitsgruppen indirekte Funktionen wie Qualitätssicherung; administrative und dispositive Aufgaben, bleiben jedoch beim Vorgeetzten	↑	↑	↗	↓
teilautonome Arbeitsgruppen übernehmen ganzheitliche Aufgaben eigenverantwortlich, d. h. die Gruppe führt selbst Steuerungsfunktionen innerhalb vorgegebener Rahmenbedingungen aus	↑	↑	↘	↘
funktionsübergreifende Teams treffen Entscheidungen in weiter unten liegenden Organisationseinheiten, da sie Verbindungen zu verschiedenen Untereinheiten (z. B. Abteilungen) aufweisen	↑	↗	↘	↑
Führungsteams identifizieren und lösen Probleme, treffen Entscheidungen und setzen Ziele für die organisatorische Zukunft	↑	↗	↓	↗
Beratungsgruppen erstellen Diagnosen oder Begutachtungen und werden als Parallelteams bezeichnet, das ie außerhalb der üblichen Strukturen eines Unternehmens agieren	↓	↓	↓	↑
Qualitätszirkel sind kleine Gruppen von Mitarbeitern unterer Hierarchieebenen, die sich freiwillig, regelmäßig zur Bearbeitung selbstgewählter Probleme aus ihrem Arbeitsbereich treffen	↓	↘	↓	↑
Projektteams sind meist heterogen zusammengesetzte Gruppen, die für die Entwicklung innovativer Produkte oder die Lösungsfindung eingesetzt werden	↓	↘	↘	↑
Teams für Extremsituationen bestehen aus hochqualifizierten Mitarbeitern, die dringende, unvorhersehbare, voneinander abhängige und folgenschwere Aufgaben bearbeiten, wobei die Teamzusammensetzung veränderbar bleibt (z. B. Krisenstäbe bei Katastrophen)	↓	↓	↘	↑
Cabin Crews bearbeiten gleiche Aufgaben in unterschiedlicher Zusammensetzung (z. B. Flugzeugbesatzungen)	↑	↓	↗	↗

Anmerkungen. ↑ = Merkmal ist stark ausgeprägt; ↗ = Merkmal ist eher stark ausgeprägt; ↘ = Merkmal ist eher schwach ausgeprägt; ↓ = Merkmal ist schwach ausgeprägt

◘ **Abb. 7.1** Klassifikation von Teams anhand der Dimensionen Spezialisierung, Hierarchie, Beständigkeit und Integration in die Arbeitsorganisation

Virtuelle Teams bestehen aus geografisch verteilten Teammitgliedern.

⊕ Web-Exkurs
»Virtuelle Teams«

Virtuelle Teams, die aus geografisch und/oder organisational verteilten Teammitgliedern bestehen (Powell et al., 2004), werden heutzutage immer bedeutsamer. Vor allem Projektgruppen arbeiten häufig verteilt über mehrere Standorte – sowohl innerhalb Deutschlands, als auch weltweit. Über Besonderheiten, Chancen und Risiken virtueller Teams informiert der ▶ Web-Exkurs »Virtuelle Teams« zu Kapitel 7 unter www.lehrbuch-psychologie.de.

7.1.2 Bedeutung von Teams in Organisationen

Die Entwicklung neuer Informations-, Kommunikations- und Fertigungstechnologien sowie die zunehmende Erfordernis der Kooperation verschiedener Experten aufgrund einer wachsenden strukturellen Komplexität und vernetzter Technologien haben die Entwicklung von Teams ebenso begünstigt wie der Wertewandel mit einem zunehmenden Wunsch der Mitarbeiter nach ganzheitlichen Arbeitsinhalten, Dezentralisierung von Entscheidungen, Verantwortungsübernahme und sozialen Beziehungen (Kauffeld, 2001; ▶ Kap. 10).

Europaweit lassen ca. 60% der Unternehmen alle Aufgaben oder Teile davon in Teams bearbeiten.

Bereits 1999 gaben aus einer Zufallsstichprobe aller amerikanischen Unternehmen 48% an, Teams in ihren Organisationen einzusetzen (Devine et al., 1999). Europaweit lassen ca. 60% der Unternehmen alle Aufgaben oder Teile davon **in Teams** bearbeiten. Deutschland liegt mit 57,7% nah am europäischen Mittel (Parent-Thirion et al., 2008).

Teams bilden dabei das Verbindungsstück zwischen Organisation und Individuum.

Teams können nicht isoliert betrachtet werden, denn die organisationale Einbettung ist von Bedeutung. Das Team stellt das **Verbindungsstück** zwischen der Organisation und dem Individuum dar (Cummings & Worley, 2009). Somit hat es Einfluss darauf, wie und ob organisationale Ziele verwirklicht werden und wie die Organisation als Ganzes wahrgenommen wird. Außerdem beeinflusst es das akkumulierte Wissen über die Arbeit, den affektiven Status inklusive der Einstellungen, Werte und Emotionen der Teammitglieder sowie das Verhalten der Mitarbeiter in der Organisation.

Mitarbeiter können Mitglieder verschiedener Teams sein.

Bei der Analyse eines Teams ist immer die zugrunde liegende Mehrebenenstruktur zu beachten: Jedes Team besteht aus mehreren Individuen und ist in einen organisationalen Rahmen eingebettet. Darüber hinaus kann ein Mitarbeiter **Mitglied in mehreren Teams** sein. Der Teamleiter im oben genannten Beispiel gehört z. B. dem Filialteam an, gleichzeitig ist er Mitglied eines Führungskreises in der Region und arbeitet in einem Projekt zur Vertriebssteuerung deutschlandweit mit. Die verschiedenen Teams sind wiederum oft prozessorientiert organisiert, so dass im Unternehmen zwischen den Teams zahlreiche interne Kunden-Lieferanten-Beziehungen entstehen. Darüberhinaus gibt es nicht selten Teams, in denen Kunden mit externen Lieferanten zusammen in einem Projektteam arbeiten. Beispielsweise werden in der Automobilindustrie viele Forschungs- und Entwicklungsarbeiten in Kooperation mit externen Entwicklungsdienstleistern oder Zulieferern erstellt. Den Rhythmus im Team gibt oft der Kunde vor.

🞑 Abbildung 7.2 zeigt Beispiele für das komplexe Zusammenwirken unterschiedlicher Teams in Organisationen. Neben den klassischen, langfristig zusammenarbeitenden Arbeitsteams (1) werden beispielsweise in der Forschung und Entwicklung auch kurzfristige Projektgruppen gebildet (2). Darüberhinaus werden immer häufiger virtuelle Teams zur nationalen und auch internationalen Kooperation (entweder zeitlich begrenzt oder dauerhaft) gebildet (3). Andere Mitarbeiter arbeiten teilweise wie oben beschrieben mit Lieferanten (4) zusammen oder holen sich temporär einen Experten hinzu (5), der beratend tätig ist. Neben den offiziellen Gruppenmitgliedschaften können auch informelle Gruppen (6) betrachtet werden: Wer geht zum Beispiel mit wem Mittagessen? Schließlich können sowohl Führungskräfte (7) für mehrere Teams verantwortlich sein als auch einzelne Mitarbeiter verschiedenen Teams angehören. Die mit

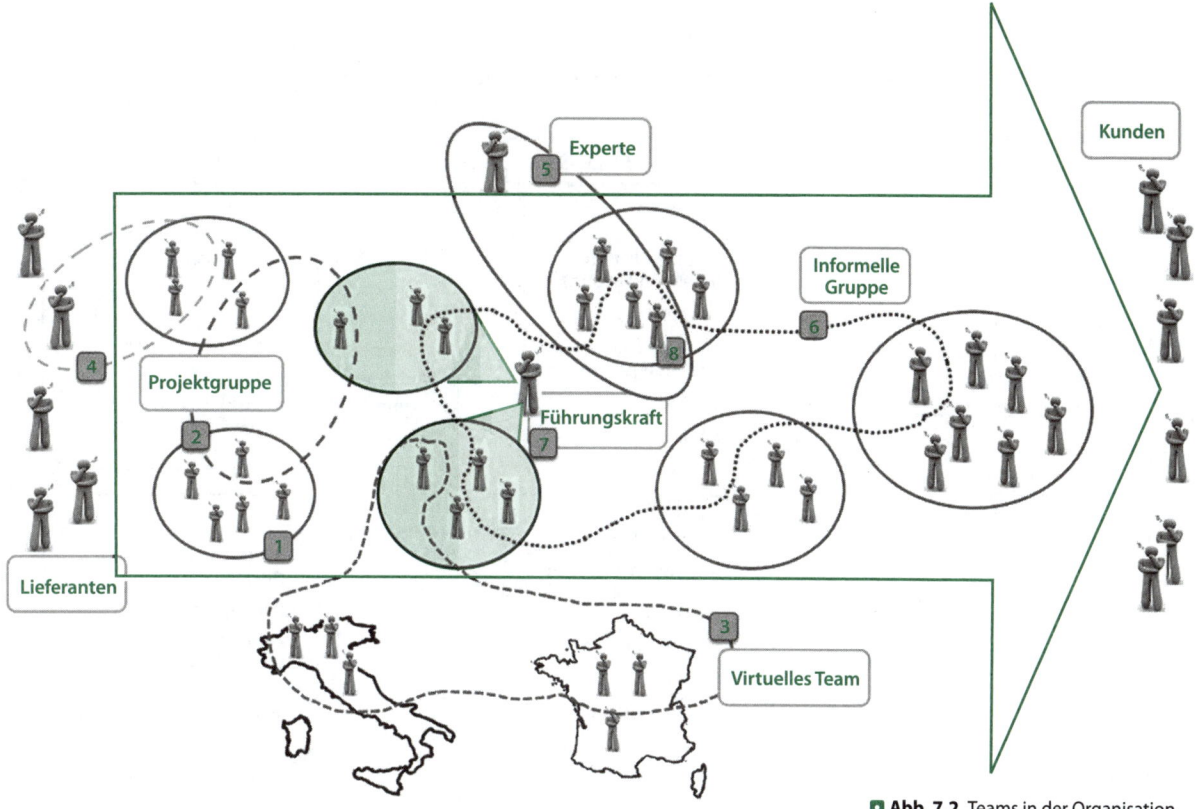

◘ Abb. 7.2 Teams in der Organisation

(8) gekennzeichnete Person ist beispielsweise in ihr Arbeitsteam eingebunden, kooperiert mit einem externen Experten und gehört der informellen Gruppe an. Dieses Beispiel macht deutlich, wie wichtig es ist, die organisationale Einbettung ebenso zu beachten wie die individuellen Besonderheiten, wenn man mit Teams arbeitet.

7.1.3 Input-Prozess-Output- (IPO-) Modell

Die Zusammenarbeit in Teams kann unter anderem aufgrund von Motivations- oder Koordinationsverlusten mehr oder weniger erfolgreich sein (s. z. B. Brodbeck & Guillaume, 2010). Wird das Ziel verfolgt, die Zusammenarbeit in Teams zu optimieren, stellt sich zunächst die Frage, woran die Leistung einer Gruppe gemessen werden kann. Zudem müssen relevante Voraussetzungen und Prozesse identifiziert werden, durch welche die **Erfolgsmaße** beeinflusst werden. Zahlreiche Studien bedienen sich hierzu eines Input-Prozess-Output- (IPO-) Modells (s. z. B. Mathieu et al., 2008; Goodwin et al., 2009).

IPO-Modelle nehmen an, dass Inputvariablen über Moderatoren oder Mediatoren die Erfolgsmaße beeinflussen (Näheres ▶ Web-Exkurs »Moderatoren und Mediatoren« zu Kap. 7 unter www.lehrbuch-psychologie.de). Je nach Studie werden unterschiedliche Variablen untersucht. Weiterhin unterscheiden sich die Modelle in der angenommenen Komplexität und Dynamik. Während frühe IPO-Ansätze einen relativ statischen Zusammenhang annehmen, betonen neuere Arbeiten sowohl mögliche Feedbackschleifen als auch Interaktionen zwischen den Input-, Prozess- und Outputvariablen. ◘ Abbildung 7.3 gibt einen Überblick über relevante Input-, Prozess- und Outputvariablen; diese werden auch im Folgenden beschrieben.

Für die Leistungsbewertung von Teams werden unter anderem Input-Prozess-Output- (IPO-) Modelle herangezogen.

Sie nehmen an, dass Inputvariablen über Moderatoren oder Mediatoren die Erfolgsmaße beeinflussen.

⊕ **Web-Exkurs »Moderatoren und Mediatoren«**

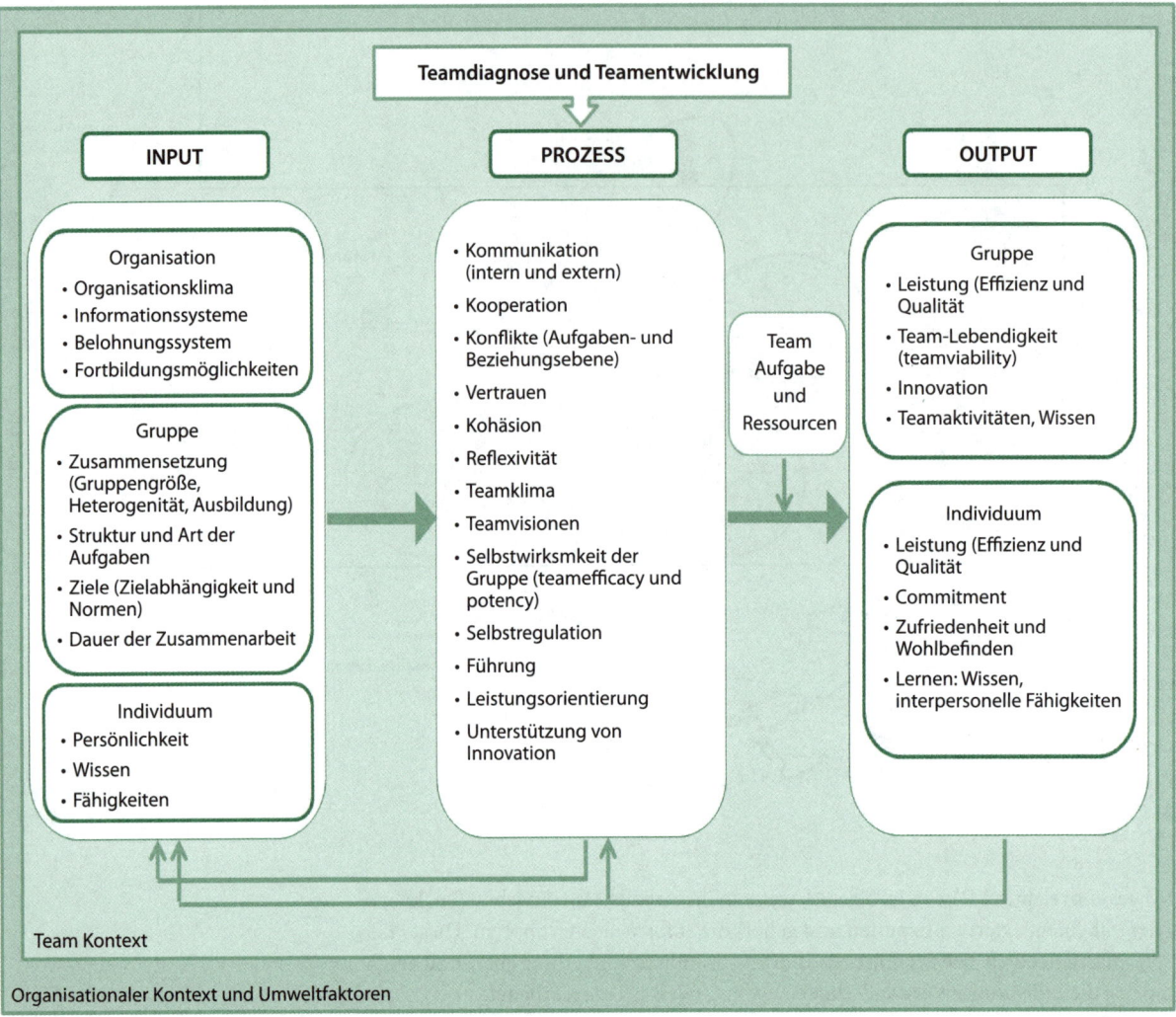

Abb. 7.3 Überblick über relevante Input-, Prozess- und Outputvariablen der Teamarbeit

Inputs: spezifische Merkmale des Individuums, der Gruppe und der Organisation.

Input Die oben beschriebene Einbettung der Individuen in ein Team und der Teams in einen organisationalen Rahmen spiegelt sich in den Inputvariablen wider. Durch die organisationale Ebene werden z. B. Belohnungssysteme vorgegeben oder Rahmenbedingungen für Fortbildungsmöglichkeiten festgesetzt. Auf der Gruppenebene ist insbesondere die Teamzusammenstellung (Team-Design) von Bedeutung (Aus wie vielen Personen besteht das Team? Sind sich die Teammitglieder untereinander sehr ähnlich hinsichtlich ihrer Ausbildung oder Herkunft, oder sind die Teams heterogen? Was für eine Aufgabe muss das Team bewältigen? Welche Ziele wurden vereinbart? Besteht eine Zielabhängigkeit zwischen den Teammitgliedern? Welche Normen haben sich etabliert? Wie lange besteht das Team bereits?). Auf der individuellen Ebene sind die unterschiedlichen Persönlichkeiten der Teammitglieder zu nennen sowie ihr Wissen und ihre Fähigkeiten.

Prozess Eine wichtige Prozessvariable ist die Kommunikation. Nur durch eine regelmäßige, angemessene und offene Kommunikation im Team ist es möglich, Wissen und Erfahrungen zu teilen, Ideen zu diskutieren und neue Ideen zu generieren, sich gegenseitig zu unterstützen und Feedback zu geben. Ebenso ist die externe Kommunikation bedeutend, denn der Erfolg der Teamarbeit hängt auch von den Beziehungen zu Personen außerhalb des eigenen Teams ab. So können beispielsweise dem Team selbst nicht zur Verfügung stehendes Wissen abgerufen oder neue Sichtweisen berücksichtigt werden. Kooperation im Team und der Umgang mit Konflikten auf der aufgaben- und beziehungsbezogenen Ebene sind wichtige Prozessvariablen (▶ Exkurs). So kann ein kooperatives Konfliktmanagement beispielsweise die Teamleistung begünstigen (Somech et al. 2009). Darüber hinaus zählt die Selbstwirksamkeit der Gruppe (»team-efficacy«), also der Glaube des Teams daran, dass es eine bestimmte Aufgabe schaffen kann, zu den Prozessvariablen. Die Selbstwirksamkeit der Gruppe ist dabei nicht einfach die Summe der individuellen Selbstwirksamkeitsüberzeugungen (»Kann ich…«), sondern die geteilte Überzeugung, gemeinsam etwas schaffen zu können (»Können wir…«). Die »group potency« bezieht sich im Gegensatz zur »team-efficacy« auf eine generelle, vom konkreten Kontext bzw. einer konkreten Aufgabe unabhängige Überzeugung über die Kapazitäten des eigenen Teams. So kann z. B. ein Forschungsteam davon überzeugt sein, dass ein konkretes Projekt scheitern wird (niedrige »team-efficacy«), und gleichzeitig daran glauben, dass es langfristig gut zusammenarbeitet, da es prinzipiell davon überzeugt ist, Projekte gut bearbeiten, erfolgreich publizieren oder Projektanträge schreiben zu können (hohe »potency«).

> Prozess: vielfältige Variable wie Kommunkation, Kooperation, Teamklima, Führung u. v. m.

Exkurs

Konflikte auf Aufgaben- und Beziehungsebene

Jeder kennt sie und versucht so gut wie möglich, sie zu vermeiden: Konflikte! Mit dem Begriff »Konflikt« sind meistens negative Assoziationen damit verbunden. Konflikte treten jedoch in sämtlichen sozialen Kontexten auf, auch in Teams. Hier wirken sie sich auf die In- und Outputvariablen sowie auf die im Team ablaufenden Prozesse aus. Dabei lassen sich aufgabenbezogene und Beziehungskonflikte unterscheiden:

- Aufgabenbezogene Konflikte entstehen, wenn sich die Teammitglieder über den Aufgabeninhalt uneinig sind, d.h. verschiedene Sichtweisen, Meinungen oder Ideen die Aufgabe betreffend haben.
- Beziehungskonflikte beziehen sich auf zwischenmenschliche Unstimmigkeiten, die mit Misstrauen, Angst, Ärger oder Frustration sowie insgesamt negativen Gefühlen einhergehen.

Aufgaben- und Beziehungskonflikte nehmen in unterschiedlicher Weise Einfluss in Teams. Während für beide Konfliktarten negative Zusammenhänge zur Teamleistung und Zufriedenheit der Teammitglieder berichtet werden (z. B. De Dreu & Weingart, 2003), finden sich für die Aufga-

benkonflikte auch Ergebnisse, die einen positiven Zusammenhang zur Leistung belegen (z. B. Jehn, 1995).

Daher wurde in einer aktuellen Untersuchung zwischen routinemäßigen und nicht-routinemäßigen Aufgaben unterschieden (Lehmann-Willenbrock et al., in press). Es wurde nachgewiesen, dass sich Aufgabenkonflikte positiv auf die Leistung bei der Bearbeitung nicht-routinemäßiger Aufgaben auswirken. Bei Routineaufgaben war das jedoch nicht der Fall. Beziehungskonflikte zeigten in dieser Untersuchung keinerlei Effekte auf die Aufgabenleistung. Dieser Befund lässt sich damit erklären, dass Teammitglieder, die Konflikte miteinander haben, versuchen, die Zusammenarbeit zu vermeiden, weswegen Beziehungskonflikte nicht direkt in der Teamleistung sichtbar werden. Anderseits bleiben Beziehungskonflikte nicht folgenlos: Team-Lebendigkeit und Vertrauen im Team werden durch sie negativ beeinflusst. Aufgabenkonflikte hingegen beeinflussen diese Outputvariablen nicht. Damit zeigt sich, dass die Unterscheidung zwischen Aufgaben- und Beziehungskonflikten insbesondere in Teams überaus bedeutend ist, um mit geeigneten Teamentwicklungsmaßnahmen jeweils vorliegende Konflikte abzubauen.

Output Bei den Outputvariablen muss zwischen der individuellen und der Teamebene unterschieden werden. Eine zentrale Frage ist, wie die Leistung des Teams, aber auch die des Individuums bezüglich Effizienz und Qualität zu beurteilen sind (Wurden die gesetzten Ziele erreicht? Konnten Erwartungen erfüllt oder sogar übertroffen werden?). Darüberhinaus sind affektive Maße und der Lernerfolg zu berücksichtigen (Sind die einzelnen Teammitglieder zufrieden? Ist ihr gesundheitliches Wohlbefinden sichergestellt? Fühlen sie sich dem Team verbunden, so dass sie auch in Zukunft gerne im Team arbeiten möchten? Konnten sie sich selbst weiterentwickeln und ihr Wissen und ihre

> Output: Auswirkungen wie Leistung v. a. diffenziert nach Gruppe oder Individuum.
>
> Zwischen den Input-, Prozess- und Outputvariablen gibt es mögliche Feedbackschleifen und Interaktionen.

⊕ **Web-Exkurs**
»Innovation in Teams«

Die zu bearbeitende Aufgabe des Teams und die zur Verfügung stehenden Ressourcen moderieren den Zusammenhang zwischen Prozess- und Outputvariablen.

Teamentwicklungsmaßnahmen zielen darauf ab, teaminterne Prozesse zu optimieren und Probleme zu reduzieren.

Teams durchlaufen Entwicklungsphasen: Forming, Storming, Norming, Performing.

⊕ **Web-Exkurs**
»Phasenmodell der Teamentwicklung nach Tuckman (1965)«

Der richtige Zeitpunkt des Einsatzes einer Intervention ist ein wesentlicher Erfolgsfaktor für die Teamentwicklung.

Fähigkeiten ausbauen, um für neue Aufgaben gut vorbereitet zu sein?). Auf der Teamebene sind neben Innovation (▶ Web-Exkurs »Innovation in Teams« zu Kap. 7 unter www.lehrbuch-psychologie.de) und dem Aufbau von transaktiven Wissen vor allem die Teamlebendigkeit zu nennen (Inwiefern bleiben Leistungsfähigkeit und Bereitschaft zur weiteren Zusammenarbeit der Teammitglieder bestehen?).

Abschließend ist die Bedeutung der **Teamaufgabe** noch einmal hervorzuheben. Die Art und Struktur der Aufgabe ist nicht nur ein entscheidender Inputfaktor, sondern auch ein Moderator für den Zusammenhang zwischen den Prozessen und Erfolgsmaßen. Inwiefern bestimmtes Verhalten im Team zum Erfolg führt, hängt maßgeblich von der Art der Aufgabe und von den zur Verfügung stehenden Ressourcen ab. Beispielsweise wird der Zusammenhang zwischen der Selbstwirksamkeit der Gruppe (»team-efficacy«, s.o.) und der Teamleistung durch die Abhängigkeit der Aufgabe moderiert; bei einer hohen Abhängigkeit ist der Zusammenhang stärker (Gully et al., 2002).

7.2 Teamentwicklung

»At their best, teams are ideal structures for generating and sharing knowledge, enhancing performance and improving satisfaction.« (Tannenbaum et al., 1996, S. 504)

Leider arbeiten Teams aber nicht immer »at their best« zusammen. Neben der Möglichkeit, das Team-Design zu beeinflussen, d.h. bereits bei der Teamzusammensetzung mögliche Effekte für Erfolgsmaße zu berücksichtigen, können auch **Teamentwicklungsmaßnahmen** ergriffen werden, um die Zusammenarbeit im Team zu optimieren. Dabei handelt es sich um teambezogene Interventionen, bei denen soziale und aufgabenbezogene Prozesse innerhalb eines bereits bestehenden Teams im Mittelpunkt stehen. Teamentwicklungsmaßnahmen werden durchgeführt, um die Effizienz in bestehenden Teams zu verbessern, die Leistungsfähigkeit wieder herzustellen oder neu formierten Teams schnellstmöglich zur vollen Leistungsstärke zu verhelfen (Comelli, 2003).

7.2.1 Entwicklungsphasen in Teams

Teams durchlaufen unterschiedliche **Entwicklungsphasen**. In der Literatur werden verschiedene Modelle beschrieben wie z. B. das Modell von Tuckman (1965; ▶ Web-Exkurs »Phasenmodell der Teamentwicklung nach Tuckman (1965)« zu Kap. 7 unter www.lehrbuch-psychologie.de) oder das **Punctuated-Equilibrium-Modell** von Gersick (1988). Letzteres geht davon aus, dass ein Team bereits ab dem ersten Treffen mit der Bearbeitung der Arbeitsaufgabe beginnt, allerdings auf einem relativ geringen Ausgangsniveau. Ein einmal festgelegter Ansatz bzw. ein festgelegtes Vorgehen wird dann etwa bis zur Halbzeit des Projekts beibehalten. Diese Phase wird deshalb auch als »Inertia Phase« benannt, da sie sich durch eine Inaktivität auszeichnet. Erst zur Halbzeit der Zusammenarbeit findet eine Transition statt: Alte Verhaltensmuster werden abgelegt, und eine neue Arbeitsperspektive wird eingenommen, so dass die zweite Projektphase auf einem wesentlich höheren Leistungsniveau absolviert wird. Nach dieser Transition findet erneut eine Phase der Inaktivität statt, d.h. dass zur Halbzeit festgelegte Ansätze dann bis zum Ende beibehalten werden. Kurz vor Ende kann es zu einem Endspurt kommen, so dass das Leitungsniveau nochmal ansteigen kann.

Hackman und Wageman (2005) beziehen sich auf dieses Modell, um zu verdeutlichen, dass das **Timing** einer Teamentwicklungsmaßnahme für deren Erfolg entscheidend ist. Nur wenn ein Team bereit für die Intervention ist, kann sie ihr Ziel erreichen. Daher sollten die Inhalte der Teamentwicklungsmaßnahme zur gegeben Zeit für die

Teammitglieder relevant sein, wobei das Team nicht aktuell mit anderen, mehr drängenden Aufgaben beschäftigt sein sollte. Beispielsweise sind Maßnahmen vor allem zu Beginn, zur Halbzeit und zum Ende eines Projekts erfolgreich.

7.2.2 Anlässe zur Teamentwicklung

Es gibt unterschiedliche **Anlässe für Teamentwicklung**, welche jeweils auch unterschiedliche Vorgehensweisen erfordern, z. B. ein Team wird neu gebildet, dem Team fehlen Regeln oder Strukturen, das Team unterliegt negativen gruppendynamischen Prozessen, es liegt ein im Vorfeld klar definiertes Problem vor, das Team arbeitet ineffektiv, die mangelnde Kommunikation zwischen Teammitgliedern führt zu Missverständnissen oder Konflikten, es mangelt an unterstützenden Techniken, das Team möchte zu den Besten gehören, persönliche positive Erfahrung mit Teamentwicklung, Führungskräfteentwicklung, die das Team mit in den Blickpunkt nimmt, der Abschluss eines Projektes oder eine Eskalation, so dass nicht mehr im Team geht (ausführlich im ► Web-Exkurs »Anlässe der Teamentwicklung« zu Kap. 7 unter www.lehrbuch-psychologie.de.).

Anlässe für Teamentwicklung sind z. B. fehlende Regeln oder Strukturen.

⊕ Web-Exkurs
»Anlässe der Teamentwicklung«

7.2.3 Elemente der Teamentwicklung

»Ähnlich wie Sportmannschaften auch nicht nur ein einziges Mal trainieren, ist Teamentwicklung in der Regel keine Einzelmaßnahme, sondern ein sich über längere Zeit erstreckender Prozess.« (Comelli, 2009)

Dieser Prozess umfasst mehrere Elemente, die in ◨ Abbildung 7.4 dargestellt sind (Kauffeld & Lehmann-Willenbrock, 2008). Bei der Teamentwicklung ist es wichtig, frühzeitig die Erwartungen, die Ziele und das Vorgehen abzustimmen (Kontaktphase) und mithilfe eines geeigneten Diagnoseinstruments den Ist-Zustand des Teams zu erfassen (Diagnosephase). Nur basierend auf dieser Analyse können in der anschließenden Planungs- und Durchführungsphase geeignete Maßnahmen eingesetzt werden. Abschließend ist eine Evaluation wichtig, um den Erfolg einer Maßnahme zu überprüfen, ggf. Erfolge zu feiern, weitere Schritte im Team einzuleiten und zukünftige Teamentwicklungsmaßnahmen optimieren zu können. Der in ◨ Abbildung 7.4 skizzierte Ablauf stellt einen Idealfall dar. In der Praxis sind beispielsweise Vorgespräche mit allen Teilnehmern häufig nicht zu realisieren.

Teamentwicklung umfasst idealerweise die Phasen Kontakt, Diagnose, Planung, Durchführung und Evaluation.

Was genau versteht man aber nun unter einer Teamentwicklung? Die Zielgruppe für Teamentwicklungsmaßnahmen besteht aus Personen, die im betrieblichen Alltag tatsächlich zusammenarbeiten bzw. in Zukunft zusammenarbeiten werden. Gegenstand der Teamentwicklung sind konkrete betriebliche (Vor-) Fälle oder Probleme, die in einem gemeinsamen Prozess gelöst werden sollen (Comelli, 2009). Bevor verschiedene Ansätze der Teamentwicklung vorgestellt werden, gibt der folgende Abschnitt einen Überblick über geeignete Instrumente für die Diagnosephase.

7.2.4 Teamdiagnose

Die Diagnose ist der Ausgangspunkt für jede erfolgreiche Teamentwicklung. Sie dient der Gewinnung von Informationen über die Zusammensetzung des Teams und der darin ablaufenden Prozesse, da nur so passende **Interventionen** zur Verbesserung von Abläufen oder der Leistung ausgewählt werden können (Kauffeld & Lehmann-Willenbrock, 2008).

Jede Teamentwicklung beginnt mit der Diagnose.

■ Abb. 7.4 Schritte im Teamentwicklungsprozess

Kontaktphase

In der anfänglichen Kontaktphase sind die Erwartungen, die Ziele der Teamentwicklung, das
methodische Vorgehen, die organisatorischen Rahmenbedingungen und der Zeitrahmen für
die Teamentwicklung mit Führungskraft und Team zu klären und vertraglich festzuhalten. Der
Teamentwickler sollte vorab seine Unabhängigkeit von anderen Personen klären. Der
Teamentwickler sollte sich mit Führungskraft und Teilnehmern zu seiner Rolle in der
Teamentwicklung abstimmen.

Diagnosephase

Bevor eine Teamentwicklungsmaßnahme beginnt, sollte sich der Teamentwickler oder Berater
ein genaues Bild über den Ist-Zustand des Teams und die aktuellen Teamprozesse machen,
um geeignete Maßnahmen abzuleiten. Gleichzeitig kann die Diagnosephase helfen, die
Teammitglieder für die Probleme im Team zu sensibilisieren, Betroffenheit herstellen und
möglicherweise erste neue Einsichten über Zusammenhänge im Teamgeschehen zu
erreichen.

Planungsphase

Bei der Planung einer Teamentwicklung werden zum einen die konkreten Inhalte festgelegt.
Zum anderen sollte das Training auf den Erkenntnissen aus der Diagnosephase aufbauen und
individuell auf das jeweilige Team zugeschnitten werden. Das Ergebnis dieser Phase sollte
weniger ein starres Konzept sein, sondern vielmehr trotz klarer Zielsetzung flexibel angepasst
werden können.

Durchführungsphase

Jede Teamentwicklung sollte mit einer Maßnahmenplanung und mit Selbstverpflichtungen der
Teilnehmer abschließen, diese Maßnahmen umzusetzen. Dadurch wird der Transfer der
Ergebnisse aus der Teamentwicklung in den Arbeitsalltag gesichert.

Evaluation

Etwa ein bis drei Monate nach der Teamentwicklung sollte eine Bewertung vorgenommen
werden. Der Zeitpunkt dieser Bewertung richtet sich dabei auch nach der zeitlichen
Perspektive der Maßnahmen, die das jeweilige Team vereinbart hat: Zwischen der
Teamentwicklung und der Erfolgskontrolle sollte ein ausreichender Zeitraum liegen, in denen
Maßnahmen umgesetzt und etabliert werden können.

Teamdiagnose sollte mehr sein als
eine Zufriedenheitsmessung.

Darüber hinaus ist eine **Evaluation** einer Teamentwicklungsmaßnahme nur möglich, wenn zuvor ein Diagnoseinstrument eingesetzt wurde. Basierend auf einer detaillierten Analyse und Beschreibung der Ausgangssituation kann dann der Erfolg einer
Interventionsmaßnahme gemessen werden. Oftmals werden lediglich Zufriedenheits-
messungen nach den Interventionen durchgeführt, allerdings ist die Zufriedenheit der
Teilnehmer kein Garant dafür, dass es zu einer Verhaltensanpassung im Berufsalltag
kommt (s. z. B. Kauffeld, 2010b; ▶ Kap. 6). Die Investition in eine Teamentwicklungsmaßnahme lohnt sich für ein Unternehmen jedoch nur, wenn die Erfolgsmaße des
Teams nachhaltig positiv beeinflusst werden.

Die Diagnose muss nicht auf einzelne **Instrumente** beschränkt bleiben – die Ergänzung unterschiedlicher Instrumente in den verschiedenen Phasen kann sinnvoll sein. Insgesamt stehen zahlreiche diagnostische Instrumente zur Verfügung. Neben dem Einsatz von Fragebögen können auch individuelle Interviews mit jedem Teammitglied oder Gruppeninterviews mit dem ganzen Team oder Untergruppen des Teams durchgeführt werden. Die Erstellung von Problemkatalogen ist ein weiteres Mittel, um im Vorfeld ein Bild über die zu bearbeitenden Themen im Team zu bekommen. Darüber hinaus können die Auswertung von kritischen Ereignissen, die Analyse betrieblicher Vorgänge und Abläufe oder die Inhaltsanalysen von betrieblichen Dokumenten (z. B. Protokolle, E-Mails, Aktennotizen) hilfreich sein. Wenn im Vorfeld keine Diagnosen realisiert werden konnten, helfen Blitzabfragen und Stimmungsbarometer zu Beginn der Teamentwicklung dabei, ein Stimmungsbild einzufangen. Projektive Verfahren (z. B. Anfertigen einer Karikatur oder Collage: »Stellen Sie Ihr Team einmal als Maschine dar!«) werden ebenso genutzt wie »sensing meetings«, bei denen Teilnehmer als Vertreter unterschiedlicher betrieblicher Ebenen oder Instanzen berichten, was man über das Team »so denkt oder spricht«, worüber »man sich Sorgen macht«, was »man am liebsten geändert sehen würde«, etc. (s. Comelli, 2009).

Grundsätzlich werden prozess- und strukturanalytische Verfahren zur Teamdiagnose unterschieden:

- **Prozessanalytische Verfahren** stützen sich auf Beobachtungsdaten. Beispielsweise wird eine bestimmte Arbeitseinheit kritisch analysiert, indem z. B. eine Besprechung oder auch ein ganzer Arbeitstag analysiert wird.
- **Strukturanalytische Verfahren** basieren auf Fragebogendaten und stellen somit ein Zustandsbild des Teams dar. Dabei steht die subjektive Wahrnehmung der Teammitglieder im Vordergrund.

Prozessanalytische Verfahren liefern wertvolle Einblicke ins Team, sind aber sehr aufwändig und oft nur nach intensiver Schulung anwendbar, so dass in der Praxis eher auf strukturanalytische Verfahren zurückgegriffen wird (Kauffeld, 2001).

Prozessanalytische Verfahren

Die **Interaktion-Prozess-Analyse (IPA)** von Bales (1950) war eines der ersten prozessanalytischen Verfahren, bei denen aufgabenbezogenen (Beantwortungsversuche und Fragen) und sozio-emotionale Beiträge (positive und negative) unterschieden wurden. Neuere Instrumente sind z. B. act4teams® (s. z. B. Kauffeld, 2006; ▶ Web-Exkurs »act4teams®« zu Kap. 7 unter www.lehrbuch-psychologie.de) sowie das Instrument zur Kodierung von Diskussionen (IKD) von Schermuly und Scholl (in Druck; ▶ Web-Exkurs »Instrument zur Kodierung von Diskussionen (IKD)« zu Kap. 7 unter www.lehrbuch-psychologie.de).

Strukturanalytische Verfahren

Mithilfe strukturanalytischer Verfahren wird der momentane Zustand im Team abgebildet. Hoher Beliebtheit erfreuen sich dabei **Fragebogen**, die individuelle Vorlieben der einzelnen Teammitglieder zu den Themen Lernen, Denken, Problemlösen, Problemlösen und Werten abbilden. Die verschiedenen Vorlieben werden nicht als gut oder schlecht bewertet, sondern als angemessen oder unangemessen in bestimmten Situationen, denn Individuen unterscheiden sich in der Stärke ihrer Präferenzen einzelner Stile sowie in ihrer Flexibilität, ihren Stil bei neuen Anforderungen anpassen zu können.

Viele der Verfahren dieser Kategorie, die in der Praxis weit verbreitet sind, sind nur über Lizensierungsverfahren einsetzbar. Der Fokus liegt bei ihnen auf der Zusammensetzung im Team sowie der Entwicklung von gegenseitigem Verständnis für die Schwächen der anderen. Allerdings weisen viele Verfahren keine oder mangelhafte psycho-

---

Marginalien:

Teamdiagnosen sind wichtig für die Evaluation der eingesetzten Maßnahme und für die Nachhaltigkeit der Erfolge.

Es werden werden prozess- und strukturanalytische Verfahren zur Teamdiagnose unterschieden.

Prozessanalytische Verfahren stützen sich auf Beobachtungsdaten.

Die Interaktion-Prozess-Analyse (IPA) war eines der ersten prozessanalytischen Verfahren.

⊙ Web-Exkurs »act4teams®«
⊙ Web-Exkurs »Instrument zur Kodierung von Diskussionen (IKD)«

Strukturanalytische Verfahren basieren auf Fragebogendaten und sind deshalb in der Praxis einfach anwendbar.

◻ Tab. 7.1 Vor- und Nachteile prozess- und strukturanalytischer Verfahren

	prozessanalytische Verfahren	strukturanalytische Verfahren
Fokus	objektive Realität	subjektive Wahrnehmung der Gruppenmitglieder
methodischer Zugang	Verhaltensbeobachtung	Fragebogen
Vorteile	hoher Informationswert Detailgenauigkeit adäquate Abbildung komplexer Phänomene keine bzw. geringe Reaktivität Erfassung von Gruppenstrukturen über Datenaggregation	hohe Standardisierung geringer Zeitaufwand geringer Bedarf an Ressourcen einfacher Einsatz bei Langzeituntersuchungen subjektive Einschätzung (z. B. Ärger)
Nachteile	geringe Standardisierung hoher Zeitaufwand hoher Bedarf an Ressourcen Kodiertraining erforderlich »Schluck«-Effekt (Ärger wird z. B. nicht angesprochen)	grobes Bild hohe Reaktivität bei wiederholtem Einsatz Erinnerungseffekte – besonders bei kurzen Abständen zwischen den Einsätzen keine Information über Mikroprozesse

Zu den strukturanalytischen Verfahren zählt der Fragebogen zur Arbeit im Team (FAT).

⊕ Web-Exkurs »Fragebogen zur Arbeit im Team (FAT)«

metrische Gütekriterien auf und sind nicht validiert. Die einseitige Fokussierung relativ überdauernder Stile, die losgelöst von der Arbeitssituation im Team erhoben werden, birgt die Gefahr der Stigmatisierung einzelner Teammitglieder (vgl. Kauffeld, 2001).

Neuere verhaltensnahe Fragebogen zu Aspekten der Zusammenarbeit im Team zeigen hingegen **Stärken und Schwächen des Teams** direkt auf, so dass im Vergleich zu den Stil- und Rollendiagnosen die Ergebnisse nicht erst aufwändig erklärt werden müssen. Die verlangte Interpretationsleistung ist eher gering, so dass die Verfahren auch zur Selbstanwendung durch das Team geeignet sein können. Verhaltensnahen Fragebogen fokussieren nicht einseitig auf die richtige Zusammensetzung eines Teams, sondern betonen den Entwicklungsaspekt und können so wertvolle Anregungen für Teamentwicklungen geben. Viele dieser Fragebogen konzentrieren sich auf einzelne Aspekte der Zusammenarbeit im Team. Das Teamklima-Inventar (*Brodbeck et al., 2001*) betrachtet beispielsweise das Teamklima für Innovation. Ein Instrument mit einem allgemeinen Zugang zu den Aspekten der Zusammenarbeit im Team stellt der Fragebogen zur Arbeit im Team (FAT) dar (Kauffeld, 2004, ▶ Web-Exkurs »Fragebogen zur Arbeit im Team (FAT)« zu Kap. 7 unter www.lehrbuch-psychologie.de). ◻ Tabelle 7.1 stellt verschiedene Vor- und Nachteile strukturanalytischer Verfahren den Vor- und Nachteilen prozessanalytischer Verfahren gegenüber (Kauffeld, 2001, S. 57).

7.2.5 Ansätze der Teamentwicklung

Im Folgenden werden einige Ansätze der Teamentwicklung vorgestellt, die sich z. B. bezüglich der **inhaltlichen Nähe zum betrieblichen Alltag** unterscheiden (z. B. Outdoor-Trainings, die unabhängig vom eigentlichen Aufgabenbereich in der freien Natur stattfinden im Vergleich zu Teamcoachings, bei denen ein Team am Arbeitsplatz begleitet wird).

Outdoor-Training

Eigentlich verwundert es nicht, dass sich Trainings und Seminare, die die gängige Konzeption von Teamentwicklungen oder -trainings mit Vorträgen und Übungen in einem

Hotelraum durchbrechen, auf hohe Akzeptanz stoßen. Dennoch stellt sich unweigerlich die Frage, was eigentlich hinter sogenannten Outdoor-Trainings steckt. Rein äußerlich betrachtet handelt es sich dabei um verschiedene Übungen und Aufgaben, meist mit **körperlicher Aktivität** verbunden, die von einem Team in der freien Natur, also außerhalb des betrieblichen Kontextes, absolviert werden (Winkler & Stein, 1994). Bekannt sind z. B. Übungen im Hochseilgarten, bei denen die Teammitglieder lernen, sich zu vertrauen, indem ein Teammitglied mit verbundenen Augen durch einen Parcours geführt wird. Dabei sollen ungünstige Routinen und Prozessabläufe im Team festgestellt werden.

Der entscheidende Faktor dabei ist, die Teilnehmenden zu ermuntern, in einem anderen Kontext Verhaltensweisen zu zeigen, die im beruflichen Alltag nicht vorkommen. Insgesamt stehen also eher gruppenbildende und kohäsionsfördernde Wirkungen im Vordergrund, die letztendlich das Wir-Gefühl des Teams steigern (Comelli, 2009). Dabei lassen sich Parallelen zum erfahrungs- und handlungsorientierten Lernen erkennen.

Nach Ausführung und Abschluss einer bestimmen Gruppenaktivität geht es um die **Auswertung** des Beobachteten und Gelernten. Im Falle der Hochseilgartenübung könnte z. B. besprochen werden, wie das Vertrauen untereinander erlebt wurde. Daran schließen sich weiterführende Fragen nach der Bedeutung des Erlebten für jeden Einzelnen und die Gruppe insgesamt an. Auf diese Weise soll der Transfer in den organisationalen Kontext gesichert werden. Dies geschieht durch Konkretisierung von Handlungsvorhaben und -schritten, die dann ausprobiert und optimiert werden sollen. Hier könnte der Trainer im Hochseilgarten anschließen und fragen, auf welche gruppeninternen Abläufe die Teammitglieder ihr Erfahrungen anwenden wollen, wie das genau aussehen soll und wer für die Umsetzung dieser Neuerungen verantwortlich ist. Dadurch werden die Teamentwicklungsphasen transparent und eher erlebbar.

Genau dieser Aspekt ist jedoch auch Teil der **Kritik** an Outdoor-Trainings, denn es findet keine Bearbeitung echter betrieblicher Vorfälle statt, weswegen Outdoor-Trainings auch von klassischen Teamentwicklungen zu unterscheiden sind (Comelli, 2009). Der Transfer in den beruflichen Alltag ist daher umstritten (z. B. Teichgräber & März, 2000). Außerdem wird im Outdoor-Training meist ein geschlossenes Problem vorgegeben, bei dem das Ziel bereits vorgegeben ist (Beispiel Spinnennetz: Alle Teilnehmer müssen von einer Seite des Spinnennetzes auf die andere gelangen, wobei das Netz nicht berührt und jede Lücke nur einmal genutzt werden darf) und nur der Weg zu diesem Ziel noch unklar ist (z. B. die Frage, wer welches Loch im Netz nutzt bzw. in welcher Reihenfolge die Personen die Seite wechseln). Die Zielgruppe dieser Trainings, die sich oft in der Managementebene ausmachen lässt, hat es im Arbeitsalltag jedoch eher mit offenen Problemen zu tun, bei denen sowohl der Lösungsweg als auch der Zielzustand unbekannt sind (Cierjacks, 2002).

Eine neuere, dem Outdoor-Training in Dauer, Örtlichkeit und Erlebnischarakter sehr ähnliche Teamtrainingmethode, ist das Life-Action-Role-Playing (Cierjacks, 2002), bei dem bis zu tausend Teilnehmer selbstgewählte Rollen spielen, um z. B. soziale Kompetenzen zu trainieren (▶ Exkurs).

Eine umfassende **Evaluation** von Outdoor-Trainings steht noch aus. Zwar werden Teilnehmer dieser Trainings häufig gefragt, ob das Training ihnen gefallen hat und sie zufrieden sind, allerdings ist die häufig sehr positive Bewertung noch kein Garant für einen Transfer und Nutzen im Arbeitsalltag. Daher ist es wichtig, vorab die Möglichkeiten und Grenzen eines solchen Trainings aufzuzeigen und zu überlegen, wie der Transfer nach dem Training unterstützt werden kann.

Feedback

Die Rückmeldung von Ergebnissen aus den oben beschriebenen Diagnoseverfahren löst im Team Reflexionsprozesse aus, die beispielsweise in gemeinsamen Dialogen oder

Outdoor-Trainings basieren auf körperlicher Aktivität in freier Natur (z. B. Hochseilgarten zur Vertrauensbildung).

Outdoor-Trainings dienen der Kohäsionsförderung.

Der Abschluss bildet eine gemeinsame Auswertung des Erlebten.

Der Transfer in den beruflichen Kontext ist bei Outdoor-Trainings umstritten, zudem werden die Arbeit mit geschlossenen Problemen und der fehlende Einsatz konkreter betrieblicher Vorfälle kritisiert.

Outdorr-Trainings wurden noch nicht umfassend evaluiert.

Exkurs

Life-Action-Role-Playing als Teamtraining

Life-Action-Role-Playing ist als Unterform von Plan- und Systemspielen zu verstehen, welche aber bewusst in berufsfernen Kontexten gesetzt werden. Gruppen von 20 bis 1000 Teilnehmern spielen dabei mit selbstgewählten Rollen zusammen. Das Spiel kann sich dabei über Stunden bis hin zu Wochen erstrecken und findet im Freien statt (Cierjacks, 2002). Entscheidend dafür sind ein festgelegter organisatorischer und zeitlicher Rahmen sowie die Koordination einer Gruppe von Spielern durch eine Organisationsgruppe, die die Einhaltung der Regeln sicherstellt. Ziel dieser Rollenspiele für Teams ist die Vermitt-

lung und Entwicklung sozialer Kompetenzen. Erreicht wird dieses Ziel durch Selbsterfahrung und Übernahme verschiedener Rollen im Spiel, das Durchspielen verschiedener Varianten und die damit einhergehende Perspektivenübernahme. Durch die hohe Gestaltbarkeit der Spielsituation durch die Spieler selbst bietet das Life-Action-Role-Playing gegenüber Outdoor-Trainings den Vorteil, dass Ziele und Handlungswege offen bleiben, d.h. dass die Gruppe selbst Ziele festlegt und Lösungswege diskutiert. Eine umfassende Evaluation und Wirksamkeitsprüfung solcher Rollenspiele steht allerdings noch aus.

> Feedback kann als Ausgangspunkt für Teamentwicklungsmaßnahmen gesehen werden.

kontinuierlichen Verbesserungsprozessen sichtbar werden (Kauffeld, 2005). Feedback erzielt also eine erste verhaltenssteuernde bzw. -modulierende Wirkung, auf die sich anschließende Teamentwicklungsmaßnahmen aufbauen. Somit kann Feedback als **Ausgangspunkt für die Teamentwicklung** gesehen werden (Hennlein & Jöns, 2008).

Ein Ansatz zur Rückmeldung ist die **Survey-Feedback-Methode**. Darunter ist das systematische Sammeln von Befragungsdaten über ein System, hier ein Team, mit anschließender Rückmeldung der Ergebnisse an das System zu verstehen. In der gemeinsamen Diskussion werden dann erste Verbesserungsideen entwickelt. Die Survey-Feedback-Methode bietet die Möglichkeit zur Partizipation, denn die Feedbackempfänger können zum Feedback Stellung nehmen oder eine Selbsteinschätzung vornehmen.

> Feedback sollte u.a. überprüfbar und spezifisch sein und unmittelbar erfolgen.

Neben der Partizipationsmöglichkeit gibt es weitere **Kriterien** für Feedback. Beispielsweise sollte es möglichst überprüfbar und spezifisch sein, um eine Robustheit gegenüber Verzerrungen zu erzeugen. Zudem ist es wichtig, dass das Feedback unmittelbar erfolgt, d.h. direkt auf das interessierende Verhalten gegeben wird, um eine Verbindung zwischen Verhalten und Feedback herzustellen; ein Umweg über Dritte sollte vermieden werden. Konstruktives Feedback bezieht sich ausschließlich auf Sachverhalte oder Verhaltensweisen, die der Empfänger auch tatsächlich beeinflussen kann. Weiterhin fällt es dem Feedbackempfänger leichter, einen Nutzen aus der Rückmeldung zu ziehen, wenn der Feedbackgeber sein Anliegen mit einem konkreten Ziel verknüpft. Die Ableitung konkreter Maßnahmen ist für eine überdauernde Wirkung des Feedbacks entscheidend. In einem Teamentwicklungsprozess bietet sich Feedback daher auch an, um die Wirksamkeit der Maßnahmen prozessbegleitend zu prüfen und Veränderungen festzustellen.

Teamreflexivität

> Teamreflexivität ist das Ausmaß der Reflexion teambezogener Aspekte und der daraus resultierenden Verhaltensanpassung.

Teamreflexivität ist das Ausmaß, in dem Teammitglieder gemeinsam Ziele, Strategien und Prozesse des Teams reflektieren und über diese kommunizieren sowie darauf basierend ihr Verhalten anpassen (West & Sacramento, 2010). Während reflektierende Teams z. B. detailliert planen, Langzeitkonsequenzen beachten und mehr Umweltfaktoren mit einbeziehen, zeichnen sich nicht-reflektierende Teams dadurch aus, dass sie Zielen, Strategien und der Umwelt wenig Aufmerksamkeit zukommen lassen und an bewährten Verhaltensmustern festhalten.

> Ein transformationaler Führungsstil oder ein kooperatives Umfeld fördern Reflexionsprozesse.

Es gibt unterschiedliche **Faktoren**, die einen Reflexionsprozess auslösen können (Widmer et al., 2009; vgl. ◻ Abb. 7.5). Führungskräfte können beispielsweise durch die Wahl eines geeigneten Führungsstils Reflexionen fördern. Während eine Führungskraft, die Fehler nicht diskutiert, oder Konflikte löst, ohne langfriste Perspektiven zu beachten, Reflexionsprozesse hemmen kann, wird z. B. durch transformationale Führung (▶ Kap. 4) Reflexion im Team gefördert. Darüber hinaus haben Eigenschaften des

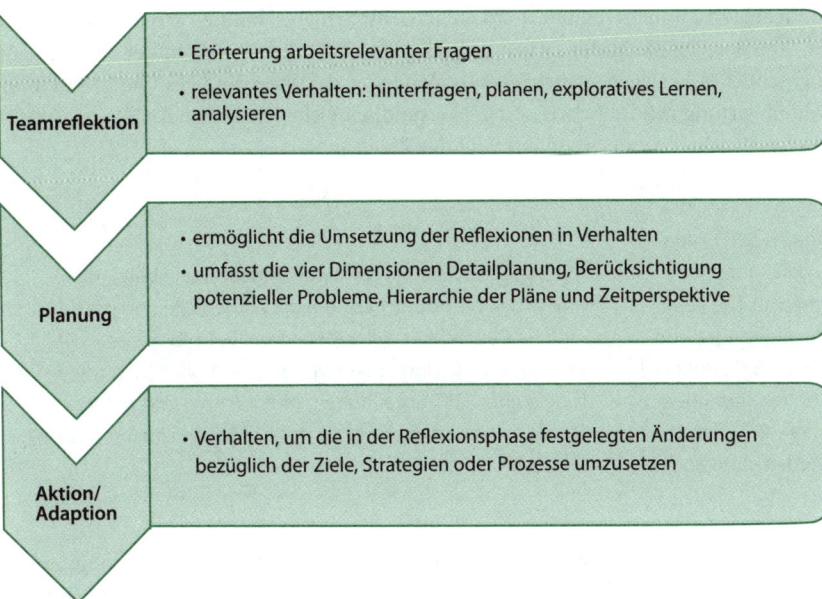

◻ **Abb. 7.5** Prozess der Team-reflexivität

Teams einen Einfluss auf das Ausmaß an Reflektionsprozessen. Beispielsweise führt ein kooperatives Umfeld, in dem sich die Teammitglieder sicher fühlen, einander vertrauen und und Vision teilen, zu mehr Reflexionsprozessen im Team. Auch heterogene Teams können aktivierend wirken: Durch das Zusammentreffen verschiedener Sichtweisen wird die Kommunikation über diese gefördert, und es werden verschiedene Lösungswege betrachtet. Darüber hinaus hat sich gezeigt, dass die Persönlichkeit der Teammitglieder, die Kohäsion, das Konfliktmanagement sowie das Wissen und die Fähigkeiten im Team einen Einfluss auf die Reflexivität haben. Insbesondere die Fähigkeit, mit anderen zu interagieren sowie Projekte zu strukturieren und kontrollieren, sind wichtige Aspekte (vgl. Widmer et al., 2009).

Das gemeinsame Reflektieren von Arbeitsprozessen und des Arbeitsumfeldes sowie die daraus abgeleiteten Optimierungsmaßnahmen, sind wichtig für das Lernen in und die Entwicklung von Teams. Im Rahmen eines Teamentwicklungsprozesses können Reflexions-Workshops eingesetzt werden, um Reflexionsprozesse zu initiieren (s. z. B. Neininger & Kauffeld, 2009).

Teamcoaching

Ziel eines Teamcoachings ist die nachhaltige Begleitung von Teams. Dabei steht die Aktivierung einer systematischen und intensiven gemeinsamen **Selbstreflexion der Gruppe** im Vordergrund. Dies kann zum Beispiel durch die angeleitete Reflexion der eigenen Stärken und Schwächen erfolgen, anhand derer Ansatzpunkte für Verbesserungen erarbeitet werden (Greif, 2008).

Es ist zu berücksichtigen, dass der Erfolg eines Einzel- oder Gruppencoachings maßgeblich von der Mehrebenenarbeit des Coachs, also der Analyse und Berücksichtigung der wahrgenommenen Einflüsse und Ressourcen der verschiedenen Systemebenen, abhängt. Es sollte daher sowohl ein Coaching auf Team- als auch auf individueller Ebene (zumindest mit Schlüsselpersonen) stattfinden (Greif, 2008; ▶ Web-Exkurs »act4teams-coaching®« zu Kap. 7 unter www.lehrbuch-psychologie.de).

Crew Resource Management-Training

High Responsibility Teams (HRT) gewinnen zunehmend an Bedeutung. Zu diesen zählen beispielweise Teams für Extremsituationen, die u.a. bei Feuerwehr, Polizei, Luftfahrt, Kernenergie und in der medizinischen Versorgung tätig sind (▶ Exkurs). Je besser

Teamcoaching ist ein Ansatz zur nachhaltigen Begleitung von Teams.

⊕ **Web-Exkurs**
   »act4teams-coaching®«

High Responsibility Teams (HRT) tragen viel Verantwortung.

die Teams zusammenarbeiten, desto mehr Menschenleben können gerettet werden. Da ca. 70% der Unfälle in der zivilen Luftfahrt und 80% der Unfälle in der Medizin auf menschliches Versagen zurückgehen (s. Müller et al., 2006), sind HRT aufgrund ihrer Verantwortung für das Leben und die Gesundheit vieler Menschen für Teamentwicklungsmaßnahmen eine besonders wichtige Zielgruppe.

Exkurs

Was zeichnet High Responsibility Teams (HRT) aus?
High Responsibility Teams heben sich durch ihre hohe Verantwortung von anderen Teamformen ab. Die Verantwortung liegt zum einen darin, dass die Ergebnisse von HRT in der Regel nicht mehr umkehrbar sind. Getroffene Entscheidungen oder ausgeführte Aktionen sind überaus weitreichend und umfassend. Begonnene Aktionen können meist nicht mehr abgebrochen werden. Zum ande-

ren tragen HRT auch Verantwortung für das Leben anderer. Ihre Arbeit betrifft nicht selten die körperliche und psychische Gesundheit vieler Menschen, beispielsweise in Katastrophensituationen. Aufgrund dieser hohen Verantwortung stehen HRT unter hohem öffentlichem und zeitlichem Druck, so dass sie meist ohne Unterbrechung (kaum Pausen) arbeiten.

Für HRT wurd ein spezielles Training entwickelt: das Crew Resource Management Training CRM)

Um den Transfer zu gewährleisten, müssen die Inhalte eines CRM-Trainings an die Teams und Arbeitskontexte angepasst werden.

HRT müssen u.a. ad hoc und sofort einsetzbar sein und zum Teil mit bis dahin unbekannten Teammitgliedern zusammenarbeiten. Eine Teamentwicklung zur Herausarbeitung der Rollen im Team, zum Festlegen von Spielregeln in der Zusammenarbeit oder zur Reflexion von Strategien, kommt für sie daher nicht infrage. Vor diesem Hintergrund wurde ein spezielles Training für HRT entwickelt: das **Crew Resource Management-Training (CRM)**. Ziel dieser Trainings ist es, die effektive Nutzung aller verfügbaren Ressourcen (Menschen, Ausrüstung, Informationen) zu trainieren, die Zusammenarbeit im Team zu verbessern und so die Leistung zu erhöhen (Salas et al. 2006). Dazu werden systematische Optimierung und Standardisierung von Abläufen, Verfahren und der Kommunikation zwischen den Besatzungsmitgliedern eingeübt. Vor allem die Reduktion der Wahrscheinlichkeit für mögliche menschliche Fehler steht häufig im Fokus dieser Trainings, so dass besonders Fähigkeiten gefördert werden, die im jeweiligen Umfeld der HRT helfen, Fehler zu vermeiden, sie frühzeitig zu entdecken und ihre möglichen negativen Folgen zu reduzieren. Allerdings unterscheiden sich die verschiedenen CRM bezüglicher der konkreten Trainingsinhalte und der angewandten Methoden stark voneinander (Salas et al. 2001).

7.2.6 Effekte von Teamentwicklungsmaßnahmen

Abschließend stellt sich die Frage, inwiefern sich für Unternehmen der Einsatz von Teamentwicklungsmaßnahmen tatsächlich lohnt. Da diese auch immer mit einem Kosten- und Zeitaufwand verbunden sind, ist es von Bedeutung, einen **Nachweis** für die Verbesserung der Teamleistung durch diese Maßnahmen zu erbringen. Eine Metaanalyse aus dem Jahr 1999 konnte jedoch keine signifikanten Effekte von Teamentwicklungsmaßnahmen auf die Teamleistung nachweisen. Die Effekte variierten mit der Art und Weise, wie die Leistung operationalisiert wurde. Objektive Leistungsmessungen zeigten keine signifikanten Leistungseffekte, während das subjektive Leistungsempfinden durch Teamentwicklungsmaßnahmen tendenziell, wenn auch gering, gesteigert werden konnte (Salas et al. 1999).

Neue Studien zeigen einen positiven Effekt von Teamentwicklungsmaßnahmen.

Deutlich positive Ergebnisse zeigt hingegen eine aktuelle Metaanalyse auf (Klein et al. 2009). Alle Teamentwicklungsmaßnahmen (Zielsetzung, interpersonelle Beziehungen, Problemlösung und Rollenklärung) korrelierten signifikant positiv mit den Outputvariablen ($r = .31$). Insbesondere affektive Gruppenmerkmale ($r = .44$, z. B. Vertrauen, »team potency«) und prozessbezogene Veränderungen ($r = .44$, z. B. in den Bereichen Koordination und Kommunikation) wurden von Teamentwicklungsmaßnahmen beeinflusst. Die Zielsetzung erreicht mit r = .37 die höchste Korrelation der Teamentwicklungsmaßnahmen mit allen Outputvariablen, gefolgt von der Rollenklärung im Team (r = .35). Die unterschiedlich starken Zusammenhänge zwischen bestimmten Maßnahmen und Ergebnissen legen nahe, dass nicht alle Teams von denselben Teamentwicklungsmaßnahmen gleichermaßen profitieren, sondern dass eine **gezielte Auswahl** der Intervention notwendig ist. Dies zeigt noch einmal die Bedeutung des Einsatzes eines geeigneten Instruments der Teamdiagnose auf.

Eine Auflösung des Fallbeispiels, indem der Leiter eines Teams einer Bankfiliale eine Rolle spielte, ist im ▶ Web-Exkurs »Fallbeispielauflösung« zu Kapitel 7 unter www. lehrbuch-psychologie.de zu finden.

> Interventionen müssen gezielt ausgewählt werden.

> ⊕ **Web-Exkurs »Fallbeispielauflösung Kapitel 7«**

> ❓ **Kontrollfragen**
>
> 1. Wie können Teams klassifiziert werden?
> 2. Welche Rolle spielt der Zeitpunkt der Intervention für Teamentwicklungsmaßnahmen?
> 3. In welche Phasen gliedert sich ein Teamentwicklungsprozess?
> 4. Welche beiden Arten der Teamdiagnose werden unterschieden und was sind deren Kennzeichen?
> 5. Was ist unter Teamreflexivität zu verstehen?
> 6. Welche Besonderheiten weisen High Responsibility Teams auf?

Kauffeld, S. (2001). *Teamdiagnose.* Göttingen: Verlag für Angewandte Psychologie.

Schumann, S (Ed.). (2010). *The handbook for working with difficult groups: How they are diffcult, why they are difficult, what you can do.* San Francisco; CA: Jossey-Bass/Wiley.

Wastian, I., Braumandl & L. von Rosenstiel (2009). *Angewandte Psychologie für das Projektmanagement.* Berlin, New York, Tokio, Heidelberg: Springer.

Wheelan, S. A. (Ed.). (2005). *The Handbook of Group Research and Practice.* Thousand Oaks: Sage Publications.

> ▶ **Weiterführende Literatur**

Literaturverzeichnis

Anderson, N. R. & West, M. A. (1994). *The Team Climate Inventory, Manual.* Windsor: ASE Press.

Antoni, C. (2000). *Teamarbeit gestalten: Grundlagen, Analysen, Lösungen.* Weinheim: Beltz.

Bales, R. F. (1950). A Set of Categories for the Analysis of Small Group Interaction. *American Sociology Review, 15,* 257-263.

Brodbeck, F. C., Anderson, N. & West, M. (2001). *Das Teamklima Inventar (TKI).* Göttingen: Hogrefe.

Brodbeck, F. C. & Guillaume, Y. R. F. (2010). Arbeiten in Gruppen. In U. Kleinbeck & K.–H. Schmidt (Hrsg.), *Arbeitspsychologie* (S. 215–284). Göttingen: Hogrefe.

Cierjacks, M. (2002). s. Links.

Comelli, G. (2003). Anlässe und Ziele von Teamentwicklungsprozessen. In S. Stumpf & A. Thomas (Hrsg.), *Teamarbeit und Teamentwicklung* (S. 169–189). Göttingen: Hogrefe.

Comelli, G. (2009). Qualifikation für Gruppenarbeit: Teamentwicklungstraining. In L. v. Rosenstiel, E. Regent & M. Domsch (Hrsg.), *Führung von Mitarbeitern: Handbuch für erfolgreiches Personalmanagement,* 6. Aufl. (S. 360–387). Stuttgart: Schäffer-Poeschel.

Cummings, T. G. & Worley, C. G. (2009). *Organization Development & Change.* Mason: South-Western Cencage Learning.

De Dreu, C. K. W. & Weingart, L. R. (2003). Task versus relationship conflict, team performance, and team member satisfaction: A meta-analysis. *Journal of Applied Psychology, 88,* 741–749.

Devine, D. J., Clayton, L. D., Philips, J. L., Dunford, B. B. & Melner, S. B. (1999). Teams in Organizations: Prevalence, Characteristics, and Effectiveness. *Small Group Research, 30,* 678-711.

Forsyth, D. R. (2009). *Group Dynamics,* 5. Aufl. Wadsworth: Cengage Learning.

Gersick, C. J. G. (1988). Time and transition in work teams: Toward a new model of group development. *Academy of Management Journal, 3,* 9-41.

Goodwin, G. F., Burke, C. S., Wildman, J. L. & Salas, E. (2009). Team Effectiveness in Complex Organizations: An Overview. In E. Salas, G. F. Goodwin & C. S. Burke (Hrsg.), *Team Effectiveness in Complex Organizations* (S. 3–16). New York: Taylor & Francis.

Greif, S. (2008). *Coaching und ergebnisorientierte Selbstreflexion. Innovatives Management.* Göttingen: Hogrefe.

7

Gully, S. M., Incalcaterra, K. A., Joshi, A. & Beaubien, J. M. (2002). A Meta-Analysis of Team-Efficacy, Potency, and Performance: Interdependence and Level of Analysis as Moderators of Observed Relationships. *Journal of Applied Psychology, 87 (5)*, 819-832.

Hackman, J. R. & Wageman, R. (2005). A Theory of Team Coaching. *Academy of Management Review, 30 (2)*, 269-287.

Hennlein, S. & Jöns, I. (2008). Entwicklung durch Feedback. In I. Jöns (Hrsg.), *Erfolgreiche Gruppenarbeit: Konzepte, Instrumente, Erfahrungen* (S. 117–128). Wiesbaden: Gabler.

Hollenbeck, J., Beersma, B. & Schouten, M. (2010). *Beyond Typology and Taxonomy: An Integrated Framework for Describing Alternative Team Types*. Paper presented at the fifth annual Ingroup Conference, Washington, DC.

Jehn, K. A. (1995). A multimethod examination of the enefits and detriments of intragroup conflict. *Administrative Sciende Quarterly, 40*, 256–282.

Kauffeld, S. (2001). *Teamdiagnose*. Göttingen: Verlag für Angewandte Psychologie.

Kauffeld, S. (2004). *Der Fragebogen zur Arbeit im Team (FAT)*. Göttingen: Hogrefe.

Kauffeld, S. (2005). Teamfeedback. In I. Jöns & W. Bungard (Hrsg.), *Feedbackinstrumente im Unternehmen* (S. 145–160). Wiesbaden: Gabler.

Kauffeld, S. (2006). *Kompetenzen messen, bewerten, entwickeln*. Stuttgart: Schäffer-Poeschel.

Kauffeld, S. (2010b). *Nachhaltige Weiterbildung: Betriebliche Seminare und Trainings entwickeln, Erfolge messen, Transfer sichern*. Heidelberg: Springer.

Kauffeld, S. & Lehmann-Willenbrock, N. (2008). Teamdiagnose und Teamentwicklung. In I. Jöns (Hrsg.), *Erfolgreiche Gruppenarbeit. Konzepte, Instrumente, Erfahrungen* (S. 30–41). Wiesbaden: Gabler.

Klein, C., DiazGranados, D., Salas, E., Le H., Burke, C. S., Lyons, R. & Goodwin G. F. (2009). Does Team Building Work? *Small Group Research, 40*, 181-222.

Manser , T. (in press). *High Responsibility Teams - Eine systematische Analyse von Teamarbeitskontexten.*

Mathieu, J., Maynard, M. T., Rapp, T. & Gilson, L. (2008). Team Effectiveness 1997-2007: A Review Advancements and a Glimpse Into the Future. *Journal of Management, 34*, 410-476.

Müller, M. P., Hänsel, M., Hübler, M. & Koch, T. (2006). Vom Fehler zum Zwischenfall - Strategien zur Erhöhung der Patientensicherheit in der Anästhesie. *Anästhesie Intensivmedizin, 47*, 13-25.

Neininger, A. & Kauffeld, S. (2009). Reflexion als Schlüssel zur Weiterentwicklung von Gruppenarbeit. In S. Kauffeld, S. Grote & E. Frieling (Hrsg.), *Handbuch Kompetenzentwicklung* (S. 233–255). Stuttgart: Schäffer-Poeschel.

Parent-Thirion, A., Macías, E. F., Hurley, J. & Vermeylen, G. (2008). s. Links.

Powell, A., Piccoli, G. & Ives, B. (2004). Virtual Teams: A Review of Current Literature and Directions for Future Research. *The DATA BASE for Advances in Information Systems, 35 (1)*, 6-36.

Salas, E., Rozell, D., Mullen, B. & Driskell, J. E. (1999). The Effect of Team Building on Performance: An Integration. *Small Group Research, 30 (3)*, 309-329.

Salas, E., Burke, C. S., Bowers, C. A. & Wilson, K. A. (2001). Team Training in the Skies: Does Crew Resource Management (CRM) Training Work? *Human factors: The Journal of the Human Factors and Ergonomics Society, 43*, 641-674.

Salas, E., Wilson, K. A., Burke, C. S. & Wightman, D. C. (2006). Does Crew Resource Management Training Work? An Update, an Extension, and Some Critical Needs. *Human Factors, 48 (2)*, 392-412.

Schermuly, C. C. & Scholl, W. (in Druck). *Instrument zur Kodierung von Diskussionen (IKD)*. Göttingen: Hogrefe.

Tannenbaum, S. I., Salas, E. & Cannon-Bowers, J. A. (1996). Promoting team effectiveness. In M. A. West (Hrsg.), *Handbook of work group psychology* (S. 503–529). West Sussex: Wiley.

Teichgräber, R. & März, B. A. (2000). Outdoor-Trainings zur Teamentwicklung? Mode oder Methode? In S. M. Schmitz-Buhl (Hrsg.), *Wirtschaftspsychologie: Unternehmen verändern*. Lengerich: Papst.

Tuckman, B. W. (1965). Developmental sequences in small groups. *Psychological Bulletin, 63*, 348-399.

West, M. A. & Sacramento, C. A. (2010). Team Reflexivity. In J. M. Levine & M. A. Hogg (Hrsg.), *Encyclopedia of Group Processes and Intergroup Relations* (S. 907–909). Thousand Oaks: Sage. Widmer, P. S., Schippers, M. C. & West, M. A. (2009). Recent Developments in Reflexivity Research: A Review. *Psychology of Everyday Activity, 2 (2)*, 2-11.

Winkler, S. & Stein, F. (1994). Outdoor-Training: ein Erfahrungsbericht. In L. M. Hofmann & E. Regnet (Hrsg.), *Innovative Weiterbildungskonzepte* (S. 329-334). Göttingen: Hogrefe.

8 Interkulturelle Kommunikation und Kooperation

Simone Kauffeld & Ramona Thomas

Lernziele

- Faktoren, die für Kultur kennzeichnend sind, erläutern können.
- Kenntnis davon haben, welche Funktionen Kultur erfüllt.
- Unterschiede in Einstellungen, Wahrnehmungen und Werten erklären können.
- Über Konzepte, die der Erfassung und Abgrenzung von Kultur dienen, Bescheid wissen.
- Die Beziehungen zwischen Kultur, Organisation und Management kennen.
- Wissen, wie interkulturelle Kompetenzen in Personalauswahl, Personalentwicklung und Personalführung berücksichtigt und gefördert werden können.

Beispiel

Fallbeispiel

Stellen Sie sich vor, Sie sind Teil eines Beraterteams. Sie wurden beauftragt, dem Senior Management des Hydropolis Unterwasserhotels in Dubai zu helfen, die Unternehmensexpansion voranzutreiben und dabei weitere Herausforderungen, denen das Unternehmen gerade gegenübersteht, zu lösen. Ihnen stehen folgende Informationen zur Verfügung:

- Allgemeines: Hydropolis ist eines der ersten Unterwasserhotels der Welt. Das Hydropolis liegt 20 Meter unter der Wasseroberfläche im arabischen Golf. Durch einen Tunnel aus Plexiglas ist die Unterwasseranlage mit der Landstation des Hotels verbunden. Auf einer riesigen Fläche von 260 Hektar, die vergleichbar ist mit der Größe von etwa 364 Fußballfeldern, sind 220 luxuriöse Hotelsuiten entstanden. Das Unterwasserhotel existiert seit 2009 und gilt als eines der exklusivsten Reiseziele der Welt. Zusätzlich zu den Hotelgästen wird die Sehenswürdigkeit täglich von ca. 3000 Touristen besucht. Für die nächsten fünf Jahre ist eine Kette von weiteren Unterwasserhotels in anderen Ländern mit jeweils einzigartigem Design geplant.

- Personalstruktur: Das Hydropolis beschäftigt 1000 Personen in den Bereichen Hotel, Gastronomie und Küche, Gesundheit, Wellness, Sicherheit, Animation, Architektur und Landschaftsgärtnerei. Die Mitarbeiter kommen aus 40 unterschiedlichen Ländern und weisen entsprechend viele Nationalitäten auf. Der Hoteldirektor und seine

8

□ **Abb. 8.1** Hydropolis Unterwasserhotel. (© Crescent Hydropolis Holdings (LLC))

engste Führungsriege (das Senior Management) kommen alle aus Griechenland. Typischerweise haben die meisten Angestellten Verträge von einer Dauer zwischen sechs und zehn Monaten. Nach einer vierwöchigen bis zweimonatigen Pause werden die Verträge erneuert, wenn das Unternehmen zufrieden war und es die Auswanderungsbehörden des jeweiligen Landes erlauben. Die Hotel- und Restaurantfachkräfte sowie die Animateure erhalten Verträge von einer Dauer zwischen drei und sechs Monaten und erneuern sie nach einer zweimonatigen Pause. Durch diese kurzfristige Vertragspolitik verändert sich die Zusammensetzung der Belegschaft kontinuierlich.

— Organisationskultur: Sie ist vielschichtig und orientiert sich an folgenden Maximen:
  — Sicherheit und Bereitschaft: Um die Zufriedenheit und Sicherheit der vermögenden Hotelgäste garantieren zu können, ist eine klare Hierarchie sehr wichtig, und die Angestellten müssen Befehle befolgen.
  — Service: Das Ziel ist es, den Gästen den höchstmöglichen Service und Komfort zu bieten. Die Belegschaft ist geschult darin, die Bedürfnisse und Erwartungen der Gäste zu erfüllen und möglichst zu übertreffen.
  — Management: Die Kultur des Senior Management-Teams hat einen großen Einfluss auf die Art und Weise, wie das Hotel und die Belegschaft geführt werden. Hinzu kommt die intensive Zeit, in der die Angestellten zusammenarbeiten und oft auch leben. Viele der Mitarbeiter teilen sich zu dritt oder zu viert ein Zimmer in einer Appartementanlage in

der Nähe des Hotels. Die Mitglieder sozialisieren sich, essen und verbringen ihre wenige Freizeit gemeinsam. Wenn persönliche Konflikte entstehen, beeinflussen diese das Arbeitsverhältnis erheblich. Es entstehen Beziehungen zwischen Teammitgliedern, andere zerbrechen. Dies verursacht große Konflikte, da man sich in der tagtäglichen Arbeit nicht aus dem Weg gehen kann.

— Kommunikation: Der Personalchef beschreibt die Kommunikation im Hotel folgendermaßen: »Aus Sicherheitsgründen müssen alle Angestellten einen Englischtest absolvieren, dieser wird vor ihrer Einstellung durchgeführt. Ist das Englisch nicht ausreichend, kann die Person nicht eingestellt werden. Jedoch sind die Sprachkenntnisse ziemlich unterschiedlich. Für viele Mitarbeiter ist Englisch ihre Dritt- oder Viertsprache, und es gibt eine große Bandbreite an Akzenten, was die Kommunikation erschwert.«

— Essen: Der verantwortliche Kantinenchef äußert sich wie folgt über die Essenssituation: »Es ist sehr schwierig, die unterschiedlichen Geschmäcker aller Nationalitäten zufriedenzustellen. Wir servieren westliches Essen aus Gründen der Zubereitungszeit und der Verfügbarkeit von Rohstoffen. Allen Geschmäckern gerecht werden zu wollen, verursacht hohe Kosten, aber wir haben festgestellt, dass dies großen Einfluss auf die Moral im Hotel hat. Jede ethnische Gruppe versucht, verständnisvoll zu sein, möchte aber dennoch auf dem Speiseplan berücksichtigt werden. Wir wissen z. B. dass manche Kulturen Reis zu jeder Mahlzeit essen, und daher servieren wir zu allen Mahlzeiten Reis in den Kantinen.«

▼

- Rolle und Geschlecht: Die Chefin des Zimmerpersonals meint: »Viele der weiblichen Teammitglieder sind verwirrt von den kulturellen Verschiedenheiten und wissen nicht, was ein akzeptables Verhalten gegenüber Frauen ist und was nicht. Einige Kulturen sehen Frauen nicht als gleichwertig an und akzeptieren keine Anweisungen von Frauen mit Entscheidungs- und Weisungsbefugnissen.«
- Situation der Angestellten: Ein Mitarbeiter schildert die Situation wie folgt: »Wir sind von den langen Arbeitszeiten müde, manche fühlen sich einsam. Wir leben und arbeiten fast täglich zusammen und vermissen unsere Freunde und Familien zuhause. Es gibt keinerlei Zerstreuungsmöglichkeiten oder Unterhaltung für die Mitarbeiter. Unter manchen Kulturen gibt es diese Vetternwirtschaft oder Gruppenbildung, zum Beispiel bilden alle Franzosen eine Familie, die Filipinos sind nur gemeinsam anzutreffen, usw. Und dann gibt

es noch die Speisesaal-Mafia: Die meisten Kellner sind aus Ost- oder Westeuropa, und da die Jobs im Speisesaal zu den wenigen Jobs im Hotel gehören, bei denen man Trinkgeld bekommt, sind sie sehr gefragt. Oberkellner sind dafür verantwortlich, die Kellner auszubilden und geeignete Personen zu befördern. Da die Oberkellner Personen der gleichen Nationalität für Hilfs- und Kellnertätigkeiten vorziehen, gleicht dies einem Mafia-System bei dem andere Nationalitäten kaum eine Chance auf einen Job mit Trinkgeld haben. Dies würden die Oberkellner natürlich niemals zugeben, aber es ist eine Tatsache!«

Welche Schlüsselfaktoren beeinflussen die Moral der Belegschaft? Welche Empfehlungen können Sie zur Verbesserung der Moral geben? Was sind die Herausforderungen an die Kommunikation im Hotel? Wie kann die Unternehmensführung dazu beitragen, die Zufriedenheit ihrer Mitarbeiter zu erhöhen?

8.1 Kultur

Im aktuellen Wirtschaftsgeschehen bauen Unternehmen ausländische Standorte auf, kaufen Tochtergesellschaften oder exportieren ins Ausland. Daneben führen ein vereintes Europa und Migration zu einer Verstärkung der kulturellen Vielfalt in der Bevölkerung und in der Belegschaft von Unternehmen. In Europa, wie in anderen Regionen der Welt, wächst das Bewusstsein für die Konfliktpotenziale und Chancen eines von kultureller Vielfalt geprägten beruflichen und privaten Umfelds. Es zeichnet sich deshalb ab, dass der konstruktive Umgang mit unterschiedlichen kulturellen Werthaltungen auf der zwischenmenschlichen Ebene in den kommenden Jahren zu einer Schlüsselqualifikation von Managern in transnationalen Unternehmen gehören und sich diese Kompetenz zu einem allgemeinen Bildungsziel in der Persönlichkeitsentwicklung herausbilden wird.

Die wirtschaftliche und politische Entwicklung hat zur Folge, dass die Fähigkeit zum Umgang mit unterschiedlichen Kulturen zu einer Schlüsselqualifikation von Managern geworden ist.

8.1.1 Begriffsannäherung und -eingrenzung

▶ Definition

Definition
Kultur ist die Gesamtheit menschlichen Verhaltens (einschließlich der Normen, Werte und Lebensweisen) und beeinflusst damit jeden Lebensbereich.

Kulturen umfassen Gruppen von Menschen an bestimmten Orten, zu bestimmten Zeiten mit bestimmten Lebensformen, Wissensbeständen und Sprachen. Sie entstehen im Austausch mit anderen Kulturen und grenzen sich von diesen ab.

Interkulturelle Kompetenzen sind Kompetenzen, die eine erfolgreiche Zusammenarbeit mit unterschiedlichen Kulturen wahrscheinlich machen wie z. B. Empathiefähigkeit oder Ambiguitätstoleranz.

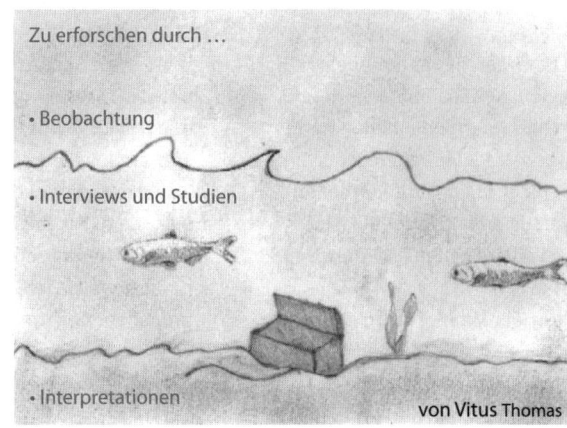

Abb. 8.2 Ozean der Kulturforschung. (Mit freundlicher Genehmigung von Vitus Thomas.)

Zu erforschen durch …

Percepta u. Practica

• Beobachtung

• Interviews und Studien

Concepta – Überzeugungen u. Werte

• Interpretationen   von Vitus Thomas

grundlegende Annahmen u. Standardisierungen

Es gibt keine Kultur ohne andere Kulturen.

Kulturen können sich über ganz verschieden große Zeitspannen und geografische Räume erstrecken; sie mögen einige wenige oder viele Millionen Menschen inkludieren und exkludieren. Sie sind offene und dynamische, an bestimmte explizite und implizite Wissensbestände, Sprachformen und Praktiken gekoppelte **Lebensformen**, die sich durch gewisse Merkmale charakterisieren lassen, aber keineswegs homogen sein müssen. Sie sind zudem in ihrer Entstehung und Entwicklung von kulturellem Austausch abhängig. Es gibt keine Kultur ohne andere Kulturen (Nothnagel et al., 2010).

Kultur zu erforschen kann mit der Erforschung eines **Ozeans** verglichen werden. Auf der Oberfläche kann man Artefakte, Rituale und Verhalten sehen. Die darunterliegenden Normen und Werte kann man durch Umfragen oder Interviews herausfinden. Die grundlegenden Annahmen können jedoch nur durch Interpretation erschlossen werden (vgl. ◻ Abb. 8.2).

Mit Kultur wird auf drei Ebenen operiert:

Kultur äußert sich auf drei Ebenen: auf der beobachtbaren Ebene, der Ebene von gemeinsamen Werten und Normen und der Ebene grundlegender Annahmen und Standardisierungen.

Erste Ebene Auf dieser Ebene ist Kultur beobachtbar und gestaltlich erfassbar. Dies ist die sichtbare Oberfläche des Ozeans, auf dem sich Dinge, die mit den fünf Sinnen wahrnehmbar sind, befinden (Percepta und Practica; http://www.kwintessential.co.uk/resources/country-profiles.html). Hier können Artefakte und Handlungen beobachtet werden, die sich in der Architektur, in Ritualen, Dresscodes, in der Art, wie Kontakte gepflegt werden, in Verträgen, Essgewohnheiten, usw. äußern. Ein Einblick in Rituale, besondere Verhaltensweisen, Höflichkeitsformen oder Essgewohnheiten schafft erste Kenntnisse; auch Äußerlichkeiten spielen eine Rolle, da eine Einschätzung von Personen sich beim ersten Kontakt rasch bildet und ggf. verfestigt (Browaeys & Price, 2008).

Zweite Ebene Hier geht es um Kultur auf der Normen- und Werteebene (Concepta). Überzeugungen oder Normen sind wesentliche Angelpunkte für eine Gemeinschaft und bilden eine Art roten Faden der Lebensorientierung. Man findet kulturelle Regeln, die erklären, was auf der ersten Ebene passiert und was richtig bzw. falsch ist. Werte sind gleichzusetzen mit Handlungsprioritäten. Sie werden von der Gemeinschaft respektiert, was jedoch nicht heißt, dass allgemein und ständig daran festgehalten wird (▶ Beispiel). Die wichtigsten Werte der Deutschen sind laut einer Umfrage Ehrlichkeit, Familie und Gerechtigkeit (Kochanek, 2007). Durch Interviews und Studien gewinnen Forscher wertvolle Einblicke in die Wertestruktur unterschiedlicher Kulturen.

Dritte Ebene Die dritte und tiefste Ebene besteht aus grundlegenden Annahmen und Standardisierungen. Sie ist schwierig zu erforschen und kann nur mithilfe von Interpretationen darüber, was auf den beiden höheren Ebenen passiert, erschlossen werden.

Beispiel

Unterschiedliche Werte

Robert Schubert, ein internationaler Vertriebsmann mit beachtlicher Erfahrung im mittleren Osten, wurde von einem großen Automobilkonzern als Repräsentant für einige Länder im Persischen Golf eingestellt. Nachdem er von einem gemeinsamen Bekannten in die Geschäfte eingeführt worden war, hat Robert ein Treffen mit Mr. Badran, einem wohlhabenden libanesischem Industriellen, um die Chancen auf ein Joint Venture zwischen den beiden Unternehmen zu besprechen. Da er viele Jahre im Mittleren Osten verbracht hatte, wusste er, dass zuerst ein umfangreicher Small Talk zu halten war, bevor sie zum Geschäft kommen konnten. Sie sprachen über das Wetter, Roberts Flug und über das Golfspiel. Dann fragte Badran nach der Gesundheit von Roberts Vater. Robert antwortete, dass es seinem Vater ganz gut ginge, dass er jedoch, als er ihn das letzte Mal vor drei Monaten im Altenheim besucht hatte, an Gewicht verloren hatte. Ab diesem Zeitpunkt verän-

derte sich Badrans Verhalten schlagartig von warm nach kühl und distanziert. Der Ton blieb zwar herzlich, aber das Treffen dauerte nur noch zwei Stunden, und Robert wurde nicht wieder eingeladen, um die Idee eines Joint Ventures weiter zu diskutieren (Ferraro, 2006).

Obwohl Robert dachte, er hätte eine direkte Antwort auf eine eher oberflächliche Frage gegeben, machte seine Antwort ihn für Badran zu einem unangenehmen Geschäftspartner, da er gegen fundamentale Werte seiner Kultur verstieß. Da Badran aus einer Gesellschaft kommt, in der ein enges Verhältnis zur Familie sehr wichtig ist, empfand er die Idee, seinen alternden Vater bei völlig fremden Personen in einem Heim zu lassen, als unmenschlich. Er dachte wohl: »Wenn Robert nicht einmal seinen wichtigsten Verpflichtungen gegenüber Familienmitglieder nachkam, wie kann man ihm dann zutrauen, seine Verpflichtungen gegenüber Geschäftspartnern zu erfüllen?«

Interpretation beinhaltet einen Erklärungsversuch darüber, warum wir nach bestimmten Regeln oder im Einklang mit bestimmten Werten handeln (Broweays & Price, 2008).

Nur über die Verknüpfung der drei Ebenen kann Kultur von einer Generation an die nächste weitergegeben werden. Junge Menschen werden im Rahmen ihrer Sozialisation mit den Werten ihrer Gemeinschaft vertraut gemacht, indem die Denkweisen artikuliert, in Handlungen veranschaulicht und in den Medien dargestellt werden.

Definition ── ► **Definition**

Kulturstandards sind Arten des Wahrnehmens, Denkens, Wertens und Handelns, die von der Mehrzahl der Mitglieder einer bestimmten Kultur für sich und andere als normal, typisch und verbindlich angesehen werden. Eigenes und fremdes Verhalten wird auf Basis dieser Kulturstandards beurteilt und reguliert.

Thomas (2005) versteht unter Kulturstandards ein für die Angehörigen einer Kultur gültiges und sinnstiftendes Orientierungssystem. Einen Vergleich deutscher, chinesischer und US-amerikanischer Kulturstandards in verschiedenen Bereichen bietet ◘ Tabelle 8.1 (nach Thomas, 1996):

8.1.2 Funktionen

Auf der zweiten und dritten Ebene des Ozean-Modells übernimmt Kultur die Funktionen Identitätsstiftung und Sozialisation neuer Mitglieder.

Identitätsstiftung

Die Identität jedes Individuums ist zu einem beträchtlichen Grad durch dessen kulturelle Herkunft geprägt. Wenngleich jedes Individuum die kulturellen Einflüsse in eigener Weise verarbeitet, so stiftet Kultur Sinn, da sie den Handlungsweisen von Individuen eine tiefere Bedeutung zuweist. Bei der Identitätsentwicklung handelt es sich um einen lebenslangen Prozess, da Identität das Individuum erst interaktionsfähig macht,

Kultur schafft Identität.

◻ **Tab. 8.1** Deutsche, chinesische und US-amerikanische Kulturstandards

deutsche Kulturstandards	chinesische Kulturstandards	US-amerikanische Kulturstandards
Sachorientierung	Danwei-System (Clan- und Cliquenbeziehung)	Patriotismus
Regelorientierung	Hierarchieorientierung	Gleichheitsdenken
Zeitplanung	List und Taktik	Gelassenheit (»easy going«)
Trennung von Persönlichkeits- und Lebensbereichen	soziale Harmonie	Handlungsorientierung
»schwacher Kontext« als Kommunikationsstil	Guanxi-System (Beziehungsnetzwerke)	Leistungsorientierung
Individualismus	Bürokratie	Individualismus
	Etikette	Bedürfnis nach sozialer Anerkennung
		interpersonale Distanzminimierung (kein Unterschied im Umgang mit Fremden vs. Umgang mit Vertrauten)
		zwischengeschlechtliche Beziehungsmuster (Dating nach festen, gesellschaftlich vorgegebenen Regeln)

in jeder Interaktion die Identität jedoch neu ausgehandelt wird. Kultur vermittelt hier eine Einheit nach innen und schafft eine Grenze gegenüber anderen sozialen Gruppierungen. Die kulturelle Prägung ist dem Individuum so lange nicht bewusst, bis es auf Angehörige fremder Kulturen trifft.

Kulturelle Standardisierung

Kultur umfasst Standardisierungen, die in Gemeinschaften gelten. Sie dienen der Komplexitätsreduktion, da Handlungen, die komplexe Ursachen und Wirkungen haben, durch einen kulturellen Filter leichter verständlich und kanalisiert werden (Kutschker & Schmid, 2006). Folgende Bereiche der kulturellen Standardisierung können unterschieden werden:

> Kulturelle Standardisierung sorgt bezüglich Kommunikation, dem Denken, dem Empfinden sowie dem Verhalten und Halten für eine Reduktion der Komplexität.

- **Standardisierung der Kommunikation:** Dies bezieht sich sowohl auf die nonverbale Kommunikation (d.h. Körpersprache) als auch auf die gesprochene Sprache. So bilden sich kulturelle Codes heraus, die je nach Wichtigkeit des Subjektes eine Ausdifferenzierung der Bezeichnungen ermöglichen. Nomaden haben beispielsweise über 200 Worte für Sand. Für sie ist es lebenswichtig, z.B. zwischen Sandsturm, Treibsand oder feinem Sand zu unterscheiden. Für uns sind dies hingegen lediglich Synonyme für Sand (Finkenzeller, 2002).
- **Standardisierung des Denkens:** Wirklichkeitsdeutungen, Urteile sowie Ansichten über alltägliche Dinge sind kulturell vorgeprägt. Sie reduzieren Komplexität, damit wir die vielfältigen, auf uns einströmenden Eindrücke einordnen und verarbeiten können. So existieren über jede Kultur sogenannte Nationalstereotype, die das Verhalten der fremden Kultur ausgehend von den eigenkulturellen Normen bewertet. Die fünf meistgenannten Assoziationen von Mitgliedern anderer Nationen zu Deutschland nach Bolten (2006a) sind: Bier, Hitler, Autos, Fußball, Berlin; zudem gelten Deutsche als pünktlich und ordentlich.
- **Standardisierung des Empfindens:** Gefühle werden erst im Prozess der Sozialisierung herausgebildet. So ist etwa Lächeln nicht in jeder Kultur nur ein Reflex des körperlichen Wohlbefindens. In Japan ist es z.B. ein Gesetz der Etikette. Wenn eine japanische Haushälterin ihre Chefin lächelnd fragt, ob sie zum Begräbnis ihres Mannes gehen könne, zurückkommt und wiederum lächelnd die Urne ihres eingeäscherten Mannes zeigt, dann mag dieses Lächeln westlichen Kulturen leicht paradox erscheinen. Für Japaner, die Wut oder Schmerz selten öffentlich zeigen, bedeutet es: »Ich behalte meinen Schmerz für mich. Ich möchte niemanden verpflichten, daran teilzuhaben« (Finkenzeller, 2002).
- **Standardisierung des Verhaltens und Handelns:** Ritualisierte Verhaltensweisen, z.B. wie man sich begrüßt oder verabschiedet, sind in hohem Maße kulturabhängig.

Hier eine kleine Anekdote: »Oliver Kahn wollte einfach nur nett sein. Passend zu seinem neuen freundlichen Image erwiderte der Torwart der deutschen Nationalelf die Begrüßung einer Japanerin bei der Ankunft in Miyazaki mit zwei Küsschen auf deren Wangen. Doch die junge Frau erstarrte vor Scheck und Scham. Übertragen auf die Konventionen der japanischen Gesellschaft, in der zwischenmenschlicher Körperkontakt in der Öffentlichkeit praktisch nicht vorkommt und sogar Hände-schütteln Gänsehaut verursacht, hatte sie gerade auf offener Straße Sex mit einem Fremden gehabt« (Finkenzeller, 2002).

Durch die kulturell definierten und gelebten Verhaltensmaßstäbe wird die Interaktion unter Mitgliedern einer Gemeinschaft enorm erleichtert, da die Aushandlung von Ver-haltensregeln entfällt. Diese Tatsache unterstützt die Stabilität des Systems, da sich alle Mitglieder auf einen bestimmten Kodex berufen können.

Kommunikations-, Denk-, Empfin-dens- und Verhaltensstandards prä-gen und erleichtern die Interaktion innerhalb einer Kultur.

8.1.3 Kultur und Wahrnehmung

Nahezu alle Erwartungen der Interaktionspartner basieren nach heutigem Forschungs-stand auf ihrem kulturellen Konditionierungsprozess (Martin & Nakayama, 2010). Die Interaktionspartner filtern ihre Wahrnehmungen entsprechend und gehen davon aus, dass der Gesprächspartner eine ähnliche Wahrnehmung sowie ähnliche Denk- und Handlungsmuster wie sie selbst hat (einige Tipps für Gespräche zwischen Ange-hörigen verschiedener Kulturen sind im ▶ Web-Exkurs »Merkmale eines guten Geschäfts-gesprächs« zu Kap. 8 unter www.lehrbuch-psychologie.de zu finden). Oft werden der eigene Kommunikationsstil und soziokulturelle Erwartungen, die das Verhalten in bestimmten Situationen betreffen, als Maßstab für die Beurteilung des Verhaltens fremdkulturell sozialisierter Interaktionspartner genommen, und kulturelle Unter-schiede in Kommunikationsstil und Verhalten werden nicht als solche erkannt. Solche Wissensstrukturen, die Aspekte der Realität in abstrakter und generalisierter Form repräsentieren, werden in der Psychologie als **Schemata** bezeichnet. Schemata werden durch Erfahrung im Rahmen der Sozialisation erworben. Sie reduzieren Komplexität und leiten die Wahrnehmung in bestimmte Bahnen. Sie sind Bestandteile komplexer Netzwerke und durch Assoziationsketten miteinander verbunden. Je vielfältiger die Erfahrungen einer Person sind, umso flexibler sind die Schemata, mit denen sie rea-giert.

Interkulturelle Kommunikation hat **kulturelle Sensibilisierung** zum Ziel, also die Einsicht, dass jeder Mensch einer spezifischen Art zu Denken und zu Handeln unter-liegt und dass darin völlig wertfreie Unterschiede zu anderen Kulturen vorliegen. Die folgende Übersicht enthält Verhaltenselemente, die nach Ruben (1976) zu einem sen-siblen Umgang mit Menschen anderer Kulturen führen.

Durch kulturelle Sozialisation erwor-bene Schemata und Stereotype füh-ren zu selektiver Wahrnehmung in der Interaktion mit Personen fremder Kulturen.

⊕ **Web-Exkurs**
 »Merkmale eines guten
 Geschäftsgesprächs«

Unterschiede in der Wahrnehmung können mithilfe kultureller Sensibili-sierung bewusst gemacht werden.

Verhaltenselemente für einen sensiblen Umgang mit Menschen
 — Zeigen von Respekt: Die Fähigkeit, Respekt und positive Beachtung auszudrü-
  cken, überträgt dem Gesprächspartner Status und fördert umgekehrt positive
  Austauschbeziehungen.
 — Interaktionshaltung: Die Fähigkeit, anderen auf eine verständnisvolle, nicht
  wertende Art und Weise zu begegnen, führt zu gegenseitiger Unterstützung, da
  sie Fürsorge für den Interaktionspartner signalisiert.
 — Basis von Wissen und Wahrnehmung: Manche Menschen betrachten Wissen und
  Wahrnehmung nur als für das Individuum gültig, andere nehmen an, dass die
 ▼

eigenen Wahrnehmungen und Überzeugungen auch für alle anderen gelten. Je besser Personen erkennen, dass Wissen in seiner Natur individuell ist, desto eher können sie die Andersartigkeit anderer Menschen erklären.

- Empathie: Die Fähigkeit, sich in die Haut einer anderen Person hineinversetzen zu können, ist eine grundlegende Voraussetzung für eine verständnisvolle Kommunikation.
- Verhalten in Gruppen: Wie verhält sich das Individuum in der Gruppe? Werden neue Ideen angestoßen und Lösungen für Probleme und Kompromisse gesucht, oder liegt der Fokus auf Erhöhung des Selbstwertes und Durchsetzung eigener Vorstellungen? Die Ausprägung dieser Kompetenz hat Auswirkung auf das Erzeugen von Bindungen innerhalb von Gruppen.
- Interaktionsmanagement: Achtet eine Person auf eine abwechselnde Beteiligung aller in der Diskussion involvierten Personen? Initiiert sie Gesprächsbeiträge, oder bricht sie Interaktionen ab?
- Toleranz für Ambiguität: Die Fähigkeit, widersprüchliche Auffassungen und Wirklichkeitsbilder zu akzeptieren und produktiv zu wenden. Personen mit Ambiguitätstoleranz können sich auf neue oder zwiespältige Situationen gut einstellen. Dies ist eine wichtige Eigenschaft, wenn man sich an eine neue Umwelt anpassen muss.

8.1.4 Prozess der kulturellen Anpassung

Mit der stark gestiegenen grenzüberschreitenden Geschäftstätigkeit von Unternehmen hat auch die Zahl der ins Ausland entsandten Mitarbeiter stark zugenommen. Die Herausforderungen an Personen, die den Kulturkreis wechseln, sind vielfältig: Das Einleben in ein neues Land, Verständigungsprobleme, die Zusammenarbeit mit den ausländischen Kollegen und die infrastrukturellen Herausforderungen einer neuen Kultur sind nur einige davon. Hinzu kommen vielleicht Anpassungsprobleme der Familie, fehlende Unterstützung des Mutterkonzerns, andere Arbeitszeiten oder ein anderer Umgang mit Terminen (s. z. B. Caligiuri et al., 2009).

> Die **Eingewöhnung** in eine neue Kultur erfolgt in mehreren Phasen, von einer euphorischen Einstiegsphase, über die kritische Ablehnung der Kulturunterschiede und evtl. Distanzierung bis zur späteren Integration der fremden Kultur in das eigene Leben. Am Anfang des Anpassungsprozesses steht oft ein sogenannter »Kulturschock«, also ein massives Schockerlebnis, das zur Distanzierung von der neuen Kultur führen kann (weiterlesen im ► Web-Exkurs »Kulturschock« zu Kap. 8 unter www.lehrbuch-psychologie.de).

Die Eingewöhnung in eine neue Kultur erfolgt in mehreren Phasen: euphorische Einstiegsphase, kritische Ablehnung, Distanzierung sowie Integration der fremden Kultur in das eigene Leben.

⊕ **Web-Exkurs »Kulturschock«**

8.1.5 Konzepte und Dimensionen

Mit der Entwicklung kultureller Dimensionen wird versucht, Landeskulturen zu charakterisieren und zu unterscheiden.

Verschiedene Autoren haben versucht, Dimensionen zu identifizieren, mit denen man Landeskulturen charakterisieren und unterscheiden kann. Zum Teil wurden daraus Typologien entwickelt, die sich durch einen hohen heuristischen Gehalt auszeichnen, da sie komplexe Phänomene so vereinfachen, dass sie nutzbare Anhaltspunkte mit Modellcharakter generieren. Die Auswirkungen der Dimensionen auf das tägliche Leben sind vielfältig. So beeinflussen sie z. B. Anpassungsstrategien, Verhandlungsstrategien, das Führungsverhalten, Aspekte der Motivation, Konfliktregelungen und Frustrationsverarbeitungstaktiken. Im Folgenden werden einige Ansätze exemplarisch vorgestellt. ◘ Abbildung 8.3 gibt einen Überblick über kulturelle Dimensionen, wobei ersicht-

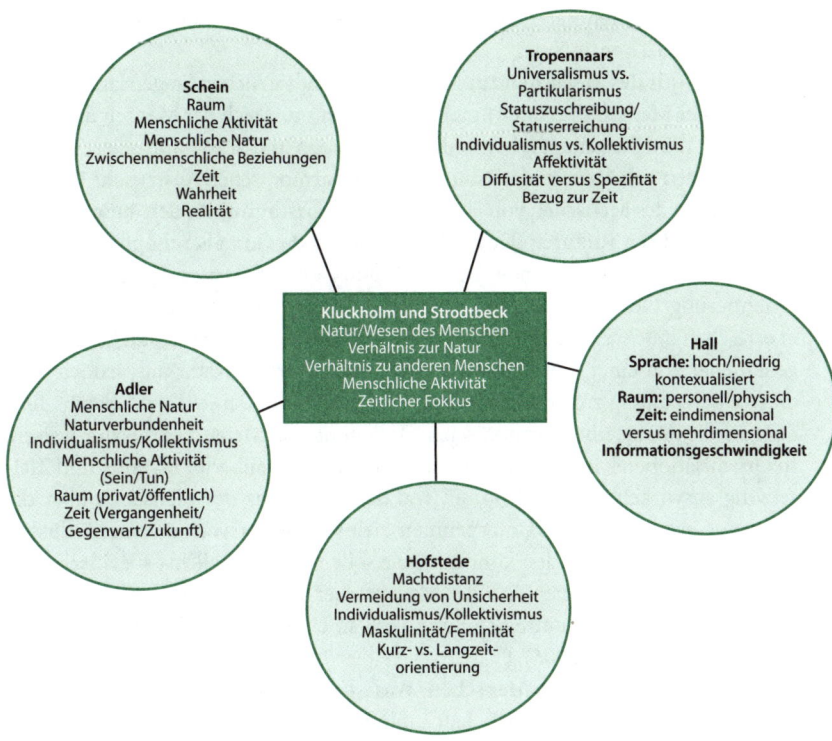

Abb. 8.3 Überblick über kulturelle Dimensionen

lich wird, dass v.a. Kluckhohn und Strodtbeck andere Wissenschaftler und ihre Modelle inspiriert haben.

Kluckhohn und Strodtbeck

Die Anthropologen Kluckhohn und Strodtbeck (1961) entwickelten ein komparatives Grundlagenmodell mit **fünf kulturellen Orientierungen**, aus denen eine einheitliche Weltanschauung im Sinne der Gestaltpsychologie geformt wurde. Die Dimensionen befassen sich mit grundlegenden philosophischen Fragen, die, abhängig von religiösen oder traditionellen Einflüssen, unterschiedlich beantwortet werden (vgl. **Abb. 8.3).

- **Die Natur/das Wesen des Menschen:** Wie auch McGregor (1982) in seiner Theorie X und Y beschreibt, so geht es bei dieser Dimension um das grundsätzliche Menschenbild. Wird anderen Menschen eher Freundlichkeit, Eigeninitiative und Leistungswille unterstellt (Theorie Y) oder eher Feindseligkeit und Arbeitsscheu (Theorie X) (▶ Kap. 4)? Gesellschaften, die an das Gute im Menschen glauben, werden als »Vertrauensgesellschaften« bezeichnet, bei der Dominanz des Schlechten spricht man von »Misstrauensgesellschaften«. Im Management hat dies z. B. Auswirkungen auf den Umfang delegierter Aufgaben oder auf die Hierarchiebildung. Ist das Vertrauen in Mitarbeiter groß, können umfangreichere Aufgaben delegiert werden, und auf eine detaillierte Prozesskontrolle kann verzichtet werden. Fehlt das Vertrauen in die Mitarbeiter, führt dies zu einer Zentralisierung von Aufgaben und Hierarchiebildung. Die dominierende Annahme über die Veränderbarkeit des Menschen kann auch an der Personalpolitik eines Unternehmens abgelesen werden. Geht man von der Veränderbarkeit des Menschen aus, so gewinnen Personalweiterbildungs- und -entwicklungsmaßnahmen an Bedeutung. Geht man von einer geringen Veränderbarkeit des Menschen aus, so ist die Personalselektion entscheidend (Kutschker & Schmid, 2006). China, Ägypten,

Das Modell von Kluckhohn und Strodtbeck enthält fünf kulturelle Orientierungen.

Bezüglich der Natur/des Wesens des Menschen lassen sich zwei grundlegende Dimensionen unterscheiden, je nachdem ob Menschen anderen Menschen eher Freundlichkeit und Eigeninitiative oder Feindseligkeit und Arbeitsscheu unterstellen.

Irak und Libanon tendieren eher zur Theorie X, Neuseeland und Dänemark tendieren eher zu Theorie Y.

- **Das Verhältnis des Menschen zur Natur:** Die grundsätzlichen Fragen lauten: Kann oder soll der Mensch die Natur unterwerfen, oder muss sich der Mensch der Natur anpassen? Wird die Natur als bedrohlich empfunden und muss kontrolliert werden, oder befinden sich Mensch und Natur in einem harmonischen Austausch? Wie weit ist das Leben des Menschen von äußeren Kräften bestimmt? Zu den äußeren Kräften zählt in vielen Kulturen der göttliche Einfluss, da Gott als Schöpfer der Natur gilt. Das muslimische »En Shah Allah« (»Wenn Gott will«) ist ein Beispiel für diese Orientierung. Oder spricht sich der Mensch selbst zu, das erreichen zu können was er erreichen möchte? Die US-amerikanische Kultur und andere westliche Kulturen gehen eher von einer Dominanz des Menschen über die Natur aus, jedoch wird diese Überzeugung zunehmend hinterfragt (z. B. Klimawandel), und es gibt Tendenzen, die hin zu einer harmonischen Beziehung von Mensch und Natur weisen. In Organisationen kann sich dies in unterschiedlich detaillierter Planung und Zielsetzung auswirken. Gehen Kulturen von der Dominanz des Menschen über die Natur aus, glaubt man, dass Unternehmensziele weitgehend von äußeren Einflüssen unabhängig gesteckt werden können. Ziele sollen dabei möglichst spezifisch sein. In Gesellschaften, in denen sich der Mensch eher der Natur unterordnet, werden Ziele vage formuliert, da ihre Erfüllung auch an Umweltbedingungen geknüpft ist (Kutschker & Schmid, 2006).

- **Das Verhältnis zu anderen Menschen:** Was ist angemessenes Verhalten gegenüber den Mitmenschen? Ist die Gesellschaft auf Individuen oder auf Kollektive ausgerichtet? Wie erwirbt man sich in der Gesellschaft Respekt? Erwirbt man eine (gesellschaftliche) Position durch verwandtschaftliche Beziehungen oder durch eigene Taten (individualistisch)? Bei einer kollektiven Ausrichtung der Gesellschaft unterscheidet man zwischen linear (d.h. die Kollektive sind im zeitlichen Verlauf stabil, die innere Ordnung ist strikt) und kollateral (d.h. Kollektive können sich im zeitlichen Ablauf verändern, die Position des Einzelnen kann sich wandeln). In der Personalpolitik zeigt sich diese Dimension in der Bedeutung der individuellen Leistung versus Betonung von Werten wie Vertrauenswürdigkeit, Kooperationsbereitschaft und Anpassungsfähigkeit bei der Personalauswahl (Kutschker & Schmid, 2006). Die US-amerikanische Kultur, Australien und Kanada gelten als ausgesprochen individualistisch, Venezuela, Indonesien und Ecuador gelten als sehr kollektivistisch.

- **Die Modalität der menschlichen Aktivität:** Wie handelt der Mensch? Was ist das Ziel des menschlichen Daseins auf der Erde? Während Individuen in handlungsorientierten Kulturen möglichst viel im Leben erreichen wollen, ist das Ziel in daseinsorientierten Kulturen, möglichst viel im Leben zu »erleben«. Für werdenorientierte Kulturen wie die japanische liegt das Ziel des Daseins in einem Lernprozess und der Entwicklung von Weisheit. Die US-amerikanische Kultur gilt als handlungsorientiert, die chilenische als daseinsorientiert. Trompenaars (2004) hat die Pole dieser Grundorientierung Statuszuschreibung (z. B. durch Geburt) oder Statuserreichung (erarbeiten) genannt und verweist damit auf den Hintergrund der Statuserreichung als Motivation leistungs- bzw. handlungsorientierter Gesellschaften. In handlungsorientierten Kulturen können Mitarbeiter extrinsisch, z. B. durch Gehaltssteigerungen, Beförderungen oder Kopplung des Gehaltes an den Börsenkurs motiviert werden. In daseinsorientierten Kulturen wird die intrinsische Motivation als zentral angesehen: Mitarbeiter müssen nicht durch zusätzliche externe Anreize motiviert werden, sondern erfüllen ihre Aufgaben aus einem inneren Antrieb heraus (Kutschker & Schmid, 2006).

- **Der zeitliche Fokus:** Kulturen werden in vergangenheitsorientiert, gegenwartsorientiert und zukunftsorientiert unterschieden. Die Berücksichtigung der Vergangenheit, z. B. von Traditionen oder vergangener Leistung spielen in vergangenheits-

---

Das Verhältnis des Menschen zur Natur lässt sich als normative Erwartung an die Richtung der Anpassung beschreiben: Die Forderung nach Anpassung der Natur an den Menschen wird der Forderung, dass die Menschen sich an die Natur anpassen, gegenübergestellt.

Beim Verhältnis zu anderen Menschen ist zu unterscheiden, ob man seinen Status eher durch Beziehungen oder eigene Leistungen erwirbt.

Die Modalität der menschlichen Aktivität unterscheidet, ob in einer Kultur Menschen eher handlungsorientiert Ergebnisse oder daseinsorientiert das Erleben anstreben.

orientierten Kulturen eine große Rolle. In zukunftsorientierten Kulturen steht der zukünftige Nutzen bei Entscheidungen im Vordergrund. In gegenwartsorientierten Kulturen wie den USA steht das »Hier und Jetzt« im Vordergrund, so werden Geschäftsprozesse z. B. in kurzen Fristen kontrolliert und bewertet. Im organisationalen Kontext spielt diese Dimension auch bei der Entlohnung von Mitarbeitern (z. B. aufgrund vergangener Leistung wie Keiretsu-Verbünde in Japan für Arbeiter im Ruhestand) oder bei der Risikobewertung von Investitionen eine Rolle.

Edward T. Hall

Edward T. Hall (1976) erforschte den Bereich der interkulturellen Kommunikation. Dabei unterschied er **vier Dimensionen**: Kontextorientierung, Raumorientierung, Zeitorientierung und Informationsgeschwindigkeit, die nicht unabhängig voneinander sind und im Folgenden erklärt werden.

Kontextorientierung Die Unterscheidung von Kulturen in »low-context« und »high-context« bezieht sich auf zwei Formen von Informationsgewinnung und -verarbeitung. Sie basieren auf der Annahme, dass eine bestimmte Menge an Informationen übermittelt werden muss, damit der Empfänger die Nachricht versteht. Trompenaars (2004) unterscheidet in Affektivität/Emotionalität versus Neutralität und bezeichnet damit den Grad, in dem Emotionen in Gesprächen gezeigt werden. High-Context-Kulturen verschlüsseln die Emotionen eher, wohingegen Low-Context-Kulturen sie unverschlüsselt transportieren; allerdings sagen »high context« oder »low context« nichts über die Häufigkeit aus, in der Gefühle geäußert werden, da z. B. in arabischen Ländern eine High-Context-Kommunikation vorliegt, die zugleich hochemotional ist.

- **Low-Context-Kultur:** Botschaften sind explizit und spezifisch, Worte sind der stärkste Bedeutungsträger, d.h. der größte Anteil des Kommunikationsinhaltes liegt in den Worten selbst. Eine Person aus diesem Kontext wirkt direkter und fühlt sich verpflichtet, dem Gegenüber möglichst präzise Angaben zu machen (Was gesagt wird, ist entscheidend); Beispielländer: Nordeuropa, USA.
- **High-Context-Kultur:** Der verbale Teil der Botschaft enthält nicht den Hauptanteil des Kommunikationsinhaltes. Information wird zum Großteil über den sozialen Kontext, d.h. über die gesellschaftliche Position der Gesprächspartner, das Setting des Gespräches oder nonverbale Signale (z. B. Gesichtsausdruck der Gesprächspartner) gesendet. Der Empfänger muss die implizite Botschaft mittels Intuition und Assoziationen decodieren (Wie etwas gesagt wird, ist entscheidend); Beispielländer: Japan, mittlerer Osten.

> Hall unterscheidet vier Dimensionen: Kontextorientierung, Raumorientierung, Zeitorientierung und Informationsgeschwindigkeit

> Bei der Kontextorientierung werden Low-Context-Kulturen von High-Context-Kulturen unterschieden. In ersteren drücken sich Menschen explizit aus, in letzteren ist der Kontext wie zum Beispiel nonverbale Signale eine bedeutsame Informationsquelle.

Für die Praxis

In welcher Kultur dauern Verhandlungen wahrscheinlich länger und warum? Da in High-Context-Kulturen die Individuen in ein dichtes Beziehungsgeflecht eingebunden sind und dieses Beziehungsgeflecht vor einem erfolgreichen Geschäftsabschluss zuerst erzeugt werden muss, dauern Verhandlungen in diesen Kulturen länger. Im Rahmen der Beziehungsherstellung wird auch ein Verständigungscode, der die Bedeutung von Gestik, Mimik und Zeichen definiert, verhandelt, damit eine reibungslose Kommunikation etabliert werden kann.

Raumorientierung Hall prägte auch den Begriff der Proxemiken. Damit sind die räumlichen Abstände zwischen Individuen gemeint (auch Distanzzonen genannt), die in einem persönlichen Gespräch als angenehm empfunden werden. Man unterscheidet die intime, die persönliche und die öffentliche Distanzzone, die sich je nach Vertrautheit zwischen den Personen auch verändern kann. Diese Abstände unterscheiden sich stark zwischen Personen unterschiedlicher Kulturen. Nordeuropäer beispielsweise bevorzugen eine weitere Körperdistanz als Südeuropäer, d.h. die private Distanzzone der Nordeuropäer beginnt früher. Eine falsche Distanz wird oft missverstanden: Ist sie zu groß,

> Die Raumorientierung beschreibt, dass Kulturen sich dahin unterscheiden, welche Distanzzonen als angenehm erlebt werden.

unterstellt man eher mangelndes Vertrauen, ist sie zu klein, empfindet man dies als Aufdringlichkeit.

Zeitorientierung Halls bezeichnet die beiden Pole der Zeitorientierung als monochrone bzw. polychrone Zeitauffassung. Monochrone Kulturen sehen Zeit als linearen Strahl, auf dem Vergangenheit, Gegenwart und Zukunft angeordnet sind und Ereignisse nacheinander abfolgen. Polychrone Kulturen betrachten Zeit als zirkulären Raum, in dem gleichzeitig mehrere Aktivitäten durchgeführt werden können. Häufig fällt eine High-Context-Orientierung mit einer monochronen Zeitauffassung und eine Low-Context-Orientierung mit einer polychronen Zeitauffassung zusammen. Charakteristisch für Menschen, die in monochronen (z. B. Deutschland, mitteleuropäische und skandinavische Länder) bzw. polychronen Kulturen leben (z. B. lateinamerikanische, arabische und mediterrane Länder), ist z. B.:

> **Bei der Zeitorientierung werden monochrone von polychronen Kulturen unterschieden.**

- monochron: erledigen eine Aufgabe zu einem Zeitpunkt, halten Termine, Deadlines und detaillierte Planung für sehr wichtig, legen Wert auf gegenseitige Achtung der Privatheit und des persönlichen Bereiches und betrachten persönliche Beziehungen als weniger wichtig als die Aufgabenerfüllung.
- polychron: erledigen mehrere Aufgaben gleichzeitig, lassen sich schnell ablenken, sehen Termine und Pläne eher als Soll denn als Muss, legen Wert auf langfristige Beziehungen und menschliche Verbindungen und verändern Pläne häufig.

> **Monochrone Kulturen planen eher und halten sich an Pläne, während polychrone eher Pläne verändern.**

Informationsgeschwindigkeit Je nach Kultur werden Informationen unterschiedlich schnell kodiert und dekodiert, und es werden unterschiedlich schnell zu verarbeitende Informationen bevorzugt. In Kulturen mit einer hohen Informationsverarbeitungsgeschwindigkeit (IVG) wird Wert auf einen schnellen Überblick gelegt; daher werden Stichpunkte, Übersichtsgrafiken sowie kurze, prägnante Überschriften, die den Kern der Sache erfassen, jedoch eventuell Details vernachlässigen, bevorzugt. Kulturen mit geringer IVG legen Wert auf eine differenzierte Darstellung und erwarten mehr Hintergrundinformationen. Tendenziell präferiert die US-amerikanische Kultur eine hohe IVG, während die deutsche Kultur eine Vorliebe für eine niedrige IVG zeigt.

> **Mit der Informationsgeschwindigkeit werden Unterschiede hinsichtlich der Vorliebe nach Kürze und Prägnanz oder Detailliertheit beschrieben.**

Geert Hofstede

Bei Hofstedes (2001) Studien zu den **fünf Kulturdimensionen** handelt es sich um das bekannteste und am weitesten verbreitete Modell zur Erfassung kultureller Unterschiede auf der Werteebene. Der Vorteil dieses Modells liegt darin, dass es den Vergleich verschiedener Kulturen ermöglicht. In umfangreichen empirischen Untersuchungen, die in den Jahren 1968–1972 an über 100000 Mitarbeitern des IBM-Konzerns in über 70 Ländern durchgeführt wurden, hat Hofstede folgende Kulturdimensionen systematisch erhoben: Machtdistanz, Unsicherheits-Vermeidung, Individualismus-Kollektivismus, Maskulinität-Feminität und Zeitorientierung, die im Folgenden beschrieben werden. Ein Beispiel für einen direkten Ländervergleich (hier: zwischen Deutschland und Spanien) liefert ◻ Abbildung 8.4 (▶ auch www.geert-hofstede.com).

> **Hofstedes fünf Kulturdimensionen lauten: Machtdistanz, Unsicherheits-Vermeidung, Individualismus-Kollektivismus, Maskulinität-Feminität und Zeitorientierung.**

Machtdistanz Die Machtdistanz gibt Auskunft darüber, zu welchem Grad Mitglieder einer Gesellschaft die Tatsache akzeptieren, dass Macht und Einfluss in Organisationen und in der Gesellschaft unterschiedlich verteilt sind. In Kulturen mit einer hohen Machtdistanz sind gesellschaftliche Rangunterschiede natürlich und anerkannt. Personen unterschiedlicher Hierarchien begegnen sich nicht »auf Augenhöhe«, sondern akzeptieren mit dem Statusunterschied verbundene Verhaltensweisen und Rechte. Die Machtdistanz beeinflusst die Ausgestaltung von Hierarchien innerhalb von Unternehmen und hat damit Auswirkungen auf die Rolle des Vorgesetzten, die Bedeutung informeller Kommunikationswege und die Delegation von Entscheidungen. Gesellschaften bzw. Organisationen mit niedriger vs. hoher Machtdistanz weisen u.a. folgende Werte und Merkmale auf:

> **Die Machtdistanz spiegelt die Akzeptanz von Hierarchien und einer ungleichen Verteilung von Macht und Einfluss wider.**

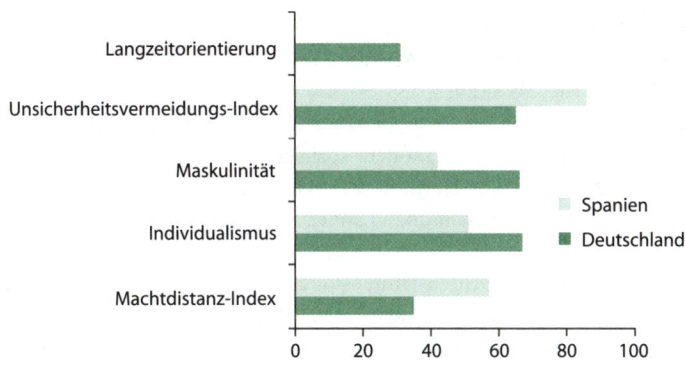

Abb. 8.4 Kulturelle Unterschiede nach Geert Hofstede am Beispiel Deutschland – Spanien

	Machtdistanz-Index	Individualismus	Maskulinität	Unsicherheits-vermeidungs-Index	Langzeit-orientierung
Spanien	57	51	42	86	–
Deutschland	35	67	66	65	31

- niedrige Machtdistanz: Sachautorität, demokratischer Führungsstil, der Vorgesetzte ist erreichbar, Entscheidungen werden konsensorientiert gefällt, Ungleichheit in der Gesellschaft soll minimieren werden, Unabhängigkeit ist ein hoher Wert, Understatement, wenn man Macht hat; Länderbeispiele: skandinavische und deutschsprachige Länder, Großbritannien, USA.
- hohe Machtdistanz: Macht ist an die Person bzw. Position gebunden, autoritärer Führungsstil, Gehorsamkeit wird verlangt, Vorgesetzte sind unerreichbar, Machthaber haben Privilegien, so machtvoll wie möglich wirken (Statussymbole); Länderbeispiele: asiatische, osteuropäische, lateinamerikanische und arabische Länder, z. B. Russland, Mexiko.

Unsicherheitsvermeidung Sie bezieht sich auf das Ausmaß, in dem sich Mitglieder eine Gesellschaft unwohl mit Unsicherheiten und unklaren Situationen fühlen. Die Spannbreite reicht von einer niedrigen Toleranz für unklare Situationen bis zu einer ausgeprägten Ambiguitätstoleranz; es wird zwischen schwach vs. stark ausgeprägter Unsicherheitsvermeidung unterschieden.

Die Unsicherheitsvermeidung entspricht dem Ausmaß, in wie weit Menschen ein Bedürfnis nach Sicherheit haben und unklare Situationen tolerieren.

- schwach ausgeprägte Unsicherheitsvermeidung: Sie zeigt sich darin, dass Menschen jeden Tag akzeptieren, wie er ist; zudem sind sie eher risikofreudig und tolerant gegenüber anderen Meinungen. Weitere Werte und Merkmale sind z. B.: Aufgeschlossenheit für Neues, aus Fehlschlägen lernen, situatives Vorgehen, Ungezwungenheit, hartes Arbeiten ist kein wichtiger Wert, Emotionen werden selten gezeigt, konstruktive Auflösung von Konflikten, hohes Toleranzpotenzial; Länderbeispiele: Großbritannien, Schweden.
- stark ausgeprägte Unsicherheitsvermeidung: Sie geht mit dem Bedürfnis einher, die Zukunft zu planen. Weitere Werte und Merkmale sind z. B.: Abneigung gegenüber Überraschungen, Wunsch nach Sicherheit, Besorgnis und Stress, innerer Antrieb, hart zu arbeiten, zeigen von Emotionen ist normal, Konflikte rufen Aggressivität hervor; Länderbeispiele: Spanien, Griechenland, Deutschland.

Individualismus vs. Kollektivismus Die Unterscheidung von Individualismus und Kollektivismus bezieht sich auf die Frage, welchen Stellenwert die Gemeinschaft und Netzwerke in der Gesellschaft haben. Individualistische und kollektivistische Gesellschaften unterscheiden sich u.a. durch folgende Werte und Merkmale:

Individualistische Kulturen legen Wert auf Eigenverantwortung, Leistung und Selbstständigkeit. Kollektivistische Kulturen als Gegenpol betonen die Gruppenzugehörigkeit.

- individualistische Gesellschaften: Eigenverantwortung, Selbstständigkeit, Leistung zählt, Privatleben ist wichtig, eigene Meinung vertreten, abschlussorientiertes Arbeiten; Länderbeispiele: USA, Europa.
- kollektivistische Gesellschaften: Gruppenzugehörigkeit (Schutz und Loyalität), Verhaltensregeln, Identität basiert auf dem sozialen System, Aufgaben, Verpflichtungen und Sicherheit im Clan, Harmoniebestreben; Länderbeispiele: die meisten südamerikanischen und viele asiatischen Länder, z. B. Kolumbien, Pakistan, China.

In maskulinen Kulturen werden Kulturen beschrieben, die ausgeprägte Unterschiede in den Geschlechtsrollen aufweisen, während in feminen Kulturen keine klare Abgrenzung möglich ist.

Maskulinität vs. Feminität Die beiden Dimensionen beziehen sich auf die Abgrenzung der Geschlechterrollen. Bei einer deutlichen Abgrenzung wird erwartet, dass Männer durchsetzungsstark und dominant und Frauen sensibel und zurückhaltend sind. Gesellschaften und Kulturen mit deutlicher Abgrenzung gelten als maskulin und karriereorientiert. In femininen, lebensqualitätsorientierten Kulturen unterscheiden sich hingegen die Rollen von Männern und Frauen weniger, zudem sind beide Geschlechter insgesamt kooperativer. Charakteristisch für maskuline vs. feminine Kulturen ist u.a.:

- maskuline Kulturen: leben, um zu arbeiten, Leistung zählt, Ehrgeiz als Motivation, Männer dominieren in der Gesellschaft, Geld und Sachwerte sind wichtig; Länderbeispiele: Japan, Österreich, Mexiko.
- feminine Kulturen: arbeiten, um zu leben, Interdependenz und Verflechtungen, genussorientiert, Gleichberechtigung ist ein Ziel, Laissez-faire, sozialer Aspekt von Meetings, Länderbeispiele: Spanien, Taiwan, Holland, skandinavische Länder.

Langzeitorientierte Kulturen achten eher auf nachhaltiges Handeln, während kurzzeitorientierte Kulturen eher Freiheit, Leistung und Selbstständigkeit betonen.

Langzeitorientierung vs. Kurzzeitorientierung Die Dimension Langzeit- vs. Kurzzeitorientierung wurde erst später, nach einer vertieften Erforschung des asiatischen Kulturkreises integriert. Charakteristische Merkmale und Werte in Kulturen und Organisationen sind u.a.:

- Langzeitorientierung: Aktivitäten und Tugenden, die darauf ausgerichtet sind den, Erfolg in der Zukunft sicherzustellen, z. B. Beharrlichkeit, Sparsamkeit, Ehrlichkeit, Anpassungsfähigkeit, Selbstdisziplin und Respekt für Mitmenschen, um Gesichtsverlust zu vermeiden; Länderbeispiele: China, Japan.
- Kurzzeitorientierung: Freiheit, Leistung, selbstständiges Denken; Länderbeispiele: Afrika, Pakistan, tendenziell auch Europa, USA.

Beispiel

Verstoß gegen hohe Unsicherheitsvermeidung und kollektivistische Werte

Ein US-amerikanischer Sportzubehörhersteller wollte die Möglichkeiten eines Joint Venture mit einer japanischen Firma besprechen. Abgesandte beider Firmen trafen sich in San Francisco, um die Details der möglichen Kooperation zu klären. Man nahm am Konferenztisch Platz, wobei die amerikanischen Repräsentanten ihre Jacketts auszogen, die Hemdärmel hochkrempelten, und einer sagte:»Da wir nun für mehrere Tage zusammen arbeiten werden, sollten wir uns besser kennenlernen. Mein Name ist Harry. Wie heißen Sie?« Die Kooperation fand niemals statt. Warum?

Den Amerikanern unterliefen bei ihrem Versuch, ihr Geschäftsinteresse zu verdeutlichen, zwei kulturelle Fehler: Erstens wurde die Geste (»Hemdärmel«) der Amerikaner, dass sie zu harter Zusammenarbeit bereit sind, missverstanden. Denn Japaner sind wesentlich formeller in ih-

rer Art, sich bei Geschäftsangelegenheiten zu kleiden, und verstanden daher das Ablegen der Jacketts als unprofessionellen Bruch mit der Etikette. Dass es so viele Regeln und Etikette gibt, ist u.a. auf die hohe Unsicherheitsvermeidung der japanischen Kultur zurückzuführen. Der zweite Fauxpas basierte auf Harrys Einladung, das »Du« einzuführen. Obwohl Harry lediglich daran interessiert war, die Arbeitsbeziehung zu verbessern, vergaß er, dass japanische Geschäftsbeziehungen auf einer strikten Hierarchieordnung (Kollektivismus) beruhen. Hierarchie und Kollektivismus hängen so zusammen, dass in kollektivistischen Kulturen eine geringe Distanz zur Ingroup, jedoch eine große Distanz zur Outgroup (Harry) besteht. In den Augen der Japaner war sein Angebot unakzeptabel hinsichtlich Formalität und Respekt gegenüber der Stellung der Verhandlungspartner (Ferraro, 2006).

8.2 Anwendungsfelder im organisationalen Kontext

Um im interkulturellen Umfeld agieren zu können, gilt interkulturelle Kompetenz als Grundvoraussetzung oder zu schaffende Bedingung (▶ Exkurs). Der Begriff »interkulturell« impliziert die Bezugnahme von Kulturen aufeinander, wobei Gemeinsamkeiten und Unterschiede der Ursprungskulturen berücksichtigt und neue Elemente integriert werden. Interkulturalität beinhaltet somit einen Verständigungswillen, der die prinzipielle Gleichberechtigung der Kulturen voraussetzt (Prechtl, 2009).

> Interkulturelle Kompetenz umfasst Wissen, Wollen und Können mit Menschen aus anderen Kulturen zu interagieren.

Exkurs

Interkulturelle Kompetenz

Interkulturelle Kompetenz umfasst Wissen, Wollen und Können, um mit Menschen aus anderen Kulturen erfolgreich zu kommunizieren und zu interagieren. Nach Erll und Gymnich (2007) lässt sich interkulturelle Kompetenz in drei Teilkompetenzen aufteilen:

— affektive Kompetenz: Interesse und Aufgeschlossenheit gegenüber anderen Kulturen, Empathie, die Fähigkeit des Fremdverstehens, Ambiguitätstoleranz, Frustrationstoleranz und Vorurteilsfreiheit

— kognitive Kompetenz: Wissen über andere Kulturen (kultur- oder länderspezifisch), kulturtheoretisches Wissen (über kulturelle Unterschiede und Implikationen) und Selbstreflexivität

— pragmatisch-kommunikative Kompetenz: Einsatz geeigneter kommunikativer Techniken und wirkungsvoller Konfliktlösungsstrategien

Im Folgenden wird auf einige klassische Anwendungsfelder, in denen kulturelle Aspekte eine Rolle spielen, eingegangen, insbesondere auf Cultural Diversity Management, Personalentwicklung und -training, Personalauswahl und interkulturelle Assessment Center sowie auf Personalführung.

8.2.1 Cultural Diversity Management

Cultural Diversity Management ist der zielgerichtete, konstruktive Einsatz von Vielfalt bzw. deren Förderung. Es zielt auf Gleichberechtigung und Gleichbehandlung und nutzt die Ressource »kulturelle Vielfalt« wirtschaftlich, indem z. B. die Mitarbeiterzufriedenheit erhöht, Kunden mit verschiedenen kulturellen Hintergründen besser angesprochen, spezifische Produkte für diese Zielgruppen entwickelt und neue Märkte erschlossen werden. Damit Vielfalt Synergien entfaltet, muss sie z. B. durch Beauftragte, Informationsveranstaltungen, Trainings, Mentoring, Coaching oder Netzwerke unterstützt werden. Cultural Diversity Management funktioniert nur bei ausreichender interkultureller Kompetenz aller Beteiligten. Allerdings ist Deutschland in dieser Hinsicht fast noch ein Entwicklungsland.

> Cultural Diversity Management bezieht sich auf die Berücksichtigung und Nutzung kultureller Vielfalt im Unternehmen.

Beispiel

Mitarbeiterzufriedenheit durch Kulturvermittler bei ThyssenKrupp Steel

Bei ThyssenKrupp Steel wurden im Hauptstandort Duisburg 70 Kulturvermittler ausgebildet. Ihre Aufgaben umfassten die Erkennung von Problemfeldern, Konfliktbehandlung, Prävention und Vermittlung zwischen unterschiedlichen Gruppen. Konkret ging es z. B. um Veränderungen des Betriebsablaufs im Ramadan, um

Chancengleichheit und Arbeitsschutz beim Bau eines Hüttenwerks in Brasilien sowie um eine interkulturelle Sensibilisierungskampagne in Deutschland. Mit diesen Einsätzen konnten Konflikte verhindert und die Mitarbeiterzufriedenheit erhöht werden (Köppel & Sandner, 2008).

8.2.2 Interkulturelle Trainings

Die Möglichkeiten, Mitarbeiter auf einen Auslandsaufenthalt vorzubereiten sind vielfältig, wichtig sind hierbei systematische Planung und Zielorientierung. Je nach Stadium der Auslandsentsendung unterscheidet man Orientierungstrainings (vor dem Aufenthalt), Verlaufstrainings (während des Auslandsaufenthaltes) und Reintegrationstrainings (bei Rückkehr; Thomas et al., 1999).

Wichtig für alle Trainingsmaßnahmen ist eine angemessene Vorlaufzeit, um das Gelernte genügend verinnerlichen zu können. Ihr Ziel besteht darin, Handlungsmöglichkeiten und -grenzen der verschiedenen Kulturen miteinander zu verbinden, so dass alle Beteiligten ihre kulturellen Ressourcen optimal ausschöpfen. Trainings können anhand der Merkmale Information vs. Erfahrungen und Kulturorientierung (speziell vs. allgemein) unterschieden werden (s. ◨ Abb. 8.5 nach Gudykunst et al., 1996; Thomas et al., 1999).

Folgende interkulturelle Trainings werden u.a. im Bereich Personalentwicklung eingesetzt:

- **kulturorientierte Trainings:** Sie vermitteln, wie das Verhalten der Interaktionspartner durch den kulturellen Hintergrund beeinflusst wird. Die Analyse der eigenen Wertesysteme, Wahrnehmungsmuster und Kommunikationsformen wird dabei zum Ausgangspunkt für die Sensibilisierung gegenüber fremden Kulturen. In praktischen Übungen wie Rollenspielen, Fallbeispielen oder Simulationen werden die unterschiedlichen kulturellen Bezugssysteme gegenübergestellt und ihre Implikationen auf Individuum und Gesellschaft diskutiert. Je nach praktischem Anteil hat das Training einen jeweils höheren Informations- bzw. Erfahrungsgehalt. Da die Erfahrungen oft anhand fiktiver Kulturen und Situationen erzeugt werden, stellt sich die Frage, inwieweit die Teilnehmer dieses Wissen in realen interkulturellen Interaktionen anwenden können.
- **kulturspezifisch-informatorische Trainings:** Sie haben zum Ziel, landeskundliche Informationen (z. B. politische, soziale oder wirtschaftliche Rahmenbedingungen eines Landes) zu vermitteln, z. B. mithilfe von Filmen oder Vorträgen. Allerdings werden kulturspezifische Merkmale häufig nur knapp beschrieben, ohne auf die kulturelle Entwicklung einzugehen. Dadurch fördert diese Trainingsform oftmals Klischees und Vorurteile, und eine emotionale Auseinandersetzung mit der Zielkultur unterbleibt.
- **interaktionsorientierte Trainings und Sensibilisierungstrainings:** Sie haben eine erfahrungsorientierte Ausrichtung und ermöglichen den Teilnehmern durch direkten Kontakt mit Personen eines Landes, kritische Interaktionen in Rollenspielen

Das Ziel von interkulturellen Trainings besteht darin, Auslandsaufenthalte so vor- und nachzubereiten, dass kulturelle Ressourcen optimal genutzt werden können.

Interkulturelle Kompetenzen werden u.a. in kulturorientierten, kulturspezifisch-informatorischen, interaktionsorientierten und Culture-Assimilator-Trainings gefördert.

◨ **Abb. 8.5** Klassifikation von Trainingsmaßnahmen

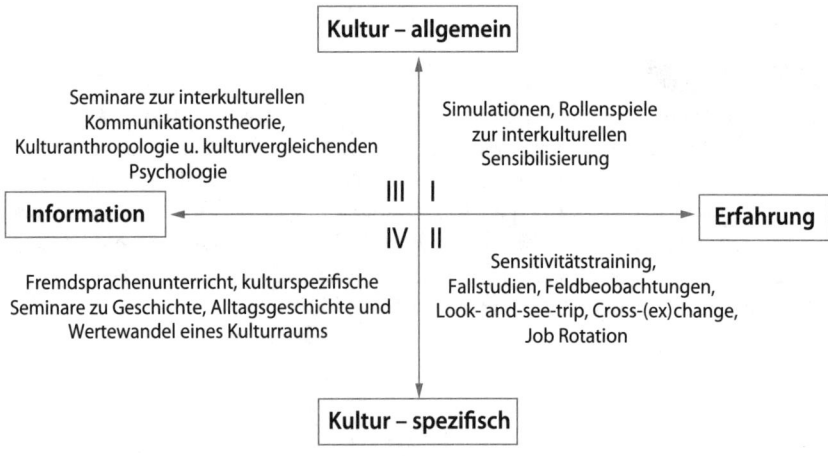

zu simulieren. In der Reflexion analysieren die Teilnehmer beider Kulturen die Interaktion ausgehend von ihrem jeweiligen kulturellen Orientierungssystem.

— **Sensitivitätstrainings und Culture-Assimilator-Trainings:** Sie fragen u.a. nach den Gründen und Motiven für Verhalten. Ziel dieses Trainings ist es, mithilfe von Beschreibungen kritischer Situationen die Teilnehmer die richtigen Begründungen zur Erklärung des Verhaltens herausfinden zu lassen (eine Beschreibung dieser Trainingsform findet sich im ▶ Web-Exkurs »General Culture Assimilator« zu Kap. 8 unter www.lehrbuch-psychologie.de).

⊕ **Web-Exkurs »General Culture Assimilator«**

8.2.3 Personalauswahl

Die kulturelle Prägung hat Einfluss auf Gefühle, Einstellungen und Handlungen. Daher sollte sie bei der Personalauswahl berücksichtigt werden (Taras et al., 2010). Dies wird möglich mithilfe von Assessment Centern (▶ Kap. 5), die speziell für interkulturelle Fragen entwickelt werden. **Interkulturelle Assessment Center** müssen, um von allen Beteiligten akzeptiert zu werden, bei der Konzeption, Durchführung und Auswertung kulturelle Wertvorstellungen berücksichtigen. Beispielsweise wird in Kulturen mit starker Unsicherheitsvermeidung (z.B. Deutschland) großer Wert auf die Durchführung von Anforderungsanalysen gelegt. Und in individualistischen Kulturen werden Teilnehmer detaillierter über die Ziele, Übungsarten, Beobachter und Anforderungen des AC informiert als in kollektivistischen Kulturen, und es findet auch häufiger eine Evaluation der Teilnehmerreaktionen im Hinblick auf Fairness, Transparenz, Durchführung, Ergebnisvermittlung, Kontrollierbarkeit der Situation usw. statt (Prechtl, 2009).

Die Auswahl von Mitarbeitern für internationale Jobs ist besonders herausfordernd, weil neben der fachlichen Qualifikation auch das Arbeitsumfeld berücksichtigt werden muss. Der passende Kandidat muss in dem kulturellen Arbeitsumfeld effektiv arbeiten können. Klassische Prädiktoren wie Wissen, Kompetenzen und Fähigkeiten treten in den Hintergrund, während psychologische Faktoren wie Persönlichkeit und Faktoren wie Sprachkenntnisse oder internationale Erfahrung an Bedeutung gewinnen (Caliguiri et al., 2009).

Mithilfe von interkulturellen Assessment Centern wird die Passung von Kandidaten und kulturellem Arbeitsumfeld ermittelt.

8.2.4 Personalführung

Die Globalisierung der Weltwirtschaft führt dazu, dass immer mehr Unternehmen international operieren und dass auch kleine und mittelständische Unternehmen dazu veranlasst werden, ins Ausland zu expandieren, um konkurrenzfähig zu bleiben. Daher ist es für Unternehmen und Führungskräfte wichtig, zu verstehen, welche Motive, Einstellungen sowie Führungserfahrungen und -erwartungen ausländische Mitarbeiter haben. Ein Forschungsprogramm, das sich solcher Fragen angenommen hat, ist das »Global Leadership and Organizational Effectiveness Research Programme« (GLOBE; Dorfman et al., 2001). Ein Ergebnis des Projektes ist z.B., dass charismatische und teamorientierte Führung in allen Kulturen positiv bewertet werden.

Die Lösung zur Fallstudie befindet sich im ▶ Web-Exkurs »Fallbeispielauflösung interkulturelle Herausforderungen« zu Kapitel 8 unter www.lehrbuch-psychologie.de.

International agierende Unternehmen müssen Motive, Einstellungen sowie Führungserfahrungen und -erwartungen ausländischer Mitarbeiter berücksichtigen.

⊕ **Web-Exkurs »Fallbeispielauflösung Kapitel 8«**

? Kontrollfragen

1. Wie kann man den Kulturbegriff systematisieren und eingrenzen?
2. Was sind Kulturstandards?
3. Welche Funktionen erfüllt Kultur?
4. Welche Verhaltenselemente führen zu einem sensiblen Umgang mit Menschen anderer Kulturen?
5. Was ist ein Kulturschock und wie lauten seine vier Phasen?
6. Wie kann man Landeskulturen charakterisieren und unterscheiden?
7. Was bedeutet Diversity Management?
8. Wie kann man interkulturelle Trainings klassifizieren?
9. Welches sind nach der GLOBE-Studie die sechs globalen Führungsdimensionen, die in verschiedenen Kulturen ähnlich positiv bzw. negativ bewertet wurden?

▶ **Weiterführende Literatur**

Bollmann, G., Krings, F. & Palazzo, B. (2009). Diversity »spielerisch« trainieren: Auswirkungen auf Einstellungen und Sensibilität gegenüber Diversity bei Führungskräften. *Zeitschrift für Arbeits- u. Organisationspsychologie, 53,* 33-38.

Cornes, A. (2004). *Culture from the Inside Out. Travel – and meet yourself.* Boston: Intercultural Press.

Derboven, W. & Kumbruck, C. (2004). *Interkulturelles Training.* Berlin, New York, Tokio, Heidelberg: Springer.

Loschke, H. (2003). *Interkulturelle Kommunikation,* 3. Aufl. Augsburg: ZIEL.

Spencer-Oatey, H. & Franklin, P. (2010). *Intercultural Interaction. A Multidisciplinary Approach to Intercultural Communication.* Houndsmills: Palgrave Macmillan.

Literaturverzeichnis

Bolten, J. (2006a). Die Entwicklung von Nationalstereotypen im Globalisierungsprozess. Hypothesen zum Auftakt einer international durchgeführten Langzeituntersuchung zu Veränderungen des Deutschlandbildes bei Studierenden. *Zeitschrift für Interkulturellen Fremdsprachenunterricht, 11* (3), Zugriff am 02.09.2010 unter http://zif.spz.tu-darmstadt.de/jg-11-3/beitrag/Bolten1.htm

Browaeys, M. J. & Price, R. (2008). *Understanding Cross-Cultural Management.* New Jersey: Prentice Hall.

Caligiuri, P., Jacobs, R. & Tarique, I. (2009). Selection for international assignments. *Human Resource Management Review, 19,* 251-262.

Dorfman, P., House, R. & Javidan, M. (2001). Project Globe: An Introduction. *Applied Psychology, 50,* 489–505.

Erll, M. & Gymnich, M. (2007). *Interkulturelle Kompetenzen: Erfolgreich kommunizieren zwischen Kulturen.* Stuttgart: Klett.

Ferraro, G. P. (2006). *The Cultural Dimensions of International Business.* New Jersey: Prentice Hall.

Finkenzeller, K. (2002). Von Land und Leuten lernen. *Frankfurter Rundschau, 20.07.*

Gudykunst, W. B., Guzley, R. M. & Hammer, M. R. (1996). Designing Intercultural. In D. Landris & R. S. Bhagat, *Handbook of Intercultural Training* (pp. 61–80). Thousand Oaks: Sage.

Hall, E. T. (1976). *Beyond Culture.* New York: Anchor.

Hofstede, G. (2001). *Culture's Consequences. Comparing Values, Behaviors, Institutions and Organizations across Nations.* Thousand Oaks: Sage.

Kluckhohn, F. & Strodtbeck, F. (1961). *Variations in Value Orientations.* Evanston: Peterson Row.

Kochanek, D. (2007). s. Links.

Köppel, P. & Sandner, D. (2008). *Synergie durch Vielfalt.* Gütersloh: Bertelsmann.

Kutschker, M. & Schmid, S. (2006). *Internationales Management.* München: Oldenbourg.

Martin, J. N. & Nakayama, T. K. (2010). *Intercultural Communication in Contexts.* New York: McGraw-Hill.

McGregor, D. (1982). *Der Mensch im Unternehmen.* Berlin: Econ.

Nothnagel, S., Straub, J. & Weidemann, A. (2010). *Wie lehrt man interkulturelle Kompetenz? Theorien, Methoden und Praxis in der Hochschulausbildung.* Bielefeld: Transcript.

Prechtl, E. (2009). *Interkulturelles Assessment Center – Prognosekraft für Auslandsentsendungen und multikulturelle Gruppen.* Lengerich: Pabst.

Ruben, B. D. (1976). Assessing Communication Competency for Intercultural Adaptation. *Group Organization Management, 1,* 334–354.

Taras, V., Kirkman, B. L. & Steel, P. (2010). Examining the Impact of Culture's Consequences: A Three-Decade, Multilevel, Meta-Analytic Review of Hofstede's Cultural Value Dimensions. *Journal of Applied Psychology, 95,* 405–440.

Thomas, A. (1996). Analyse der Handlungswirksamkeit von Kulturstandards. In A. Thomas (Hrsg.), *Psychologie interkulturellen Handelns,* 107–135. Göttingen: Hogrefe.

Thomas, A. (2005). *Grundlagen der interkulturellen Psychologie.* Nordhausen: Bautz.

Thomas, A., Kinast, E.-U. & Schroll-Machl, S. (1999). Entwicklung interkultureller Handlungskompetenz von international tätigen Fach- und Führungskräften durch interkulturelle Trainings. In K. Götz (Hrsg.), *Managementkonzepte,* Bd. 8 (S. 97–122). München: Hampp.

Trompenaars, F. & Hampden-Turner, C. (2004). *Managing People Across Cultures.* New York: Capstone.

9 Arbeitszufriedenheit und Arbeitsmotivation

Simone Kauffeld & Carsten C. Schermuly

Lernziele

- Gründe für die Beschäftigung mit Arbeitszufriedenheit (AZ) benennen können.
- Die Facetten des Arbeitszufriedenheitskonstrukts kennen.
- Kenntnisse über die Messung der Arbeitszufriedenheit erwerben.
- Um die Probleme bei der Messung der Arbeitszufriedenheit wissen.
- Den Unterschied zwischen Arbeitsmotivation und Arbeitszufriedenheit erläutern können.
- Wissen, was ein Motiv, ein Anreiz und Motivation ist.
- Den Unterschied zwischen Inhalts- und Prozesstheorien der Arbeitsmotivation kennen.

- Die Präpotenzannahme erklären können.
- Wissen, welche Maßnahmen Organisationen ergreifen können, um die Bedürfnisklassen von Maslow (1954) zu fördern.
- Kenntnis davon haben, welche Tätigkeitsmerkmale im Job-Characteristics-Modell von Hackman und Oldham (1975) zu intrinsischer Motivation führen.
- Die Vorzüge des VIE-Modells erläutern können.
- Über den Korrumpierungseffekt der intrinsischen Motivation informiert sein.
- Ziele formulieren können.

Beispiel

Fallbeispiel

Marianne Kopf arbeitet seit drei Jahren in einer großen Werbeagentur in Berlin. Nach dem Praktikum war sie zunächst als freie Mitarbeiterin für die Agentur tätig, beendete ihr Grafik-Design-Studium und wurde anschließend fest angestellt. Da sie bereits auf mehrere Jahre Erfahrung in der Agentur zurückblicken konnte, erhoffte sie sich, schon bald in Projekten mit größerem Verantwortungsbereich eingesetzt zu werden. Besonders interessierten

▼

sie Kunden aus dem kulturellen Bereich, für die die Agentur immer wieder Kampagnen gestaltete. Ihre Enttäuschung war groß, als sie, ohne gefragt zu werden, dem Projektteam von Herrn Höhner zugeordnet wurde. Auch war die Bezahlung nur wenig besser als zuvor. Das Team von Herrn Höhner begleitete ein Werbeprojekt für einen amerikanischen Motorenölhersteller, der sich auf dem deutschen Markt bekannt machen wollte. Herr Höhner ist in der Agentur als »harter Hund«

bekannt. Aufträge müssen termingerecht bei ihm eintreffen, und jede Änderung eines Entwurfs muss von ihm genehmigt werden. Zudem nimmt er sich heraus, ohne Absprache mit seinen Mitarbeitern Änderungen an den Entwürfen vorzunehmen und an die Kunden zu schicken. Zunächst redete sich Frau Kopf ein, dass Herr Höhner nur bei diesem sehr wichtigen Projekt das besagte Verhalten zeigen würde. Auch war sie sich sicher, dass ihr nächstes Projekt kulturell geprägt sei, denn sie langweilte sich bei der Bearbeitung ihrer Aufträge sehr. Die Wünsche von Frau Kopf gingen nicht in Erfüllung. Sie musste erneut mit Herrn Höhner zusammenarbeiten und machte ähnliche Erfahrungen. Sie versuchte daraufhin, mit Herrn Höhner zu reden, und nachdem dies fehlschlug, versuchte sie, in ein anderes Projekt zu wechseln. Auch dies scheiterte, und daher muss sich Frau Kopf seit einigen Wochen überwinden, zur Arbeit zu gehen. Als sie letzte Woche die Nachricht erhielt, dass sie erneut mit Herrn Höhner in einem Projekt für einen österreichischen Düngemittelhersteller eingeteilt wurde, meldete sie sich erst einmal krank. Nach dem Arztbesuch sucht sie auf verschiedenen Internetseiten nach neuen Jobs.

9.1   Arbeitszufriedenheit

9.1.1 Das Konstrukt der Arbeitszufriedenheit

Für die Untersuchung und das Anstreben von Arbeitszufriedenheit gibt es verschiedene Gründe: Arbeitszufriedenheit als eigenständiges humanitäres Ziel, als Mittel zur Fehlzeitenreduzierung und als gesellschaftliches Ziel.

Die Arbeitszufriedenheit ist das Konstrukt der Arbeits- und Organisationspsychologie, welches womöglich die intensivste Erforschung erfahren hat (Nerdinger et al., 2011). Für die Untersuchung und das Anstreben von Arbeitszufriedenheit gibt es verschiedene **Gründe**.

Da Arbeit einen großen Teil des Tages und somit der gesamten Lebenszeit einnimmt, scheint es aus ethischen und humanitären Gründen erstrebenswert, dass Beschäftigte Zufriedenheit bei ihren beruflichen Tätigkeiten erfahren. Arbeitszufriedenheit kann somit als eigenständiges humanitäres Ziel zur Steigerung der Lebensqualität aufgefasst werden. Weiterhin kann Arbeitszufriedenheit als Mittel für die Erreichung anderer Organisationsziele verstanden werden. So kann Arbeitszufriedenheit in Organisationen angestrebt werden, um Fehlzeiten oder die Fluktuation zu begrenzen oder die Arbeitsleistung zu steigern. Drittens kann Arbeitszufriedenheit als gesellschaftliches Ziel begriffen werden, um über Arbeitszufriedenheit auch Akzeptanz für das vorherrschende Wirtschafts- und Gesellschaftssystem zu schaffen.

► Definition

Definition

Arbeitszufriedenheit ist das, was Menschen in Bezug auf ihre Arbeit und deren Facetten denken und fühlen. Es ist das Ausmaß, in dem Menschen ihre Arbeit mögen (Zufriedenheit) oder nicht mögen (Unzufriedenheit).

Es wird zumeist zwischen einer globalen Zufriedenheit und verschiedenen Facetten der Arbeitszufriedenheit unterschieden.

Dabei wird zumeist zwischen einer **globalen Zufriedenheit** und verschiedenen **Facetten der Arbeitszufriedenheit** unterschieden. Die Aufteilung in Facetten wird damit begründet, dass auch die Arbeitssituation von Arbeitnehmern vielschichtig und komplex ist (von Rosenstiel, 2003).

Wenn wir uns das Beispiel von Frau Kopf vergegenwärtigen, so war diese unzufrieden mit den Inhalten ihrer Tätigkeit. Gerne hätte sie Werbung für Kultureinrichtungen statt für Düngemittel gemacht. Darüber hinaus war sie unzufrieden mit ihrem Vorgesetzten. Weitere Facetten der Arbeitszufriedenheit sind u.a. die Bezahlung, die Kollegen oder die Aufstiegsmöglichkeiten. Ein Mitarbeiter kann beispielsweise mit seiner Bezahlung zufrieden sein und gleichzeitig mit seinen Arbeitsinhalten unzufrieden. Untersucht man, welchen Einfluss die einzelnen Facetten auf die allgemeine Arbeitszufriedenheit besitzen, so zeigt sich, dass die Zufriedenheit mit der Bezahlung sowie die

Zufriedenheit mit dem Arbeitsinhalt und den Vorgesetzten den Gesamteindruck am stärksten beeinflussen (Felfe, 2009).

9.1.2 Messung der Arbeitszufriedenheit

Untersucht man die Arbeitszufriedenheit in Organisationen, so wird sie entweder als globales Maß (z. B. mit einem einzelnen Item wie »Wie zufrieden sind Sie mit Ihrer Arbeit im Allgemeinen?«) oder in Facetten gemessen.

Englischsprachige Instrumente sind z. B. der Job Descriptive Index (JDI; Smith et al., 1969) oder das Job Satisfaction Survey (JSS; Spector, 1985). In deutscher Sprache können z. B. die Skala zur Messung der allgemeinen Zufriedenheit (SAZ; Fischer & Lück, 1972) oder der **Arbeitsbeschreibungsbogen (ABB)** von Neuberger und Allerbeck (1978) genutzt werden.

Der ABB ist eine deutschsprachige Version des JDI. Er misst mit insgesamt 81 Items neun verschiedene Facetten der Arbeitszufriedenheit: Kollegen, Vorgesetzter, Tätigkeit, Arbeitsbedingungen, Organisation und Leitung, Entwicklung, Bezahlung, Arbeitszeit, Arbeitsplatzsicherheit.

Dabei werden die Mitarbeiter gebeten, auf einer vierstufigen Skala z. B. ihre Kollegen bezüglich folgender Adjektive einzuschätzen: stur, hilfsbereit, zerstritten, sympathisch, unfähig, guter Zusammenhalt, faul und angenehm. Die Variablen Arbeitszeit und Arbeitssicherheit werden mit jeweils nur einem Item gemessen (»Bin mit der Einteilung der Arbeitszeit zufrieden« bzw. »Die Gefahr, meinen Arbeitsplatz zu verlieren, ist hoch«). Der ABB hat sich in einer Vielzahl von Untersuchungen als reliables und valides Instrument erwiesen. Dennoch bestehen verschiedene **Probleme** bei der Messung des Arbeitszufriedenheitskonstrukts:

- Selektion auf bestimmte Aspekte der Arbeitszufriedenheit
- Subjektivität der Realität
- subjektive Strukturen
- soziale Erwünschtheit
- Verfügbarkeitsheuristik
- Rekonstruktion und Rationalisierung
- Stimmung und Bewertung

Entscheidet man sich dafür, die Arbeitszufriedenheit in Facetten zu messen, dann müssen bestimmte **Aspekte** der Arbeitszufriedenheit ausgesucht werden. So misst der ABB zwar verschiedene Arbeitsbedingungen (z. B. ob der Arbeitsplatz sauber, unruhig oder bequem ist), aber er erfasst nicht, ob z. B. Frau Kopf mit dem Kantinenessen, dem Stadtteil, in dem der Arbeitsplatz liegt, oder dem Anfahrtsweg zufrieden ist (**Selektion von Aspekten der Arbeitszufriedenheit**). Ausgerechnet diese Aspekte könnten jedoch besonders wichtig für ihr Erleben von Arbeitszufriedenheit sein. Weiterhin ist es möglich, dass hypothetische Konstrukte unterschiedlich interpretiert werden (**Subjektivität der Realität**). Wird Frau Kopf z. B. global nach ihrer Arbeitszufriedenheit gefragt, so können unterschiedliche Auffassungen vorherrschen, was sie oder Herr Höhner unter Arbeitszufriedenheit konkret verstehen. Darüber hinaus kommt es immer wieder vor, dass die gleichen Strukturen individuell anders bewertet werden (**subjektive Strukturen**). So könnte ein Kollege von Frau Kopf die genauen Vorgaben von Herrn Höhner oder die Werbung für einen Düngemittelhersteller als angenehm empfinden (z. B. weil er in einer landwirtschaftlich geprägten Region groß geworden ist). Weiterhin können Mitarbeiter geneigt sein, sozial erwünscht zu antworten. So kann Frau Kopf überzeugt sein, hohe Arbeitszufriedenheitswerte angeben zu müssen, da sie glaubt, dass ihre Agentur das von ihr wünscht (**soziale Erwünschtheit**). Auch kann die Erhebung der Arbeitszufriedenheit dadurch verzerrt werden, dass die Mitarbeiter nicht generelle

Der Arbeitsbeschreibungsbogen ist eine deutschsprachige Version des Job Descriptive Index und misst neun verschiedene Facetten der Arbeitszufriedenheit.

Es bestehen verschiedene Probleme bei der Messung des Arbeitszufriedenheitskonstrukts.

Instrumente zur Messung erfassen jeweils nur bestimmte Aspekte der Zufriedenheit.

Einschätzungen vornehmen, sondern solche, die beim Ausfüllen des Fragebogens gerade präsent sind (**Verfügbarkeitsheuristik**). Darüber hinaus sind Mitarbeiter, wenn sie bezüglich ihrer Arbeitszufriedenheit befragt werden, auf ihre Erinnerung angewiesen, was nicht immer zu realitätsnahen Antworten führt (**Rekonstruktion und Rationalisierung**). Weiterhin hat die Forschung zeigen können, dass das Arbeitszufriedenheitsurteil stimmungsabhängig ist. So wäre z. B. eine gut gelaunte Frau Kopf demnach geneigt, ihre Arbeitszufriedenheit positiver einzuschätzen als eine schlecht gelaunte.

9.1.3 Theorien der Arbeitszufriedenheit

Die Zwei-Faktoren-Theorie

Nach Herzberg sind Arbeitszufriedenheit und Arbeitsunzufriedenheit zwei unterschiedliche Faktoren: Motivation vs. Hygienfaktoren.

Herzberg entwickelte mit Kollegen 1959 die Zwei-Faktoren-Theorie. Er fragte in seiner Pittsburgh-Studie mit der Methode der kritischen Ereignisse (Flanagan, 1954) Beschäftigte nach Arbeitssituationen, in denen sie außergewöhnlich zufrieden oder außergewöhnlich unzufrieden waren. Dabei konnte er zwei verschiedene Faktoren identifizieren. Der erste Faktor (**Motivatoren**) umfasst Variablen, die lediglich die Zufriedenheit der Mitarbeiter beeinflussen, der zweite Faktor (**Hygienefaktoren**) solche, die ausschließlich auf die Arbeitsunzufriedenheit wirken.

Damit existiert nach Herzberg keine bipolare Arbeitszufriedenheitsdimension – Arbeitszufriedenheit ist nicht das Gegenteil von Arbeitsunzufriedenheit, sondern Arbeitszufriedenheit und Arbeitsunzufriedenheit sind **zwei unterschiedliche Faktoren**.

Das Vorhandensein von Motivatoren soll für Arbeitszufriedenheit und deren Abwesenheit für einen neutralen Zustand (Nicht-Zufriedenheit) sorgen. Für die Hygienefaktoren gilt das Umgekehrte. Die Gewährleistung kann höchstens die Arbeitsunzufriedenheit verhindern (Nicht-Arbeitsunzufriedenheit), denn Hygiene entfernt nur die Gesundheitsrisiken aus der Umwelt, sie heilt aber nicht. Damit sind auch zwei Maßnahmenkataloge erforderlich, um eine umfassende Zufriedenheit am Arbeitsplatz zu realisieren: Förderung der Faktoren, die Arbeitszufriedenheit verursachen, und Reduktion derjenigen, die Arbeitsunzufriedenheit determinieren.

Motivatoren beziehen sich eher auf den Arbeitsinhalt und Hygienefaktoren eher auf den Arbeitskontext.

Im Rahmen der Pittsburgh-Studie konnten als Motivatoren Leistungserlebnisse, Anerkennung, Arbeitsinhalt, übertragene Verantwortung, beruflicher Aufstieg und das Gefühl, sich in der Arbeit entfalten zu können, identifiziert werden. Diese adressieren eher intrinsische, d.h. in der Arbeit liegende Faktoren und werden deshalb auch **Kontentfaktoren** genannt. Die Hygienefaktoren beziehen sich hingegen auf den Arbeitskontext (**Kontextfaktoren**): Gehalt, Statuszuweisungen, Beziehungen am Arbeitsplatz (Untergebene, Kollegen, Vorgesetzte), Führung, Unternehmenspolitik, Arbeitsbedingungen, persönliche, mit dem Beruf verbundene Bedingungen und Sicherheit des Arbeitsplatzes. Die Situation von Frau Kopf ist sowohl durch unzureichende Hygienefaktoren (Probleme mit dem Vorgesetzten) als auch durch fehlende Motivatoren geprägt (Arbeitsinhalt, übertragene Verantwortung). Frau Kopf sollte sich demnach zugleich nicht zufrieden und arbeitsunzufrieden fühlen.

Die Replizierbarkeit der empirischen Ergebnisse von Herzberg scheint an die Methode der kritischen Ereignisse gebunden zu sein.

Die Theorie ist vielfach kritisiert worden. Besonders wird beanstandet, dass die Replizierbarkeit der empirischen Ergebnisse an die Methode der kritischen Ereignisse gebunden zu sein scheint. Aber auch inhaltlich zeigen sich Probleme. So ist z. B. das Gehalt nicht eindeutig als Hygienefaktor identifizierbar. Dies mag daran liegen, dass das Gehalt subjektiv auch als Anerkennung interpretiert werden kann.

Bei aller Kritik hat die Theorie die Forschung und Praxis auch stark stimuliert. Herzberg hat darauf aufmerksam gemacht, dass Mitarbeiter nicht nur aufgrund von Bezahlung zufrieden mit ihrer Arbeit sind, und hat sich damit gegen den Taylorismus (▶ Kap. 1) positioniert. Frey und Stutzer (2010) weiten diesen Gedanken auf die Lebenszufriedenheit aus. Den Autoren zufolge nutzt sich höheres Wohlbefinden aufgrund materieller Dinge schnell ab, denn Menschen stellen immer höhere Ansprüche (adaptiver Hedonismus). Zudem ist der soziale Vergleich wichtig. Nicht das absolute Einkommensniveau ist entscheidend, sondern das Gehalt im Verhältnis zu bedeutsamen anderen Personen.

Das Züricher Modell der Arbeitszufriedenheit

Vergegenwärtigen wir uns noch einmal die Situation von Frau Kopf. Zunächst redete sie sich ein, dass Herr Höhner sich wahrscheinlich nur in diesem einen Projekt kontrollierend und rücksichtslos verhalten würde und dass ihr nächstes Projekt ein kulturelles sein wird. Als ihre Hoffnungen nicht erfüllt werden, versucht sie mit Herrn Höhner zu reden. Als bei der Einteilung der nächsten Projektgruppe erneut ihre Präferenzen keine Berücksichtigung erfahren, meldet sie sich krank und beginnt, nach einem neuen Job zu suchen. An dem Fallbeispiel kann man deutlich erkennen, dass das Entstehen und der Umgang mit Arbeits(un)zufriedenheit nicht statisch, sondern **dynamisch** ist. Dies wird im Züricher Modell nach Bruggemann (1976) berücksichtigt:

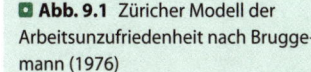

Das Züricher Modell der Arbeitszufriedenheit berücksichtigt, dass das Entstehen und der Umgang mit Arbeits(un)zufriedenheit dynamisch sind.

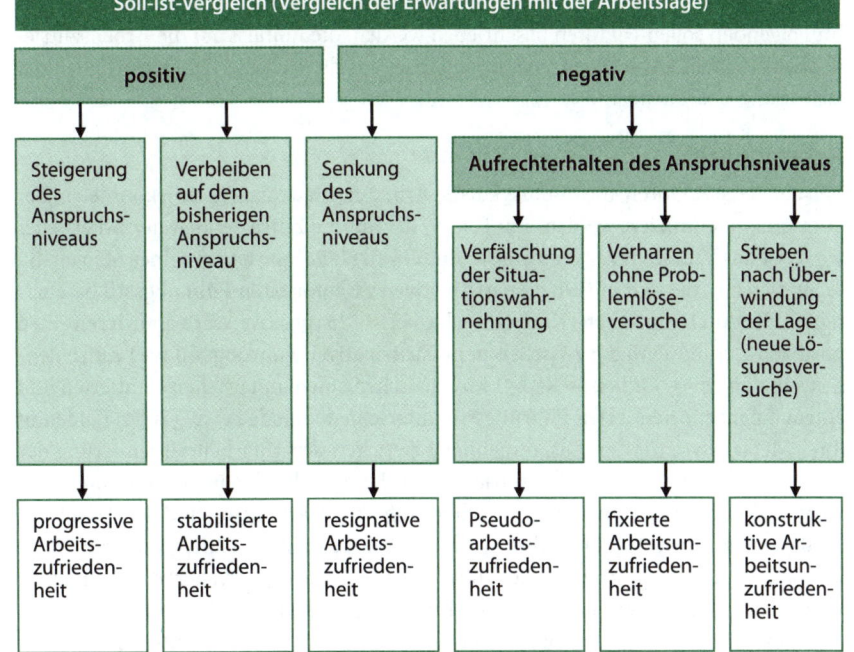

■ **Abb. 9.1** Züricher Modell der Arbeitsunzufriedenheit nach Bruggemann (1976)

Das Züricher Modell der Arbeitszufriedenheit postuliert **verschiedene Formen an Arbeitszufriedenheit**. Ausgangspunkt des Modells ist ein Vergleich zwischen den eigenen Bedürfnissen und Erwartungen (Soll) und deren tatsächlichen Realisierung in der Arbeitssituation (Ist). Kommt es zu einem negativen Ergebnis, besitzt das Individuum verschiedene Strategien, um diesen unangenehmen Zustand zu bewältigen (Copingstrategien). Senkt es seine Ansprüche, so entsteht eine Art resignative Arbeitszufriedenheit (»Im Großen und Ganzen bin ich zufrieden – es könnte ja noch schlimmer kommen«). Behält es aber sein Anspruchsniveau bei, kann es die Situation verfälschen (»Herr Höhner ist gar nicht so schlimm«), die Situation versuchen zu ändern (»Ich rede mit Herrn Höhner«) oder gar nichts zu tun und so in seinen Problemen stecken bleiben. Daraus resultieren jeweils weitere Formen der Arbeits(un)zufriedenheit: Pseudo-Arbeitszufriedenheit, fixierte Arbeitsunzufriedenheit, konstruktive Arbeitsunzufriedenheit. Fällt der Soll-Ist-Vergleich positiv aus, so kann der Mitarbeiter sein Anspruchsniveau erhöhen oder beibehalten. Aus der Beibehaltung erfolgt eine

Das Züricher Modell der Arbeitszufriedenheit postuliert verschiedene Formen an Arbeitszufriedenheit.

stabilisierte Arbeitszufriedenheit und aus der Erhöhung eine progressive Arbeitszufriedenheit. Während bei der stabilisierten Arbeitszufriedenheit der Status quo erhalten werden soll, entstehen bei der progressiven Arbeitszufriedenheit neue Zielvorstellungen, die langfristig auch in einem negativen Ist-Soll-Vergleich resultieren können.

Das primär kognitiv ausgerichtete Modell hat die Forschung vielfältig angeregt. Dass neben einer allgemeinen Zufriedenheit ein zweiter Faktor »Resignation« existiert, konnte empirisch bestätigt werden (Semmer & Udris, 2007). Die **resignative Arbeitszufriedenheit** kann potenziell helfen, widersprüchliche Forschungsergebnisse aufzuklären. So gibt z. B. ein hoher Prozentsatz an Arbeitnehmern bei Befragungen an, zumindest »ziemlich« zufrieden zu sein; zugleich sagen jedoch viele dieser Personen, ihren Beruf nicht noch einmal ergreifen zu wollen, wenn sie die Wahl hätten. Weiterhin besteht eine gute Passung zwischen dem Modell und anderen theoretischen Ansätzen (z. B. Attributionsforschung, Dissonanztheorie, Coping).

9.1.4 Korrelate der Arbeitszufriedenheit

Im Folgenden sollen Faktoren beschrieben werden, die Einfluss auf die Arbeitszufriedenheit besitzen (Antezedenzen), und solche, auf die sich die Arbeitszufriedenheit auswirkt (Konsequenzen).

Antezedenzen

Verschiedene Faktoren, die Einfluss auf die Arbeitszufriedenheit haben, konnten in der Forschung identifiziert werden. Ein Faktor, der auf die Zufriedenheit der Mitarbeiter wirkt, ist das Verhalten der Führungskräfte. Gastil (1994) wertete in seiner Metaanalyse Studien aus, die sich mit einem partizipativen vs. autoritären **Führungsstil** beschäftigten. Die durchschnittliche Korrelation lag bei $r = .23$ (positive Werte indizieren einen positiven Zusammenhang zwischen dem partizipativen Führungsstil und Zufriedenheit). In den Ohio-Studien (▶ Kap. 4) wird zwischen einem mitarbeiterorientierten und einem aufgabenorientierten Führungsstil unterschieden. Judge et al. (2004) fanden in ihrer Metaanalyse für den Zusammenhang zwischen der Mitarbeiterorientierung der Führungskräfte und der Arbeitszufriedenheit der Mitarbeiter einen Zusammenhang von $r = .40$. Der Zusammenhang zwischen Aufgabenorientierung und der Arbeitszufriedenheit war um etwa die Hälfte niedriger. Weitere Führungsstilergebnisse sind der Metaanalyse von Judge und Piccolo (2004) zu entnehmen. So korreliert das Ausmaß an laisser-faire-orientierter Führung nach Minderungskorrektur für Prädiktor und Kriterium sowie Korrektur der Stichprobengrößen zu $\rho = -.28$ mit der Arbeitszufriedenheit. Dagegen ist der Zusammenhang zwischen transformationaler Führung und Arbeitszufriedenheit positiv und groß ($\rho = .58$). Das bedeutet, dass sowohl ein partizipativer als auch ein den Mitarbeitern positiv zugewandter Führungsstil kleine bis moderate Effekte auf die Arbeitszufriedenheit besitzen. Transformationale Führung hat starke positive Effekte, wohingegen eine Führungskraft, die ihre Führungsaufgaben nicht wahrnimmt, für negative Arbeitszufriedenheit verantwortlich ist.

Ein weiterer Faktor, der auf die Arbeitszufriedenheit wirkt, ist das Ausmaß an **Empowerment**, dass die Mitarbeiter gegenüber ihrer Aufgabe erfahren (Schermuly et al., in press). Beim Empowerment geht es um Arbeitserfahrungen der Mitarbeiter und ihre Überzeugungen bezüglich ihrer Arbeitsrolle (weiterlesen im ▶ Web-Exkurs »Empowerment, Arbeitszufriedenheit und Burnout« zu Kap. 9 unter www.lehrbuch-psychologie.de). Auch konnten in mehreren Studien positive Zusammenhänge zwischen dem **Alter** und der Arbeitszufriedenheit festgestellt werden. Dafür können verschiedene Gründe verantwortlich sein. Erstens haben Berufstationen, die in späteren Lebensabschnitten erreicht werden, mehr angenehme Charakteristiken (z. B. mehr Gehalt oder Status); kontrolliert man diese Faktoren, erhält sich aber weiterhin ein signifi-

---

Randnotizen:

Es besteht eine gute Passung zwischen dem Modell und anderen theoretischen Ansätzen (z. B. Attributionsforschung, Dissonanztheorie, Coping).

Verschiedene Führungsstile beeinflussen die Arbeitszufriedenheit der Mitarbeiter. Zum Beispiel hat transfernationale Führung starke positive Auswirkungen.

Es bestehen positive Zusammenhänge zwischen dem Alter und der Arbeitszufriedenheit.

⊕ **Web-Exkurs**

Empowerment, Arbeitszufriedenheit und Burnout

kanter Zusammenhang (Kalleberg & Loscocco, 1983; Warr, 1992). Zweitens gibt es Hinweise, dass sich junge und alte Arbeitnehmer hinsichtlich ihrer Arbeitswerte unterscheiden (Wright & Hamilton, 1978). Drittens könnte eine Veränderung der Erwartungen an die Arbeit für den Zusammenhang verantwortlich sein: Junge Arbeitnehmer haben höhere Ansprüche an ihre Arbeit (z. B. hinsichtlich des Einkommens) und passen diese langfristig der Realität an (Clark et al., 1996). Viertens könnten Kohorteneffekte den Effekt bedingen (ältere Kohorten waren auch als jüngere Arbeitnehmer zufriedener). Darüber hinaus können Selektionseffekte wirken: Ältere Unzufriedene sind z. B. über Frühpensionierung schon ausgeschieden.

Auch gibt es Hinweise, dass Arbeitszufriedenheit mit **Persönlichkeitsfaktoren** assoziiert ist. So konnte nachgewiesen werden, dass die Arbeitszufriedenheit über einen Messzeitraum von drei Jahren stabil bleibt. Auch wenn ein Arbeitsplatzwechsel stattgefunden hat, ist ein statistisch bedeutsamer Zusammenhang zwischen den Messzeitpunkten nachweisbar (Dormann & Zapf, 2001). Judge und Bono (2001) fanden metaanalytisch signifikant positive Zusammenhänge der generellen Selbstwirksamkeit ($\rho = .45$), der internen Kontrollüberzeugung ($\rho = .32$), dem Selbstwertgefühl ($\rho = .26$) sowie der emotionalen Stabilität ($\rho = .24$) mit der Arbeitszufriedenheit der Beschäftigten. Auch scheint die aktuelle Stimmung, in der sich der Beschäftigte befindet, Einfluss auf dessen Arbeitszufriedenheit zu haben.

> Es bestehen Zusammenhänge zwischen Persönlichkeitsfaktoren und der Arbeitszufriedenheit.

Konsequenzen

Arbeitszufriedenheit besitzt verschiedene Auswirkungen. So bestehen Zusammenhänge mit der physischen und psychischen **Gesundheit** (Weinert, 2004). Wie Schermuly et al. (in press) nachweisen konnten, korreliert Arbeitszufriedenheit mit Burnout, was wiederum mit den krankheitsbedingten Fehltagen assoziiert ist. Somit kann mangelnde Arbeitszufriedenheit mit erheblichen persönlichen Kosten der Arbeitnehmer einhergehen.

> Mangelnde Arbeitszufriedenheit kann mit erheblichen persönlichen Kosten der Arbeitnehmer einhergehen.

Weiterhin hängt Arbeitszufriedenheit mit **Absentismus** und **Fluktuation** zusammen sowie mit dem Konstrukt der **organisationalen Bindung** (Mathieu & Zajac, 1990). Wenn Mitarbeiter gehäuft dem Arbeitsplatz fernbleiben und die Bindung an die Organisation niedrig und die Kündigungsrate hoch sind, können daraus wiederum negative Effekte für die Organisation entstehen. Arbeit, die aufgrund von Fehlzeiten nicht bearbeitet wird, bleibt unerledigt oder muss von Kollegen übernommen werden, was wiederum deren Frustration oder Arbeitsbelastung steigern kann. Fluktuation kann unter Umständen vom Unternehmen gewünscht sein, doch geht auch diese mehrheitlich mit Problemen einher, z. B. mit Wissens- und Expertiseverlust für das eigene Unternehmen, Wissens- und Expertisegewinn für Konkurrenten, Anwerbung, Auswahl und/oder Ausbildung von neuen Mitarbeitern und mit Imageverlust (weiterlesen im ▶ Web-Exkurs »Das Konstrukt der organisationalen Bindung« zu Kap. 9 unter www.lehrbuch-psychologie.de).

> Arbeitszufriedenheit hängt mit Absentismus und Fluktuation zusammen.

Ein weiterer Zusammenhang besteht zwischen Arbeitszufriedenheit und **destruktivem Arbeitnehmerverhalten**. Wie komplex die Zusammenhänge sein können, zeigt eine Studie von Judge et al. (2006). Sie ließen 74 Mitarbeiter drei Wochen lang täglich die wahrgenommene Gerechtigkeit in Interaktionen mit ihren Führungskräfte einschätzen (Beispielitems: »Has he or she treated you in a polite manner?«, »Has he or she treated you with respect?«). Zusätzlich bewerteten sie jeweils das Ausmaß feindlicher Gefühle, Arbeitszufriedenheit sowie das destruktive Verhalten. Die Autoren testeten ein an die Affective Events Theory (Weiss & Cropanzano, 1996) angelehntes Modell und konnten Folgendes zeigen: Mitarbeiter, die sich gerecht behandelt fühlen, haben weniger feindliche Gefühle. Feindlichkeit war negativ mit der Arbeitszufriedenheit korreliert, die wiederum das Ausmaß an destruktivem Verhalten der Mitarbeiter vorhersagen konnte.

> ⊕ **Web-Exkurs**
> »**Das Konstrukt der organisationalen Bindung**

> Arbeitszufriedenheit und destruktives Arbeitnehmerverhalten sind miteinander negativ assoziiert.

Schwierig ist der Zusammenhang zwischen Arbeitszufriedenheit und **Leistung** zu bewerten. Vroom (1964) konnte in einer Übersicht über zwanzig Studien einen Zusam-

Der Zusammenhang zwischen Arbeitszufriedenheit und Leistung war lange Zeit strittig.

menhang mit einem Median von Md = .14 nachweisen. Die Spannweite der Korrelationen war sehr groß und lag zwischen r = -.31 und r = .80. Eine neuere Metaanalyse von Judge et al. (2001) fand dagegen einen Zusammenhang, der etwa doppelt so hoch lag. Hier konnten auch Moderatoren identifiziert werden. So fällt z. B. der Zusammenhang bei anspruchsvollen Tätigkeiten höher aus. Allerdings lassen die Studien keine Schlussfolgerungen über die Kausalrichtung zu. So kann mehr Zufriedenheit zu mehr Leistung führen, aber auch mehr Leistung zu mehr Zufriedenheit. Wie z. B. beim Zwei-Faktoren-Modell dargestellt, werden, wenn Beschäftigte angenehme Berufssituationen schildern, besonders häufig positive Leistungserlebnisse berichtet. Natürlich sind auch eine wechselseitige Beeinflussung der beiden Faktoren (Leistung kann Zufriedenheit und Zufriedenheit Leistung beeinflussen) oder die Moderation der Beziehung durch eine dritte Variable (z. B. durch Motivation oder das Selbstwertgefühl) möglich. Auch ist möglich, dass der Zusammenhang zwischen Arbeitszufriedenheit und Leistung eine Scheinbeziehung ist. Das bedeutet, dass die festgestellte Beziehung aufgrund der Korrelation existiert, die beide Variablen zu einer dritten, nicht gemessenen Variablen aufweisen (z. B. die allgemeine Wirtschaftslage).

9.2   Arbeitsmotivation

9.2.1 Das Konstrukt der Arbeitsmotivation

Laut der Umfrage von Gallup stehen jedem motivierten Arbeitnehmer ungefähr zwei unmotivierte und sieben Mitläufer gegenüber.

Seit 2001 befragt das Meinungsforschungsinstitut Gallup jährlich Mitarbeiter in Deutschland zu ihrem **Engagement** und ihrer **Arbeitsmotivation**. Basierend auf zwölf Aussagen zu Arbeitsplatz und Arbeitsumfeld werden die Befragten in drei Gruppen eingeteilt. Laut Gallup machte im Jahr 2009 die überwiegende Mehrheit der Beschäftigten in Deutschland (66%) Dienst nach Vorschrift. Sie arbeitete also gerade so viel, wie unbedingt notwendig. Nur 11% der Mitarbeiter waren engagiert, während 23% innerlich bereits gekündigt hatten. Solche Mitarbeiter arbeiten teilweise sogar aktiv gegen das Unternehmen: Sie halten Informationen zurück, stören und treiben im schlimmsten Fall Sabotage. Bedenklich ist, dass die Größe dieser Gruppe von 2001 bis 2009 um ein Drittel gestiegen ist. Somit stehen der Studie zur Folge jedem motivierten Arbeitnehmer ungefähr zwei unmotivierte und sieben Mitläufer gegenüber.

Arbeitszufriedenheit ist retrospektiv, Arbeitsmotivation prospektiv ausgerichtet.

Zur **Begriffsunterscheidung** ist zu sagen, dass sich die Arbeitszufriedenheit darauf bezieht, wie ein Mitarbeiter seine Arbeit wahrnimmt und empfindet, wohingegen sich die Arbeitsmotivation stärker auf Verhaltensdispositionen in Hinblick auf Art, Auswahl, Stärke und Intensität des Verhaltens bezieht. Während Arbeitszufriedenheit eine eher retrospektive Ausrichtung besitzt, hat die Arbeitsmotivation eine stärker prospektive Orientierung, d.h. sie hat konkrete Auswirkungen darauf, wie gut oder engagiert jemand seine Arbeit erledigt. Wichtig ist daher das Verständnis vom Zusammenspiel zwischen Motiv, Anreiz und Motivation:

 Abb. 9.2 Motiv, Anreiz und Motivation

PERSON
Motive sind stabile und für Menschen charakteristische Wertungshaltungen

×

SITUATION
Anreize sind Merkmale einer Situation, die das Potenzial besitzen, Motive anzuregen

=

Motivation resultiert aus dem Produkt der individuellen Motivausprägungen der Person und den Anreizen der aktuellen Situation

Wie in der Abbildung ersichtlich wird, sind für die aktuelle Motivation neben den Motiven, d.h. den zeitlich stabilen Wertungsdispositionen, auch die Situation und deren Anreizcharakter wichtig. Frau Kopf kann z. B. ein hohes Affiliationsmotiv besitzen, das heißt, ihr ist es wichtig, Anschluss an andere zu finden und sich freundlich gegenüber diesen zu verhalten. Wenn ein neuer Kollege in die Abteilung versetzt wird, so kann dies als Anreiz wirken, und Frau Kopf ist motiviert, Kontakt mit dem neuen Kollegen aufzunehmen und ihm bei der Einarbeitung zu helfen.

> Für die aktuelle Motivation sind neben den Motiven, d.h. den zeitlich stabilen Wertungsdispositionen, auch die Situation und deren Anreizcharakter wichtig.

9.2.2 Theorien der Arbeitsmotivation

Theorien der Arbeitsmotivation lassen sich grob in zwei Klassen einteilen: Die sogenannten **Inhaltstheorien** fokussieren die zentralen Inhalte der Motive und damit die Motivquellen (Was?; Beispiele: Maslow (1954): Modell der Bedürfnishierarchie; Alderfer (1972): ERG-Theorie; McClelland (1984): Theorie der gelernten Bedürfnisse). Die sogenannten **Prozesstheorien** konzentrieren sich hingegen auf die psychologischen Prozesse, die dazu führen, dass und wie eine Handlung durchgeführt wird (Wie?; Beispiele: Hackman & Oldham (1980): Job Characteristic Model; Vroom (1964): VIE-Modell; Locke (1968): Zielsetzungstheorie; Adams (1965): Equity-Theorie).

> Theorien der Arbeitsmotivation lassen sich in zwei Klassen einteilen: Inhalts- und Prozesstheorien.

Das Modell der Bedürfnishierarchie

Das Modell der Bedürfnishierarchie von Maslow (1954) wurde zwar ursprünglich nicht für den Arbeitskontext formuliert, hat aber in der Arbeits- und Organisationspsychologie große Beachtung gefunden. Es ist stark von der humanistischen Schule geprägt. Maslow unterscheidet keine Einzelbedürfnisse sondern **fünf Bedürfnisklassen**.

> Maslow unterscheidet fünf Bedürfnisklassen: physiologische-, sicherheits-, soziale-, Individual- und das Wachstumsbedürfnis.

Zu den physiologischen Bedürfnissen gehören z. B. Essen, Trinken und Schlafen, also alles, was zum unmittelbaren Überleben des Individuums notwendig ist. Das Sicherheitsbedürfnis zielt auf den Wunsch des Individuums, frei von Bedrohung und Existenznot zu leben. Gewissermaßen geht es um die Sicherung der physiologischen Bedürfnisse in der Zukunft. Soziale Bedürfnisse beziehen sich auf den Wunsch nach Freundschaft, Anschluss und Austausch mit anderen Individuen, während die Individualbedürfnisse auf Macht, Status, Geltung und Selbstwertschätzung zielen.

Die ersten vier Bedürfnisklassen gelten als **Defizit- bzw. Mangelbedürfnisse**, während die Selbstverwirklichung von Maslow als **Wachstumsbedürfnis** klassifiziert wird.

> Die ersten vier Bedürfnisklassen gelten als Defizit- bzw. Mangelbedürfnisse, während die Selbstverwirklichung von Maslow als Wachstumsbedürfnis klassifiziert wird.

Mangelbedürfnisse sind niedere Bedürfnisse. Sobald ein solches befriedigt wurde, soll das nächst höhere wirksam werden. Nur wenn z. B. die physiologischen und die Sicherheitsbedürfnisse eines Mitarbeiters ausreichend berücksichtigt wurden, sollen die sozialen Bedürfnisse wichtig für ihn werden. Maslow geht also davon aus, dass ein Bedürfnis umso dringlicher erlebt wird, je weiter unten es steht. Dies wird als Präpotenzannahme bezeichnet. Das einzige Bedürfnis, das unbegrenzt wirksam bleiben soll, ist das Bedürfnis nach Selbstverwirklichung. Deshalb wird es als einziges als Wachstumsbedürfnis bezeichnet.

> Das einzige Bedürfnis, das unbegrenzt wirksam bleiben soll, ist das Bedürfnis nach Selbstverwirklichung.

Das Modell ist vielfach **kritisiert** worden. So wird gefordert, dass die formulierten Bedürfnisse universell für alle Menschen gelten sollen, und es wird bemängelt, dass die Klassen nicht empirisch-wissenschaftlich fundiert werden konnten. Zudem überlappen sich die Klassen teilweise. So kann ein hohes Einkommen sowohl in die Klasse der physiologischen Bedürfnisse (Essen kaufen, bessere Krankenversicherung) als auch in die Klasse der Achtung und Wertschätzung eingeordnet werden. Auch die Präpotenzannahme wurde immer wieder Gegenstand von Kritik und ist empirisch kaum haltbar.

> Die Präpotenzannahme konnte empirisch nicht bestätigt werden.

Dennoch können aus dem Modell Implikationen für die Praxis abgeleitet werden:

◻ Tab. 9.1 Was können Unternehmen tun, um den Bedürfnissen ihrer Mitarbeiter gerecht zu werden?

Bedürfnis	Maßnahmen zur Förderung
Selbstverwirklichung	Selbstbestimmung Einflussnahme bei der Arbeitstätigkeit Weiterbildung
Individualbedürfnisse	Feedback zur Mitarbeiterleistung Karrieremöglichkeiten Statussymbole (Dienstwagen, Bürogröße, -ausstattung)
soziale Bedürfnisse	Teamarbeit Kommunikationsmöglichkeiten/Besprechungen Abteilungs-/Betriebsausflüge
Sicherheitsbedürfnisse	sichere Arbeitsumgebung sicherer Arbeitsplatz regelmäßige Entlohnung
physiologische Bedürfnisse	geregelte Arbeitszeiten Pausen Verpflegungsmöglichkeiten

Das Job Characteristics Model

Bedeutsamkeit, Verantwortung und Wissen um die Ergebnisse sind nach dem Job Characteristics Model die drei kritischen Erlebniszustände für hohe intrinsische Arbeitsmotivation.

Hackman und Oldham (1980) postulieren in ihrem Job Characteristics Model Hypothesen über motivationsfördernde Merkmale der Arbeitssituation und deren Auswirkungen auf das Erleben und Verhalten der Beschäftigten. Grundlage ihrer Überlegungen ist das Grundbedürfnis des Menschen nach optimaler Stimulation und der Wunsch eines Individuums, sich selbst als Verursacher von Umweltveränderungen wahrzunehmen (Brandstätter, 1999). Damit es zur hoher intrinsischer Arbeitsmotivation und anderen positiven Arbeitsauswirkungen (hohe Qualität und Leistung, hohe Arbeitszufriedenheit, niedrige Abwesenheit und Fluktuation) kommen kann, müssen Mitarbeiter ihre Arbeitstätigkeit als **bedeutsam** wahrnehmen. Sie müssen **Verantwortung** für die eigene Arbeitstätigkeit erfahren und **Wissen um die Ergebnisse** der eigenen Tätigkeit haben (Kauffeld & Grote, 1999).

Die Ausprägungen dieser psychologischen Grundbedingungen werden durch fünf Merkmale der Tätigkeit (»core job characteristics/dimensions«) bestimmt:

- **Anforderungsvielfalt (»skill variety«):** Ausmaß, in dem eine Tätigkeit eine Vielzahl verschiedener Aktivitäten beinhaltet, welche verschiedene Fähigkeiten und Fertigkeiten des Mitarbeiters erfordern
- **Ganzheitlichkeit der Aufgabe (»task identity«):** Ausmaß, in dem eine Tätigkeit die Fertigstellung eines ganzen, identifizierbaren Produktes oder einer Dienstleistung erfordert
- **Bedeutung der Aufgabe (»task significance«):** Ausmaß, in dem die Tätigkeit einen beträchtlichen Einfluss auf das Leben anderer hat
- **Autonomie (»autonomy«):** Ausmaß, in dem die Tätigkeit Freiheit bei der Einteilung der Arbeit und der Wahl der Vorgehensweise bietet
- **Rückmeldung durch die Tätigkeit (»feedback from the job«):** Ausmaß, in dem die Ausführung der Tätigkeit selbst direkte und klare Informationen über die Leistung des Mitarbeiters dabei gibt

Die ersten drei Tätigkeitsmerkmale wirken auf die Bedeutsamkeit der Aufgabe, während die Autonomie die Verantwortung und die Rückmeldungen das Wissen um die

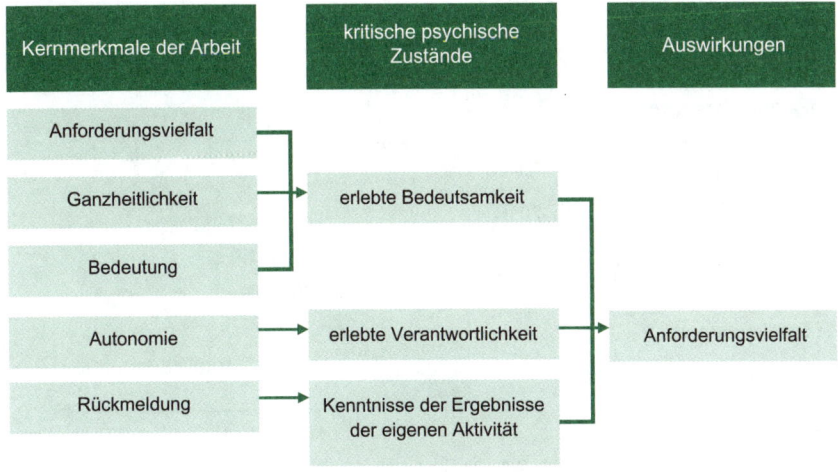

Ergebnisse der eigenen Tätigkeit beeinflusst. Die drei psychologischen Grundbedingungen fungieren somit als Mediatoren zwischen den Aufgabenmerkmalen und den Auswirkungen der Arbeit (vgl. ◻ Abb. 9.3).

Für die Bestimmung des Motivationspotenzials geben Hackman und Oldham folgende Berechnungsformel an:

$$\text{Motivationspotenzial} = \frac{\text{Vielfalt} + \text{Ganzheitlichkeit} + \text{Bedeutung}}{3} \times \text{Autonomie} \times \text{Rückmeldung}$$

Wie ersichtlich, werden die drei Faktoren, die auf die Bedeutsamkeit wirken, addiert und durch drei geteilt. Zwischen diesem Term und allen anderen besteht eine multiplikative Verknüpfung. Wenn also ein Bestandteil null ist, wird die komplette Gleichung null. Besteht z. B. überhaupt keine Autonomie für die Mitarbeiter, bleibt das Motivationspotenzial der Arbeit null, unabhängig davon, wie viele Rückmeldungen die Mitarbeiter erhalten. Fried und Ferris (1987) konnten in ihrer Metaanalyse einen hohen Zusammenhang zwischen dem Motivationspotenzial und der Arbeitszufriedenheit sowie einen mittleren mit der Arbeitsleistung nachweisen.

Parallel zur theoretischen Entwicklung wurde ein reliables und valides Diagnoseinstrument entwickelt (Job Diagnostic Survey (JDS); ▶ Kap. 10). Der JDS fokussiert die subjektive Wahrnehmung des Stelleninhabers und liefert theoretisch begründete Aussagen darüber, welche Merkmale der Arbeitssituation sich im Erleben und Verhalten von Arbeitspersonen niederschlagen und welche motivationalen Prozesse dabei über welche Mechanismen eine Rolle spielen. Aus dem Modell können konkrete Maßnahmen der Arbeitsgestaltung abgeleitet werden (▶ Kap. 10).

Das VIE-Modell

Das Valenz-Instrumentalitätsmodell-Erwartungs-Modell (VIE-Modell) wurde von Vroom (1964) formuliert. Es geht davon aus, dass Menschen, bevor sie eine Entscheidung für eine Handlung treffen, die Kosten und den Nutzen abwägen. Wie motiviert eine Person am Arbeitsplatz ist, hängt laut Vroom von drei Variablen ab:

- **Erwartung (E):** Wird meine Bemühung dazu führen, dass ich das konkrete Arbeitsziel auch erreichen kann?
- **Instrumentalität (I):** Inwieweit ist das Handlungsziel ein Weg, um persönliche Ziele zu erreichen (z. B. mehr zu leisten)?
- **Valenz (V):** Wie wichtig/attraktiv ist für mich das jeweilige persönlichen Ziel (z. B. eine Beförderung)?

Die kritischen Erlebniszustände fungieren als Mediatoren zwischen den Aufgabenmerkmalen und den Auswirkungen der Arbeit.

Der Job Diagnostic Survey (JDS) wurde aus dem Job Characteristics Model abgeleitet und gibt die subjektive Wahrnehmung des Stelleninhabers wider.

Wie motiviert eine Person ist, hängt laut Vroom (VIC-Modell) von den Variablen Valenz, Instrumentalität und Erwartung ab.

9

Exkurs

Flow als optimale Arbeitsmotivation?

Csikszentmihalyi (1975) entwickelte die Theorie des Flows. Das Flowerleben zeichnet sich durch folgende Merkmale aus:

- umfassendes Gefühl, in eine Aufgabe involviert zu sein
- eine Verschmelzung von Handlung und Aufmerksamkeit
- eine Aufmerksamkeitsfokussierung auf aufgaben- und tätigkeitsbezogene Stimuli
- das Gefühl, vollständige Kontrolle über Handlungen und die Handlungswelt zu haben

Besonders wichtig für das Flowerleben ist die Passung zwischen der Aufgabenschwierigkeit und den Fähigkeiten des Beschäftigten. Flowerleben kann sich nur einstellen, wenn die Aufgabenschwierigkeit den Kompetenzen entspricht. Ist die Aufgabenschwierigkeit höher als die Fähigkeiten, führt das zur Überforderung und damit zu Angst und Kontrollverlust. Ist die Aufgabe dagegen zu einfach, dann resultiert daraus Unterforderung und damit Langeweile. Somit ist die Passung mit einer Zone des optimalen Erlebens (Flowkanal) assoziiert und die fehlende Passung jeweils mit aversiven Emotionszuständen.

Das Modell hat auch praktische Implikationen für die Personalarbeit. So sollte während der Personalauswahl

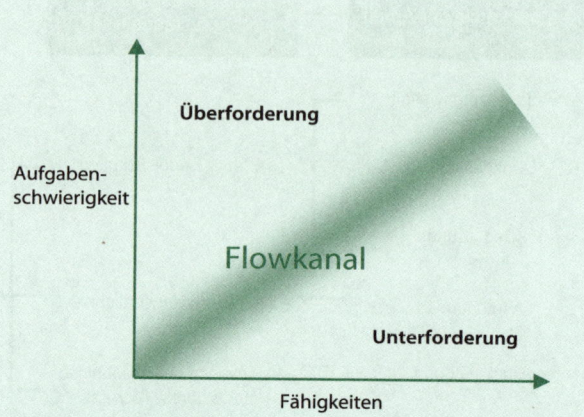

Abb. 9.4 Der Flowkanal

(z. B. in einem Assessment Center) darauf geachtet werden, dass ein Bewerber die Anforderungen der Stelle erfüllt, aber nicht überfüllt, d. h. viel zu gut ist (▶ Kap. 5). Für die Personalentwicklung impliziert das Modell, dass ein Mitarbeiter, der über längere Zeit einen Stelle erfolgreich ausgefüllt oder an einer Weiterbildungsmaßnahme teilgenommen hat, dann auch neue und herausfordernde Aufgaben erhalten muss, die seinen entwickelten Fähigkeiten entsprechen (▶ Kap. 6).

Ein Mitarbeiter wird dann gute Leistung vollbringen, wenn er

- eine hohe Wahrscheinlichkeit darin sieht, dass die eigenen Bemühungen auch in hoher Arbeitsleistung resultieren (Erwartung),
- damit rechnen kann, dass gute Arbeitsleistung auch zum Erreichen der persönlichen Ziele führt (Instrumentalität),
- diese persönlichen Ziel als positiv attraktiv empfindet (Valenz).

Im VIE-Modell sind die Variablen multiplikativ verknüpft.

In Vrooms Modell sind die Variablen multiplikativ verknüpft. Wird eine der drei obigen Bedingungen nicht erfüllt, so ist es unwahrscheinlich, dass ein Mitarbeiter sein Verhalten ändert. Beispielsweise könnte ein Mitarbeiter überzeugt sein, dass besonders gute Arbeitsleistung dazu führt, dass er mit hoher Wahrscheinlichkeit befördert wird (Instrumentalität). Er ist davon überzeugt, dass er besonders gute Leistungen erbringen kann (Erwartung). Gleichzeitig bewertet er eine Beförderung sehr positiv (Valenz) und verbindet damit für ihn wichtige Ziele wie mehr Gehalt, Einfluss oder Status. Demnach sollte er eine hohe Arbeitsmotivation aufweisen.

Das VIE-Modell konnte metaanalytisch bestätigt werden. So bestehen Zusammenhänge zu Anstrengung, der Intention, eine Handlung auszuführen, und zur Leistung (van Eerde & Thierry, 1996). Dabei sind die Zusammenhänge mit der Intention höher als mit der Leistung, denn zwischen Anstrengung und Leistung müssen noch einige Verbindungsglieder berücksichtigt werden (Semmer & Udris, 2007). Weiterhin ist positiv an dem Modell zu bewerten, dass es Verhaltensunterschiede von Menschen am Arbeitsplatz erklären kann. Im Modell von Vroom sind nicht alle Menschen gleich. Es wird anerkannt, dass Menschen unterschiedliche Präferenzen besitzen.

Intrinsische vs. extrinsische Motivation: Der Korrumpierungseffekt

Bei intrinsischer Motivation führt eine Person eine Handlung um ihrer selbst Willen aus (d.h. die Aufgabenbearbeitung macht Spaß). Dagegen wird bei extrinsischer Motivation ein Verhalten ausgeführt, um erwünschte Konsequenzen zu erreichen (wie z. B. Geld, Lob, Anerkennung). Interessante, herausfordernde Jobs sollen am ehesten die intrinsische Motivation einer Person fördern (Deci, 1992).

Gleichzeitig kann die zu starke Betonung extrinsischer Motivation zu einer Verringerung der intrinsischen Motivation führen (Deci et al., 1999). Dies nennt man den Korrumpierungseffekt: Eine externe Belohnung für eine eigentlich intrinsisch motivierte Tätigkeit zu erhalten, untergräbt die intrinsische Motivation. Frey und Osterloh (2002) berichten von einem Endlager für Nuklearabfälle, das in der Schweiz errichtet werden sollte. Zunächst waren etwa 50% der Gemeindemitglieder dafür, das Endlager ohne monetäre Kompensation zu akzeptieren. Nachdem unter sonst gleichen Bedingungen eine erhebliche Kompensation für die Akzeptanz des Endlagers angeboten wurde, waren nur noch etwa 25% der Befragten zur Akzeptanz bereit. Der Effekt tritt aber nicht nur bei Belohnungen, sondern auch bei Bestrafungen auf. So wurden in einem israelischen Kinderhort die Kinder regelmäßig zu spät abgeholt, so dass die Angestellten über die offizielle Schließzeit anwesend sein mussten. Um dem zu entgegnen, wurden empfindliche Geldstrafen für Eltern verhängt, die ihre Kinder zu spät abholen. Daraufhin stieg die Zahl der »Zuspätabholer« erheblich (Frey & Osterloh, 2002).

Deci und Ryan (1980) erklären den Effekt mit der Cognitive Evaluation Theory (CET). In der CET sind zwei psychologische Grundbedürfnisse zentral: Das Bedürfnis nach Kompetenz und das Bedürfnis nach Selbstbestimmung. Ob Belohnungen die intrinsische Motivation korrumpieren, hängt davon ob, inwieweit diese die Wahrnehmung von Kompetenz und/oder Selbstbestimmung der belohnten Person beeinflussen. Deci et al. (1999) konnten metaanalytisch zeigen, dass erwartete materielle Belohnungen die intrinsische Motivation verringern. Dagegen hatten nicht-erwartete sowie nicht-kontingente Belohnungen keinen Effekt. Verbale Belohnungen (Lob) hatten hingegen, wenn sie nicht kontrollierend eingesetzt wurden, einen positiven Effekt auf die intrinsische Motivation. Daher sollten sich Führungskräfte und andere Personalverantwortliche weniger auf Belohnungssysteme und stattdessen mehr darauf konzentrieren, wie man die Arbeit stärker intrinsisch motivierend gestalten kann. Dafür ist es wichtig, die Bedürfnisse der Mitarbeiter zu explorieren und ihnen entsprechende Aufgabe zukommen zu lassen. Darüber hinaus sollten Job-Enrichement und Job-Enlargement betrieben werden. Zudem sollten Führungskräfte verstärkt verbale statt materielle Belohnungen einsetzen und dabei vermeiden, kontrollierend zu wirken.

Die Equity-Theorie

Die Equity- bzw. Gerechtigkeitstheorie wurde von Adams (1965) formuliert. Kern der Theorie ist die These, dass Menschen nur dann Beziehungen eingehen und aufrechterhalten, wenn **Verteilungsgerechtigkeit** besteht, wenn sie also eine faire Gegenleistung für ihren Einsatz bekommen.

Menschen führen am Arbeitsplatz **Vergleiche** im Hinblick auf Gerechtigkeit durch. Diese finden in einem sozialen Kontext statt. Dabei ist entscheidend, welchen Einsatz/Input (z. B. Anstrengung, Wissen, Können, Loyalität, Zeit) und welchen Ertrag/Outcome (z. B. Gehalt, Sozialaufwendungen, Lob, Verantwortung, berufliche Perspektive) Mitarbeiter bei sich und bei bedeutsamen anderen Personen wahrnehmen. Letztere können eine konkrete Person, eine Gruppe konkreter Personen (z. B. die Kollegen in der Abteilung) oder die Abstraktion einer größeren Menge von anderen Personen sein (z. B. die Arbeitnehmer in einem bestimmten Tarifgebiet). Die Vergleichspersonen besitzen aber zumeist einen ähnlichen Rang wie die Person, die den Vergleich durchführt. Was als relevanter Input oder Outcome angesehen wird, hängt von der spezifischen Vergleichssituation ab.

Es können zwei Formen der Unausgeglichenheit entstehen. Wenn der Outcome (O) der Person im Verhältnis zu ihrem Input (I) kleiner ist als bei anderen ($O_p/I_p < O_a/I_a$), so besteht eine »Unterbezahlung«; ist das Verhältnis der Person größer als bei anderen ($O_p/I_p > O_a/I_a$), dann herrscht eine »Überbelohnung«.

Kommt es zu einem der beiden Ungleichgewichte, so kann die Person verschiedene **Strategien** einsetzen, um dieses zu beseitigen: Erstens kann sie ihren Input verändern. So könnte Frau Kopf aus dem Fallbeispiel z. B. weniger lang oder engagiert

Die Equity-Theorie geht davon aus, dass Menschen für ihren Einsatz eine faire Gegenleistung erwarten.

Menschen vergleichen sich mit anderen am Arbeitsplatz.

Unterbezahlung und Überbelohnung sind Formen der Unausgeglichenheit.

arbeiten. Zweitens kann eine kognitive Umbewertung vorgenommen werden. Frau Kopf könnte die Einschätzung des eigenen oder des fremden Inputs bzw. Outcomes verändern. Auch ist es möglich, dass die Vergleichspersonen gewechselt werden. Statt mit den Kollegen, die in der Projektgruppe mit den kulturellen Kunden arbeiten, könnte sich Frau Kopf mit den Personen vergleichen, die ebenfalls für Kunden aus der Wirtschaft tätig sind. Viertens kann versucht werden, dass die Vergleichspersonen ihren Input oder ihr Outcome verändern. Frau Kopf könnte der Geschäftsleitung vorschlagen, dass für Kulturprojekte weniger Bonus ausgeschüttet wird. Fünftens kann Frau Kopf das Feld und damit die Vergleichssituation verlassen und z. B. zu einer anderen Agentur wechseln.

> **Kritik am Modell:**
> Menschen führen nicht immer rationale Vergleiche durch.

An der Gerechtigkeitstheorie sind verschiedene Punkte zu **kritisieren**. Sie geht z. B. davon aus, dass sich Menschen rational verhalten, was nicht immer der Fall ist. Weiterhin berücksichtigt sie nur die Verteilungsgerechtigkeit. Andere Gerechtigkeitsarten wie die prozedurale oder die interaktionale Gerechtigkeit werden hingegen nicht beachtet. Bei der prozeduralen Gerechtigkeit handelt es sich um die wahrgenommene Fairness der Prozesse, die zur Verteilung der Ergebnisse führt; bei der interaktionalen Gerechtigkeit handelt es sich um die Fairness, die bezüglich des sozialen Verhaltens z. B. des Vorgesetzten empfunden wird (vgl. Kap. 3). Darüber hinaus sind die meisten Studien zur Equity-Theorie im Labor durchgeführt worden (z. B. Mowday, 1979; Greenberg, 1982). Außerdem konnte die Theorie eher für Situationen, bei denen Unterbezahlung statt Überbelohnung vorliegt, bestätigt werden (Pritchard et al., 1972; Campbell & Pritchard, 1976).

Die Zielsetzungstheorie

> Ziele sollten nach der Zielsetzungstheorie herausfordernd und präzise sein, dann führen sie zur höherer Wirkung.

Die Zielsetzungstheorie (Locke & Latham, 1990) geht davon aus, dass Ziele zu höherer Leistung führen können. Besondere Relevanz werden dabei zwei Aspekten zugesprochen: der **Zielschwierigkeit** und der **Zielspezifität**. Herausfordernde Ziele, die aber erreichbar sind, sollen zu besseren Leistungen führen als mittlere oder leicht zu erreichende Ziele. Gleiches soll für präzise und spezifische Ziele gegenüber allgemeinen und vagen Zielen gelten.

Vermittelt werden die positiven Leistungseffekte der Ziele durch verschiedene Variablen:

> Variable wie Anstrengung und Ausdauer vermitteln diesen Effekt.

Eine Variable ist die Anstrengungsbereitschaft. Durch die herausfordernden und präzisen Ziele sollen sich die Beschäftigten mehr anstrengen, d.h. mehr Energie für den Beruf mobilisieren. Diese Anstrengung soll wiederum zu höherer Leistung führen. Weiterhin sollen sich die Mitarbeiter ihrer Aufgabe mit mehr Ausdauer widmen, aktivierter sein und ihre Aufmerksamkeit stärker fokussieren. Die Aufmerksamkeit wird durch das Ziel geleitet.

Voraussetzung für diese positiven Effekte auf die Leistung ist aber, dass die Ziele durch die Mitarbeiter akzeptiert werden und dadurch eine Zielbindung entsteht. Weitere Variablen, die die Mediation zwischen den Zielen und der Leistung moderieren, sind in ◼ Abbildung 9.5 aufgeführt. So sollen die Mitarbeiter über ausreichende Fähigkeiten für die Zielbearbeitung verfügen. Weiterhin ist es günstig, dass sie Feedback über Teil- und Zwischenergebnisse erhalten. Diese Variable ist uns bereits aus dem Job Characteristics Model bekannt.

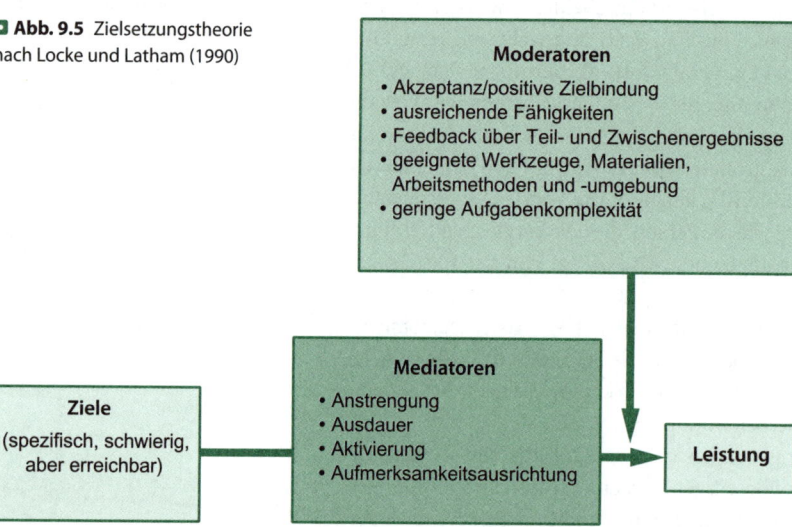

◼ **Abb. 9.5** Zielsetzungstheorie nach Locke und Latham (1990)

Nur durch Feedback erfahren die Mitarbeiter, ob sie sich auf einem angemessenen Weg der Zielerreichung befinden. Weiterhin sollten die Mitarbeiter alles von der Organisation zur Verfügung gestellt bekommen, was sie für die Zielerreichung brauchen. Dazu gehören z. B. adäquate Werkzeuge, Materialien, Arbeitsmethoden und eine entsprechende Arbeitsumgebung.

Positiv an der Zielsetzungstheorie ist zu bewerten, dass sich viele Aussagen in konkrete Handlungsanweisungen für Führungskräfte übersetzen lassen. Diese können z. B. in Zielvereinbarungsgesprächen genutzt werden. So sollten Führungskräfte z. B. die Ziele gemeinsam mit den Mitarbeitern festlegen und ihnen regelmäßig Feedback geben. Die Theorie gilt darüber hinaus für Individuen als gut gesichert. Für Gruppen trifft dies nicht im gleichen Maße zu.

Die Auflösung des Fallbeispiels ist im ▶ Web-Exkurs »Fallbeispielauflösung Menschenbilder der Arbeits- und Organisationspsychologie« zu Kapitel 9 unter www.lehrbuch-psychologie.de zu finden.

> Viele Aussagen der Zielsetzungstheorie sind relevant für Führungskräfte.

> ⊕ **Web-Exkurs**
> **»Fallbeispielauflösung**
> **Kapitel 9«**

❓ Kontrollfragen

1. Welche Facetten misst der ABB?
2. Was sind Motivatoren und Hygienefaktoren bei der Arbeit? Nennen Sie Beispiele.
3. Welche Variablen haben Einfluss auf die Arbeitszufriedenheit?
4. Erklären Sie den Unterschied zwischen Inhalts- und Prozesstheorien.
5. Welche fünf Bedürfnisklassen unterscheidet Maslow?
6. Welche Tätigkeitsmerkmale beeinflussen die drei kritischen Erlebniszustände (Bedeutsamkeit, Verantwortung und Wissen um die Ergebnisse) im Modell von Hackman und Oldham?

> ▶ **Weiterführende Literatur**

Fischer, L. (2006). *Arbeitszufriedenheit. Konzepte und empirische Befunde.* Göttingen: Hogrefe.
Kirchler, E. & Hölzl, E. (2005). *Arbeitsgestaltung in Organisationen.* In E. Kirchler (Hrsg.), *Arbeits- und Organisationspsychologie* (S. 197-316). Stuttgart: UTB.
Nerdinger, F. W. (1995). *Motivation und Handeln in Organisationen. Eine Einführung.* Stuttgart: Kohlhammer.

Literaturverzeichnis

Adams, J. S. (1965). Inequity in social exchange. In L. Berkowitz (Ed.), *Advances in experimental and social psychology. (Vol. II, pp. 267–299).* New York: Academic Press.
Alderfer, C. P. (1972). *Existence, Relatedness, and Growth; Human Needs in Organizational Settings.* New York: Free Press.
Brandstätter, V. (1999). Arbeitsmotivation und Arbeitszufriedenheit. In C. Hoyos & D. Frey (Hrsg.), *Arbeits- und Organisationspsychologie* (S. 344–357). Weinheim: Beltz.
Bruggemann, A. (1976). Zur empirischen Untersuchung verschiedener Formen der Arbeitszufriedenheit. *Zeitschrift für Arbeitswissenschaft, 30,* 71–74.
Campbell, J. P. & Pritchard, R. D. (1976). Motivation theory in industrial and organizational psychology. In M. D. Dunette (ed.), *Handbook of industrial and organizational psychology* (pp. 63–130). New York: Guilford.
Clark, A., Oswald, A. & Warr, P. (1996). Is job satisfaction u-shaped in age? *Journal of Occupational and Organizational Psychology, 69,* 57–81.
Csikszentmihalyi, M. (1975). *Beyond boredom and anxiety.* San Francisco: Jossey-Bass.
Deci, E. L. & Ryan, R. M. (1992). The initiation and regulation of intrinsically motivated learning and achievement. In A. K. Boggiano & T. S. Pittman (eds.), *Achievement and motivation: A social developmental perspective* (pp. 3–36). Toronto, ON: Cambridge University Press.
Deci, E. L., Koestner, R. & Ryan, R. M. (1999). A meta-analytic review of experiments examining the effects of extrinsic rewards on intrinsic motivation. *Psychological Bulletin, 125,* 627–668.
Deci, E. L. & Ryan, R. M. (1980). The empirical exploration of intrinsic motivational processes. In L. Berkowitz (ed.), *Advances in experimental social psychology,* vol. 13 (pp. 39–80). New York: Academic Press.
Dormann, C. & Zapf, D. (2001). Job satisfaction: A meta-analysis of stabilities. *Journal of Organizational Behavior, 22,* 483–504.
Felfe, J. (2009). *Mitarbeiterführung.* Göttingen: Hogrefe.
Fischer, L. & Lück, H. E. (1972). Entwicklung einer Skala zur Messung von Arbeitszufriedenheit (SAZ). *Psychologie und Praxis, 16,* 64–76.
Flanagan, J. G. (1954). The critical incident technique. *Psychological Bulletin, 51,* 327–358.
Frey, B. S. & Osterloh, M. (2002). Motivation – der zwiespältige Motivationsfaktor. In B. S. Frey & M. Osterloh, *Managing motivation,* 2. Aufl. (S. 19–40). Wiesbaden: Gabler.

Frey, B. S. & Stutzer, A. (2010). Glück: Die ökonomische Analyse. In E. H. Witte & T. Gollau (Hrsg.), *Sozialpsychologie und Ökonomie* (S. 75–93). Lengerich: Pabst.

Fried Y. & Ferris G. R. (1987). The validity of the Job Characteristics Model: A review and meta-analysis. *Personnel Psychology, 40,* 287–322.

Gastil, J. (1994). A meta-analytic review of the productivity and saatisfaction of democratic and autocratic leadership. *Small Group Research, 25,* 384–410

Greenberg, J. (1982). Approaching equity and avoiding inequity in groups and organizations. In J. Greenberg & R. L. Cohen (eds.), *Equity and justice in social behavior* (pp. 389–435). New York: Academic Press.

Hackman, J. R. & Oldham, G. R. (1975). Development of the Job Diagnostic Survey. *Journal of Applied Psychology, 60,* 159–170.

Hackman, J. R. & Oldham, G. R. (1980). *Work redesign.* Reading, MA: Addison-Wesley.

Judge, T. A. & Bono, J. E. (2001). Relationship of core self-evaluations traits – self-esteem, generalized self-efficacy, locus of control, and emotional stability – with job satisfaction and job performance: A meta-analysis. *Journal of Applied Psychology, 86,* 80–92.

Judge, T. A., Thoresen, C. J., Bono, J. E. & Patton, G. K. (2001). The job satisfaction-job performance relationship: A qualitative and quantitative review. *Psychological Bulletin, 127,* 376–407.

Judge, T. A. & Piccolo, R. (2004). Transformational and transactional leadership: A meta-analytic test of their relative validity. *Journal of Applied Psychology,* 89, 755–768.

Judge, T. A., Piccolo, R. F. & Ilies, R. (2004). The forgotten ones? A re-examination of consideration, initiating structure, and leadership effectiveness. *Journal of Applied Psychology,* 89, 36–51.

Judge, T. A., Scott, B. A. & Ilies, R. (2006). Hostility, job attitudes, and workplace deviance: Test of a multilevel model. *Journal of Applied Psychology, 91,* 126–138.

Kalleberg, A. L. & Loscocco, K. A. (1983). Aging, values and rewards: Explaining age differences in job satisfaction. *American Sociological Review, 48,* 78–90.

Kauffeld, S. & Grote, S. (1999). Der Job Diagnostic Survey (JDS) – Darstellung und Bewertung eines arbeitsanalytischen Verfahrens. *Zeitschrift für Arbeits- und Organisationspsychologie, 43,* 55–60.

Kirchler, E. & Hölzl, E. (2005). Arbeitsgestaltung in Organisationen. In E. Kirchler (Hrsg.), *Arbeits- und Organisationspsychologie* (S. 197–316). Stuttgart: UTB.

Locke, E. A. & Bryan, J. F. (1968). Goal-setting as a determinant oft he effect of knowledge of score on performance. *American Journal of Psychology, 81,* 398–406.

Locke, E. A.& Latham, G. P. (1990). *A Theory of Goal-Setting and Task Performance.* Englewood Cliffs, NJ: Prentice Hall.

Maslow, A. H. (1954). *Motivation and Personality.* New York: Harper & Row.

Mathieu, J. E. & Zajac, D. M. (1990). A review and meta-analysis of the antecedents, correlates and consequences of organizational commitment. *Psychological Bulletin, 108,* 171–194.

McClelland, D. C. (1984). *Motives, personality, and society.* New York: Praeger.

Mowday, R. T. (1979). Equity theory predictions of behavior in organizations. In R. M. Steers & L. W. Porter (eds.), *Motivation and work behavior* (pp. 53–71). New York: Academic Press.

Nerdinger, F. W., Blickle, G. & Schaper, N. (2011). *Arbeits- und Organisationspsychologie.* Berlin, New York, Tokio, Heidelberg: Springer.

Neuberger, O. & Allerbeck, M. (1978). *Messung und Analyse der Arbeitszufriedenheit.* Bern: Huber.

Pritchard, R., Dunnette, M. & Jorgensen, D. (1972). Effects of perceptions of equity and inequity on worker performance and satisfaction. *Journal of Applied Psychology, 57,* 75–94.

Rosenstiel von, L. (2003). *Grundlagen der Organisationspsychologie: Basiswissen und Anwendungshinweise,* 5. Aufl. Stuttgart: Schäffer-Poeschel.

Schermuly, C. C., Schermuly, R. A. & Meyer, B. (in press). Effects of vice-principals' psychological empowerment on job satisfaction and burnout. *International Journal of educational management.*

Schmidt, K. H. & Kleinbeck, U. (1979). *Deutsche Fassung des »Job Diagnostic Survey« (JDS). Unveröffentlichtes Manuskript,* Dortmund: Institut für Arbeitsphysiologie an der Universität Dortmund.

Schmidt, K.-H., Kleinbeck, U., Ottman, W. & Seidel, B. (1985). Ein Verfahren zur Diagnose von Arbeitsinhalten: Der Job Diagnostic Survey (JDS). *Zeitschrift für Arbeits- und Organisationspsychologie, 29,* 162–172.

Semmer, N. K. & Udris, I. (2007). Bedeutung und Wirkung von Arbeit. In H. Schuler (Hrsg.), *Lehrbuch Organisationspsychologie,* 4. Aufl. (S. 157–195). Bern: Huber.

Smith, P. C., Kendall, L. M. & Hulin, C. L. (1969). *The measurement of satisfaction in work and retirement.* Chicago, IL: Rand McNally.

Spector, P. E. (1985). Measurement of human service staff satisfaction: Development of the job satisfaction survey. *American Journal of Community Psychology, 13,* 693–713.

Spreitzer, G. M. (1995). Psychological empowerment in the workplace: Dimensions, measurement, and validation. *Academy of Management Journal, 38,* 1442–1465.

Van Eerde, W. & Thierry, H. (1996). Vroom's expectancy models and work-related criteria: A meta-analysis. *Journal of Applied Psychology, 81,* 575–586.

Vroom, V. H. (1964). *Work and motivation.* New York, NY: Wiley.

Warr, P. B. (1992). Age and occupational well-being. *Psychology and Aging, 7,* 37–45.

Weinert, A. B. (2004). *Organisations- und Personalpsychologie.* Weinheim: Beltz.

Weiss, H. M. & Cropanzano, R. (1996). Affective events theory: A theoretical discussion of the structure, causes, and consequences of affective experiences at work. *Research in Organizational Behavior, 18,* 1–74.

Wright, J. D. & Hamilton, R. F. (1978). Work satisfaction and age: Some evidence for the ›job change‹ hypothesis. *Social Forces, 56,* 1140–1158.

10 Arbeitsanalyse und -gestaltung

Simone Kauffeld & Anne Martens

Lernziele

- Ziele und Kontexte von Arbeitsanalysen verstehen.
- Theoretische Fundierung von Arbeitsanalysemethoden erlernen.
- Überblick zu Arbeitsanalysemethoden und Einblicke in ausgewählte Verfahren erhalten.
- Strategien und Ziele von Arbeitsgestaltungsmaßnahmen verstehen.

- Arbeitsgestaltung alter und neuer Arbeitsformen benennen können.
- Konkrete Maßnahmen der Arbeitsgestaltung kennen lernen.
- Den Begriff »Emotionsarbeit« definieren können.
- »Oberflächen-« und »Tiefenhandeln« abgrenzen können.
- Den Zusammenhang zwischen Emotionsarbeit und Burnout verstehen.

Beispiel

Fallbeispiel

Ein mittelständisches Produktionsunternehmen will die Effizienz seines Warenlagers erhöhen, da sich verschiedene Fachabteilungen beschwert haben, dringend benötigte Ersatzteile erst zwei bis drei Tage nach Anforderung zu erhalten. In dem Warenlager werden täglich große Mengen von neuen Waren angeliefert und ebenso große Mengen an die entsprechenden Fachabteilungen weitergeleitet. Für die arbeitsanalytische Betrachtung der Begleitumstände und zur Ermittlung der Schwachstelle im Lager arbeiten verschiedene Instanzen zusammen. Herr L., der als Arbeitspsychologe in dem Produktionsunternehmen beschäftigt ist, wird als Verantwortlicher für die Durchführung der Arbeitsanalyse eingesetzt. Ein Mitglied des Betriebsrates, das vorher ebenfalls im Lager tätig war und die Prozesse dort kennt, soll Herrn L. dabei unterstützen, Schwachstellen im Arbeitsablauf zu ermitteln. Im Rahmen der Arbeitsanalyse werden verschiedene Mitarbeiter befragt. Es wird deutlich, dass die Mitarbeiter des Wareneingangs nicht genau genug instruiert sind, um einen Teil der eingehenden Waren direkt an die richtige Stelle im Lager weiter zu leiten. Dieses Problem tritt erst seit ein paar Wochen auf, nämlich seitdem ein neu unter Vertrag genommener Zulieferer veränderte Produkte liefert. Die neuen Produkte sind zudem nicht richtig deklariert, da es hierfür noch keine einheitlichen Bezeichnungen gibt. Außerdem sind die Regale im Warenlager aufgrund der erhöhten Menge an Produkten erweitert worden, was zu Lasten der Rangierbarkeit der Gabelstapler in den Gängen führt und zusätzlich Zeit kostet.

Jede Arbeit beeinflusst den Menschen, ob positiv oder negativ. Schlecht gestaltete Arbeit äußert sich oft in körperlichen und psychischen Beschwerden, Leistungseinbrüchen und plötzlichen Erkrankungen der Mitarbeiter (vgl. Kap. 11). Deshalb ist es wichtig, Arbeit **menschengerecht** zu gestalten. Dafür erforderlich sind gesellschaftliche Rahmenbedingungen wie z. B. rechtliche Bestimmungen oder Normen (z. B. Betriebsverfassungsgesetz § 75,2, DIN EN ISO 10075, DIN EN ISO 9241, Teil 2, Bildschirmarbeitsverordnung §§ 3 u. 5, Arbeitsschutzgesetz §§ 3 u. 4), entsprechende tarifliche Vereinbarungen für Berufsgruppen und Branchen sowie Regelungen in den Betrieben. Die Voraussetzung für die Verbesserung der Arbeit ist oft eine eingehende Bestandsaufnahme zum Stand der Arbeitsbedingungen, wie sie mit arbeitsanalytischen Verfahren geleistet werden kann.

10.1 Arbeitsanalyse

10.1.1 Begriffsklärung

► Definition

> ┌─ Definition ──────────────────────────────────
> Unter **Arbeitsanalyse** versteht man die Gesamtheit strukturiert vorgenommener Methoden zur Erfassung und Bewertung des Prozesses der psychischen Struktur und Regulation menschlicher Arbeitstätigkeit im Zusammenhang mit ihren Bedingungen und Auswirkungen. Gegenstand der psychologischen Arbeitsanalyse ist somit die konkrete Arbeitstätigkeit als psychisch regulierte Tätigkeit (eines arbeitenden Menschen).

Arbeitsanalysen erfassen und bewerten Anforderungen und Komponenten der Arbeit, die an den Stelleninhaber an seinem Arbeitsplatz gestellt werden.

Bei einer Arbeitsanalyse werden in systematischer Form Informationen über die **Tätigkeit** eines arbeitenden Menschen gesammelt, geordnet und beurteilt, um Aussagen über die psychologisch relevanten Aspekte von Arbeitssituationen und Arbeitsaufgaben treffen zu können. Dabei wird u.a. der Produktionsprozess erfasst, Arbeitsaufträge oder Teilschritte einer Aufgabe analysiert oder der Zeitaufwand für bestimmte Tätigkeiten bestimmt.

Bei der Anforderungsanalyse geht es um die Passung von Personenmerkmalen und Tätigkeitsanforderungen.

Die **Anforderungsanalyse** ist eine bestimmte Form der Arbeitsanalyse, die sich mit der Beschreibung von Anforderungen der Arbeit an die Mitarbeiter und der Klärung der Frage, welche Aufgaben und Handlungen für bestimmte Arbeitstätigkeiten relevant sind, befasst (vgl. Matern, 1983; Ulich, 2005). Hierbei werden die Passung von Personenmerkmalen und Tätigkeitsanforderungen in den Fokus gerückt und systematisch Anforderungen an die Bewerber abgeleitet (vgl. Nerdinger et al. 2011; ► Kap. 5).

10.1.2 Ziele und Einsatzgebiete von Arbeitsanalysen

Arbeitsanalysen werden zu sehr verschiedenen Zwecken eingesetzt.

Die Einsatzgebiete von Arbeitsanalysen können abhängig vom Kontext und der betrachteten Organisation, Tätigkeit und des Individuums stark variieren. Sie können nach der Einführung von neuen Technologien ebenso zum Einsatz kommen wie im Vorfeld der Besetzung einer neu geschaffenen Stelle oder zum Zwecke der Überprüfung wissenschaftlicher Theorien. Zu den am häufigsten von einer Arbeitsanalyse betroffenen **Kontexten** zählen (vgl. Ash, 1988; Brannick & Levine, 2002; Dunckel & Resch, 2010; ausführlicher im ► Web-Exkurs »Kontexte einer Arbeitsanalyse« zu Kap. 10 unter www.lehrbuch-psychologie.de):

⊕ Web-Exkurs »Kontexte einer Arbeitsanalyse«

— Maßnahmen zur Arbeitsplatz- und Organisationsgestaltung sowie Ermittlung von Schwachstellen im Arbeitsablauf
— Ermittlung von Qualifikationsanforderungen und -inhalten (z. B. zur Entwicklung von Trainings-, Schulungs- und Ausbildungsinhalten)

- Bestimmung von Eignungsanforderungen (z. B. Anforderungsanalyse für Assessment Center, Arbeitsplatzbewertung, Personalauswahl)
- Vergleich verschiedener Arbeitstätigkeiten (z. B. zur Klassifikation von Berufen, Berufsberatung, Vergleich von Positionen)
- Lohn und Gehaltsfindung
- Leistungsbeurteilung
- Abschätzung von Technikfolgen
- Arbeits- und Gesundheitsschutz (z. B. Unfallverhütung, Vermeidung von berufsbedingten Erkrankungen oder psychischen Belastungen)
- Entwicklung von Anreizsystemen
- Überprüfung wissenschaftlicher Theorien

Je nach Zielsetzung und dem zu betrachtenden Kontext (z. B. Art der Tätigkeit, Branche oder Analyseebene) ist der Einsatz unterschiedlicher Analyseverfahren sinnvoll (Frieling & Buch, 2007). Während viele Arbeitsanalyseverfahren im deutschsprachigem Raum im Rahmen der staatlich geförderten Programme zur Humanisierung des Arbeitslebens in den 70er Jahren für die industrielle Produktion entwickelt wurden, werden neuerdings entsprechende Verfahren für den Dienstleistungsbereich entwickelt (vgl. Abschn. 10.3). Durch die vermehrte Einführung von gruppenorientierten Arbeitsverfahren (vgl. Abschn. 10.2) in der Industrie oder die Gesundheitsförderung in Industrie und Verwaltung (vgl. Kap. 11) sowie die Einführung von gesetzlichen Rahmenbedingungen erhöht sich die Nachfrage nach neuen Arbeitsanalyseverfahren (Schüpbach & Zölch, 2007). Dabei ist der Arbeitsanalyse oft eine Analyse der Prozesse voranzuschalten.

> Veränderte Arbeitsbedingungen fördern die Entwicklung von neuen Arbeitsanalyseverfahren.

10.1.3   Ablauf einer Arbeitsanalyse

Eine Arbeitsanalyse ist idealtypisch in acht aufeinanderfolgende Schritte gegliedert:

> Eine Arbeitsanalyse ist in acht Schritte gegliedert: Zielsetzung, Erhebungsinstrumente, Durchführung, Auswertung, Rückmeldung, Maßnahmenableitung, Maßnahmenumsetzung, Maßnahmenevaluation.

1. **Festlegung der Untersuchungsziele**
   - Klärung von Untersuchungsanliegen und -zielen mit dem jeweiligen Auftraggeber
   - Überblick über die Gesamtorganisation und Untersuchungseinheit verschaffen (z. B. Abteilung oder Produktionseinheit)
   - Überblick über Arbeitstätigkeiten im zu untersuchenden Bereich verschaffen
2. **Auswahl und Anpassung der Erhebungsinstrumente**
   - Bestimmung ausgewählter Analysemethoden und -instrumente zur Arbeitsanalyse (z. B. Fragebogen oder Beobachtungsverfahren)
   - Anpassung des Analyseinstruments an Untersuchungskontext bzw. Schulung der Untersucher
3. **Durchführung der Arbeitsanalyse**
   - Durchführung einer psychologischen Aufgaben- und Tätigkeitsanalyse (z. B. zur Ermittlung des Material- oder Informationsflusses, Behinderungen im Arbeitsprozess, Aufdeckung von Schwachstellen, etc.)
4. **Auswertung der gewonnenen Daten**
   - erhobene Daten werden ausgewertet, die Ergebnisse werden dokumentiert und grafisch aufbereitet
5. **Rückmeldung der Ergebnisse an die Organisation**
   - Rückmeldung der Ergebnisse an die Auftraggeber bzw. an betroffene Mitarbeiter evtl. unter Einbezug der Verantwortlichen (z. B. Management)
   - Diskussion der Ergebnisse

▼

6. **Ableitung von Gestaltungsmaßnahmen für die Organisation**
   - Entwicklung von betrieblichen Gestaltungsmaßnahmen auf Grundlage der gewonnenen Ergebnisse und idealerweise Zusammenarbeit mit den betrieblichen Instanzen, die diese später umsetzen sollen
   - schriftliche Fixierung der Maßnahmen, um deren Umsetzung sicherzustellen
7. **Einführung und Umsetzung der Gestaltungsmaßnahmen in die Organisation**
   - entwickelte Gestaltungsmaßnahmen werden in die Organisationseinheit/en eingeführt und umgesetzt
8. **Evaluation der Gestaltungsmaßnahmen**
   - Evaluation der Arbeitsgestaltungmaßnahmen nach deren Einführung; dies kann durch eine erneute Arbeitsanalyse geschehen

In Bezug auf das Arbeitshandeln gibt es verhaltensorientierte, kognitionsorientierte, tätigkeitsorientierte und handlungsorientierte Ansätze.

Web-Exkurs
»Modelle des Arbeitshandelns«

Arbeitsanalyseverfahren liegt in der Regel ein theoretisches Konzept zugrunde. Die theoretische Ausrichtung des Konzeptes bestimmt den Blickwinkel auf die zu analysierende Arbeitstätigkeit, Arbeitsbedingungen und die arbeitende Person. Als die vier bedeutendsten Ansätze des Arbeitshandelns gelten verhaltensorientierte, kognitionsorientierte, tätigkeitsorientierte und handlungsorientierte Ansätze (weiterlesen im ▶ Web-Exkurs »Modelle des Arbeitshandelns« zu Kap. 10 unter www.lehrbuch-psychologie.de).

10.1.4 Analysemethoden

Betrachtet man **Arbeitsanalysemethoden**, kann generell zwischen aufgabenbezogenen und personenbezogenen Analysemethoden unterschieden werden (Schüpbach & Zölch, 2007):

Arbeitsanalysemethoden können in aufgabenbezogene und personenbezogene Verfahren eingeteilt werden.

- **Aufgabenbezogene Analysemethoden** haben zum Ziel, Anforderungen und Ausführungsbedingungen der Arbeitstätigkeit unabhängig von der konkreten Person mittels Beobachtungen und Befragungen zu erfassen. Regulationserfordernisse, Motivationspotenziale und Bewältigungsmöglichkeiten bei der Arbeit werden unabhängig von dem arbeitenden Individuum betrachtet. Hierbei werden überwiegend Beobachtungsinterviews eingesetzt, die von geschulten Personen durchgeführt werden (Nerdinger et al., 2011). Die Ergebnisse dieser auch als »situationsdiagnostisch« bezeichneten Analysemethoden (vgl. Oesterreich & Volpert, 1987) dienen als Grundlage zur Bewertung der Arbeitsaufgaben und -bedingungen und der sich daraus ergebenden Tätigkeits- und Handlungserfordernisse (Schüpbach & Zölch, 2007).
- **Personenbezogene Analysemethoden** stellen die subjektive Wahrnehmung und Einschätzung der Arbeitenden über die Arbeitstätigkeit und ihre Ausführungsbedingungen in den Fokus. Den größten Teil dieser Verfahren stellen standardisierte Fragebögen dar. Bei der Befragung mittels personenbezogener Verfahren geht es um die Einschätzung spezifischer Arbeitsmerkmale, -aufgaben und -bedingungen (Nerdinger et al., 2011).

Arbeitsanalysemethoden können fünf Typen zugeordnet werden: Befragung, Beobachtung, physiologische und physikalisch-chemische Verfahren und Laborforschung.

Grundsätzlich können die in der Arbeitsanalyse eingesetzten Methoden fünf verschiedenen **Grundtypen** zugeordnet werden: Befragung, Beobachtung, physiologische Messungen, physikalisch-chemische Messverfahren und Laborforschung. Die am meisten verwendeten Verfahren sind Befragungs- und Beobachtungsmethoden, die bei der Arbeitsanalyse kombiniert und als Beobachtungsinterview eingesetzt werden. Die Bedingungen der Arbeitsumgebung und spezifische Beanspruchungen im Arbeitskontext werden durch physikalisch-chemische und physiologische Messungen analysiert. Darüber hinaus können in Laborexperimenten die Einflüsse von verschiedenen Arbeitsbedingungen (z. B. Lärm) auf das Verhalten bei der Arbeit und die Beanspruchung der Mitarbeiter untersucht werden (Nerdinger et al., 2011).

Standardisierungsgrad von Verfahren der Arbeitsanalyse
- unstandardisierte Verfahren
  - vorhandene Arbeitsplatzbeschreibungen
  - freie Berichte der Stelleninhaber
  - Arbeitsausführung durch den Arbeitsanalytiker selbst
  - Analyse vorliegender Dokumente
- halbstandardisierte Verfahren,
  - Arbeitstagebücher
  - Beobachtungsverfahren
  - Methode der kritischen Ereignisse (Flanagan, 1954)
- standardisierte Verfahren
  - Checklisten
  - Beobachtungsinterviews (z. B. AET, VERA, TBS, TAI)
  - Fragebögen (z. B. JDS)

> Arbeitsanalyseverfahren können unstandardisiert, halbstandardisiert oder standardisiert sein.

Befragungsmethoden

Befragungen werden bei der Analyse von Arbeitsinhalten, Arbeitsabläufen oder sozialen Beziehungen am Arbeitsplatz eingesetzt, da einige Aspekte (z. B. Anforderungen an die Informationsverarbeitung des Stelleninhabers) nur schwer von außen beobachtbar sind.

> Befragungen dienen zum besseren Verständnis von Arbeitsinhalten, Abläufen und sozialen Beziehungen am Arbeitsplatz und können Aspekte aufdecken, die nur schwer von außen beobachtbar sind. Sie können mündlich (Interview) oder schriftlich (Fragebogen) erfolgen.

In den empirischen Sozialwissenschaften gehört die Befragung zu den am häufigsten angewandten Erhebungsmethoden. Generell ist zwischen der mündlichen Befragung und der schriftlichen Befragung zu unterscheiden (vgl. Bortz & Döring, 2006):
- **Mündliche Befragungen** werden in Form von Interviews durchgeführt und können in den verschiedensten Kontexten zum Einsatz kommen. Generell wird nach dem Ausmaß der Standardisierung, dem Autoritätsanspruch des Interviewers, der Art des Kontakts, der Anzahl der Befragten Personen, der Anzahl der Interviewer und der Funktion des Interviews unterschieden.
- **Schriftliche Befragungen** werden in Form von selbstständig auszufüllenden Fragebögen durchgeführt.

Der Einsatz von Fragebögen wird bei der Arbeitsanalyse oft bevorzugt, da diese Methode sowohl in der Entwicklung als auch in der Anwendung sehr kostengünstig und zeitsparend ist. Zudem kann eine größere Anzahl von Mitarbeitern gleichzeitig befragt werden (Harvey, 1991).

> Fragebögen sind eine kostengünstige und zeitsparende Methode der Arbeitsanalyse.

Durch Befragungen können subjektive Einschätzungen der Stelleninhaber über ihre Arbeitstätigkeit, die psychische Beanspruchung oder Belastungen am Arbeitsplatz erhoben werden (Nerdinger et al., 2011).

Das grundlegende Problem von Befragungen ist die Beeinflussung der Ergebnisse durch sozial erwünschte Antworten (Bortz & Döring, 2006). Diese entstehen immer dann, wenn der Untersuchungsteilnehmer versucht, anderen mit seinen Antworten zu gefallen bzw. ihren Erwartungen gerecht zu werden. Darüber hinaus gibt es verschiedene Antworttendenzen wie z. B. die Tendenz zur Mitte, die Mildetendenz oder die Strengetendenz, die die Güte einer Befragung beeinflussen können (vgl. Bortz & Döring, 2006).

> Befragungen haben das Problem sozial erwünschter Antworten.

Für eine umfassende Arbeitsanalyse ist zusätzlich zur mündlichen oder schriftlichen Befragung eine Beobachtung der Stelleninhaber bzw. der Arbeitstätigkeit von Vorteil.

10

Beobachtungsmethoden

Die Beobachtung ist eine aktive, zielgerichtete Auseinandersetzung mit der Umwelt, die duch eine planvolle Suchhaltung bestimmt ist. Dabei ist die Beobachtung drei Selektionsprozessen unterworfen.

- primäre Selektion: Nur bestimmte Reize können innerhalb einer Zeiteinheit wahrgenommen werden. Für bestimmte physikalische und chemische Reize (z. B. Ultraschall oder CO_2) hat der Organismus keine Sinnesorgane.
- sekundäre Selektion: Je nach Aktiviertheit der Person werden nur die für die Person interessanten Reize herausgehoben (ein Objekt, eine Person, ein Prozess oder Ereignisablauf).
- tertiäre Selektion: Erfahrungen und Erinnerungsleitung der Person beeinflussen die Beobachtung.

Beobachtungsmethoden im Rahmen der Arbeitsanalyse dienen zur Erfassung von Belastungen und Anforderungen der Stelleninhaber bei ihrer täglichen Arbeit.

Beobachtungen werden beispielsweise bei der Bewertung der ergonomischen Gestaltungsgüte, bei Analysen des Arbeitsablaufs und des Produktionsprozesses, der Aufdeckung von Unfallursachen, der Arbeitsanforderungen, der Kommunikationsstruktur und der Auswirkungen neuer Technologien auf die Arbeit der Stelleninhaber eingesetzt (Nerdinger et al., 2011).

Beobachtungen können direkt, indirekt oder vermittelt erfolgen.

Beobachtungen

Beobachtungen können direkt, indirekt oder vermittelt erfolgen (vgl. Frieling & Sonntag, 1999; ► Kap. 7):

direkte Beobachtung

Die direkte Beobachtung kann teilnehmend oder nicht-teilnehmend und offen oder verdeckt erfolgen. Einige Beispiele:

- teilnehmend – offen: Eine Betriebspsychologin beteiligt sich zur Erkundung von Problemen im Betrieb am Produktionsprozess und arbeitet mit.
- teilnehmend – verdeckt: Ein Testkäufer beobachtet als Kunde das Verhalten eines Vertriebsmitarbeiters (Mystery Schopping).
- nicht-teilnehmend – offen: Der Manager eines Fußballclubs beobachtet am Rande des Fußballplatzes die Einsatzbereitschaft der Spieler.
- nicht-teilnehmend – verdeckt: Eine Forscherin beobachtet hinter einer Einwegscheibe die Gruppeninteraktion einer Studierendengruppe.

indirekte Beobachtung

Das zu beobachtende Verhalten wird über eine Kamera festgehalten und anschließend ausgewertet. Dies ist ethisch nur vertretbar, wenn die Teilnehmer freiwillig einer Aufzeichnung zustimmen und über den Sinn der Untersuchung aufgeklärt werden. Der Vorteil ist, dass die Sequenz beliebig oft wiederholt werden kann und eine differenzierte Auswertung möglich ist. Die Beobachter können gut geschult werden, und die Inter-Rater-Übereinstimmung ist leicht zu testen (vgl. Kap. 7).

vermittelte Beobachtung

Das zu beobachtende Verhalten wird über technischen Parameter erfasst, indem technische Sensoren und Rechner verwendet werden. So können z. B. bei Berufskraftfahrern der Lenkwinkelausschlag, die gefahrene Geschwindigkeit sowie die Kupplungs- und Bremsbedienung gemessen werden.

Sowohl Befragungs- als auch Beobachtungsmethoden haben als Verfahren der Arbeitsanalyse ihre Grenzen. Die Vor- und Nachteile sind in ◘ Tabelle 10.1 veranschaulicht:

◨ Tab. 10.1 Vor- und Nachteile von Befragungs- und Beobachtungsmethoden

	Vorteile	Nachteile
Befragung	Arbeitsplatzinhaber kennt seine eigene Tätigkeit Arbeitsplatzinhaber ist in der Lage, psychische Prozesse und Belastungen zu beurteilen Fragebögen sind zeiteffizient Fragebögen kosten wenig	Einfluss sozialer Erwünschtheit Erinnerungseffekte der Befragten können Ergebnisse beeinflussen wissenschaftliche Begriffe sind für Befragte teilweise schwer verständlich und müssen übersetzt werden, was Zeit und Personal kostet
Beobachtung	Wahrnehmungen und Interpretationen der Arbeitenden beeinflussen das Ergebnis der Arbeitsanalyse nicht Beobachtungen sind als Grundlage für zukünftige Arbeitsgestaltungsmaßnahmen hilfreich	komplexe, intellektuelle Aufgaben sind nur schwer beobachtbar, da viele Arbeitsprozesse intern ablaufen und nicht von außen beobachtbar sind Bedingungen während der Beobachtung können sich von üblichen Bedingungen unterscheiden sehr zeitaufwändig und kostenintensiv Untersucher können Ergebnisse durch eigene Bewertungen beeinflussen begrenzte Beobachtungszeit schränkt Ergebnisse ein bestimmte Prozesse (z. B. Informationsverarbeitung) sind nicht beobachtbar Halo-Effekt

Eine Kombination von Befragung und Beobachtung stellt das **Beobachtungsinterview** dar. Diese Methode versucht, die Nachteile von Befragungen und Beobachtungen zu kompensieren und deren Vorteile zu nutzen. Sie kombiniert eine halbstandardisierte Beobachtungssituation mit vorher festgelegten, halbstandardisierten Fragen, die an den Stelleninhaber gerichtet werden.

Mit dem Beobachtungsinterview können Nachteile von Befragungen und Beobachtungen umgangen werden.

Für die Praxis

Vorgehen bei einem Beobachtungsinterview (nach Dunckel et al., 1993)

- den Zweck der Untersuchung am Anfang klären
- verdeutlichen, dass es um den Arbeitsplatz und nicht die Person geht
- Feedback versprechen
- verständliche Sprache gebrauchen und keine Fachbegriffe verwenden

- erst beobachten (auf konkrete Aspekte konzentrieren, Notizen machen, Arbeitende/n zur anderen Arbeitsstelle begleiten), dann fragen (Bezug nehmen auf beobachtbare Aspekte, bei Unklarheit nachfragen, den richtigen Moment für Unterbrechungen finden, präzise Fragen stellen, keine Bewertungen abgeben, genug Zeit für Antworten lassen)

Physiologische, physikalisch-chemische Verfahren und Laborforschung

Neben den beiden am häufigsten verwendeten Erhebungsmethoden bei der Arbeitsanalyse (Befragung und Beobachtung) können physiologische Verfahren, physikalisch-chemische Verfahren und Experimente im Labor durchgeführt werden, um Arbeitsprozesse und deren Wechselwirkungen mit dem Stelleninhaber zu untersuchen.

◨ Tabelle 10.2 veranschaulicht diese drei Erhebungsmethoden.

Physiologische, physikalisch-chemische Verfahren und Laborforschung können spezielle Anforderungen oder Umgebungsreize, denen ein Stelleninhaber ausgesetzt ist, detailliert untersuchen.

10.1.5   Verfahren der Arbeitsanalyse

Es gibt eine Vielzahl von klassischen **Arbeitsanalyseverfahren** im deutschen Sprachraum (s. z. B. im ▶ Web-Exkurs »Überblick Arbeitsanalyseverfahren« zu Kap. 10 unter

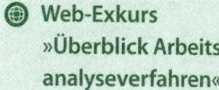
⊕ Web-Exkurs »Überblick Arbeitsanalyseverfahren«

Tab. 10.2 Physiologische, physikalisch-chemische Verfahren und Laborforschung

Art	Beispiel	Erläuterung
physiologische Verfahren	körperliche und biochemische Reaktionen	Mithilfe kardiovaskulärer Aktivitäten (Herzschlagfrequenz, Blutdruck), elektrodermaler Aktivitäten (Hautleitfähigkeit), muskulärer Aktivitäten, Atmung, Körpertemperatur und Lidschlussfrequenz kann die Beanspruchung des Arbeiters am Arbeitsplatz objektiv gemessen werden. Das Problem physiologischer Verfahren sind Störsignale, die z. B. durch Bewegung oder begleitende physiologische Prozesse auftreten können.
physikalisch-chemische Verfahren	Lärmbelastung	Schallpegelmesser stellen die Lärmbelastung am Arbeitsplatz fest; es kann mithilfe mehrere Einzelmessungen die Belastung für den ganzen Arbeitstag berechnen werden; entscheidend dabei sind der aktuelle Schallpegel und die Dauer der Schallemission.
	Beleuchtung	Die menschliche Helligkeitsempfindung wird mithilfe des Lichtstromes (Menge des sichtbaren Lichtes), der Lichtstärke (Strahlung in eine bestimmte Richtung) und der Leuchtdichte (Helligkeit der Lichtquelle/reflektierender Oberflächen) gemessen. Optimale Lichtverhältnisse sorgen für eine uneingeschränkte Ausführung der Arbeitstätigkeit.
	Klima	Das Klima am Arbeitsplatz ist abhängig von Produktionsbedingungen, Arbeitskleidung und Umgebung. Es können Luftfeuchtigkeit, Temperatur und Wärmestrahlung bestimmt werden.
Laborforschung	Experimente und Simulationen	Zur Untersuchung der Auswirkungen von technischen Arbeitsbedingungen auf den Menschen im Zusammenhang mit Mensch-Maschine- oder Mensch-Rechner-Interaktion werden Experimente und Simulationen genutzt. Die Ergebnisse führen zur Verbesserung der Arbeitssysteme. Simulationen haben den Vorteil, dass die Versuchsperson in Sicherheit ist und dass die gleiche Situation beliebig oft wiederholt werden kann.

Arbeitsanalyseverfahren können hinsichtlich ihres Ziels, Perspektive, theoretischer Grundlage, Anwendungsspezifität, Anwendungsbereich, Quelle der Information, Ressourcen, Gütekriterien und Auswertungsmodalitäten klassifiziert werden.

Web-Exkurs
»Timeline Job Analysis nach Wastian (in Vorb.)«
und
»Work Design Questionnaire (WDQ)«

Der Ansatz der soziotechnischen Systemanalyse betrachtet das arbeitende Individuum in seinem Arbeitsumfeld zwischen sozialen Beziehungen und technischen Rahmenbedingungen.

www.lehrbuch-psychologie.de). Eine Übersicht über Klassifikationsaspekte von Arbeitsanalysen bietet Tabelle 10.3.

Sehr grob, aber pressewirksam wird seit 2007 mit dem **DGB-Index Gute Arbeit** einmal jährlich bundesweit die Arbeitsqualität gemessen. Im Rahmen einer schriftlichen Befragung werden Arbeitnehmer aus allen Regionen, Branchen, Einkommensgruppen und Beschäftigungsverhältnissen zu ihrer Arbeit befragt. Die Beschäftigten beantworten 31 Fragen wie z. B. »Würden Sie sagen, dass Ihre Arbeit für die Gesellschaft nützlich ist?«, »Haben Sie Einfluss auf die Gestaltung Ihrer Arbeitszeit?«, »Wenn Sie an Ihre Arbeitsleistung denken, halten Sie Ihr Einkommen für angemessen?«. Die Fragen werden zu 15 Dimensionen und drei Teilindizes (Ressourcen, Belastungen, Einkommen und Sicherheit) zusammengefasst. Entsprechend ihrem Anteil sind dabei auch geringfügig Beschäftigte, Leiharbeitnehmer und Teilzeitbeschäftigte vertreten. Die Indexwerte signalisieren, in welchem Grad die Arbeitssituationen der Beschäftigten (bundesweit, branchen- und gruppenspezifisch, in einer einzelnen Arbeitsdimension) den Kriterien für Gute Arbeit gerecht werden (DGB-Index Gute Arbeit GmbH, 2010).

Zwei neuere arbeitsanalytische Verfahren sind die **Timeline Job Analysis**, die zur Analyse von Tätigkeiten und Kompetenzanforderungen in der Projektarbeit eingesetzt werden kann (► Web-Exkurs »Timeline Job Analysis nach Wastian (in Vorb.)« zu Kap. 10 unter www.lehrbuch-psychologie.de), und der **Work Design Questionnaire** (Wastian, in Vorb.), ein Fragebogen, der eine Gesamtbeurteilung der Arbeitstätigkeit ermöglicht (► Web-Exkurs »Work Design Questionnaire (WDQ)« zu Kap. 10 unter www.lehrbuch-psychologie.de).

Die **soziotechnische Systemanalyse** ist ein arbeitsanalytisches Konzept, das sowohl den Menschen in seinem sozialen Umfeld als auch die technische Komponente der Arbeit mit in die Betrachtung von Arbeitskontexten einbezieht. Dieses Verfahren wird im folgenden Exkurs erläutert.

◘ Tab. 10.3 Klassifikationsaspekte von Arbeitsanalysen

Klassifikationsaspekt	Beispiele
Ziel des Verfahrens	Arbeitsplatzgestaltung, Eignungsdiagnostik, Trainingsbedarfsermittlung
Perspektive	personenbezogen vs. Bedingungsbezogen
theoretische Grundlage	Handlungstheorien (Hacker, 1986) oder Tätigkeitstheorien (Leontjew, 1977)
Anwendungsspezifität	sehr spezifisch vs. sehr universell
Anwendungsbereich	Industrie, Dienstleistungsbereich oder Führungskräfte, Produktionsmitarbeiter
Quelle der Information	Arbeitsplatzinhaber, Vorgesetzte, Experten oder Dokumente
Ressourcen	zeitlich, personell oder technisch-materiell
Gütekriterien	Reliabilität und Validität
Auswertungsmodalitäten	qualitativ, quantitativ, Normwerte, grafische Aufbereitung, EDV-Programme

Exkurs

Soziotechnische Systemanalyse

Der Ansatzpunkt einer gemeinsamen Optimierung des sozialen und des technischen Systems wird von Emery (1967, zit. n. Ulich, 2005) in seinen »neun Schritten« der soziotechnischen Systemanalyse umgesetzt (vgl. ◘ Tab. 10.4).

Die Optimierung bezieht sich auf die Analyse und Identifikation von Problemen in der Organisation und Durchführung und umfasst sowohl das technische als auch das soziale System einer Organisation.

◘ Tab. 10.4 Die neun Schritte der soziotechnischen Systemanalyse

neun Schritte		Erklärung
1	**Grobanalyse** des Produktionssystems und seiner Umwelt	Beschreibung der wichtigsten Merkmale wie Produktionslayout, Organisationsstruktur, Probleme und Ziele
2	Beschreibung des **Produktionsprozesses** nach Input, Transformationen und Output	Feststellung des materiellen Transformationsprozesses
3	Ermittlung der **Hauptschwankungen** des Produktionsprozesses	Analyse von Schwachstellen durch Ermittlung der Hauptschwankungen im Produktionsprozess
4	Analyse des **sozialen Systems** einschließlich der Bedürfnisse der Mitarbeiter	Betrachtung des sozialen Systems, der Organisationsstrukturen, der Bedürfnisse der Mitarbeiter und der Kommunikationsstrukturen
5	Analyse der **Rollenwahrnehmung** der Mitarbeiter	Übernahme der Arbeitsaufgaben und Rollen der Mitarbeiter
6	Analyse des **Einflusses »externer« Systeme** auf das Produktionssystem	Instandhaltungssystem (Organisation und Durchführung von Wartungsarbeiten)
7		Zulieferer- und Abnehmersysteme (Betrachtung von Einkaufs- und Verkaufstätigkeiten)
8		Unternehmenspolitik u. -planung (Analyse der Auswirkungen der Unternehmenspläne auf das soziotechnische System)
9	Erarbeitung von **Gestaltungsvorschlägen**	Vorschläge zur Gestaltung des Produktionssystems, die die Bedürfnisse der Mitarbeiter berücksichtigen

10.2 Arbeitsgestaltung

10.2.1 Begriffsklärung

> Definition
>
> »Unter **Arbeitsgestaltung** werden alle technischen, organisatorischen und ergonomischen Maßnahmen verstanden, die sich auf die Gestaltung des Arbeitsplatzes, des Arbeitsablaufes, der Arbeitsorganisation und der Aufgabeninhalte beziehen.« (Nerdinger et al., 2011, S. 396)

Arbeitsgestaltung beschäftigt sich mit allen technischen, organisatorischen und ergonomischen Maßnahmen, die den Stelleninhaber an seinem Arbeitsplatz beeinflussen können.

Ergebnisse einer umfassenden Metaanalyse aus dem Jahr 2007 zum Thema Arbeitsgestaltung verdeutlichen, dass die Arbeitsgestaltung einen großen Einfluss auf die Einstellung und das Arbeitsverhalten von Angestellten ausübt (Humphrey et al., 2007). Arbeitsanalyse und Arbeitsgestaltung dürfen sich dabei nicht nur auf die zugrunde liegenden psychologischen Kategorien beziehen, sondern müssen in gleichem Maße die organisatorischen und technischen Rahmenbedingungen berücksichtigen, die die Grundlage für die Arbeitstätigkeiten darstellen (Frieling, 1999).

10.2.2 Ziele und Strategien der Arbeitsgestaltung

Die Humankritierien der Arbeitsgestaltung sind Ausführbarkeit, Schädigungslosigkeit, Beeinträchtigungsfreiheit und Persönlichkeitsförderlichkeit.

In der Arbeitspsychologie werden häufig die vier Kriterien Ausführbarkeit, Schädigungslosigkeit, Beeinträchtigungsfreiheit und Persönlichkeitsförderlichkeit, bei der Frage, wie Arbeit gestaltet sein sollte, angeführt (vgl. ▣ Tab. 10.5, in Anlehnung an Hacker & Richter, 1980). Die Kriterien werden in der Regel hierarchisch gegliedert, d.h. vor der Betrachtung der nächsthöheren Ebene müssen zunächst die Mindestanforderungen der untergeordneten Ebene erfüllt sein.

In der Praxis beziehen sich die Ziele der Arbeitsgestaltung seitens der Organisation z.B. auf:
- Qualität: Verbesserung der Produktqualität, Reduzierung von Ausschuss
- Zeit: Reduzierung der Durchlaufzeiten

▣ **Tab. 10.5** Humankriterien der Arbeitsgestaltung

Bewertungs-ebene	zentrale Frage	mögliche Kriterien (Beispiele)
Ausführbarkeit	Sind die Voraussetzungen für ein zuverlässiges, forderungsgerechtes, langfristiges Ausführen gegeben?	anthropometrische Normen sinnespsychophysiologische Normwerte klare Anweisungen geeignete Arbeitsmittel
Schädigungslosigkeit	Sind körperliche und psychische Gesundheitsschäden ausgeschlossen?	Vermeidung von Gasen, Lärm, Strahlung Unfälle
Beeinträchtigungsfreiheit	Sind geringe und kurzfristige Fehlbeanspruchungen ohne Auswirkungen auf die Gesundheit? (z.B. Befindlichkeitsbeeinträchtigungen, Leistungsminderung)	negative Veränderungen psychophysiologischer Kennwerte (EKG, EEG) Befindensbeeinträchtigungen
Persönlichkeitsförderlichkeit	Wird die Persönlichkeitsentwicklung gefördert?	Zeitanteil für selbstständige oder schöpferische Verrichtungen erforderliche Lernaktivitäten

- Kosten: Senkung der Material- und Arbeitskosten, bessere Auslastung der Maschinen, Senkung des Krankenstandes und der Fluktuation
- Gesundheit: Krankenstand reduzieren (▶ Kap. 11)
- Motivation: Verantwortungsübernahme erhöhen
- demografischer Wandel: Arbeit so gestalten, dass künftig auch mit 70 Jahren noch gearbeitet werden kann

Die Arbeitsgestaltung unterliegt fünf verschiedenen **Strategien**: die korrektive, präventive und prospektive, differenzielle und dynamische Arbeitsgestaltung.

Die verschiedenen Herangehensweisen an die Gestaltung von Arbeit werden in ◘ Tabelle 10.6 (in Anlehnung an Ulich, 2005, S. 186) mit ihrer jeweiligen Zielsetzung und Beispielen veranschaulicht:

> Es wird zwischen fünf verschiedenen Strategien der Arbeitsgestaltung unterschieden: der korrektiven, präventiven, prospektiven, differenziellen und dynamischen Arbeitsgestaltung.

◘ Tab. 10.6 Arten der Arbeitsgestaltung

Strategie der Arbeitsgestaltung	Zweck	Beispiel
korrektiv	Korrektur erkannter Mängel	Anbringen von Filtern zur Vermeidung von Spiegelungen auf dem Bildschirm oder Beschaffung von ergonomisch bestmöglich geeignetem Bürostuhl, nachdem Rückenprobleme aufgetreten sind
präventiv	vorwegnehmende Vermeidung gesundheitlicher Schädigungen und psychosozialer Beeinträchtigungen	Beschaffung von geeignetem Mobiliar bereits vor der Einführung von Bildschirmarbeitsplätzen; Arbeitsorganisation, die einen Wechsel zwischen Tätigkeiten am Bildschirm und solchen ohne vorsieht
prospektiv	Schaffung von Möglichkeiten der Persönlichkeitsentwicklung	Angebot verschiedener Dialog- und Funktionsformen, zwischen denen Nutzer auswählen können; konfigurierbare Unterstützungsmöglichkeiten für unterschiedliche Organisationsformen; Anpassungsmöglichkeiten durch die Nutzer (End User Development)
differenziell	Förderung des gleichzeitigen Angebotes von verschiedenen Arbeitsstrukturen, zwischen denen Beschäftigte wählen können	Neugestaltung einer Produktionsstruktur bei Massenfertigung, so dass die Wahl zwischen fixen und variablen Tätigkeitsinhalten sowie Einzel- und Gruppenarbeitsplätzen besteht
dynamisch	Möglichkeit der Erweiterung bestehender bzw. Schaffung neuer Arbeitsstrukturen, die Lernfortschritten und Prozesse der Persönlichkeitsentwicklung Rechnung tragen	Mitarbeiter bekommen die Möglichkeit nach längerer beruflicher Erfahrung in ihrem Tätigkeitsbereich, Aufgaben mit einem höheren Kompetenzniveau zu übernehmen

Arbeitsgestaltungsmaßnahmen unterliegen neben der Zuordnung zu Strategien ebenfalls der Zuordnung zu verschiedenen **Zielen** (vgl. ◘ Abb. 10.7). Diese können je nach Betrachtung stark variieren.

> Arbeitsgestaltungsmaßnahmen können unterschiedliche Ziele verfolgen.

10.2.3   Maßnahmen der Arbeitsgestaltung

Arbeitsmittel

Arbeitsmittel sollten unter den Gesichtspunkten der Ergonomie, der Sicherheitstechnik und den möglichen Auswirkungen auf die Tätigkeitsstrukturierung, die Leistungsbindung und die Qualifikation gestaltet werden. Dabei werden besonders die Einflüsse des Arbeitsgegenstandes, der Technologie (Verfahren), der Technisierung (z. B. Automatisierung) und der technischen Rationalisierung (z. B. schnellere Durchlaufzeiten am Fließband) berücksichtigt (vgl. Kubitscheck & Kirchner, 2005). Die vermehrte Nutzung

> Arbeitsmittel können sowohl Maschinen als auch Softwarelösungen sein.

von Softwarelösungen an Büroarbeitsplätzen wirft ebenfalls die Frage auf, wie diese gestaltet sein müssen, um den Stelleninhaber in seiner Arbeit zu unterstützen (vgl. Herczeg, 2005).

Im Folgenden einige Beispiele für Arbeitsmittel:

- Werkzeug (manuell betätigte und fremdenergetisch angetriebene Werkzeuge), z. B. Hammer (Handwerkzeug) oder Bohrmaschine (Kraftwerkzeug)
- Maschinen, z. B. Presswerk, Stanze
- Fahrzeuge, z. B. Gabelstapler
- Geräte, z. B. Schubkarre
- Einrichtungen, z. B. Lagerregale
- Möbel, z. B. Schreibtisch
- Software, z. B. Textverarbeitungsprogramme

Arbeitsplatz

Der Arbeitsplatz sollte unter ergonomischen Gesichtspunkten gestaltet werden.

Der Arbeitsplatz sollte unter Berücksichtigung der Beanspruchung durch Körperstellung und Körperhaltung während der Arbeitsausführung gestaltet werden. Dies bedeutet, dass Aspekte der Ergonomie des Arbeitsplatzes berücksichtigt werden sollten. Deshalb spricht man auch von **ergonomischer Arbeitsplatzgestaltung**. Weiterhin sollten die individuell unterschiedlichen Körperabmessungen und die nötigen Arbeitsmittel bei der Planung des Arbeitsplatzes Beachtung finden (vgl. Kubitscheck & Kirchner, 2005).

Möglichkeiten der Arbeitsplatzgestaltung sind u. a.:

- Auslegung des Arbeitsplatzes, z. B. räumliche und maßliche Gestaltung (Arbeitshöhe, Greifraum, Sehraum)
- spezielle Arbeitsplätze, z. B. Bildschirmarbeitsplätze, Montagearbeitsplätze

Arbeitsplätze können durch virtuelle Arbeitsplatzgestaltung bereits vor der Errichtung analysiert werden.

Die Gestaltung des Arbeitsplatzes konnte in den letzten Jahren stark von der technischen Weiterentwicklung profitieren. Der folgende Exkurs veranschaulicht die **virtuelle Gestaltung** von Arbeitsplätzen.

Exkurs

Virtuelle Arbeitsplatzgestaltung

Die ergonomische Arbeitsplatzgestaltung wird durch virtuelle Werkzeuge in Form von digitalen Menschmodellen unterstützt. Beispiele solcher digitalen Menschmodelle sind Human Builder von Dassault Systems, Jack von Siemens PLM und RAMSIS von Human Solutions. Mithilfe dieser digitalen Menschmodelle kann eine ergonomische Analyse und Gestaltung von Arbeitsplätzen und Produkten durchgeführt werden. Das digitale Menschmodell wird in seinem Arbeitsplatz (z. B. Gabelstapler) angemessen positioniert, indem die Körperhaltung bestimmt wird. Es können verschiedene Analysen mittels Ergonomiemethoden durchgeführt werden (vgl. Rößler & Lippmann, 1997; Spanner-Ulmer & Mühlstedt, 2010):

- Sichtanalyse: Ermittlung des Sehbereichs des Arbeiters
- Erreichbarkeitsanalyse: Feststellung der Bedienbarkeit und Erreichbarkeit der Arbeitsgeräte (z. B. Erlangen der Bedienhebel)
- Haltungsanalyse: Untersuchung der Körperhaltung
- weitere Ergonomiemethoden: Maß-, Kraft-, Zeitanalyse und Laufwegermittlung

Der große Vorteil der virtuellen Arbeitsplatzgestaltung liegt in der realen Gestaltung der Arbeitsplätze in einem Modell, in dem alle Bestandteile des Arbeitsplatzes vor der Errichtung betrachtet, analysiert und auf ihre ergonomische Funktion hin geprüft werden können (Rößler & Lippmann, 1997).

Arbeitsumgebung

Die Arbeitsumgebung sollte so gestaltet werden, dass Gesundheitsbeeinträchtigungen oder Unfälle, Belästigungen und Störungen vermieden werden. Außerdem sollte die Arbeitsumgebung die Arbeits- und Leistungsfähigkeit unterstützen und optimale Werte für Bequemlichkeit und Behaglichkeit erzielen (vgl. Kubitscheck & Kirchner, 2005). Im Folgenden einige Beispiele für Umgebungseinflüsse und Einrichtungen auf die Gestaltung der Arbeitsumgebung:

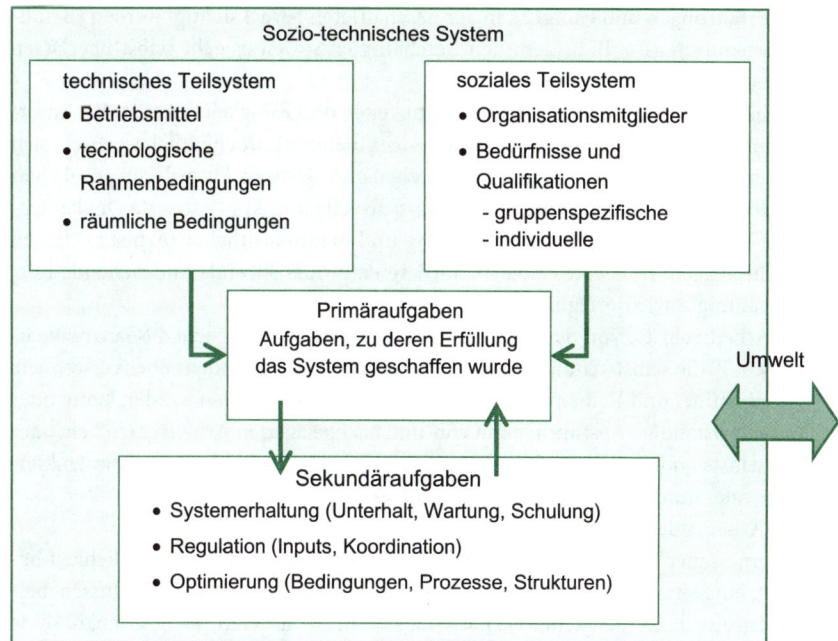

◻ **Abb. 10.1** Aufgaben innerhalb
der soziotechnischen Sichtweise

— physikalische Umgebungseinflüsse: Beleuchtung und Farben, Klima und Lüftung, Schall (Lärm), mechanische Schwingungen

— chemische Umgebungseinflüsse: Stoffe und Zubereitungen, die während dem Arbeitsprozess z. B. als Gase, Dämpfe oder Stäube entstehen

— biologische Umgebungseinflüsse: mikrobiologische Organismen wie Bakterien, Viren und Pilze

— hygienische und soziale Einrichtungen: Wasch-, Umkleide- und Toilettenräume sowie Pausen- und Bereitschaftsräume

Die Arbeitsumgebung wird durch physikalische, chemische, biologische Umgebungseinflüsse und hygienische und soziale Einrichtungen gestaltet.

Aufgabengestaltung

Die Gestaltung der Aufgabe nimmt in der Arbeitswelt eine wichtige Rolle ein. Im Sinne des **soziotechnischen Systemansatzes** (s.o.) beeinflussen sowohl das technische Teilsystem als auch das soziale Teilsystem die vom Stelleninhaber auszuführenden Aufgaben (vgl. ◻ Abb. 10.1, in Anlehnung an Ulich, 2005, S. 195).

Technische und soziale Rahmenbedingungen beeinflussen die Aufgabengestaltung.

Das soziotechnische System wird von der Umwelt wechselseitig beeinflusst und beeinflusst diese im Gegenzug. Es werden Primäraufgaben und Sekundäraufgaben unterschieden. Die Primäraufgaben stellen hierbei die zu erledigenden Arbeitsaufträge (z. B. die Produktion von Industrieketten) dar. Sekundäraufgaben sind solche Aufgaben, die zur Optimierung der Primäraufgaben beitragen (z. B. die Wartung der dazu benötigten Maschinen). Sowohl das soziale System als auch das technische System beeinflussen die Erfüllung der Primäraufgaben (vgl. Ulich, 2005).

Der **Job Diagnostic Survey (JDS)** von Hackman und Oldham (1975) ist ein standardisierter Fragebogen, der auf dem JCM aufbaut. Er wird vom Stelleninhaber selbst ausgefüllt (Kauffeld & Grote, 1999) und zur Analyse des Motivationspotenzials in der Arbeit eingesetzt (► Kap. 9). Dieses Arbeitsanalyseverfahren dient sowohl zur Diagnostik bestehender Tätigkeiten als auch zur Evaluation von bereits eingeführten Maßnahmen der Arbeitsgestaltung (vgl. Schmidt, 2010; weiterlesen im ► Web-Exkurs »Job Diagnostic Survey (JDS)« zu Kap. 10 unter www.lehrbuch-psychologie.de).

Der Job Diagnostic Survey (JDS) baut auf dem JCM auf.

Aufbauend auf dem Stand arbeitswissenschaftlichen und -psychologischer Erkenntnisse zur **humanen Arbeitsgestaltung** wurde die DIN EN ISO 9241, Teil 2, formuliert. Danach sind Arbeitsaufgaben gut gestaltet, wenn

⊕ **Web-Exkurs**
»Job Diagnostic Survey (JDS)«

Die DIN EN ISO 9241 formuliert Kriterien humaner Arbeitsgestaltung.

- die Erfahrungen und Fähigkeiten der Beschäftigten berücksichtigt werden (Benutzerorientierung), z. B. in dem den Beschäftigten soweit es geht selbst überlassen bleibt, wie sie ihre Arbeit ausführen.
- sie die Entfaltung unterschiedlicher Fertigkeiten und Fähigkeiten gestatten (Anforderungsvielfalt), z. B. täglich oder mindestens mehrmals wöchentlich wechseln sich Arbeiten mit unterschiedlichen körperlichen und geistigen Anforderungen ab, beispielsweise Routinetätigkeiten und anspruchsvolle hochkonzentrierte Denkaufgaben, Tätigkeiten mit Bildschirmnutzung und handschriftlichen Arbeiten, Lesen, Nachschlagen, Konzepte erstellen, Sortieren etc. oder sitzende und stehende Körperhaltung sowie Bewegung.
- sie Arbeitsschritte von der Planung bis zur Kontrolle ermöglichen (Ganzheitlichkeit), z. B. die selbstständige Wahl des Bearbeitungsweges, indem über verwendete Arbeitsmittel und Reihenfolge der Arbeitsschritte entschieden werden kann, oder das selbstständige Abstimmen mit vor- und nachgelagerten Arbeitsbereichen, oder das selbstständiges Überprüfen der Arbeitsresultate z. B. durch eigene Kundenkontakte oder durch Präsentation der Ergebnisse.
- der Arbeitende seinen Beitrag am Gesamten erkennt (Bedeutsamkeit).
- angemessener Handlungsspielraum besteht, der sich z. B. auf die Möglichkeit bezieht, eine Situation entsprechend den eigenen Vorstellungen zu beeinflussen, beispielsweise das Arbeitstempo je nach Tagesform zu variieren, Tätigkeiten, die eine hohe Konzentration erfordern, in störungsfreien Zeiten zu erledigen.
- ausreichende Rückmeldung erfolgt, z. B. durch Vorgesetzte und Kollegen über die Qualität der Arbeit.
- vorhandene Fertigkeiten genutzt und neue entwickelt werden können, z. B. indem die Arbeit stets neue Herausforderungen bietet, bei denen die Beschäftigten ihre vorhandenen Qualifikationen umfassend nutzen, sich aber auch neue Kenntnisse aneignen können, beispielsweise beim Einsatz neuer Technik und Arbeitsverfahren oder bei neuen Kundenkontakten.

Arbeitsstrukturierung

Arbeitsstrukturierung dient zur Festlegung des Entscheidungs-, Tätigkeits- und Kooperationsspielraums eines Arbeitsplatzes, die zusammen den Handlungsspielraum des Stelleninhabers definieren.

Die Arbeitsstrukturierung beschäftigt sich damit, einem Arbeitsplatz bestimmte Aufgaben und Tätigkeiten zuzuweisen. Diese können von der Wartung und Pflege von Maschinen bis hin zur Abstimmung neuer Arbeitsaufgaben mit Kollegen und Vorgesetzten führen (Kubitscheck & Kirchner, 2005). Die drei Dimensionen Tätigkeitsspielraum, Entscheidungsspielraum und Kooperationsspielraum bilden hierbei den **Handlungsspielraum** des Stelleninhabers bei seiner täglichen Arbeit.

Die moderne Arbeitsstrukturierung bedient sich Methoden wie dem Arbeitswechsel (Job Rotation), der Arbeitserweiterung (Job Enlargement) und der Arbeitsbereicherung (Job Enrichment), die nachfolgend eingehender erklärt werden.

Bei Job Rotation handelt es sich um eine Methode, die den Stelleninhaber zeitlich begrenzt unterschiedliche Tätigkeiten ausführen lässt.

Durch **Arbeitswechsel (Job Rotation)** werden die Mitarbeiter durch Lernen am Arbeitsplatz qualifiziert, und die Weitergabe von Wissen wird gezielt gefördert. Mitarbeiter wechseln hierbei systematisch und geplant ihre Aufgaben (Sonntag & Stegmaier, 2007).

Primäre Ziele sind, Kompetenzen der Mitarbeiter zu erweitern, Monotonie im Arbeitsalltag zu vermeiden und einseitige Arbeitsbelastungen zu verringern (vgl. Sonntag & Stegmaier, 2007). Ein allgemeines Beispiel für Job Rotation im Bereich der Fertigung ist, den Mitarbeiter während einer Schicht bis zu vier verschiedenartige Montagearbeiten ableisten zu lassen, um die Belastung durch z. B. einseitige Körperhaltung zu verringern. Job Rotation kann aber auch dazu dienen, unternehmensintern Führungskräftenachwuchs (z. B. durch Traineeprogramme) heranzuziehen oder Auszubildende an zukünftige Aufgaben heranzuführen. Aber auch langjährige Mitarbeiter können durch Job Rotation aktiv in den Prozess der Weitergabe von Wissen eingebunden werden.

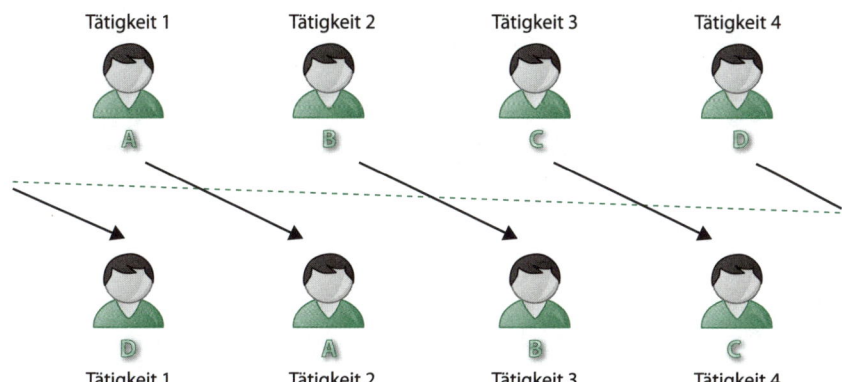

Das Prinzip der **Arbeitserweiterung (Job Enlargement)** kann als horizontale Aufgabenerweiterung angesehen werden (Ulich, 2005). Es beinhaltet die Ausweitung eines Jobprofils auf neue und zusätzliche Tätigkeitsbereiche. Sie wird daher auch als quantitative Erweiterung der Arbeitstätigkeit bezeichnet (Sonntag & Stegmaier, 2007).

Die zusätzliche Arbeitsbelastung kann von einzelnen Stelleninhabern jedoch als negativ betrachtet werden, wohingegen andere Mitarbeiter es schätzen, dass die Möglichkeit besteht, sich zusätzliche Fähigkeiten anzueignen. Studien haben gezeigt, dass bei richtigem Einsatz der Arbeitserweiterung die Arbeitszufriedenheit steigt (Campion & McClelland, 1991). Die horizontale Aufgabenerweiterung betrifft vorwiegend die Ablauforganisation (vgl. Kap. 2; Ulich, 2005). Ein allgemeines Beispiel für Job Enlargement im Tätigkeitsbereich Einkauf ist, einem Mitarbeiter, der bisher nur Bestellungen schreibt, zusätzlich zu übertragen, Angebote einzuholen und Daten zu aktualisieren.

Das Prinzip der **Arbeitsbereicherung (Job Enrichment)** stellt die inhaltliche Vergrößerung des Arbeitsfeldes dar und kann als vertikale Aufgabenerweiterung angesehen werden (Ulich, 2005). Es werden Planungs-, Kontroll- und Entscheidungskompetenzen in die Arbeitsaufgabe integriert, die vorher von hierarchisch höheren Stellen wahrgenommen wurden. Sie beinhaltet daher die qualitative Erweiterung der Arbeit. Durch die Bereicherung der Arbeitsinhalte wird der Handlungsspielraum des arbeitenden Individuums vergrößert.

Die vertikale Aufgabenerweiterung betrifft nicht nur die Ablauforganisation, sondern auch die Aufbauorganisation (vgl. Kap. 2). Durch die Integration solcher Konzepte in die Aufbauorganisation kann die Überwindung des tayloristischen Prinzips der strikten Trennung von Hand- und Kopfarbeit erreicht werden, was zu einer persönlichkeitsförderlichen Arbeitsgestaltung führen kann.

> Job Enlargement erweitert die Aufgaben einer Stelle auf zusätzliche Tätigkeitsbereiche.

> Job Enrichment bereichert das Arbeitsfeld des Stelleninhabers durch Zuwachs von inhaltlich anderen Aufgabenfeldern.

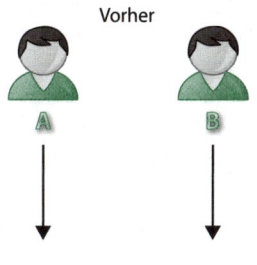
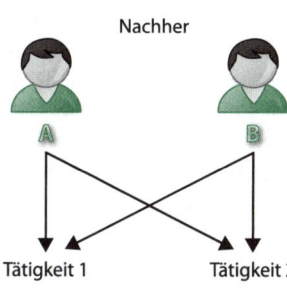

Abb. 10.4 Veranschaulichung des Job Enrichment-Prinzips

10

Flexible Arbeitszeitregelungen fördern eine selbstbestimmte Arbeitsgestaltung, abweichend von der »normalen« Arbeitszeit, z. B. Nachtarbeit, Gleitzeit, Arbeitszeitkonten oder Vertrauensarbeitszeit.

Neue Instrumente sind Arbeitszeitkonten und Sabbaticals.

Flexible Arbeitszeit hat positive Auswirkungen.

⊕ **Web-Exkurs »Ergonomische Schichtplangestaltung und deren Auswirkungen auf die Mitarbeiter«**

Der demografische Wandel fordert eine altersdifferenzierte Arbeitsgestaltung von Organisationen, die bei älteren als Intervention und bei jüngeren Arbeitnehmern als Prävention eingesetzt werden kann.

Arbeitszeiten

Arbeitszeitregelungen sind ein wichtiger Themenkomplex der Arbeitsgestaltung. Neben klassischen Arbeitszeitmodellen (z. B. starre einschichtige Arbeitszeitmodelle, bei denen die Mitarbeiter eine festgelegte Dauer der Arbeitszeit von sieben bis neun Stunden haben, s. z. B. Frieling & Sonntag, 1999) gewinnen seit einigen Jahren flexible Arbeitszeitmodelle an Beliebtheit.

Hinter dem vielfach verwendeten Begriff »**flexible Arbeitszeiten**« verbergen sich sehr unterschiedliche Regelungen der Arbeitszeit. Hierunter versteht man »alle Abweichungen von den als normal empfundenen Arbeitszeiten [...], angefangen von ›Überstunden‹ und ›Nacht- und Schichtarbeit‹ über ›Gleitzeit‹ und ›Arbeitszeitkonten‹ bis hin zur ›Vertrauensarbeitszeit‹. Auch unterschiedlich ausgestaltete ›Teilzeitmodelle‹ oder längerfristige Freistellungen (›Sabbaticals‹) sind Beispiele für die Flexibilisierung von Arbeitszeiten« (Spitzley, 2007, S. 125). Stellen Gleitzeit, Schicht- und Wochenendarbeit in Deutschland traditionelle Formen flexibler Arbeitszeit dar, so zeichnen sich neuere Instrumente wie (Jahres-)Arbeitszeitkonten oder Sabbaticals durch eine stärkere und gleichzeitige Varianz in ihrer Dauer, Lage und der Verteilung der Arbeitszeit aus (vgl. Jürgens, 2005).

Eine Studie von Kauffeld et al. (2004) unterstreicht die positiven Effekte flexibler Arbeitszeitgestaltung. Sie betrachtet Effekte eines flexiblen Jahresarbeitszeitmodells, bei dem die Mitarbeiter ihre Arbeitszeit abgestimmt mit den Kollegen in der Filiale nach den Kundenströmen ausrichten konnten. Die Mitarbeiter mit flexiblen Arbeitszeiten (Pilotgruppe) erlebten mehr Autonomie und Selbstbestimmungsmöglichkeiten bei gleichzeitig höheren Anforderungen im Vergleich zur Kontrollgruppe. Die Mitarbeiter mit flexibler Arbeitszeitgestaltung waren zufriedener, und bewerteten ihre persönliche Entwicklung sowie ihre Lernmöglichkeiten positiver als die Mitarbeiter mit weniger Arbeitszeitautonomie (vgl. Kap. 11). Zu einer speziellen Form der flexiblen Arbeitszeitgestaltung, der ergonomischen Schichtplangestaltung, finden sich Informationen im ▶ Web-Exkurs »Ergonomische Schichtplangestaltung und deren Auswirkungen auf die Mitarbeiter« zu Kapitel 10 unter www.lehrbuch-psychologie.de.

Im Hinblick auf den nahenden demografischen Wandel in Deutschland und Westeuropa ist es sinnvoll, sich mit **altersdifferenzierter Arbeitsplatzgestaltung** zu beschäftigen, da lebensphasenabhängig unterschiedliche Anforderungen an Mitarbeiter gestellt werden.

Zudem werden ein Großteil der Krankheiten, die durch die Arbeit verursacht werden, sowie Unfälle am Arbeitsplatz durch eine mangelhafte Arbeitsgestaltung und schlechte Arbeitsorganisation mit verursacht (Landau, 2003; weiterlesen im

▶ Web-Exkurs »Altersdifferenzierte Arbeitsgestaltung als Prävention und Intervention« zu Kap. 10 unter www.lehrbuch-psychologie.de).

Gruppenarbeit als Form der Arbeitsgestaltung

Gruppenarbeit ist eine der gängigsten Formen der Arbeitsorganisation in der Produktion (Ulich, 2005). So nutzten 2006 bereits 87% der Unternehmen mit mehr als 1000 Mitarbeitern Gruppenarbeit als Organisationsform (Kinkel et al., 2007). Über Gruppenarbeit wird bereits seit Anfang des 20. Jahrhunderts kontrovers diskutiert (Kauffeld, 2001). Willy Hellpach führte erste Ansätzen zur Gruppenfabrikation in den 1920er Jahren bei Daimler Benz ein, um der Atomisierung und Sinnentleerung der Fabrikarbeit im Zuge der Rationalisierung industrieller Produktionsprozesse entgegenzuwirken (vgl. Kap. 1). Arbeitsformen mit autonomen Gruppen wurden in den 1950er und 1960er Jahren in Skandinavien erprobt. Teilautonome Arbeitsgruppen wurden im Rahmen des soziotechnischen Ansatzes vom britische Tavistock Institute (London) erstmals eingesetzt. In Deutschland wurde ab 1974 im Rahmen des staatlichen »Forschungsprogramms zur Humanisierung des Arbeitslebens« (HdA) Gruppenarbeit in die Unternehmen getragen.

Die Versuche zur Humanisierung des Arbeitslebens haben dabei in den Unternehmen bestenfalls den Boden für spätere Versuche zur Einführung von Gruppenarbeit bereitet. Überzeugt haben sie nicht. Dies war einer Untersuchung von James Womack und seinen Kollegen aus den 1980er Jahren vorenthalten, die den Automobilproduzenten das japanische Organisationskonzept der **Lean Production** mit flexiblen Fertigungsgruppen empfahl. Die Untersuchung belebte in den 1990er Jahren in Deutschland die Diskussion über Gruppenarbeit neu. Im Fokus stand jedoch nicht mehr die Humanisierung des Arbeitslebens durch Gruppenarbeit, sondern die Vereinbarkeit von Rationalisierung und Humanisierung durch Arbeitsstrukturierung. Neue Managementkonzepte (v.a. Lean Management), die auf Gruppenarbeit in unterschiedlichen Formen setzten, fanden Eingang in die Unternehmen. Arbeitsgestaltungsmaßnahmen, die hiermit einhergingen, waren u.a. flexible Arbeitszeiten, Gruppenarbeit, Job Enrichment, Enthierarchisierung und verstärkte Mitarbeiterbeteiligung. Im folgenden Exkurs werden die Kernmerkmale von Lean Production und Lean Management beschrieben.

In der betrieblichen Praxis existieren **verschiedene Typen** arbeitender Gruppen, von denen im Folgenden fünf vorgestellt werden: teilautonome Arbeitsgruppen, Fertigungsteams, Qualitätszirkel, KVP-Gruppen und Projektgruppen.

Die verschiedenen Gruppentypen oder -formen sind folgendermaßen innerhalb einer Organisation verortet (s. ◪ Abb. 10.5):

Teilautonome Arbeitsgruppen (TAG) sind auf Untersuchungen des Londoner Tavistock-Institutes Mitte des 20. Jahrhunderts zurückzuführen und basieren auf der »Kritik der ökonomischen Einseitigkeit und Nichtberücksichtigung sozialer Belange«

⊕ Web-Exkurs »Altersdifferenzierte Arbeitsgestaltung als Prävention und Intervention«

Gruppenarbeit ist eine der gängigsten Formen der Arbeitsorganisation.

Lean Production bedeutet »schlanke Produktion« und ist eine Methode, die zu höherer Produktivität bei gleichzeitiger Erhöhung der Qualität der Produkte führt.

Gängige Gruppenarbeitsformen in der betrieblichen Praxis sind: teilautonome Arbeitsgruppen, Fertigungsteams, Qualitätszirkel, KVP-Gruppen und Projektgruppen.

◪ **Abb. 10.5** Verortung der verschiedenen Gruppenformen innerhalb der Organisation

Lean Production und Lean Management

Lean Production bedeutet »schlanke Produktion« und ist die Bezeichnung für das in der MIT-(Massachusetts Institute of Technologie-) Studie entdeckte Verfahren der Japaner, das zu höherer Produktivität und Qualität in der Produktion führt. Lean Management ist nun die logische Erweiterung der Lean Production auf das ganze Unternehmen, in deren Mittelpunkt verschiedene Arbeitsprinzipien,

Managementstrategien, hochentwickelte Methoden und einfache Problemlösestrategien stehen, die die Gestaltung des Unternehmens beeinflussen sollen, so dass die Erfolgsfaktoren Zeit, Qualität und Kosten für das Unternehmen günstig beeinflusst werden. Tabelle 10.7 veranschaulicht die Leitbilder des Lean Managements (vgl. Womack et al., 1991; Bösenberg & Metzen, 1993).

◻ Tab. 10.7 Merkmale von Lean Management

Merkmal	Prinzip/Ziel
flache Hierarchien	Einsparung der Überwachungsfunktion
Gruppen-/Teamarbeit	Integration indirekter und planender Tätigkeiten; höhere Produktivität durch Vorteile, die die Gruppe dem einzelnen Arbeiter bietet
kontinuierliche Verbesserung	**KAIZEN** und **KVP** (Kontinuierlicher Verbesserungsprozess) führen zu einer schrittweisen Verbesserung des (Produktions-)Prozesses
sofortige Fehlerabstellung an der Wurzel	**Null-Fehler-Prinzip** (Werker-Selbst-Kontrolle) ist das Bestreben aller Mitarbeiter, die Fehlerrate gegen Null laufen zu lassen
kundenorientierte Fertigung	**Just-in-Time** sieht vor, dass es keine Lagerbestände in der Produktion gibt; das **Kanban-Prinzip** besagt, dass nach den Wünschen des Kunden produziert wird
Kundenzufriedenheit	das **Prinzip des internen Kunden** besagt, dass nur Teile von angemessener Qualität an den nächsten Arbeitsplatz weitergegeben werden (jeder Mitarbeiter ist Kunde und Lieferant)
Zuliefererbindung	Zuliefererintegration mit dem Ziel, wenige Zulieferer mit einer engen Beziehung bzw. Bindung zu haben und eine geringe Fertigungstiefe der Produkte zu verlangen
simultane Entwicklung	simultane Entwicklung versucht im Gegensatz zur sequenziellen Entwicklung, die einzelnen Phasen der Entwicklung und Planung eines Produktes größtenteils parallel stattfinden zu lassen, was zu einer großen Zeitersparnis führt

Teilautonome Arbeitsgruppen sind in die Arbeitsorganisation integrierte Gruppen von Mitarbeitern, die eigenverantwortlich ein Produkt oder eine Dienstleistung erzeugen und hierdurch soziale Belange mit in die tägliche Arbeit integrieren.

(Bühner, 2004, S. 269). Es sind kleine Gruppen von Mitarbeitern, die gemeinsam, eigenverantwortlich ein (Teil-) Produkt oder eine Dienstleistung erzeugen. Dies führt dazu, dass soziale Belange mit in die tägliche Arbeit integriert werden. Für die Herstellung dieses Produktes müssen die Gruppenmitglieder sowohl direkte Fertigungstätigkeiten als auch indirekte Tätigkeiten (z. B. Qualitätskontrollen) ausführen. Zu den Tätigkeitsfeldern der TAG zählen die selbstständige Planung, Ausführung, Steuerung und Kontrolle der ihnen übertragenen Aufgaben. Der Grad der kollektiven Autonomie bei der Produktherstellung ist begrenzt, was sich beispielsweise darin äußert, dass Entscheidungen über den Produktionsstandort oder die Art der Produkte weiterhin dem Management vorbehalten sind (Ulich, 2005). Regelmäßige Gruppengespräche dienen der Koordination und Planung von Arbeitsprozessen. Moderiert werden die Gespräche vom Gruppensprecher. Er wird von der Gruppe gewählt und ist Ansprechpartner für Vorgesetzte und andere externe Schnittstellen wie beispielsweise die Personalabteilung.

Teilautonomen Arbeitsgruppen verändern die horizontale und vertikale Arbeitsteilung.

Die Einführung von TAG verändert die horizontale und vertikale Arbeitsteilung der Organisation. So wird beispielsweise die Funktion des Qualitätskontrolleurs überflüssig, und der Gruppensprecher übernimmt Aufgaben des Meisters. Durch die drei zentralen Konzeptmerkmale von TAG – Job Enlargement (Arbeitserweiterung), Job

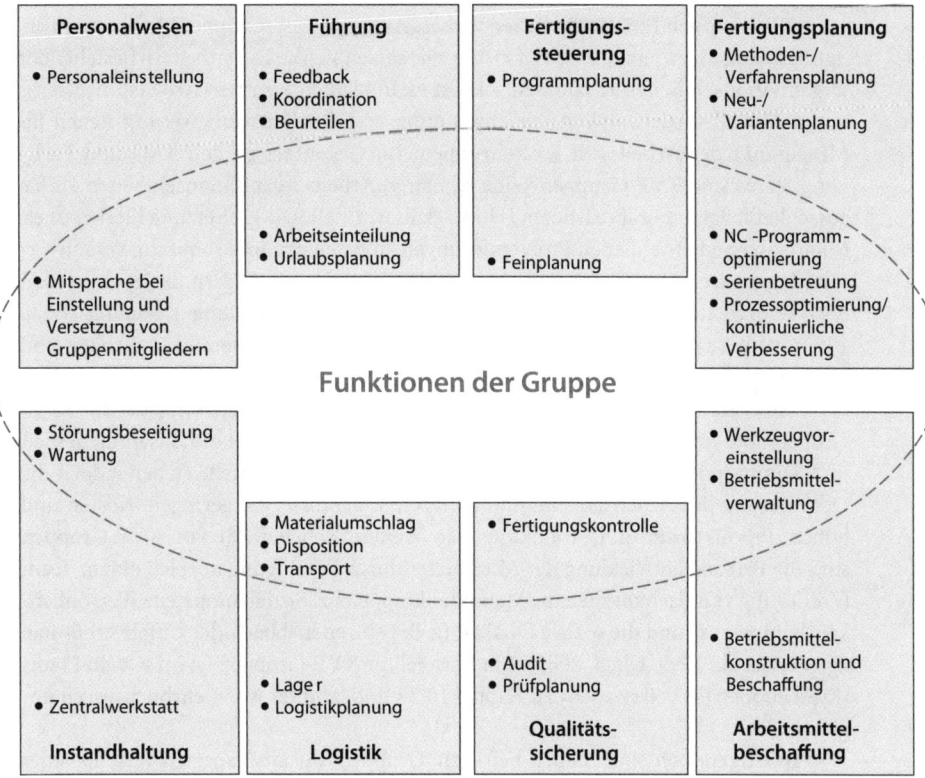

Funktionen der Gruppe

Personalwesen	Führung	Fertigungs-steuerung	Fertigungsplanung
• Personaleinstellung	• Feedback • Koordination • Beurteilen	• Programmplanung	• Methoden-/ Verfahrensplanung • Neu-/ Variantenplanung
	• Arbeitseinteilung • Urlaubsplanung	• Feinplanung	• NC -Programm- optimierung • Serienbetreuung • Prozessoptimierung/ kontinuierliche Verbesserung
• Mitsprache bei Einstellung und Versetzung von Gruppenmitgliedern			

Instandhaltung	Logistik	Qualitäts-sicherung	Arbeitsmittel-beschaffung
• Störungsbeseitigung • Wartung	• Materialumschlag • Disposition • Transport	• Fertigungskontrolle	• Werkzeugvor- einstellung • Betriebsmittel- verwaltung
• Zentralwerkstatt	• Lager • Logistikplanung	• Audit • Prüfplanung	• Betriebsmittel- konstruktion und Beschaffung

Abb. 10.6 Übertragung von Funktionen in die Gruppenaufgabe (Beispiel). (In Anlehnung an Kubitscheck & Kirchner, 2005; Bullinger, 1995)

Enrichment (Arbeitsbereicherung) und Job Rotation (Arbeitsplatzwechsel) – soll die Arbeit menschengerechter gestaltet werden. Zudem wird eine höhere Produktivität, Qualität und Flexibilität angestrebt.

Gruppenarbeit in Form von TAG kann demnach in gleichem Maße als Form der **Arbeitsstrukturierung** eingesetzt werden (vgl. Kubitscheck & Kirchner, 2005). Hierbei können Funktionen, die vormals einzelne Stelleninhaber inne hatten, an die Gruppe insgesamt delegiert werden. Beispielsweise können die Mitglieder der Gruppe Mitbestimmungsrecht bei der Einstellung von neuen Mitarbeitern bekommen oder die Wartung von Maschinen im Rahmen der Instandhaltung übernehmen. Die Prinzipien der Arbeitserweiterung, Arbeitsbereicherung und des Arbeitswechsels werden hierdurch gefördert. ◼ Abbildung 10.6 (in Anlehnung an Kubitscheck & Kirchner, 2005, S. 123; nach Bullinger, 1995; Adenauer, 1997) veranschaulicht die Integration von Funktionen in den Verantwortungsbereich von Arbeitsgruppen.

Fertigungsteams haben einen japanischen Ursprung. Ein Fertigungsteam besteht aus Fließbandarbeitern und ist hauptsächlich durch taktgebundene Fließbandarbeit charakterisiert, bei der jeder Beschäftigte mehrere spezifische Tätigkeiten ausführt (Multi-Skilling). Beispielsweise kann ein Fließbandarbeiter sowohl löten als auch schrauben. Das Multi-Skilling bewirkt, dass Fertigungsteams personell flexibel sind, weil mehrere Mitglieder der Gruppe verschiedene spezifische Tätigkeiten ausführen können. Neben direkten Fertigungstätigkeiten müssen die Teams auch indirekte Tätigkeiten übernehmen (Berggren, 1991). Es existiert eine hierarchische Struktur. Dies bedeutet, dass z. B. ein Meister zwei Teams führt. Hohe Arbeitsstandards bedingen, dass jeder Handgriff festgelegt ist. Durch Verbesserungsvorschläge der Teammitglieder können die Standards optimiert werden. Im Gegensatz zu den TAG stehen die sozialen Bedürfnisse der Beschäftigten bei dem Konzept der Fertigungsteams nicht im Vordergrund, sondern das Just-in-time-Prinzip der Fertigung zu einem festgeschriebenen Zeitpunkt (Antoni, 1996).

Fertigungsteams sind in die Arbeitsorganisation integrierte Gruppen von Fließbandarbeitern, die durch Multi-Skilling charakterisiert sind.

KVP-Gruppen sind zeitlich begrenzte Arbeitsgruppen, die im Team Arbeitsprozesse kontinuierlich optimieren sollen.

KVP-Gruppen (kontinuierlicher Verbesserungsprozess-Gruppen) haben wie Fertigungsteams einen japanischen Ursprung. Sie setzen sich aus Mitarbeitern bestehender Organisationseinheiten zusammen. Ziel ist es, in kleinen Schritten Arbeitsprozesse zu optimieren. Reduzierung von Verschwendung und Qualitätsverbesserung stehen im Mittelpunkt der Arbeit von KVP-Gruppen. Im Gegensatz zu den TAG und Fertigungsteams sind KVP-Gruppen keine regulären Arbeitsorganisationseinheiten, da sie ausschließlich temporär existieren (Hoyos & Frey, 1999). Die Zielsetzung hierbei ist es, Mitarbeiter an betrieblichen Problemlösungen zu beteiligen und somit ihr Verantwortungsbewusstsein für Kosten und Qualität der Produkte zu steigern. In Japan werden KVP-Gruppen daher auch KAIZEN (»Abbau von Verschwendung«) genannt (Imai, 1992). Weitere positive Effekte sollen die Förderung der Eigenverantwortlichkeit und Mitgestaltung bei Betroffenheit der Teams sowie die Förderung von innovativem Denken und Veränderungsbereitschaft im gesamten Unternehmen sein, da die KVP-Gruppen die Atmosphäre in der Gesamtorganisation und somit die Zusammenarbeit und Kommunikation positiv beeinflussen können. An erster Stelle stehen jedoch die Optimierung der Arbeitsabläufe und konkrete Ergebnisse wie geringere Kosten und höhere Produktivität und Produktqualität. Weitere Nebeneffekte von KVP-Gruppen sind die Personalentwicklung der Mitarbeiter durch Beteiligung in solch einem Team (Förderung von Fachkompetenz, Methodenkompetenz, Sozialkompetenz, Persönlichkeitskompetenz) und die soziale Qualität (z. B. Fehlzeitenabbau oder Unfallverhütung; vgl. Frey et al., 1999; Ulich, 2005). Ein Beispiel für KVP-Gruppen ist im ▶ Web-Exkurs »KVP-Gruppen bei Volkswagen« zu Kapitel 10 zu finden unter www.lehrbuch-psychologie.de.

⊕ Web-Exkurs
»KVP-Gruppen bei Volkswagen«

Projektgruppen sind zeitlich begrenzte Arbeitsgruppen, die aus Experten verschiedener Bereiche und Disziplinen bestehen und gemeinsam an einer Aufgabenstellung arbeiten.

Projektgruppen sind zeitlich befristete Gruppen, die aus Experten verschiedener Arbeitsbereiche oder Führungskräfte bestehen, um neuartige, komplexe, vorgegebene Problemstellungen zu bearbeiten. Die Interdisziplinarität soll genutzt werden, um die Projektaufgabe aus möglichst vielen verschiedenen Blickwinkeln betrachten zu können und um somit zu einer optimalen Lösung bzw. einer optimalen Zielerreichung zu gelangen. Die Teilnahme an den Projektgruppen ist nicht freiwillig, sondern wird anhand des Managementauftrags und der Sachkompetenz des Mitarbeiters festgelegt. Die Zusammenarbeit der Projektgruppe ist aufgrund der klar umrissenen Aufgabenstellung, die sowohl operative als auch strategische Elemente enthält, zeitlich befristet (Neuberger, 1994). So steht die effiziente Auftragsbearbeitung von Planungs- und Entwicklungsaufgaben im Fokus von Projektgruppen. Die Projektorganisation bestimmt die Eingliederung in die Gesamtorganisation. Die reine Projektorganisation kennzeichnet sich durch die Abberufung der Projektmitarbeiter aus ihren einzelnen Abteilungen zur gemeinsamen Bearbeitung eines Projektes. Es wird zwischen Stabs-Projektgruppen und Matrix-Projektgruppen unterschieden (▶ Kap. 2). Im Mittelpunkt der Stabs-Projektgruppen stehen Koordinationsaufgaben, die Informations- und Entscheidungsvorbereitungen umfassen. In der Matrix-Projektorganisation verbleibt der Mitarbeiter in seiner Abteilung und erhält projektbezogene Anweisungen von der Projektleitung (Kauffeld, 2001).

Qualitätszirkel setzen sich aus Mitarbeitern unterer Hierarchieebenen zusammen und besprechen regelmäßig selbst gewählte Probleme, um gemeinsam Lösungen zu generieren.

Qualitätszirkel sind kleine, moderierte Gruppen von Mitarbeitern der unteren Hierarchieebene, die sich regelmäßig freiwillig treffen, um selbstgewählte Probleme aus ihrem Arbeitsbereich zu lösen. Dabei können die Arbeiter aus demselben oder aus verschiedenen Arbeitsbereichen stammen. Im Mittelpunkt steht die gemeinsame Bearbeitung arbeitsbezogener Probleme, wobei die Themen frei von den Arbeitern gewählt werden (Bungard, 1992). Die Probleme sollten sich jedoch mit Qualitätsproblemen der Organisation beschäftigen. Jeder Arbeiter, der an den Treffen der Qualitätszirkel teilnimmt, hat ein Vorschlagsrecht. Die ungefähr zweistündigen Treffen finden in einem vierzehntägigen Rhythmus während der bezahlten Arbeitszeit statt. Die Idee dahinter ist, an die innovativen Ideen der Mitarbeiter heranzukommen und hierdurch Effizienzverbesserungen für betriebliche Abläufe zu generieren (Antoni, 1990).

10.3 Emotionsarbeit

Die bisher beschriebenen Methoden stellen vor allem die physischen und kognitiven Belastungen und Beanspruchungen der Arbeitswelt in den Fokus. Sie sind sehr an Arbeitsbedingungen im industriellen Sektor ausgerichtet. Für immer mehr Beschäftigte wird der Umgang mit Kunden ein zentraler Bestandteil ihrer Arbeitstätigkeit. Der moderne Mensch ist täglich Konsument oder »Produzent« von Dienstleistungen, sei dies beim Anruf in einem Call Center bei einem Internetanbieter, beim Kauf einer Zugfahrkarte am Bahnschalter oder beim Besuch eines Restaurants. Darüber hinaus wird der Kunde zunehmend zum »arbeitenden Kunden« (Näheres hierzu ▶ Web-Exkurs »Der arbeitende Kunde« zu Kap. 10 unter www.lehrbuch-psychologie.de). Mit der Entwicklung der Gesellschaft zu einer Dienstleistungsgesellschaft müssen immer mehr Menschen Emotionsarbeit leisten.

Emotionsarbeit wird dabei wie folgt definiert:

> **Definition**
>
> »**Emotionsarbeit** ist eine bezahlte Arbeit, bei der ein Management der eigenen Gefühle notwendig ist, um nach außen hin in Mimik, Stimme und Gestik ein bestimmtes Gefühl zum Ausdruck zu bringen, unabhängig davon, ob dies mit den inneren Empfindungen übereinstimmt oder nicht.« (Hochschild, 1990)

Emotionsarbeit ist Bestandteil vieler Dienstleistungsberufe. Begegnungen im Rahmen von Dienstleistungen sind immer durch Interaktionen gekennzeichnet, welche spezifische Arbeitsanforderungen an die Arbeitenden stellen. Damit verbunden sind vor allem soziale und emotionale Anforderungen, welche besonders an den Leistungserbringer gestellt werden. Darüber hinaus stellen organisationale Ziele wie Kundenbindung und Kundenzufriedenheit erhöhte Anforderungen an die Emotionsarbeit für Arbeitnehmer.

In ◘ Tabelle 10.8 sind Beispiele von Emotionsarbeit in verschiedenen Berufen aufgeführt.

Call Center-Arbeitsplätze sind ein typisches Beispiel für Emotionsarbeit, denn Unternehmen treten mit ihren Kunden immer häufiger per Telefon in Kontakt. Je nach Dienstleistungsbranche führen die Beschäftigten in acht Stunden Arbeitszeit zwischen 60 und 250 Telefonate mit Kunden (Henn et al., 1996). Der letzte Kunde erwartet, selbstverständlich mit derselben Freundlichkeit behandelt zu werden wie der erste. Vom Call Center-Agenten wird erwartet, dass er sich konstant professionell verhält und sich seine Gefühle nicht anmerken lässt; dasselbe gilt z. B. für Flugbegleiter.

Emotionsarbeit gewinnt durch den steten Zuwachs des Dienstleistungssektors an Bedeutung.

⊕ **Web-Exkurs »Der arbeitende Kunde«**

▶ **Definition**

Emotionsarbeit ist Bestandteil vieler Dienstleistungsberufe.

◘ **Tab. 10.8** Beispiele von Emotionsarbeit in verschiedenen Berufen

Beruf	Beispiel von Emotionsarbeit
Call Center-Agent	zuvorkommend, freundlich, mit der Stimme »lächeln« (Dormann et al., 2002)
Flugbegleiter	aufmerksam und freundlich, häufig lächelnd (Zapf et al., 2000)
Lehrer, Erzieherin	freundlich, klarer Gefühlsausdruck, auch Zeigen negativer Gefühle (Zapf et al., 2000)
Manager	enthusiastisches Vertrauen schaffen (Hochschild, 1979)
Polizist	neutral im Gefühlsausdruck, nicht überschwänglich (Zapf et al., 2000)
Servicekraft im Restaurant	freundlich, lächelnd, aufmerksam, zuvorkommend

Das Spezifische an den Dienstleistungsberufen ist die Interaktion mit Kunden, aus denen heraus sich entsprechende Arbeitsanforderungen ergeben. Das heißt, dass es zu den Arbeitsanforderungen von Dienstleistungsberufen gehört, mit Emotionen umzugehen und Emotionen regulieren zu können. Zapf (2002) unterscheidet in Anlehnung an Hacker (2005) **drei Aspekte** der Emotionsarbeit:

Es können drei Aspekte der Emotionsarbeit unterschieden werden: Regulationsmöglichkeiten, -anforderungen und -probleme

- Regulationsmöglichkeiten
- Regulationsanforderungen
- Regulationsprobleme

10.3.1   Regulationsmöglichkeiten

Ein Teil des beruflichen Alltags ist der Umgang mit **Ärger**. Ein Kunde ist nicht zufrieden mit der Ware und lässt die Wut am Verkäufer aus, Schüler verhalten sich aus unerklärlichen Gründen aggressiv, oder eine Flugbegleiterin muss zuvorkommend freundlich sein trotz ihrer Müdigkeit nach einem Transatlantikflug. Zapf et al. (2003) unterscheiden **vier Strategien**, wie mit solchen Situationen umgegangen werden kann:

Bei der automatischen Regulation tritt die geforderte Emotion ohne Anstrengung auf.

Automatische Regulation Bei der automatischen Regulation tritt die geforderte Emotion spontan auf, ohne dass eine falsche Emotion vorgetäuscht werden muss und ohne dass es besonderer Anstrengung bedarf.

Oberflächenhandeln ist das Vorgeben einer erwarteten Emotion, die nicht dem eigenen Gefühlszustand entspricht.

Oberflächenhandeln (Surface Acting) Die arbeitende Person gibt nach außen hin über Mimik, Gestik und Stimme vor, die erwartete Emotion zu empfinden, obwohl dies innerlich nicht der Fall ist. Der Gefühlsausdruck wird den Normen angepasst, nicht aber das empfundene Gefühl. Dies bedeutet, dass man sich freundlich verhält, obwohl man den anderen z. B. unsympathisch findet (Raststetter, 1999).

Beim Oberflächenhandeln wird zwischen »faking in good faith« und »faking in bad faith« unterschieden (Krause et al., 2008):

Es kann beim Oberflächenhandeln zwischen »faking in good faith« und »faking in bad faith« unterschieden werden.

- Bei »**faking in good faith**« dient das Simulieren der Gefühle aus Sicht der arbeitenden Person einem guten Zweck und wird als sinnvoll erachtet.
- Bei »**faking in bad faith**« wird Oberflächenhandeln ebenfalls praktiziert, es wird jedoch als Zwang erlebt und innerlich nicht akzeptiert. Eine hohe Ausprägung an »faking in bad faith« im Alltag korreliert stark mit emotionaler Erschöpfung.

Beim Tiefenhandeln bemüht sich die Person, die von ihr geforderten Gefühle tatsächlich zu empfinden.

Tiefenhandeln (Deep Acting) Die arbeitende Person bemüht sich erfolgreich, die erwarteten und erwünschten Gefühle tatsächlich zu empfinden (»Ich versuche, ein bestimmtes Gefühl hervorzurufen, und verhalte mich dementsprechend«). Das Tiefenhandeln bedarf bestimmter – in erster Linie kognitiver –Techniken, mit deren Hilfe passende Gefühle hergestellt werden können.

Raststetter (1999) beischreibt drei dieser Techniken:

Tiefenhandeln unterliegt drei verschiedenen kognitiven Techniken: Entspannung, Konzentration und der Stanislawski-Methode.

- Eine Methode umfasst alle Arten von körperlicher **Entspannung**, angefangen bei tiefem Durchatmen. Damit soll innere Ruhe erreicht werden in Situationen, die unerwünschte Gefühle geweckt haben oder voraussichtlich wecken werden (z. B. ein schwieriges Gespräch mit einem Kunden).
- Eine zweite Methode kann schlicht mit **Konzentration** beschrieben werden: wie der Handarbeiter seinen Gegenstand nicht fallen lassen darf und sich auf seine Arbeit konzentrieren muss, auch wenn er müde ist, soll sich der Emotionsarbeiter auf seine Aufgabe, auf die zu erreichenden Ziele und auf die Bedürfnisse des Kunden konzentrieren und keine unerwünschten Regungen zulassen.
- Die dritte und interessanteste Technik ist die sog. **Stanislawski-Methode**, die auch Schauspielschüler lernen (Stanislawski, 1981). Der Betroffene versucht, mentale Bilder und Vorstellungen hervorzurufen, die mit einem bestimmten – nämlich dem

in der vorliegenden Situation erforderlichen – Gefühl verbunden sind. Die Gefühlserinnerungen helfen, in der aktuellen Situation das passende Gefühl zu erzeugen. Man stelle sich beispielsweise die Flugzeugkabine als gemütliches Wohnzimmer vor, in das nette Gäste eingeladen werden (»Ich bewirte die Gäste und freue mich, wenn es ihnen gefällt«).

Emotionale Devianz Das gewünschte Gefühl wird von der arbeitenden Person nicht gezeigt, z. B. weil sie die organisationalen Regeln nicht anerkennt. Ganz im Gegenteil wird eine Emotion gezeigt, die seitens der Organisation sogar unerwünscht ist (z. B. Wutausbruch bei Flugbegleiter). Diese Variante von emotionaler Devianz kann auf Seiten des Arbeitgebers zu Sanktionen führen, da ein Teil der Arbeit im Dienstleistungssektor die Vermittlung bestimmter Emotionen beinhaltet.

> Bei der emotionale Devianz wird das geforderte Gefühl nicht gezeigt, sondern es wird den tatsächlichen Gefühlen nachgegeben.

10.3.2   Regulationsanforderungen

Wenn eine Organisation ihren Mitarbeitenden vorgibt, welche Gefühle und welches Verhalten in der täglichen Arbeit gezeigt werden sollen, spricht man von **Display Rules**.

Beispielsweise ist es in der Werbebranche ein verbreitetes Phänomen, dass Marketingexperten stets positiv auftreten und die Attraktivität ihrer Produkte auch durch ihre gezeigten Gefühlen bestätigen. Wer würde ein Produkt kaufen, welches schon mit der Werbung etwas Bedrückendes vermittelt?

Zapf et al. (2000) haben Fragen zusammengestellt, mit denen diese Regulationsanforderungen in einer Organisation erfasst werden können. ■ Tabelle 10.9 (in Anlehnung an Zapf et al., 2000, S. 101) zeigt die Regulationsanforderungen mit Beispielen von Items für deren Messung.

Sind keine expliziten Regeln für den emotionalen Ausdruck vorhanden, wird von **Display Autonomy** gesprochen (Goldberg & Grandey, 2007). Die bisherige Forschung zur organisationalen Emotionsarbeit beschäftigt sich vor allem mit den negativen Auswirkungen von Display Rules auf das Wohlbefinden von Mitarbeitern (Krause et al., 2008).

> Display Rules sind von einer Organisation vorgegebene Regeln, wie man sich in bestimmten Situationen zu verhalten hat, unabhängig von den tatsächlichen Gefühlen.

> Von Display Autonomy spricht man immer dann, wenn keine expliziten Regeln für den emotionalen Ausdruck vorgegeben sind.

■ **Tab. 10.9** Regulationsanforderungen und Itembeispiele für deren Messung

Regulationsanforderungen	Itembeispiel
Ausdruck positiver Gefühle	»Kommt es bei Ihrer Tätigkeit vor, dass Sie angenehme Gefühle gegenüber Kunden zum Ausdruck bringen müssen?« (selten – sehr oft)
Ausdruck negativer Gefühle	»Kommt es bei Ihrer Tätigkeit vor, dass Sie unangenehme Gefühle gegenüber Kunden zum Ausdruck bringen müssen?« (selten – sehr oft)
Wahrnehmung von Gefühlen anderer (Sensitivitätsanforderungen)	»Ist es für Ihre Tätigkeit von Bedeutung, zu wissen, wie sich Kunden momentan fühlen?« (selten – sehr oft)
Interaktionsspielraum: Einfluss auf die Interaktion mit dem Kunden/ Klienten	»Inwieweit können Sie selbst entscheiden, wann Sie ein Gespräch mit einem Kunden beenden?«
emotionale Dissonanz: Ausdruck (positiver) Gefühle, obwohl diese nicht bzw. etwas anderes empfunden werden	»Wie oft kommt es an Ihrem Arbeitsplatz vor, dass man nach außen hin angenehme Gefühle (z. B. freundlich lächeln) zeigen muss, während man innerlich gleichgültig ist?« oder »Wie oft kommt es bei Ihrer Tätigkeit vor, dass man nach außen hin Gefühle zeigen muss, die nicht mit dem übereinstimmen, was man momentan gegenüber dem Kunden fühlt?«

10.3.3 Regulationsprobleme (emotionale Dissonanz)

Emotionale Anforderungen in der Arbeit führen nicht per se zu negativen Auswirkungen auf das Befinden wie etwa zu **emotionaler Erschöpfung**. Jedoch wurden in Metaanalysen stabile Zusammenhänge zwischen emotionaler Dissonanz und emotionaler Erschöpfung für verschiedene Berufsgruppen nachgewiesen (Krause et al., 2008). In Anlehnung an die kognitive Dissonanz wird von emotionaler Dissonanz gesprochen, wenn eine Diskrepanz zwischen den eigenen Gefühlen und der vom Unternehmen geforderten Norm (bei den Flugbegleiterinnen z. B. Freundlichkeit und Rücksicht) besteht.

Maslach et al. (2001) haben nachgewiesen dass emotionale Erschöpfung, fehlende Erfüllung und Depersonalisation ein Burnout begünstigt. Hier besteht ein Zusammenhang mit Display Rules sowie mit »faking in bad faith« (vgl. Oberflächenhandeln). Letzteres führt zu emotionaler Dissonanz und fördert damit emotionale Erschöpfung und Depersonalisation, die Voraussetzungen für ein Burnout (s.o.). Im Gegensatz zu anderen Variablen (z. B. »faking in good faith«, Tiefenhandeln) trägt emotionale Dissonanz aber nicht zum Gefühl bei, etwas leisten zu können (Zapf et al., 2000), was förderlich für den Arbeitenden wäre.

10.3.4 Arbeitsgestaltung für Emotionsarbeiter

In Zusammenhang mit Emotionsarbeit erwähnen Zapf et al. (2003) verschiedene organisationale Interventionsmaßnahmen, welche die Emotionsarbeit nicht reduzieren, jedoch deren Bedingungen optimieren. Diese Maßnahmen konzentrieren sich auf die emotionalen Anforderungen, die Stressoren sowie die Ressourcen. Die Maßnahmen sind situationsbezogen und sollten spezifisch für jeden Fall ausgearbeitet werden.

Anpassung emotionaler Anforderungen Eine Möglichkeit der Anpassung von emotionalen Anforderungen ist mit dem »Person-Environment-Fit-Model« gegeben. Bei diesem Modell wird eine **Passung zwischen Beschäftigtem und Arbeitsumwelt** angestrebt. Es wird versucht, die Anforderungen der Stelle so anzupassen, dass sie für den Stelleninhaber verträglich sind. Untersuchungen zeigen, dass dienstleistende Personen welche mehr als sechs Stunden täglich mit Kunden interagieren, sich deutlich schlechter fühlen als bei geringerer Interaktionszeit (Zapf et al., 2003). Dies spricht dafür, die Arbeitsgestaltung bei emotionsarbeitsbezogenen Stellen durch Maßnahmen wie Job Rotation oder Teilzeitanstellung zu optimieren.

Vermeidung von Stressoren Emotionale Dissonanz, wie auch andere Stressoren, sind von den externen und internen Ressourcen einer Person abhängig. Organisatorische Maßnahmen können zum Beispiel darauf abzielen, soziale Situationen zu vermeiden, aufgrund derer die Kunden negativ reagieren wie z. B. lange Wartezeiten am Telefon durch genügend Personal verhindern oder fehlende Informationen beim Dienstleistungspersonal, welches zu Wutausbrüchen bei den Kunden führen könnte, durch Schulungen vorbeugen.

Stärkung von Ressourcen Belastende Situationen können durch die Erhöhung des Handlungsspielraum oder bessere emotionsarbeitsbezogene Kontrollmöglichkeiten verringert werden.

Die Organisation hat dabei verschiedene Möglichkeiten, z. B.
- Die Mitarbeitenden verfügen bei den Darbietungsregeln über einen gewissen Ermessensspielraum.

- Die Mitarbeitenden verfügen über einen Zeitspielraum, z. B. durch Kurzpausen und Auszeiten.
- Die Mitarbeitenden verfügen über einen Entscheidungsspielraumes, beispielsweise der Möglichkeit einer Übergabe von »schwierigen Fällen« an andere Mitarbeitende.

Neben diesen organisationsbezogenen Gestaltungsmöglichkeiten können auf individueller Ebene Qualifikationsmaßnahmen vorgenommen werden wie z. B. Schulungen zur kognitiven Restrukturierung, mit welcher Situationen aus einer anderen Perspektive betrachtet werden oder der Abbau von Belastungen durch Erlernen von Entspannungstechniken. Darüber hinaus kann die soziale Unterstützung durch Vorgesetzte die Belastung mildern.

Die Auflösung des Fallbeispiels ist im ▶ Web-Exkurs »Fallbeispielauflösung Arbeitsanalyse und -gestaltung im Warenlager« zu Kapitel 10 unter www.lehrbuch-psychologie. de zu finden.

> Individuelle Qualifikationsmaßnahmen (wie das Erlernen von Entspannungstechniken) können zur Minderung der Belastungen durch Emotionsarbeit führen.

> ◉ Web-Exkurs
> »Fallbeispielauflösung
> Kapitel10«

 Kontrollfragen

1. Nennen Sie mindestens fünf verschiedene Kontexte von Arbeitsanalysen.
2. Welches sind die neun Schritte der soziotechnischen Systemanalyse?
3. Was ist der Unterschied zwischen aufgaben- und personenbezogenen Analyseverfahren?
4. Wie lassen sich präventive und prospektive Arbeitsgestaltung voneinander abgrenzen?
5. Erklären Sie den Unterschied zwischen Job Enlargement und Job Enrichment.
6. Was ist der Unterschied zwischen Oberflächen- und Tiefenhandeln in der Emotionsarbeit?
7. Wie ist der Zusammenhang zwischen Emotionsarbeit und Burnout?

Herczeg, M. (2005). *Software-Ergonomie,* 2. Aufl. München: Oldenbourg.
Kubitschek, S. & Kirchner, J.-H. (2005). *Kleines Handbuch der praktischen Arbeitsgestaltung.* München: Hanser.
Schüpbach, H. & Zölch, M. (2007). Analyse und Bewertung von Arbeitssystemen und Arbeitstätigkeiten. In H. Schuler (Hrsg.), *Lehrbuch Organisationspsychologie* (S. 197–220), Bern: Huber.
Ulich, E. (2005). *Arbeitspsychologie,* 6. Aufl. Stuttgart: Schäffer-Poeschel.

▶ **Weiterführende Literatur**

Literaturverzeichnis

Adenauer, S. (1997). *Fit für Gruppenarbeit: ein Qualifizierungsleitfaden – nicht nur für Führungskräfte.* Köln: Wirtschaftsverlag Bachem.
Antoni, C. H. (1990). *Qualitätszirkel als Modell partizipativer Gruppenarbeit. Analyse der Möglichkeiten und Grenzen aus der Sicht betroffener Mitarbeiter.* Bern: Huber.
Antoni, C. H. (1996). *Teilautonome Arbeitsgruppen.* Weinheim: Psychologie Verlags Union.
Ash, R. A. (1988). Job analysis in the world of work. In S. Gael (ed.), *The job analysis handbook for business, industry and government.,* 1, 3–13, New York: Wiley.
Berggren, C. (1991). *Von Ford zu Volvo. Automobilherstellung in Schweden.* Berlin, Heidelberg, New York, Tokio: Springer.
Bösenberg, D. & Metzen, H. (1993). *Lean Management: Vorsprung durch schlanke Konzepte,* 2. Aufl. Landsberg/Lech: Verlag Moderne Industrie.
Bortz, J. & Döring, N. (2006). *Forschungsmethoden und Evaluation für Human- und Sozialwissenschaftler,* 4. Aufl. Berlin, Heidelberg, New York, Tokio: Springer.
Brannick, M. T. & Levine, E. L. (2002). *Job analysis: Methods, research, and application for human resource management in the new millennium.* Thousand Oaks, CA: Sage.
Bühner, R. (2004). *Betriebswirtschaftliche Organisationslehre,* 10. Aufl. München: Oldenbourg.
Bullinger, H.-J. (1995). *Arbeitsgestaltung. Personalorientierte Gestaltung marktgerechter Arbeitssysteme.* Stuttgart: Teubner.
Bungard, W. (Hrsg.) (1992). *Qualitätszirkel in der Arbeitswelt. Ziele, Erfahrungen, Probleme.* Stuttgart: Verlag für Angewandte Psychologie.
Campion, M. A. & McClelland, C. L. (1991). Interdisciplinary examination of the costs and benefits of enlarged jobs: A job design quasi-experiment. *Journal of Applied Psychology, 76 (2),* 186–198.

DGB-Index Gute Arbeit GmbH (2010), s. Links.

Dormann, C., Zapf, D. & Isic, A. (2002). Emotionale Arbeitsanforderungen und ihre Konsequenzen bei Call Center-Arbeitsplätzen. *Zeitschrift für Arbeits- und Organisationspsychologie, 46*, 201–215.

Dunckel, H. & Resch, M. G. (2010). Arbeitsanalyse. In U. Kleinbeck & K.-H. Schmidt (Hrsg.), *Enzyklopädie der Psychologie* (S. 1111–1158). Göttingen: Hogrefe.

Dunckel, H., Volpert, W., Zölch, M., Kreutner, U., Pleiss, C. & Hennes, K. (1993). *Kontrastive Aufgabenanalyse im Büro – Der KABA-Leitfaden. Grundlagen und Manual*. Stuttgart: Teubner.

Flanagan, J. C. (1954). The critical incident technique. *Psychological Bulletin, 51*, 327–358.

Frey, D., Brodbeck, F. C. & Schulz-Hardt, S. (1999). Ideenfindung und Innovation. In C. Graf Hoyos & D. Frey (Hrsg.), *Arbeits- und Organisationspsychologie* (S. 122–136). Weinheim: Beltz.

Frieling, E. (1999). Arbeitsanalyse und Arbeitsgestaltung. In C. Graf Hoyos & D. Frey (Hrsg.), *Arbeits- und Organisationspsychologie* (S. 468–487). Weinheim: Beltz.

Frieling, E. & Buch, M. (2007). Arbeitsanalyse als Grundlage der Arbeitsgestaltung. In H. Schuler & K. Sonntag (Hrsg.), *Handbuch der Arbeits- und Organisationspsychologie* (S. 117–125). Göttingen: Hogrefe.

Frieling, E. & Sonntag, K. (1999). *Lehrbuch Arbeitspsychologie*, 2. Aufl. Bern: Huber.

Goldberg, L. & Grandey, A. A. (2007). Display rules versus display autonomy: Emotion regulation, emotional exhaustion, and task performance in a call center simulation. *Journal of Occupational Health Psychology, 12 (3)*, 301–318.

Grob, R. & Haffner, H. (1982). *Planungsleitlinien Arbeitsgestaltung. Systematik zur Gestaltung von Arbeitssystemen*. Berlin: Siemens.

Hacker, W. (1986). *Arbeitspsychologie – Psychische Regulation von Arbeitstätigkeiten*. Berlin: Deutscher Verlag der Wissenschaft.

Hacker, W. (2005). *Allgemeine Arbeitspsychologie. Psychische Regulation von Wissens-, Denk- und körperlicher Arbeit*, 2. Aufl. Bern: Huber.

Hacker, W. & Richter, P. (1980): *Psychische Fehlbeanspruchung: Psychische Ermüdung, Monotonie, Sättigung und Stress*. Berlin: Deutscher Verlag der Wissenschaften.

Hackman, J. R. & Oldham, G. R. (1975). Development of the Job Diagnostic Survey. *Journal of Applied Psychology, 60*, 159–170.

Harvey, R. J. (1991). Job analysis. In M. D. Dunnette & L. M. Hough (eds.), *Handbook of industrial and organizational psychology* (pp. 71–164). Palo Alto, CA: Consulting Psychology Press.

Henn, H., Kruse, P. & Strawe, O. (1996). *Handbuch Call-Center Management: Das große Nachschlagwerk für alle, die professionell mit dem Telefon arbeiten*. Hannover: Telepublic.

Herczeg, M. (2005). *Software-Ergonomie*, 2. Aufl. München: Oldenbourg.

Hochschild, A. (1979). Emotion Work, Feeling Rules, and Social Structure. *The American Journal of Sociolgy, 85*, 551–575.

Hochschild, A. R. (1990). *Das gekaufte Herz. Zur Kommerzialisierung der Gefühle*. Frankfurt am Main: Campus.

Hoyos, C. & Frey, D. (1999). *Arbeits- und Organisationspsychologie. Ein Lehrbuch*. Weinheim: Psychologie Verlags Union.

Humphrey, S. E., Nahrgang, J. D. & Morgeson, F. P. (2007). Integrating Motivational, Social, and Contextual Work Design Features: A Meta-Analytic Summary and Theoretical Extension of the Work Design Literature. *Journal of Applied Psychology, 92 (5)*, 1332–1356.

Imai, M. (1992). *Kaizen*. München: Langen-Müller.

Jürgens, K. (2005). Die neue Unvereinbarkeit? Familienleben und flexibilisierte Arbeitszeiten. In H. Seifert (Hrsg.), *Flexible Zeiten in der Arbeitswelt* (S. 169–190). Frankfurt: Campus.

Kauffeld, S. (2001). *Teamdiagnose*. Göttingen: Verlag für Angewandte Psychologie.

Kauffeld, S. (2006). *Kompetenzen messen, bewerten, entwickeln*. Stuttgart: Schäffer-Poeschel.

Kauffeld, S. & Grote, S. (1999). Der Job Diagnostic Survey (JDS) – Darstellung und Bewertung eines arbeitsanalytischen Verfahrens. *Zeitschrift für Arbeits- und Organisationspsychologie, 43*, 55–60.

Kauffeld, S., Jonas, E. & Frey, D. (2004). Effects of a flexible work-time design on employee- and company-related aims. *European Journal of Work and Organizational Psychology, 13 (1)*, 79–100.

Kinkel, S., Lay, G. & Jäger, A. (2007). *Mehr Flexibilität durch Organisation*. PI-Mitteilung Nr. 42, Frauenhofer Institut für System- und Innovationsforschung, Karlsruhe.

Krause, A., Philipp, A., Bader, F. & Schüpbach, H. (2008). Emotionsregulation von Lehrkräften: Umgang mit Gefühlen als Teil der Arbeit. In A. Krause, M. Wülser, E. Ulich & H. Schüpbach (Hrsg.), *Arbeitsort Schule. Organisations- und arbeitspsychologische Perspektiven* (S. 309–334). Wiesbaden: Gabler.

Kubitschek, S. & Kirchner, J.-H. (2005). *Kleines Handbuch der praktischen Arbeitsgestaltung. Grundsätzliches, Gestaltungshinweise, Gesetze, Vorschriften und Regelwerke, weiterführende Literatur*. München: Hanser.

Landau, K. (2003).*Good Practice. Ergonomie und Arbeitsgestaltung*. Stuttgart: Ergonomia.

Leontjew, A. N. (1977). *Tätigkeit, Bewußtsein, Persönlichkeit*. Stuttgart: Klett.

Maslach, C., Schaufeli, B. & Leiter, M. (2001). Job Burnout. *Annual Review of Psychology, 52*, 397–422.

Matern, B. (1983). *Psychologische Arbeitsanalyse. Spezifische Arbeits- und Ingenieurspsychologie*, Bd. 3. Berlin: Deutscher Verlag der Wissenschaften.

Nerdinger, F. W. (1994). *Zur Psychologie der Dienstleistung.* Stuttgart: Schäffer-Poeschel.

Nerdinger, F. W., Blickle, G. & Schaper, N. (2011). *Arbeits- und Organisationspsychologie.* Heidelberg: Springer.

Neuberger, O. (1994). *Personalentwicklung.* Stuttgart: Enke.

Oesterreich, R. & Volpert, W. (1987). Handlungstheoretisch orientierte Arbeitsanalyse. In U. Kleinbeck & J. Rutenfranz (Hrsg.), *Arbeitspsychologie. Enzyklopädie der Psychologie* (S. 43–73). Göttingen: Hogrefe.

Raststetter, D. (1999). Emotionsarbeit. *Arbeit, 8,* 374–388.

Rößler, A. & Lippmann, R. (1997). Ergonomiestudien mit virtuellen Menschen- und Objektmodellen. *Spektrum der Wissenschaft, 9,* 101–107.

Rohmert, W. & Landau, K. (1979). *Das Arbeitswissenschaftliche Erhebungsverfahren zur Tätigkeitsanalyse (AET).* Bern: Huber.

Schmidt, K.-H. (2010). JDS. Job Diagnostic Survey. In W. Sarges, H. Wottawa & Roos, C. (Hrsg.), *Handbuch wirtschaftspsychologischer Testverfahren. Band II: Organisationspsychologische Instrumente.* Lengerich u.a.: Pabst Science Publishers.

Schüpbach, H. & Zölch, M. (2007). Analyse und Bewertung von Arbeitssystemen und Arbeitstätigkeiten. In H. Schuler (Hrsg.), *Lehrbuch Organisationspsychologie,* 4. Aufl. (S. 197–220). Bern: Huber.

Sonntag, K. & Stegmaier, R. (2007). *Arbeitsorientiertes Lernen. Zur Psychologie der Integration von Lernen und Arbeiten.* Stuttgart: Kohlhammer.

Spanner-Ulmer, B. & Mühlstedt, J. (2010). Digitale Menschmodelle als Werkzeuge virtueller Ergonomie. *Industrie Management, 4,* 69–72.

Spitzley, H. (2007). Theorie und Empirie der Arbeitszeitflexibilisierung – Leitlinien zur Qualitätsverbesserung der betrieblichen Arbeitszeitgestaltung. In A. Dilger, I. Gerlach & H. Schneider (Hrsg.), *Betriebliche Familienpolitik. Potenziale und Instrumente aus multidisziplinärer Sicht* (S. 125–140). Wiesbaden: VS-Verlag.

Stanislawski, K. (1981). *Die Arbeit des Schauspielers an sich selbst.* Berlin: Verlag das Europäische Buch.

Ulich, E. (2005). *Arbeitspsychologie,* 6. Aufl. Stuttgart: Schäffer-Poeschel.

Van Ouwerkerk, R. J., Meijam, T. F. & Mulder, G. (1994). *Industrial Psychological Task Analysis.* Utrecht: Lemma.

Wastian, M. (in Vorbereitung). *Die Timeline Job Analysis – Grundlage für ein flexibles, prozessorientiertes Kompetenzmanagement in Projekten.*

Weinert, A. B. (2004). *Organisation- und Personalpsychologie. Ein Lehrbuch,* 5. Aufl. Weinheim: Beltz.

Womack, J. P., Jones, T. J. & Ross, D. (1991). *Die zweite Revolution in der Autoindustrie: Konsequenzen aus der weltweiten Studie des Massachusetts Institute of Technology.* Frankfurt: Campus.

Zapf, D. (2002). Emotion work and psychological well-being: A review of the literature and some conceptual considerations. *Human Resource Management Review, 12,* 237–268.

Zapf, D., Isic, A., Fischbach, A. & Dormann, C. (2003). Emotionsarbeit in Dienstleistungsberufen. Das Konzept und seine Implikationen für die Personal- und Organisationsentwicklung. In K.-C. Hamborg & H. Holling (Hrsg.), *Innovative Personal- und Organisationsentwicklung* (S. 266–288). Göttingen: Hogrefe.

Zapf, D., Seifert, C., Mertini, H., Voigt, C., Holz, M., Vondran, E., Isic, A. & Schmutte, B. (2000). Emotionsarbeit in Organisationen und psychische Gesundheit. In H.-P. Musahl & T. Eisenhauer (Hrsg.), *Psychologie der Arbeitssicherheit. Beiträge zur Förderung von Sicherheit und Gesundheit in Arbeitssystemen* (S. 99–106). Heidelberg: Asanger.

11 Arbeit und Gesundheit

Simone Kauffeld & Diana Hoppe

Lernziele

- Die Belastungen von Menschen in der Arbeitswelt kennen.
- Die Entstehung von Stress erklären.
- Den Grund dafür kennen, warum manche Menschen bei gleichen Belastungen starken Stress empfinden und andere nicht.

- Die Konsequenzen von andauerndem Stresserleben in der Arbeit und Gegenmaßnahmen erläutern können.

Beispiel

Fallbeispiel

Herr M. arbeitet seit vielen Jahren in der Personalentwicklung eines größeren Automobilkonzerns. Nachdem er bereits eine verantwortungsvolle Führungsposition erreicht hatte, gab es eine Fusion. In diesem Zusammenhang wurde die Abteilung für Personalentwicklung völlig neu strukturiert, und er selbst erhielt einen neuen Vorgesetzten. Dies war für ihn ein Rückschritt in der Hierarchieebene. Trotzdem akzeptierte er seine neue Position widerwillig und ging nach einiger Zeit wieder mit seinem üblichen Idealismus an die Arbeit. In den nächsten Jahren durchlebte er mehrere Führungswechsel an der Unternehmensspitze. Jedes Mal wurden neue Personalkonzepte aufgelegt, und er arbeitete engagiert daran, die neuen Ideen umzusetzen. Stets war es ihm ein Anliegen, für Gerechtigkeit und ein harmonisches Miteinander zu sorgen. Privat

ist er glücklich verheiratet, hat zwei Kinder und muss sich keine finanziellen Sorgen machen. Seinem Wohnort fühlt er sich sehr verbunden, da dort sowohl seine als auch die Eltern seiner Frau leben. So nimmt er jeden Tag eine eineinhalbstündige Wegstrecke zur Arbeit auf sich. Gesundheitlich geht es ihm überwiegend gut. Hin und wieder hat er mit Bluthochdruck und entsprechenden Begleiterscheinungen zu kämpfen, aber er fällt nie länger aus. Die üblichen kleinen Streitigkeiten innerhalb der Abteilung nimmt er relativ gelassen hin. Mit einigen Kollegen versteht man sich eben besser und mit anderen nicht. Bei seinen Trainings und Coachings wird er von den Teilnehmern geschätzt als jemand, der ein Auge für das Wesentliche hat, konzentriert arbeitet und in der Lage ist, auch schwierige Situationen zu meistern. In seinem Bereich gab es nun wieder einen Führungswechsel. Seine Chefin ist

▼

eine selbstbewusste Frau, die voll in ihrer Arbeit aufgeht. Anscheinend stimmt die Chemie zwischen den beiden nicht so richtig. Nach einigen Wochen erkrankt Herr M. und erhält die Diagnose »Burnout«.

Welche Umstände haben dazu geführt, dass Herr M. an Burnout erkrankt ist? Wie hätte dies verhindert werden können?

11.1 Einführung

»Erschöpft, ausgebrannt und arbeitsmüde« heißt es in der FAZ vom 08.03.2010 (Meck, 2010). Immer mehr Menschen scheinen von den Folgen dauerhaften Stresses betroffen zu sein (Statistisches Bundesamt, 2009, s. Links). Einem Bericht der Techniker Krankenkasse zufolge empfinden acht von zehn Deutschen ihr Leben als stressig, jeder Dritte steht unter Dauerdruck. Eine der Hauptursachen ist dabei der Stress im Beruf (Techniker Krankenkasse, 2009). Die Belastungsquellen im beruflichen Kontext sind so vielfältig, dass es nicht überraschend ist, wenn Beschäftigte aufgrund beruflicher Belastungen erkranken.

Dass Zusammenhänge zwischen **berufsbedingtem Stress** und individuellem Gesundheitszustand existieren, ist auch aus der Forschung bekannt (z. B. Buddeberg-Fischer et al., 2008; Ulich & Wülser, 2009). Bedenklich sind vor allem die steigenden Zahlen von psychischen Erkrankungen. Der vom wissenschaftlichen Institut der AOK (WIdO) und der Universität Bielefeld herausgegebene Fehlzeiten-Report gibt für das Jahr 2009, unter Berücksichtigung der Fehlzeiten von 9,7 Millionen bei der AOK versicherten Erwerbstätigen, einen Krankenstand von 4,8 Prozent an. Im Vergleich zum Vorjahr beutet dies einen erneuten Anstieg um 0,2 Prozent. Die durchschnittliche Dauer der Arbeitsunfähigkeit betrug 17,3 Tage (Badura et al., 2010).

Als häufigste Ursachen für die meisten Krankheitstage werden Muskel- und Skeletterkrankungen (23%), Atemwegerkrankungen (14%), akute Verletzungen (12,3%) und psychische Erkrankungen (8,6%) angegeben. Dabei geraten vermehrt psychische und psychosomatische Erkrankungen in den Fokus. Sie gewinnen an Bedeutung aufgrund eines hohen subjektiven Krankheitswertes (Leidensdruck), der durchgängigen Beeinträchtigung von Arbeitsquantität und -qualität und der oft langen Dauer bis zur Diagnoseerstellung. **Psychische Erkrankungen** nehmen in den letzten Jahren kontinuierlich zu und sind im Vergleich zu physischen Erkrankungen mit längeren Ausfallzeiten (Tage/Fall) verbunden (Badura et al., 2010). Darüber hinaus gelten sie als wichtige Ursache für Frühberentung.

Nach einer Erhebung des Statistischen Bundesamts im Jahr 2007 leiden etwa 2,4 Millionen Erwerbstätige (6,3%) unter arbeitsbedingten Gesundheitsbeschwerden (psychische und physische). Neben Beschwerden des Bewegungsapparats dominieren dabei auch psychische Erkrankungen. Über die Hälfte der Befragten fehlten zwei oder mehr Tage am Arbeitsplatz. Bei 33% lag der Arbeitsausfall bei mehr als zehn Tagen (Statistisches Bundesamt, 2009, s. Links).

Zusätzlich zu den individuellen Konsequenzen für Arbeitnehmer verursacht die krankheitsbedingte Abwesenheit der Beschäftigten auch auf Unternehmensseite Probleme: Neben den organisatorischen Problemen (z. B. Vertretung) sind dies vor allem erhebliche Kosten (Ulich & Wülser, 2009). Die Kosten arbeitsbedingter Erkrankungen sind in den letzten Jahren stark angestiegen. In Deutschland belaufen sich die jährlichen direkten und indirekten Kosten arbeitsbedingter Erkrankungen laut Studien der BKK auf insgesamt 43,9 Milliarden Euro. 33,4 Milliarden Euro davon werden für die Behandlung arbeitsbedingter vorübergehender Krankheiten benötigt. Die Behandlungskosten für arbeitsbedingte Frühberentung entfallen auf die restlichen zehn Milliarden (BKK Bundesverband, 2008, s. Links).

Der Krankenstand Erwerbstätiger steigt kontinuierlich an; eine Ursache davon ist dauerhafter berufsbezogener Stress.

Psychische Erkrankungen nehmen als Ursache für Fehlzeiten Erwerbstätiger zu und sind meist mit längeren Ausfallzeiten verbunden als physische Erkrankungen.

Arbeitsbedingte Erkrankungen verursachen für Unternehmen erhebliche Kosten.

Mit den steigenden Kosten arbeitsbedingter Erkrankungen für Unternehmen ist die Verbesserung der Gesundheit auch vermehrt ein betriebliches Thema bzw. Ziel geworden (Lück et al., 2009; Ulich & Wülser, 2009). Entsprechende Bestrebungen der Unternehmen, damit umzugehen, sind vor allem im Auf- und Ausbau der betrieblichen Gesundheitsförderung und des betrieblichen Gesundheitsmanagements erkennbar.

Gesundheit ist ein wichtiger persönlicher und auch gesellschaftlicher Wert. Die Bedeutung der eigenen Gesundheit wird häufig erst bei auftretenden Erkrankungen oder mit fortschreitendem Alter erfasst. Doch was genau bedeutet »Gesundheit« eigentlich?

> Die betriebliche Gesundheitsförderung und -verbesserung wird von Unternehmen aufgrund der steigenden Kosten zunehmend thematisiert und angestrebt.

Definition

Die Weltgesundheitsorganisation (WHO) definierte **Gesundheit** 1946 zunächst als einen »Zustand vollkommenen körperlichen, psychischen und sozialen Wohlbefindens und nicht allein dem Fehlen von Krankheit«. In einer überarbeiteten Definition (WHO, Ottawa Charta) von 1987 wird Gesundheit nun als die »Fähigkeit und Motivation, ein wirtschaftlich und sozial aktives Leben zu führen« bezeichnet.

► Definition

In der überarbeiteten Fassung wird eine veränderte Auffassung von Gesundheit deutlich. Dem Menschen wird eine aktivere Rolle bei Aufbau und Aufrechterhaltung von Gesundheit zugesprochen. Somit gewinnt auch die Gestaltung von Arbeitsbedingungen einen größeren Stellenwert (Ulich & Wülser, 2009).

11.2 Belastungen in der Arbeit

Ob bei der Arbeit, im Kreis der Familie oder bei Freizeitaktivitäten, der Mensch ist im Alltag oft stark gefordert. Gehen die Anforderungen über ein gewisses Maß hinaus, kann dies als anstrengend und belastend empfunden werden. Der Mensch fühlt sich »gestresst«. Die Begriffe »Belastung«, »Beanspruchung« und »Stress« werden in der Alltagssprache häufig synonym verwendet, wobei sie zumeist eher negativ konnotiert sind. Im Arbeitskontext wird Belastungen und Beanspruchungen viel Aufmerksamkeit geschenkt. Die Begrifflichkeiten werden jedoch differenzierter und neutraler betrachtet.

> Übermäßige Anforderungen führen zu Belastung, Beanspruchung und Stress.

Exkurs

Klärung wichtiger Begrifflichkeiten
Für die tiefere Auseinandersetzung mit dem Thema Stress am Arbeitsplatz ist es zunächst wichtig, einige der wesentlichen Begriffe zu definieren bzw. voneinander abzugrenzen:

Belastung: Als psychische Belastung wird die Gesamtheit aller erfassbaren Einflüsse, die von außen auf den Menschen einwirken, verstanden.

Beanspruchung: Als psychische Beanspruchung bezeichnet man die individuellen, zeitlich unmittelbaren Auswirkungen der psychischen Belastung auf den Menschen (Normenausschuss Ergonomie im Deutschen Institut für Normung, 1987).

Stress: Stress ist ein subjektiv intensiv unangenehmer Spannungszustand, der aus der Befürchtung resultiert, dass
- eine stark aversive,
- zeitlich nahe (oder bereits eingetretene),
- subjektiv lang andauernde Situation
- wahrscheinlich nicht vollständig kontrollierbar ist,
- deren Vermeidung aber subjektiv wichtig erscheint (Greif & Cox, 1997).

Stressoren sind Faktoren (externe oder interne Stimuli), die mit hoher Wahrscheinlichkeit eine **Stressreaktion** auslösen (Greif & Cox, 1997).

Die Begriffe »Stressor« und »Stressreaktion« korrespondieren mit den Begriffen »Belastung« und »Beanspruchung« (Nerdinger et al., 2011).

Verschiedene Faktoren und individuelle Merkmale beeinflussen die Richtung der Beanspruchungsfolgen. Berufliche Belastung kann sowohl positive und negative Folgen haben.

Durch die Unterscheidung zwischen Belastung und Beanspruchung wird eine differenzierte Betrachtungsweise ermöglicht. Gleiche Belastungen können zu unterschiedlichen Beanspruchungen führen. Verschiedene Faktoren wie z. B. Intensität und Dauer der Belastungen, oder auch individuelle Merkmale der Person wie z. B. vorhandene Ressourcen, haben einen Einfluss darauf, ob die Beanspruchung mit eher positiven oder eher negativen Konsequenzen verbunden ist (Poppelreuter & Mierke, 2008).

Aus arbeitspsychologischer Sicht hat die Beanspruchung des Individuums nicht nur negative, sondern auch **positive Auswirkungen**, wie der folgende Exkurs zeigt. Ziel sollte es daher sein, nicht nur diejenigen Faktoren zu identifizieren, die Mitarbeiter negativ beanspruchen, sondern auch diejenigen, die positiv (z. B. im Sinne einer Herausforderung) erlebt werden. Dies kann in der Folge in einer beanspruchungsoptimalen (vs. beanspruchungsarmen) Arbeitsgestaltung münden (vgl. Kap. 10).

Exkurs

Positive Folgen von Stress am Arbeitsplatz

Meist gehen wir automatisch davon aus, dass berufsbedingter Stress mit negativen Konsequenzen wie z. B. Krankheit oder Fehlzeiten verbunden ist. Stress kann aber auch positive Seiten haben. Selye (1974, 1978) prägte den Begriff »**Eustress**« (positiver Stress). Im Gegensatz zum **Distress** (negativer Stress) wirkt Eustress anregend und motivierend. Entscheidend für das Erleben von Eustress ist, dass die Stressoren nicht als bedrohlich, sondern als herausfordernd empfunden werden (z. B. eine in Aussicht gestellte Beförderung). Der Körper ist dann zwar in erhöhte Aktiviertheit versetzt, jedoch regt diese Form des Stresses Menschen zu höheren Leistungen an. Auf diese Weise kann Stress auch eine Quelle von Stolz und dem Erleben von Selbstbewusstsein sein (Semmer & Udris, 2007).

11.2.1   Belastungsfaktoren

Belastungen können nach sechs Dimensionen unterschieden werden: Herkunft, Qualität, Beeinflussungsmöglichkeiten, Vorhersehbarkeit, zeitliche Struktur und Art der Auswirkungen.

Die Möglichkeiten, Belastungen, die sich in der Arbeitswelt ergeben, zu gruppieren, sind so vielfältig wie die Belastungen selbst. Nach Schönpflug (1987) können Belastungen anhand der folgenden sechs Dimensionen unterschieden werden:

- nach ihrer **Herkunft** (z. B. personenbedingt oder umgebungsbedingt)
- nach ihrer **Qualität** (z. B. leichte oder starke Belastung)
- nach den **Möglichkeiten, sie zu beeinflussen** (z. B. nicht beeinflussbare gesundheitliche Einschränkungen oder selbst verursachter Konflikt mit Kollegen)
- nach der **Möglichkeit, ihr Auftreten vorherzusehen** (z. B. unvorhersehbare Störungen wie Maschinenausfälle oder vorhersehbare Belastung durch ein zusätzlich angenommenes Projekt)
- nach ihrer **zeitlichen Struktur** (z. B. permanent oder selten)
- nach der **Art ihrer Auswirkungen** (z. B. physisch oder psychisch) auf die Betroffenen

Belastungen können in drei Bereichen erfolgen: dem marteriell-technischen, dem sozialen und dem persönlichen. Auch in den Überschneidungen der Bereiche sind Belastungen möglich.

Ein allgemeines Rahmenkonzept von McGrath (1981) geht von drei Belastungsbereichen aus (s. ◘ Abb. 11.1, nach McGrath, 1981): dem materiell-technischen, dem sozialen und dem persönlichen Bereich.

In allen drei Bereichen können Belastungen entstehen. In Bereich A kann z. B. Lärm eine Belastung sein, in Bereich B kommen z. B. soziale Konflikte als Ursache von Beanspruchungserleben infrage, und in Bereich C ist Überängstlichkeit der Person ein möglicher Belastungsfaktor. Darüber hinaus verdeutlicht die Abbildung, dass sich Überlappungen der drei Bereiche ergeben können. Eine Belastung in der Überlappung des technischen und sozialen Bereichs (AB) kann die soziale Isolation eines Beschäftigten sein. In der Überschneidung des sozialen und personalen Systems (BC) ergeben sich Rollen, die zu Rollenkonflikten führen können. Und im technisch-personalen Bereich (AC) findet sich als Belastungsfaktor die Arbeitsaufgabe mit ihrer ganz individuellen

Schwierigkeit wie z. B. eine unklare Aufgabenstellung oder
Über- bzw. Unterforderung
(Semmer & Udris, 2007). Im
Überlappungsbereich aller drei
Bereiche (ABC) kann z. B. ein
schlechtes Betriebsklima eingeordnet werden, da dieses durch
unterschiedliche Aspekte wie
z. B. schädliche Arbeitsumgebung, negative Kommunika-
tion untereinander und mangelnde Motivation Einzelner,
dies zu verändern, bedingt sein
kann. ◘ Tabelle 11.1 gibt einen
Überblick über beispielhafte
Belastungen in der Arbeitswelt und wie diese den drei Bereichen nach McGrath (1981)
sowie den Schnittstellen zwischen diesen Bereichen zugeordnet werden können.

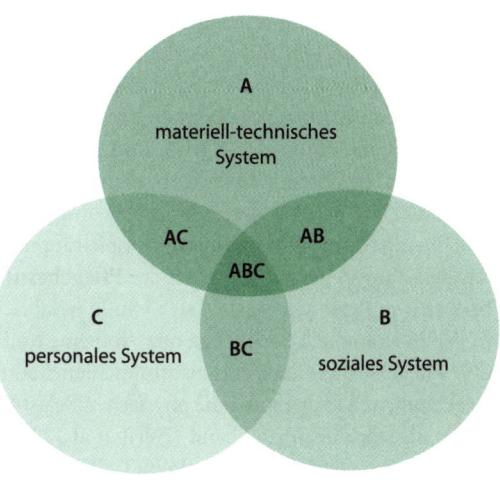

◘ **Abb. 11.1** Bereiche von
Belastungsfaktoren bei der Arbeit

◘ **Tab. 11.1** Einteilung von möglichen Belastungen in der Arbeitswelt

Belastungsbereiche	Belastungen
materiell-technisches System (A)	Umgebungseinflüsse wie Lärm, Kälte, Hitze, toxische Stoffe Dichte, Zusammengedrängtheit Störungen durch Maschinenausfall, IT-Ausfall ergonomische Belastungen (z. B. schwere Lasten, ungünstige Körperhaltung)
materiell-technisches und soziales System (AB)	strukturelle Veränderung im Unternehmen Informationsmangel, Informationsüberlastung Isolation (räumlich/sozial) Wechsel der Umgebung, der Kollegen oder der Aufgaben
soziales System (B)	soziale Konflikte (mit Kollegen oder Vorgesetzten) Mobbing Konkurrenzverhalten unter den Mitarbeitern fehlende Unterstützung fehlende Anerkennung
soziales und personenbezogenes System (BC)	Rollenkonflikte Termindruck z. B. durch enge zeitliche Vorgaben, die vom Mitarbeiter übernommen werden
personenbezogenes System (C)	Angst vor Aufgaben, Misserfolg, Tadel oder Sanktionen ineffiziente Handlungsstile mangelnde Berufserfahrung familiäre Konflikte
personenbezogenes und materiell-technisches System (CA)	zu hohe quantitative Anforderungen (z. B. bei Akkordarbeiten) Überempfindlichkeit gegenüber Lärm in der Umgebung
materiell-technisches, soziales und personenbezogenes System (ABC)	Betriebsklima fehlende Passung von Mitarbeiter und beruflicher Tätigkeit

Einige Arbeitstätigkeiten gelten als besonders belastend. Dies liegt in erster Linie daran, dass in der alltäglichen Arbeit eine Vielzahl von Belastungsfaktoren zusammenkommen, so dass die Möglichkeit der Beschäftigten, diesen Belastungen mit individuellen Ressourcen entgegenzuwirken, erschwert ist.

Eine Betrachtung des **Nacht- und Schichtarbeitsmodells** zeigt, dass Schichtarbeiter in erhöhtem Maße körperlichen Belastungen, ungünstigen Umgebungseinflüssen und psychischen Belastungen ausgesetzt sind. Darüber hinaus verfügen sie über wenig Kontrolle und Handlungsspielräume am Arbeitsplatz (Beermann, 2008). Als belastungsreich hat sich auch der **Pflegeberuf** erwiesen. Im Umgang mit pflegebedürftigen Personen ergeben sich häufig psychische Belastungen durch Situationen, in denen Krankheit, Gebrechen oder Tod eine Rolle spielen. Darüber hinaus gelten in den Pflegeberufen auch die institutionellen Bedingungen wie z. B. Personalmangel oder bauliche Mängel sowie die physischen Belastungen (z. B. Heben der Pflegebedürftigen) als stark beanspruchend (Hertl et al., 2004). Untersuchungen zu belastenden Bedingungen werden auch häufig im **Call Center** durchgeführt. In einer explorativen Studie von Metz et al. (2001) wurden arbeitsbedingte Belastungen von Mitarbeitern zweier Call Center erhoben. Dabei wurden bedingungs- und personenbezogene Arbeitsbelastungen sowie die Arbeitsbeanspruchung und die ergonomische Arbeitsplatzgestaltung erfasst und analysiert. Bei den Call Center-Angestellten zeigten sich generell geringe Entscheidungsspielräume, Komplexität und Variabilität der Arbeitsaufgaben sowie eine geringe Nutzung der beruflichen Qualifikationen (Metz et al., 2001).

> Je mehr Belastungsfaktoren eine Tätigkeit aufweist, desto schwieriger ist es, diesen mit den persönlichen Ressourcen entgegenzuwirken. Besonders belastungsreich sind z. B. Berufe mit Nacht- und Schichtdiensten und Pflegeberufe.

Exkurs

Mobbing

Von Mobbing spricht man, wenn eine Person am Arbeitsplatz häufig und über einen längeren Zeitraum von anderen Personen schikaniert, benachteiligt oder ausgegrenzt wird. Häufige Mobbinghandlungen sind z. B. die Verbreitung von Gerüchten über die Person, Sticheleien, massive ungerechte Kritik, die Verweigerung wichtiger Informationen, Ausgrenzung der Person, Beleidigungen oder die Behinderung bei der Arbeit. Das vereinzelte Auftreten derartiger Handlungen ist noch kein Mobbing. Erst wenn diese Verhaltensweisen zielgerichtet, vorsätzlich und häufig auftreten, spricht man von Mobbing (weiterlesen im ▶ Web-Exkurs »Mobbing« zu Kap. 11 unter www.lehrbuch-psychologie.de).

⊕ **Web-Exkurse »Ausgewählte Belastungen in der Arbeit« und »Mobbing«**

Als Belastungen bei der Arbeit gelten u. a. (ausführlicher ▶ Web-Exkurs »Ausgewählte Belastungen in der Arbeit« zu Kap. 11 unter www.lehrbuch-psychologie.de):

- neue Medien: Belastung durch Informationsüberflutung (»immer erreichbar sein«)
- Emotionsarbeit: Belastung durch die Regulation von Emotionen und dadurch, dass Gefühle nicht offen gezeigt werden dürfen
- individueller Stil: Belastung durch Charaktermerkmale wie Kontrollüberzeugung oder Ambiguitätstoleranz

⊕ **Web-Exkurs »Finanzberater«**

Eine Beschreibung der Belastung einer speziellen Berufsgruppe (Finanzberater) ▶ Web-Exkurs »Finanzberater« zu Kapitel 11 unter www.lehrbuch-psychologie.de.

11.3 Modelle zur Erklärung der Entstehung von Stress

> Die Entstehung von Stress kann mithilfe von Stressmodellen erklärt werden.

Was sind die Entstehungsbedingungen von Stress? Unter welchen Umständen wirken Umweltfaktoren belastend? Warum führen Stressoren nur bei manchen Personen zu Stress und bei anderen nicht? Antworten darauf liefern **Stressmodelle**. Die verschiedenen Modelle bieten Erklärungsansätze über die Entstehungsbedingungen von Stress.

11.3.1   Physiologisches Stressmodell

Die ersten Arbeiten in der Stressforschung gehen auf Hans Selye (1974, 1978) zurück. Das Modell von Selye ist biologisch orientiert und wird häufig auch als **reaktionsorientierter Erklärungsansatz** für die Entstehung von Stress bezeichnet. Selye definiert Stress als eine unspezifische Reaktion des Organismus auf jede Art von Anforderung, also eine allgemeine Anpassungsreaktion. Er setzt Stress im Wesentlichen mit Erregung gleich. Unterschiedlichste Faktoren können zu Stressoren werden und das physiologische »allgemeine Adaptionssystem (AAS)« auslösen. Dieses besteht aus drei Phasen:

1. Der Organismus reagiert zunächst mit einer **Alarmreaktion**. Der Stressor wird erkannt, und die Person reagiert mit Anspannung. Der Körper schüttet vermehrt Hormone wie Adrenalin, Noradrenalin und Kortisol aus und ist in erhöhte Aktiviertheit versetzt.
2. In der **Widerstandsphase** leistet die Person den Einwirkungen des Stressors Widerstand. Bei dieser Gegenreaktion werden die ausgeschütteten Stresshormone wieder abgebaut, und der Körper erholt sich.
3. Gelingt es der Person nicht, sich diesen Einwirkungen zu wiedersetzen, z. B. aufgrund mangelnder Ressourcen, folgt die **Erschöpfungsphase**. Sie beginnt, wenn die Person demselben Stressor über längere Zeit ausgesetzt ist und nicht mehr dagegen ankämpfen kann (Selye, 1983). Die körperlichen Anzeichen von nicht abgebautem, d.h. chronischem Stress entsprechen in vielem denen, die auch beim Burnout zu beobachten sind (Litzcke & Schuh, 2007).

> Der reaktionsorientierte Erklärungsansatz von Selye definiert Stress als Anpassungsreaktion auf eine Anforderung; das allgemeine Adaptionssystem (AAS) wird durch Stressoren ausgelöst und verläuft in drei Phasen: Alarmreaktion, Widerstandsphase und Erschöpfungsphase.

11.3.2   Transaktionales Stressmodell

Eines der einflussreichsten Stressmodelle stammt von Richard Lazarus (1966; Lazarus & Launier, 1981; Lazarus & Folkman, 1984). Es handelt sich um einen **kognitiven Erklärungsansatz** für die Entstehung von Stress. Im Zentrum dieses Modells stehen individuelle, kognitive Bewertungsprozesse, die darüber entscheiden, ob bei der betreffenden Person Stresserleben entsteht oder nicht. Ausgangspunkt ist ein Reiz (z. B. Ereignis oder Situation), der potentiell Stress auslösen könnte. Entscheidend für die Entstehung von Stress ist, wie der Reiz durch die Person eingeschätzt bzw. bewertet wird.

> Das transaktionale Stressmodell von Lazarus beschreibt individuelle, kognitive Bewertungsprozesse als Auslöser von Stress.

Im transaktionalen Stressmodell werden drei Bewertungsprozesse unterschieden, die jedoch nicht notwendigerweise aufeinander folgen müssen, sondern auch parallel ablaufen können. Bei der **primären Bewertung** wird beurteilt, ob der Reiz irrelevant, günstig/ positiv oder stressend ist. Handelt es sich um einen irrelevanten oder sogar günstigen/positiven Reiz, ist für die Person kein Schaden zu erwarten. Wird der Reiz als stressend empfunden (z. B. Herr M. erhält trotz hoher Arbeitsauslastung eine zusätzliche, wichtige Aufgabe von seiner Vorgesetzten), ist ggf. eine Anpassung des individuellen Verhaltens erforderlich.

> Die drei unterschiedlichen Bewertungsprozesse sind: primäre Bewertung, sekundäre Bewertung und Neubewertung.

In dem Modell kann Stress drei Formen annehmen: Schädigung, Bedrohung oder Herausforderung. **Schädigung** beschreibt einen bereits eingetretenen Schaden wie z. B. »Dann sind die nächsten Wochen gelaufen, da kann ich ja nichts anderes mehr machen«. Bei der **Bedrohung** liegt noch keine Schädigung vor, kann jedoch antizipiert werden, z. B. »Hoffentlich geht das alles gut, ich darf jetzt keine Fehler machen«. Bei der **Herausforderung** steht die Meisterung der Situation im Vordergrund, z. B. »Das ist eine tolle Chance, da werde ich mich richtig anstrengen«.

> Sekundäre Bewertung (bei stressendem Reiz): Habe ich Bewältigungsfähigkeit oder -möglichkeiten?

Wird eine Situation als bedrohlich eingeschätzt, erfolgt eine zweite Einschätzung, die **sekundäre Bewertung**. Sie bezieht sich auf die Ressourcen der Person. Es wird beurteilt, ob entsprechende **Bewältigungsfähigkeiten** (z. B. für die Aufgabenbewältigung erforderliche Kompetenzen) und **Bewältigungsmöglichkeiten** (z. B. realistischer Zeitrahmen für die Aufgabenbewältigung) im Umgang mit den Stressoren vorhanden sind.

> Primäre Bewertung: Ist ein Reiz irrelevant, positiv oder stressend?

Nach versuchter Bewältigung der Situation erfolgt ggf. eine Neubewertung des Reizes.

Auf Grundlage der Bewertungsprozesse kommt es zum Bewältigungsverhalten der Person. Je nachdem, wie erfolgreich die Situation gemeistert wird, erfolgt eine **Neubewertung** des ursprünglichen Reizes. Dabei wird überprüft, ob die Aufgabenbewältigung gelungen ist, ob die Situation weiterhin bedrohlich ist, oder ob es zu einer Schädigung kam. Bei erfolgreicher Bewältigung wird die gleiche Situation wahrscheinlich künftig als weniger stressend empfunden (Lazarus & Launier, 1981; Lazarus & Folkman, 1984).

Stress entsteht, wenn eine Situation von einer Person als bedrohlich wahrgenommen wird und ihre Fähigkeiten und Möglichkeiten zur Bewältigung nicht ausreichen.

Die beschriebenen Bewertungsprozesse können sich je nach Situation auch mehrfach wiederholen. Es handelt sich vorwiegend um automatische und intuitive Prozesse. Nach dem transaktionalen Stressmodell entsteht Stress dann, wenn eine Situation bedrohlich ist, der Person jedoch keine ausreichenden Bewältigungsfähigkeiten bzw. -möglichkeiten zur Verfügung stehen.

Vorteilhaft an diesem Modell ist, dass es Ansatzpunkte für Interventionen liefert wie z. B. die Arbeit am Bewältigungsverhalten einer Person. Außerdem lassen sich damit chronische Folgen von Stress erklären, die aufgrund von wiederholten negativen Bewertungsprozessen entstehen können.

11.3.3 Anforderungs-Kontroll-Modell

Karaseks Anforderungs-Kontroll-Modell differenziert zwischen Arbeitsanforderungen und Entscheidungsspielraum. Die Ausprägungen beider Dimensionen beeinflusst die Stärke der empfundenen Belastung.

Das Anforderungs-Kontroll-Modell von Karasek (1979; Karasek & Theorell, 1990) enthält zwei Dimensionen: die Arbeitsanforderungen und den Entscheidungsspielraum einer Person. Die **Arbeitsanforderungen** bezeichnen die quantitative Arbeitsbelastung und sich widersprechende Anforderungen an einem Arbeitsplatz. Der **Entscheidungsspielraum** ist das Ausmaß, in dem die Person Entscheidungen selbstständig treffen und auf Anforderungen variabel reagieren kann. Beide Dimensionen können in Abhängigkeit von der Arbeitsaufgabe jeweils niedrig oder hoch ausgeprägt sein. Durch diese Einteilung ergeben sich vier Tätigkeitstypen . Nach dem Modell resultieren hoch belastende Tätigkeiten vor allem aus dem Zusammenspiel von hohen Anforderungen und einem geringen Entscheidungsspielraum. Eine hohe Anzahl an Stressoren kann dem Modell zufolge durch eine Erhöhung des Entscheidungsspielraumes neutralisiert werden kann. Das bedeutet z. B., dass einem Mitarbeiter mit einem sehr hohen Auftragsvolumen, mehr Befugnisse eingeräumt werden sollten, um Stress zu vermeiden oder zu reduzieren.

Die Pfeile in ◘ Abbildung 11.2 (nach Theorell & Karasek, 1996) veranschaulichen zwei mögliche Extremfälle: Wird bei steigenden Anforderungen der Entscheidungsspielraum geringer, so ist dies gesundheitlich stark belastend. Diese sogenannte **Strain-**

◘ **Abb. 11.2** Anforderungs-Kontroll-Modell

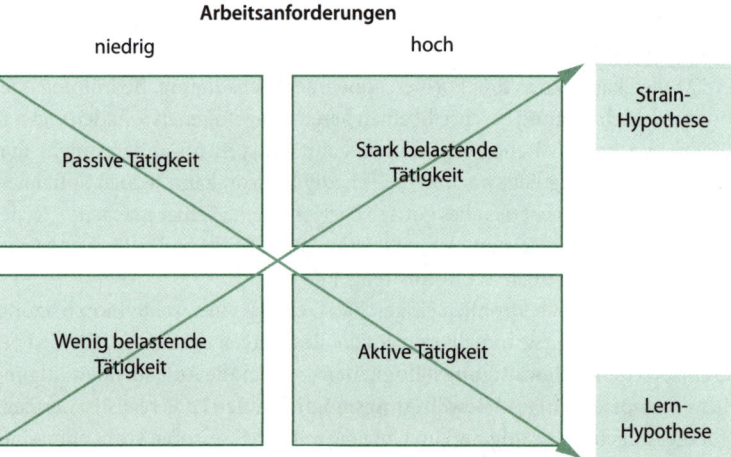

Arbeitsanforderungen

niedrig   hoch

Passive Tätigkeit	Stark belastende Tätigkeit
Wenig belastende Tätigkeit	Aktive Tätigkeit

Strain-Hypothese

Lern-Hypothese

Hypothese findet in Untersuchungen überwiegend Bestätigung (z. B. Theorell & Karasek, 1996). Nimmt der Entscheidungsspielraum bei steigenden Anforderungen dagegen zu, so wird eine leistungsförderliche Wirkung postuliert. Die **Lern-Hypothese** wurde bislang seltener untersucht als die Strain-Hypothese (Ulich & Wülser, 2009). Empirische Unterstützung findet sie z. B. in einer Studie von Kauffeld et al. (2004), in der die Effekte eines flexiblen Jahresarbeitszeitmodells, bei dem die Mitarbeiter ihre Arbeitszeit abgestimmt mit den Kollegen in der Filiale nach den Kundenströmen ausrichten konnten, betrachtet wurden. Die Mitarbeiter mit flexiblen Arbeitszeiten (Pilotgruppe) erlebten mehr Autonomie und Selbstbestimmungsmöglichkeiten bei gleichzeitig höheren Anforderungen im Vergleich zur Kontrollgruppe. Die Ergebnisse stützen die Lernhypothese. Die Mitarbeiter mit flexibler Arbeitszeit waren arbeitszufriedener und bewerteten ihre persönliche Entwicklung sowie ihre Lernmöglichkeiten positiver als die Mitarbeiter mit wenig Arbeitszeitautonomie

Neue Studien berücksichtigen, dass neben dem Entscheidungsspielraum auch weitere Ressourcen wie z. B. soziale Unterstützung oder der Führungsstil in dem Modell eine Rolle spielen könnten (Bakker & Demerouti, 2006).

Das Modell verbindet zwei wichtige Faktoren: die Anforderungen einerseits und den Entscheidungsspielraum im Rahmen einer Tätigkeit andererseits. Darüber hinaus zeigt es Ansatzpunkte für Interventionsmöglichkeiten auf. Die negative Ausprägung eines Faktors (z. B. hohe Anforderungen) muss nicht zwangsläufig zu Stresserleben führen, sondern kann durch einen hohen Entscheidungsspielraum gewissermaßen ausgeglichen werden.

> Bei hohen Anforderungen und niedrigem Entscheidungsspielraum entsteht eine starke Belastung (Strain-Hypothese), wohingegen hohe Anforderungen und hoher Entscheidungsspielraum leistungsförderlich wirken (Lern-Hypothese).

11.3.4   Konzept des Rollenstresses

Eine **Rolle** ist die Summe der Verhaltensmuster, die von einer Person erwartet werden. Dies kann in einer Organisation z. B. im Rahmen einer Arbeitsplatzbeschreibung festgelegt sein. Rollen helfen dem Individuum, einzuschätzen, ob es das leistet, was von ihm erwartet wird (Weinert, 2004). Das Modell des »Rollenstress« (Kahn, 1978; Kahn & Byosiere, 1992) beschreibt sogenannte **Rollenkonflikte**, welche sich aus inkonsistenten Informationen und unvereinbaren Rollenanforderungen ergeben. Es gibt vier Arten von Rollenkonflikten (vgl. ◘ Tab. 11.2).

> Stress entsteht nach dem Konzept des Rollenstresses wenn einer der vier Rollenkonflikte Inter-Sender Konflikt, Intra-Sender-Konflikt, Inter-Rollen-Konflikt oder Person-Rollen-Konflikt vorliegen.

◘ Tab. 11.2 Die vier Rollenkonflikte und Anwendung der Konflikte auf das Fallbeispiel

Inter-Sender-Konflikt	Von zwei Rollensendern werden unvereinbare Forderungen an den Rollenträger gestellt.	Beispiel: Die Vorgesetzte (Rollensender 1) von Herrn M. (Rollenträger) wünscht die schnelle Abwicklung eines Personalentwicklungsprojekts, da es nicht rentabel ist. Der betreffende Kunde (Rollensender 2) möchte durch Herrn M. gern intensiv beraten werden, was diesen viel Zeit kostet.
Intra-Sender-Konflikt	Ein Rollensender stellt widersprüchliche Anforderungen an den Rollenträger.	Beispiel: Die Vorgesetzte von Herrn M. bittet diesen, bei der kommenden Betriebsversammlung einen Vortrag zu halten. Da die Versammlung schon in einer Woche stattfindet und viele wichtige Personen anwesend sein werden, gibt sie ihm den Hinweis, dass der Vortrag oberste Priorität hat und andere Aufgaben zurückgestellt werden müssen. Am nächsten Tag erfährt Herr M. von seiner Vorgesetzten, dass er diese ab sofort bei einem dreitägigen Projekt mit einen wichtigen Kunden vertreten soll.
Inter-Rollen-Konflikt	Ein Rollenträger muss verschiedene, miteinander unvereinbare Rollen erfüllen.	Beispiel: Herr M. verbringt viel Zeit bei der Arbeit, da seine aktuellen Projekte sehr arbeitsintensiv sind. Hinzu kommen täglich drei Stunden Fahrtzeit, so dass ihm kaum Freizeit bleibt. Die Ehefrau von Herrn M. möchte nun beruflich weiterkommen und bittet ihn, sie im Haushalt und bei der Pflege der Oma verstärkt zu unterstützen.
Person-Rollen-Konflikt	Die Rollenforderungen stehen in einem Konflikt zu den Wertevorstellungen des Rollenträgers.	Beispiel: Für Herrn M. steht die Diskretion bezüglich der ihm anvertrauten Probleme an oberster Stelle. In einem neu aufgelegten Beratungsprojekt soll er nach den Kundengesprächen jedoch ein detailliertes Gesprächsprotokoll mit Angabe von Kundenname und Gesprächsinhalt an die Geschäftsleitung weitergeben.

Rollenstress kann darüber hinaus durch rollenbezogene Überforderung, rollenbezogene Verantwortung und Rollenambiguität entstehen:

Stress entsteht zudem durch rollenbezogene Überforderung, rollenbezogene Verantwortung und Rollenambiguität.

- **Rollenbezogene Überforderung** liegt bei quantitativer und/oder qualitativer Rollen- oder Arbeitsüberlastung vor, z. B. weil die Zeit zu knapp ist oder weil die individuelle Kompetenz nicht ausreicht.
- **Rollenbezogene Verantwortung** bezieht sich auf das Ausmaß an Verantwortung, welches eine Person durch ihre Rolle für andere Personen und Sachen besitzt.
- **Rollenambiguität** entsteht, wenn die Rollenanforderungen unklar sind oder nicht verstanden werden, so dass die Person ihre Rolle nicht angemessen realisieren kann. Dies ist z. B. der Fall, wenn die betreffende Person widersprüchliche Informationen darüber hat, welche Erwartungen an sie gestellt werden oder wie ihr Verantwortungsbereich aussieht.

Das Konzept des Rollenstresses liefert zwar Interventionsansatzpunkte, jedoch werden andere Stress auslösende Faktoren nicht berücksichtigt.

Ein Vorteil des Konzepts des Rollenstresses liegt darin, dass es deutliche Ansatzpunkte für Interventionen bietet. So könnten z. B. transparente Rollenbeschreibungen und klare Kommunikation bei Rollenstress Abhilfe schaffen. Leider bildet das Konzept nur einen Ausschnitt Stress auslösender Umstände ab, außen vor bleibt z. B. die Tätigkeit selbst. Während sich in einer Metaanalyse von Jackson und Schuler (1985) nur geringe Zusammenhänge von Rollenkonflikten und -ambiguität mit Arbeitsleistung und Absentismus fanden, zeigte eine weitere Metanalyse (Brown & Peterson, 1993) starke Zusammenhänge zwischen der Rollenambiguität bei Verkäufern und deren Verkaufsleistung und Zufriedenheit auf.

11.3.5 Person-Environment-Fit-Modell (PE-Fit)

Nach dem Person-Environment-Fit-Modell entsteht Stress, wenn Person- und Umweltfaktoren nicht übereinstimmen.

Im Zentrum des Person-Environment-Fit-Konzepts (Caplan, 1983; Caplan & Harrison, 1993; ► Kap. 5) steht die Übereinstimmung zwischen der Person (P) und ihrer Umwelt (E). Nach diesem Modell sollte es ein Gleichgewicht zwischen den Ressourcen (»abilities«), über die eine Person verfügt, und den Anforderungen (»demands«) der Arbeitsaufgabe geben. Ebenso sollten auch die Merkmale (»supplies«) der Arbeitsaufgabe den Bedürfnissen (»needs«) der Person entsprechen. Ist dies nicht der Fall, führt die Nicht-Übereinstimmung zwischen gewünschten und vorhandenen Merkmalen (»**abilities-demands misfit**« und/oder »**needs-supplies misfit**«), zur Entstehung von Stress. Dabei werden unterschiedliche Stressreaktionen postuliert. Bei einem negativen Fit (demands > abilities bzw. needs > supplies) wird erwartet, dass die Auswirkungen umso negativer sind, je größer der Misfit ist. Bei einem positiven Fit (abilities > demands bzw. supplies > needs) gibt es verschiedene Konsequenzen:

- Das Stressniveau kann abnehmen, z. B. wenn durch den Überschuss an Ressourcen Ersparnisse erzielt werden,
- es kann unverändert bleiben, z. B. wenn es mehrere Angebote gibt, aber nur eines benötigt wird, um die Bedürfnisse der Person zu stillen oder
- es nimmt zu, wenn z. B. Unterforderung vorliegt, die zu Depressivität führen kann.

Das Modell liefert wichtige Ansatzpunkte zur Stressprävention. Demnach kann am Verhalten einer Person oder auch an den Merkmalen der Umwelt angesetzt werden, um Stress zu reduzieren oder zu vermeiden.

11.3.6   Effort-Reward-Imbalance (ERI)

Das Effort-Reward-Imbalance-Modell (Modell beruflicher Gratifikationskrisen; Siegrist, 1990, 1996) stellt das Verhältnis von **Anforderungen** (d.h. sowohl beruflich vorgegebene Anforderungen und Verpflichtungen als auch eigene Ansprüche) und **Gratifikationen** (d.h. Gehalt, Wertschätzung oder beruflicher Status) in den Mittelpunkt der Betrachtung. Stress entsteht nach diesem Modell dann, wenn es ein Ungleichgewicht zwischen der beruflichen Verausgabung (Anforderung) und den dafür erhaltenen Belohnungen (Gratifikation) gibt. Dies kann z. B. der Fall sein, wenn eine Person sich stark verausgabt und dafür nicht angemessen (z. B. geringes Gehalt, mangelnde Wertschätzung, ausbleibende Beförderung) entschädigt wird. Wichtig ist also nicht nur, wie stark eine Belastung ist, sondern auch, ob es sich »lohnt«, diese auf sich zu nehmen. Metaanalytisch konnten positive Zusammenhänge zwischen Gratifikationskrisen und Herz-Kreislauferkrankungen, psychosomatischen Beschwerden sowie arbeitsbezogenem Wohlbefinden aufgezeigt werden, die als empirische Bestätigung des Modells herangezogen werden können (van Vegchel et al., 2005).

> Im Effort-Reward-Imbalance-Modell wird das Ungleichgewicht von Anforderungen und Gratifikationen zur Erklärung von Stressentstehung herangezogen.

11.4   Folgen von Belastungen am Arbeitsplatz

11.4.1   Überblick zu Belastungsfolgen

Eine gute Übersicht über mögliche Folgen von Belastungen geben Kaufmann et al. (1982). Sie unterscheiden einerseits zwischen kurzfristigen Folgen wie z. B. Ermüdung, Monotonie und Sättigung und mittel- bis langfristigen Folgen wie z. B. Depression. Andererseits unterscheiden sie bei den Belastungsfolgen zwischen der physiologischen, psychischen und der Verhaltensebene (vgl. ◘ Tab. 11.3, in Anlehnung an Kaufmann et al., 1982).

Wie die Übersicht zeigt, können die Folgen von Belastungen am Arbeitsplatz sehr vielfältig sein. Zusammenhänge zwischen Arbeitszufriedenheit und Stress wurden bereits vielfach untersucht und bestätigt (▶ Kap. 9).

Belastende Arbeitsmerkmale können neben einer Verringerung der Arbeitszufriedenheit von Mitarbeitern weitreichende gesundheitliche und psychische Konsequenzen haben. So konnten z. B. Rau et al. (2010) zeigen, dass bei Beschäftigten vermehrt **Depressivität** auftrat, je höher die objektiv bewertete Arbeitsintensität war. Darüber hinaus zeigten sich Zusammenhänge zwischen dem erlebten Tätigkeitsspielraum der

> Die Folgen von Belastungen am Arbeitsplatz lassen sich in kurz- und mittel- bis langfristige Belastungsfolgen unterteilen. Belastungen können auf der physiologischen, der psychischen und auf der Verhaltensebene auftreten.

> Belastungen am Arbeitsplatz können die Arbeitszufriedenheit verringern und negative gesundheitliche Folgen haben.

◘ **Tab. 11.3** Übersicht zu kurz-, mittel- und langfristigen Folgen von Belastungen in der Arbeit

		kurzfristige Reaktionen	mittel- bis langfristige Reaktionen
physiologische Ebene		Herzfrequenzerhöhung Blutdrucksteigerung Ausschüttung von Stresshormonen (z. B. Adrenalin)	psychosomatische Beschwerden, Erkrankungen Unzufriedenheit, Resignation, Depression, Ängstlichkeit Burnout
psychische Ebene		Anspannung, Frustration, Gereiztheit Ermüdung, Monotonie, Sättigung	
Verhaltensebene	individuell	Leistungsschwankung reduzierte Konzentration erhöhte Fehlerquote verminderte sensumotorische Koordination	vermehrter Konsum von Rauschmitteln wie Nikotin, Alkohol oder Tabletten verminderte Motivation erhöhte Fehlzeiten, innere Kündigung
	sozial	Konflikte, Aggression gegen andere, Mobbing Rückzug innerhalb und außerhalb der Arbeit	

Zu möglichen Stressfolgen gehören auch Absentismus oder kontraproduktives Arbeitsverhalten (z.B. Diebstahl, Sabotage).

Beschäftigten und der Depressivitätsrate. In einer Metaanalyse von Darr und Johns (2008) wird vor allem **Absentismus**, d.h. das zeitlich begrenzte Fernbleiben von der Arbeit aus entweder motivationalen oder krankheitsbedingten Gründen, als Folge von arbeitsbedingtem Stress fokussiert. Auch **kontraproduktives Arbeitsverhalten** wie z. B. Diebstahl, Mobbing, Sabotage oder Drogenmissbrauch wurde als Folge von Stress untersucht. Dabei konnte festgestellt werden, dass der Zusammenhang von Stress und kontraproduktivem Arbeitsverhalten umso stärker war, je weniger gewissenhaft die Personen waren und desto höhere negative Affektivität die Personen hatten (Bowling & Eschleman, 2010).

Exkurs

Psychische Ermüdung, Monotonie und Sättigung

- **Psychische Ermüdung:** Eine reversible Minderung der personellen Leistungsfähigkeit, welche als Folge von Tätigkeit auftritt und zu Effizienzminderung führt. Davon sind Minderungen der Leistungsfähigkeit infolge des biologischen Tagesrhythmus abzugrenzen. Kennzeichen sind Konzentrationsabnahme, Anstrengungserleben und Müdigkeit. Psychische Ermüdung kann aufgrund von Zeitdruck oder zu hohen, zu komplexen Anforderungen auftreten. Der Verlust an Leistungsfähigkeit infolge von Ermüdung kann nur durch Erholung (z. B. Pause) ausgeglichen werden (Richter & Hacker, 1998; Ulich, 2005).
- **Monotonie:** Ein Zustand herabgesetzter psychophysischer Aktiviertheit als Folge spezifischer Arbeitsbedingungen. Dies sind vor allem reizarme Situationen mit längerer Ausführung sich oft wiederholender,

gleichartiger und einförmiger Tätigkeiten (Bartenwerfer, 1970; Ulich, 2005). Meist ist ständige Aufmerksamkeit in einem eingeschränkten Beobachtungsfeld erforderlich. Eine Beispieltätigkeit hierfür ist die Radarüberwachung. Im Unterschied zur Ermüdung verschwindet der Monotoniezustand sofort bei Wechsel der Tätigkeit oder Anforderung (Semmer & Udris, 2007).
- **Sättigung:** Es handelt sich um einen Zustand gesteigerter und unlustbetonter Gereiztheit und um einem Widerwillen gegenüber der Fortsetzung einer spezifischen Tätigkeit, verbunden mit einer affektiv ausgelösten Steigerung der Wachheit. Kann bei verschiedenen Tätigkeitsformen auftreten in Abhängigkeit der individuell unterschiedlichen emotionalen Bewertung sowie den Zielen der betreffenden Person (Plath & Richter, 1984; Richter & Hacker, 1998).

11.4.2 Burnout

Die Zahl der Beschäftigten, die am Burnout-Syndrom leiden, nimmt in den letzten Jahren kontinuierlich zu.

Burnout (engl.: to burn out = ausbrennen) ist eine spezifische Folge von Stress am Arbeitsplatz, welche zunehmend an Bedeutung gewinnt (Meck, 2010). Die Zahl derjenigen, die aufgrund von Burnout krankgeschrieben werden, ist innerhalb der letzten fünf Jahre um 17% angestiegen (Techniker Krankenkasse, 2009). Ursprünglich wurde Burnout hauptsächlich in Sozial- und Pflegeberufen untersucht, d.h. Berufe, in denen das »Helfen« zentral ist. Mittlerweile wurde das Konzept auch auf andere Berufsgruppen erweitert.

Nach einer Definition von Maslach und Jackson (1984) handelt es sich bei Burnout um ein Syndrom aus emotionaler Erschöpfung, Depersonalisation und reduzierter Leistungsfähigkeit, welches bei Personen, die in irgendeiner Weise mit Menschen arbeiten, auftreten kann.

Emotionale Erschöpfung, Depersonalisierung und reduzierte Leistungsfähigkeit bilden die Kernelemente des Burnout-Syndroms.

- **Emotionale Erschöpfung** ist durch hohe interpersonelle Anforderungen und die Beanspruchung emotionaler Ressourcen sowie schnelle Ermüdung gekennzeichnet. Die Betroffenen fühlen sich durch den Kontakt mit anderen Menschen emotional überfordert und ausgelaugt.
- **Depersonalisation** beinhaltet negative, gefühllose und zynische Einstellungen gegenüber Klienten, Kunden oder Patienten. Die Betroffenen zeigen eine gleichgültige Reaktionsweise und meiden Kontakt bzw. ziehen sich zurück.
- **Reduzierte Leistungsfähigkeit** ist die Tendenz, die eigene Leistung bei der Arbeit negativ zu bewerten und ein Gefühl von schwachem oder mangelndem beruflichen

Selbstwert zu entwickeln. Betroffene erleben sich bei der Arbeit nicht mehr als kompetent (Litzcke & Schuh, 2007; Nerdinger et al., 2011).

Folgende Gemeinsamkeiten können auf Basis der verschiedenen Definitionen zu Burnout festgehalten werden (Demerouti, 1999):

- eine hohe Motivation zu Berufsbeginn
- Frustration und darauffolgende Enttäuschung, da Erwartungen und Ziele nicht erreicht werden
- eine ungünstige Arbeitsumgebung (z.B. zu hohe oder widersprüchliche Anforderungen, unzureichende Ressourcen)
- ineffektives Bewältigungsverhalten des Betroffenen
- prozessualer Verlauf des Burnouts, der sich nach langer und erfolgloser Auseinandersetzung des Betroffenen mit seiner Arbeit ergibt

Die Entstehung von Burnout kann durch **unterschiedliche Faktoren** beeinflusst werden. Dies können z.B. Anforderungen des Berufs und der Tätigkeit (z.B. dauerhafte Arbeitsüberlastung, Rollenkonflikte, mangelndes Feedback oder mangelnde Autonomie) sein, aber auch Persönlichkeitseigenschaften und Merkmale der individuellen Lebenssituation (z.B. labiles Selbstbild, geringe Selbstwirksamkeitserwartung, Typ-A-Verhalten oder fehlende soziale Unterstützung).

> Burnout entsteht aufgrund unterschiedlicher Faktoren. Dies können z.B. Merkmale der Arbeitssituation, Persönlichkeitsmerkmale oder Merkmale der Lebenssituation sein.

In ◨ Abbildung 11.3 ist ein solcher Entstehungsprozess in Anlehnung an Cordes und Dougherty (1993) modellhaft dargestellt.

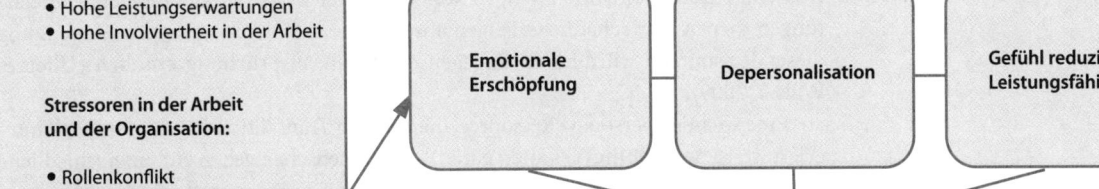

◨ **Abb. 11.3** Modell zur Entstehung von Burnout

Neben den im obigen Modell genannten Ursachen können weitere Faktoren die Entstehung von Burnout begünstigen. Dies sind z.B. Arbeitsplatzunsicherheit, kritische Lebensereignisse wie Berufseintritt/ -wechsel oder Erkrankungen und schlechte Qualifikation (Burisch, 2006; Demerouti, 1999; Litzcke & Schuh, 2007). In der Regel entwickelt sich Burnout über einen längeren Zeitraum hinweg, wobei erste Warnhinweise (z.B. Nicht-Abschalten-Können nach der Arbeit) oft nicht als solche interpretiert werden (Litzcke & Schuh, 2007).

Modelle der Burnout-Entstehung wurden auch von anderen Autoren vorgeschlagen, so z.B. von Freudenberger und North (2002). Ihr Phasenmodell enthält insgesamt zwölf Stadien, vom Zwang, sich zu beweisen (Stadium 1), bis hin zur völligen geistigen, körperlichen und emotionalen Erschöpfung, d.h. Burnout (Stadium 12). Ein Vorteil der Phasenmodelle ist die Gliederung, die eine Übersicht über das Feld erleichtert. Jedoch variieren Reihenfolge und Anzahl der Phasen zwischen den Modellen stark, ebenso wie die Zuordnung der Symptome zu den Phasen. Daher sollte die Beurteilung Betroffener auf Basis eines Phasenmodells oder deren Einordnung in ein derartiges Modell vermieden werden (Litzcke & Schuh, 2007). Für die **Messung** von Burnout kann z.B. das Maslach Burnout Inventory (MBI; Maslach et al., 1996) verwendet werden.

11.5   Umgang mit Belastungen und Stress am Arbeitsplatz

11.5.1   Ressourcen

Die Ressourcen einer Person sind entscheidend für den erfolgreichen Umgang mit berufsbezogenen Belastungen und das Stressempfinden. Es lassen sich organisationale, soziale und personale Ressourcen unterscheiden.

Ressourcen können drei unterschiedliche Wirkungen haben: direkte, indirekte und puffernde Wirkung.

Für den erfolgreichen Umgang mit Belastungen am Arbeitsplatz (d.h. Reduktion oder Vermeidung von Stress) sind die Ressourcen einer Person entscheidend. Ressourcen sind Faktoren, die den Umgang mit einer Stresssituation erleichtern können. Je nach Stärke der vorhandenen Ressourcen kann das Stressempfinden einer Person verschieden ausgeprägt sein (Semmer & Udris, 2007). Wichtige innere (personal) und äußere (organisational und sozial) Ressourcen sind in der ▱ Tabelle 11.4 in Anlehnung an Richter und Hacker (1998) sowie Semmer und Udris (2007) aufgeführt.

Ressourcen können auf drei unterschiedliche Arten wirken. Sie können einen **direkten** positiven Effekt auf die Gesundheit und das Wohlbefinden einer Person haben. Das bedeutet, dass die entsprechende Ressource unabhängig von gleichzeitig vorhandenen Belastungen zu einer positiven gesundheitlichen Wirkung führt. In Fällen, in denen die Ressource dem Entstehen von Belastungen entgegenwirkt oder sie dem Belastungsabbau dient, spricht man von einer **indirekten** Wirkung auf das Wohlbefinden. Eine weitere Möglichkeit ist die **Pufferfunktion** einer Ressource: Sind ausreichend Ressourcen vorhanden, so können sie der Bewältigung bestehender Belastungen dienen und schädliche Folgen abschwächen. Bei einer geringen Ausprägung dieser Ressourcen würde sich hingegen die Fehlbeanspruchung erhöhen (Ulich & Wülser, 2009).

Eine wichtige personale Ressource, die auch im Transaktionalen Stressmodell integriert ist, ist das **Copingverhalten** einer Person. Menschen gehen auf unterschiedliche Art und Weise mit Stress um. Die Bewältigung von internen und externen Anforderungen (z.B. Stress), welche die eigenen Ressourcen übersteigen, wird als Coping bezeichnet (Lazarus & Folkman, 1984). Es können verschiedene Copingarten unterschieden werden, wobei die beiden wichtigsten Bewältigungsarten das problembezogene (instrumentelle) und das emotionsbezogene (palliative) Coping sind.

▱ **Tab. 11.4** Wichtige organisationale, soziale und personale Ressourcenaspekte

Ressourcenaspekte		
organisational	**sozial**	**personal**
Tätigkeitsspielraum Qualifikationspotenzial Partizipationsmöglichkeiten	Unterstützung durch Vorgesetzte Arbeitskollegen Lebenspartner Familie Freunde	kognitive Kontrollüberzeugungen: Kohärenzerleben Optimismus Selbstkonzept (Kontaktfähigkeit, Selbstwertgefühl) Handlungsmuster: positive Selbstinstruktionen Situationskontrollbemühungen Copingstil Gesundheit Berufliche Qualifikation

- Beim **problembezogenen Coping** werden konkrete Aktionen gewählt, um eine mögliche Bedrohung durch Belastungen abzuwenden. So kommt es z. B. zu einer Veränderung der bisherigen Arbeitsstrategie, dem bewussten Aneignen neuer Kompetenzen oder einem offenen Ansprechen von Konflikten.
- Das **emotionsbezogene Coping** ist durch Ablenkungs- oder Konsumverhalten gekennzeichnet (z. B. ins Kino gehen, rauchen oder essen). Es handelt sich also eher um eine Emotionsregulation als um direkte Handlungen zur Problembewältigung. Diese Handlungen bringen zwar eine vorübergehende Entlastung mit sich, verändern jedoch nicht die Ursache der Stressempfindung (Semmer & Udris, 2007; Nerdinger et al., 2011).

> Das Copingverhalten einer Person ist eine wichtige Ressource. Es bestimmt wie, Stress auslösende Situationen bewältigt werden.

Modell der Ressourcenkonservierung

Das Modell der Ressourcenkonservierung (Hobfoll, 1989, 2001) erweitert die Ergebnisse der Stressforschung um den Aspekt des **Ressourcenverlusts** bzw. um den der **Ressourcenstärkung**. Die zentrale Annahme des Modells ist, dass Menschen danach streben, von ihnen wertgeschätzte Ressourcen aufzubauen und zu erhalten. Dabei geht der Ressourcenaufbau mit Wohlbefinden und Gesundheit einher. Ein potenzieller oder aktueller Verlust vorhandener Ressourcen wird als bedrohend empfunden.

> Das Modell der Ressourcenkonservierung berücksichtigt den Verlust und die Stärkung von Ressourcen.

In dem Modell wird Stress definiert als Reaktion auf die Umwelt, in der

- ein Ressourcenverlust droht,
- ein aktueller Ressourcenverlust auftritt oder
- auf die Investition von Ressourcen kein angemessener Ressourcengewinn erfolgt.

Ressourcen können wertgeschätzte Objekte (Materielles), Lebensumstände (z. B. Partnerschaft, Status), persönliche Merkmale (z. B. Optimismus) und Energien (z. B. Wissen, Geld) sein. Zusätzlich können Ressourcen auch Mittel sein, um die für die Person wertvollen Ressourcen zu erreichen. Menschen streben laut dem Modell danach, den Verlust (befürchtet oder tatsächlich) zur Verfügung stehender Ressourcen auszugleichen, d.h. verlorene Ressourcen nach Möglichkeit direkt zu ersetzen oder durch andere zu kompensieren. Ist dies nicht erfolgreich, d.h. fehlende Ressourcen können nicht ersetzt werden, kann es zu Verlustspiralen kommen. Genauso können Gewinnspiralen entstehen, wenn Ressourcen erfolgreich zum Aufbau weiterer Ressourcen eingesetzt werden.

> Können fehlende Ressourcen nicht durch vorhandene oder neue ausgeglichen werden, können Verlustspiralen entstehen. Umgekehrt können Gewinnspiralen entstehen, wenn der Aufbau von Ressourcen durch bereits vorhandene gelingt.

Vorteilhaft an diesem Modell ist, dass es sich mit Situationsmerkmalen beschäftigt, die Ressourcenverlust und somit Stress zur Folge haben. Damit bietet es Ansatzpunkte für Interventionen wie z. B. das Anknüpfen an die Ressourcen der betreffenden Person. Das Modell lenkt den Blick eher auf Ressourcen statt auf Belastungen. Die **Ressourcenorientierung** findet sich auch bei aktuellen Personalentwicklungskonzepten bzw. Beratungsansätzen wie z. B. dem Coaching wieder (▶ Kap. 6).

11.5.2 Interventions- und Präventionsformen

Zur Verhinderung bzw. Reduktion von Stress am Arbeitsplatz bzw. individueller Folgen wie z. B. psychosomatische Erkrankungen infolge von starken Belastungen durch die Arbeit wird eine Vielzahl an möglichen Maßnahmen diskutiert (z. B. Bamberg et al. 1998; Nerdinger et al. 2011). Die Verhinderung negativer Folgen (Krankheitsprävention), die Gesundheitsförderung wie auch andere Maßnahmen (z. B. Stressbewältigung) beschreiben verschiedene Formen der Intervention. Es handelt sich dabei um ein **gezieltes Eingreifen**, um beim Einzelnen oder auch bei ganzen Gruppen das Auftreten negativer Folgen von Stress zu beheben bzw. zu beeinflussen (Hurrelmann et al. 2007). Die Interventionsformen können z. B. nach dem Zeitpunkt des Eingreifens (Primär-, Sekundär- und Tertiärprävention, s. ◻ Tab. 11.5, nach Leppin, 2007) oder auch nach ihrem Ansatzpunkt (Verhaltens- oder Verhältnisprävention) unterschieden werden.

> Durch gezieltes Eingreifen sollen negative Folgen von Stress reduziert bzw. eliminiert werden. Die einzelnen Interventionsformen unterscheiden sich anhand ihres Einsatzzeitpunktes und ihres Ansatzpunktes.

Tab. 11.5 Interventionsformen nach dem Zeitpunkt ihres Eingreifens		
Primärprävention	**Sekundärprävention**	**Tertiärprävention**
Maßnahmen, die vor dem erstmaligen Auftreten einer Erkrankung oder eines unerwünschten Zustands, durchgeführt werden. Somit richtet sich die Primärprävention vor allem an gesunde Menschen. Ein klassisches Beispiel aus dem medizinischen Kontext ist eine Impfung.	Sekundärprävention hat die Eindämmung oder Früherkennung von Erkrankungen bzw. negativen Folgeerscheinungen zum Ziel. Dies ist z. B. der Fall, wenn ein Mitarbeiter mit Rückenbeschwerden an einer Rückenschulung teilnimmt, um weitere bzw. größere Schädigungen abzuwenden.	Tertiärprävention liegt vor, wenn sich ein unerwünschter Zustand bereits manifestiert hat, z. B. eine chronische Beeinträchtigung. Ziel tertiärer Maßnahmen ist es, die Konsequenzen des Zustands zu mildern und Folgeschäden oder Rückfälle zu verhindern.

Verhaltensprävention

Durch verhaltenspräventive Maßnahmen sollen gesundheitsgefährdende Verhaltensmuster modifiziert werden, um die Leistungsfähigkeit zu erhöhen, die Gesundheit zu verbessern und Fehlzeiten minimieren.

Maßnahmen der Verhaltensprävention (auch: personenbezogene Interventionen) zielen vor allem darauf ab, eine Veränderung individueller gesundheitsgefährdender Verhaltensmuster (z. B. Rauchen, ineffektives Coping) oder Einstellungen (z. B. Kontrollüberzeugung) herbeizuführen. Das Individuum als eigenverantwortliche Person steht im Mittelpunkt und soll befähigt werden, künftig erfolgreich mit belastenden Arbeitsbedingungen umzugehen. Beispiele für Maßnahmen der Verhaltensprävention sind Trainings zu Zeitmanagement, Kommunikation oder Stressmanagement, Entspannungsverfahren, Rückenschule, Gewichtsreduktion, Raucherentwöhnung sowie Ernährungsberatung. Die Maßnahmen wirken vor allem auf individueller Ebene. Dort sollen sie eine verbesserte Gesundheit oder Leistungsfähigkeit bewirken. Aus wirtschaftlicher Sicht ist eine Reduzierung krankheitsbedingter Fehltage erwünscht.

Verhältnisprävention

Mittels verhältnispräventiver Maßnahmen sollen Lebens- und Arbeitsbedingungen dauerhaft modifiziert werden, um die Gesundheit zu erhalten und zu verbessern.

Mit Maßnahmen der Verhältnisprävention (auch: bedingungsbezogene Maßnahmen) soll durch eine Veränderung der Lebens- oder Arbeitsbedingungen auf die Gesundheit einzelner, von Personengruppen oder von Arbeitssystemen Einfluss genommen werden. Noch stärker als bei der Verhaltensprävention wird die langfristige bzw. dauerhafte Veränderung gesundheitsbeeinträchtigender Verhältnisse fokussiert. Beispiele für verhältnisbezogene Maßnahmen sind Gestaltung der Arbeitsplätze bzw. Verbesserung von Arbeitsbedingungen (z. B. Ergonomie, Lärmreduktion), Gestaltung der Arbeitsabläufe und Aufgaben (z. B. selbstgewählte Pausen, ganzheitliche Tätigkeiten, Autonomie erhöhen) und Unterstützung von gesundheitsförderlichem Verhalten der Mitarbeiter durch entsprechende Angebote (z. B. vegetarische Kost oder Vollwertkost in der Kantine; Fitnessstudio im Unternehmen). Die Maßnahmen wirken auf organisationaler, sozialer und individueller Ebene. Erwünschte wirtschaftliche Effekte sind hier neben geringeren Fehlzeiten auch Verbesserung der Produktivität und Qualität sowie geringere Mitarbeiterfluktuation.

Beurteilung stressbezogener Interventionen

Stressbezogene Interventionen werden in vielen Unternehmen bereits eingesetzt und immer häufiger evaluiert. Bezüglich der Effektivität dieser Maßnahmen finden sich jedoch heterogene Ergebnisse.

Viele Unternehmen haben sich für die Durchführung stressbezogener Interventionen entschieden, um das Stresslevel ihrer Mitarbeiterschaft zu reduzieren (Richardson & Rothstein, 2008). Im Zuge dessen wurde auch der Evaluation stressbezogener Interventionen in den letzten Jahren relativ viel Beachtung geschenkt (Bamberg & Busch, 2006). Die Messung der Effektivität dieser Maßnahmen kann auf unterschiedliche Art und Weise erfolgen. Manche Forscher konzentrieren sich auf die Auswirkungen auf den organisationalen Erfolg (z. B. durch die Erfassung der Produktivität), andere wiederum auf individuelle Auswirkungen auf dem psychologischen oder physiologischen Level. Die Ergebnisse jüngerer Metaanalysen zur Überprüfung stressbezogener Interventionen kommen zu heterogenen Ergebnissen (z. B. Bamberg & Busch, 2006).

Stressmanagementtrainings erwiesen sich als besonders effektiv in Bezug auf die Reduktion von Stresssymptomen, Befindlichkeitsbeeinträchtigungen und Förderung der Ressourcen. Weniger effektiv zeigten sie sich u.a. hinsichtlich der Arbeitszufriedenheit und -leistung. **Entspannungstrainings** erwiesen sich gegenüber kognitiv-behavioralen Programmen im Hinblick auf physiologische Variablen und auf zeitliche Stabilität der Erfolge als effektiver. Studien zu **Gesundheitszirkeln**, einem Instrument zur Sicherung der Partizipation der Beteiligten (s.u.), berichten positive Effekte hinsichtlich der Förderung von Ressourcen, der Verbesserung der Gesundheit und der Reduktion von Absentismus (Bamberg & Busch, 2006). In einer Metaanalyse von Richardson und Rothstein (2008) erzielten **kognitiv-behaviorale Programme** jedoch zusammen mit alternativen Ansätzen die höchsten Effektstärken, während Entspannungs- und Meditationstechniken hier nur mittlere Erfolge verzeichneten.

Exkurs

Gesundheitszirkel

In einem Gesundheitszirkel arbeiten Mitarbeiter verschiedener Abteilungen bzw. Bereiche eines Unternehmens in Form einer Projektgruppe über einen bestimmten Zeitraum zusammen. Ziele des Gesundheitszirkels sind die Feststellung von Belastungen am Arbeitsplatz, die Identifikation von Ansatzpunkten zum Belastungsabbau und die Erarbeitung von Verbesserungsvorschlägen zwecks Belastungsoptimierung und Ressourcenstärkung. Basis der Arbeit in Gesundheitszirkeln ist z.B. der Gesundheitsbericht der Krankenkasse (d.h. Analyse der Arbeitsunfähigkeitsdaten eines Unternehmens), andere betriebliche Analysen oder auch persönliche Erfahrungen der beteiligten Personen. Ein Gesundheitszirkel kann sich z.B. aus Mitarbeitern des Betriebsrats, dem Betriebsarzt, einem Arbeitspsychologen, Führungskräften und weiteren Beschäftigten zusammensetzen (Ulich & Wülser, 2009).

Gesundheitscoaching

Ein interessanter Ansatz, der den Gedanken der frühen Prävention (Primärprävention) mit dem der Selbststeuerung und Eigenverantwortung von Menschen verbindet, ist das Gesundheitscoaching. Coaching als mittlerweile etablierte Methode der Personalentwicklung (► Kap. 6) fokussiert die individuelle Weiterentwicklung (persönlich und beruflich) von Personen unter Nutzung verschiedener Gesprächstechniken und selbstreflexiver Methoden. Ziel des Gesundheitscoachings ist die Unterstützung im souveränen und gesunden Umgang mit privaten und/oder beruflichen Herausforderungen. Der Gecoachte soll im Verlauf des Prozesses dazu befähigt werden, mit Belastungen in einer gesunden und für ihn zufriedenstellenden Weise umzugehen. Wichtig ist die **Selbststeuerung**: Der Gecoachte lernt sich selbst zu steuern, d.h. aktiv daran zu arbeiten, die eigene Gesundheit in die gewünschte Richtung zu bringen. Zentrale Aspekte sind die Definition eigener Gesundheitsbedürfnisse, ein selbstbestimmter Lebensstil, Gesundheitsbewusstsein sowie die eigene Stärkung und Aktivierung. Thematische Schwerpunkte im Gesundheitscoaching sind die Analyse persönlicher Ressourcen, die Reflexion des individuellen Wertesystems und Fragestellungen zu Arbeitsbelastungen.

Zunehmend taucht das Gesundheitscoaching auch im Rahmen von Konzepten zum betrieblichen Gesundheitsmanagement auf (Näheres im ► Web-Exkurs »Betriebliche Gesundheitsförderung und Betriebliches Gesundheitsmanagement« zu Kap. 11 unter www.lehrbuch-psychologie.de). Gesundheitscoaching wird im Einzelsetting, aber auch für kleinere Teams angeboten. Je nach Verankerung (z.B. freiberuflich, im Unternehmen oder im ambulantem Rehabilitationszentrum) kann das Gesundheitscoaching durch weitere Angebote wie z.B. medizinische Versorgung oder spezifische Trainings ergänzt werden (Ostermann, 2010).

Im Zuge des Gesundheitscoachings sollen Beschäftigte dazu befähigt werden, selbstbestimmt mit beruflichen und privaten Belastungen und Beanspruchungen optimal umzugehen.

Gesundheitscoaching kann Teil des Gesundheitsmanagements sein und durch weitere Maßnahmen ergänzt werden.

⊕ Web-Exkurs »Betriebliche Gesundheitsförderung und Betriebliches Gesundheitsmanagement«

11.5.3   Erholung und Work-Life-Balance

Wie die bisherigen Ausführungen zeigen, sind Ressourcen für den Umgang mit bzw. die Bewältigung von Stress wesentlich. Hält Stress länger an, können sich Ressourcen mit der Zeit erschöpfen. Daher ist es wichtig, Ressourcen wieder aufzufüllen, d.h. gewissermaßen »den eigenen Akku wieder aufzuladen«. Dies kann über Prozesse der **Erholung** geschehen.

Erholung wird von Wieland-Eckelmann und Baggen (1994) als ein dem Prozess der Beanspruchung entgegengesetzter Prozess verstanden, wobei Erholung mehr ist als die bloße Unterbrechung der Arbeitstätigkeit. Erholung kann im Rahmen von Arbeitspausen und außerhalb der Arbeit, also am Feierabend, Wochenende oder im Urlaub stattfinden (Sonnentag & Fritz, 2010). Mit Bezug zum Modell der Ressourcenkonservierung wird z. B. Urlaub als eine Möglichkeit beschrieben, um verlorene Ressourcen wiederzugewinnen und auf diese Weise Verlustspiralen zu durchbrechen (Westmann, 1999).

Kennzeichen von Erholungsprozessen (Kallus & Uhlig, 2001) sind z. B.:

- Erholung ist an die Belastungsverringerung, einen Belastungswechsel oder eine Belastungspause gebunden.
- Erholung ist abhängig von Art und Dauer der Beanspruchung.
- Erholung kann passiv (z. B. durch ausruhen) und aktiv (z. B. durch Sport) erfolgen.
- Erholung ist personenspezifisch und abhängig von individueller Bewertung.
- Erholung endet mit dem Erreichen eines Zustands von wiederhergestellter Leistungsfähigkeit (Ziel: homöostatische Ausgeglichenheit).

Idealerweise sind Erholungs- und Arbeitsphasen so gestaltet, dass diese im individuellen Fall als ausgeglichen erlebt werden. Der Aspekt der Balance zwischen Arbeit und Erholung findet sich auch im Feld der sogenannten **Work-Life-Balance** wieder. Work-Life-Balance ist ein populärer, wenn auch nicht klar abgegrenzter Begriff (Resch & Bamberg, 2005), mit dem im Wesentlichen das mehr oder weniger ausgeglichene Verhältnis von Arbeits- und Privatleben bezeichnet wird (Sonnentag & Fritz, 2010). Das Thema Work-Life-Balance ist nicht nur für Beschäftigte, sondern auch für Organisationen von hoher Bedeutung (Byron, 2005). Kommt die Erholung von der Arbeit in der Freizeit zu kurz, können arbeitsbezogenes Wohlbefinden und Verhalten negativ beeinflusst werden (Sonnentag, 2003). In Unternehmen wird daher zunehmend auf Programme und Strategien zur Verbesserung des Verhältnisses von Arbeits- und Privatleben (z. B. Sportangebote oder flexible Arbeitszeitgestaltung) gesetzt, um berufliche und private Aufgaben miteinander zu vereinbaren (Resch & Bamberg, 2005).

Es werden verschiedene theoretische Ansätze zu Work-Life-Balance diskutiert. Zu den bekanntesten gehören die Kompensationshypothese, die Spillover-Hypothese, die Konflikthypothese, die Bereicherungshypothese und die Segmentierungshypothese, die in ◘ Tabelle 11.6 (nach Sonnentag & Fritz, 2010) zusammengefasst dargestellt sind.

Betrachtet man die Forschung zu Work-Life-Balance insgesamt, lässt sich festhalten, dass Arbeits- und Privatleben nicht unabhängig voneinander sind. Die beiden Bereiche stehen in der Wahrnehmung von Beschäftigten jedoch nicht nur in Konflikt zueinander, sondern bereichern sich auch gegenseitig. Erschwerend bei der Beantwortung der Frage, in welchem Verhältnis die beiden Lebensbereiche zueinander stehen, ist die Tatsache, dass eine klare konzeptionelle Trennung schwierig ist. Dies liegt darin begründet, dass es bedingt durch Arbeitsformen wie Telearbeit (d.h. die Arbeitstätigkeit findet nicht am eigentlichen Arbeitsplatz statt, z. B. Heimarbeit) oder auch durch die ständige Erreichbarkeit von Beschäftigten (Handy, E-Mail) zunehmend zu einer, zumindest teilweisen, Vermischung beider Bereiche kommt (Sonnentag & Fritz, 2010). Hier schließt sich der Kreis zu den schon beschriebenen Bestrebungen von Unternehmen, auch diese Thematik z. B. im Rahmen des betrieblichen Gesundheitsmanage-

Der Prozess der Erholung ist wichtig, um verbrauchte Ressourcen wieder aufzufüllen und Verlustspiralen zu umgehen. Erholung kann als Gegenpol zur Beanspruchung am Arbeitsplatz durch Urlaub oder am Feierabend und Wochenende erreicht werden.

Die Balance zwischen arbeitsbezogener Beanspruchung und Erholung wird als Work-Life-Balance bezeichnet. Ein Ungleichgewicht zwischen beiden Dimensionen kann zu verringertem Wohlbefinden und Fehlverhalten führen.

Eine klare Trennung zwischen Arbeits- und Privatleben ist schwierig, da sich beide Bereiche gegenseitig beeinflussen und teilweise miteinander vermischt sein können.

◻ Tab. 11.6 Zusammenstellung der Hypothesen zu Work-Life-Balance und ihre Kernaussagen

Hypothese	Kernaussage	empirische Bestätigung durch:
Segregations- bzw. Segmentierungshypothese	Annahme, dass die unterschiedlichen Lebensbereiche einer Person keine Beziehung zueinander haben und die Aktivitäten eines Bereichs für einen anderen Bereich nicht relevant sind.	schwache empirische Evidenz
Kompensationshypothese	Annahme, dass die Freizeit dazu genutzt wird, um arbeitsbezogene Entbehrungen zu kompensieren und sich zu erholen.	z. B. Sonnentag (2003)
Spillover-Hypothese	Erfahrungen bei der Arbeit (z. B. Stimmung, Werte oder Verhaltensweisen) werden nicht abgelegt, sondern in den Freizeitbereich mitgenommen (oder umgekehrt) und kommen dort zum Ausdruck.	z. B. Ilies et al. (2007)
Konflikthypothese	Annahme, dass Arbeits- und familiäre Anforderungen aufgrund ihrer Gegensätzlichkeit sowie zeitlichen Einschränkungen und Beanspruchung miteinander in Widerspruch stehen.	z. B. Peeters et al. (2004)
Bereicherungshypothese	Annahme, dass sich die Erfahrungen verschiedener Lebensbereiche (z. B. erworbene Kompetenzen) gegenseitig positiv beeinflussen.	z. B. Hammer et al. (2005)

ments zu berücksichtigen. Auf individueller Ebene kann die Auseinandersetzung mit der Work-Life-Balance z. B. innerhalb eines Gesundheitscoachings eine wichtige Rolle spielen.

Gezielte Maßnahmen, die den Kompetenzaufbau in den Bereichen Erziehung, Stressbewältigung und Zeitmanagement fördern, können erwerbstätigen Eltern helfen, Beruf und Familie besser miteinander zu vereinbaren. Ein Beispiel hierfür ist das Gruppentraining Workplace Triple P, das arbeitsplatzintegriert angeboten werden kann und zudem positive Effekte in Bezug auf Arbeitszufriedenheit und Stressreduktion erzielt (Holdstein, 2009). Auf diese Weise kann auch auf organisationaler Ebene ein wichtiger Beitrag zur Verbesserung der Work-Life-Balance geleistet werden.

Die Auflösung des Fallbeispiels ist im ▶ Web-Exkurs »Fallbeispielauflösung« zu Kapitel 11 unter www.lehrbuch-psychologie.de zu finden.

⊕ **Web-Exkurs »Fallbeispielauflösung Kapitel 11«**

❓ Kontrollfragen

1. Was sind typische Belastungen in der Arbeit?
2. Welche Bewertungsprozesse werden im transaktionalen Stressmodell angenommen?
3. Woraus ergeben sich Rollenkonflikte im Berufsleben und welche Rollenkonflikte gibt es?
4. Was ist die zentrale Annahme im Effort-Reward-Imbalance-Modell?
5. Was sind typische Folgen von Belastungen in der Arbeit?
6. Was ist Burnout?
7. Welche Ressourcen werden unterschieden?
8. Was wird im Modell der Ressourcenkonservierung als Ausgangspunkt für die Entstehung von Stress angenommen?
9. Was ist der Unterschied zwischen Verhaltens- und Verhältnisprävention?
10. Welche Aussage macht die Spillover-Hypothese und welche weiteren Hypothesen werden im Zusammenhang mit Work-Life-Balance diskutiert?

Bamberg, E., Ducki, A. & Metz, A.-M. (1998). *Handbuch Betriebliche Gesundheitsförderung*. Göttingen: Verlag für angewandte Psychologie.

Litzcke, S. M. & Schuh, H. (2007). *Stress, Mobbing und Burnout am Arbeitsplatz,* 4. Aufl. Berlin, New York, Tokio, Heidelberg: Springer.

Sonnentag, S. & Fritz, C. (2010). Arbeit und Privatleben: Das Verhältnis von Arbeit und Lebensbereichen außerhalb der Arbeit aus Sicht der Arbeitspsychologie. In U. Kleinbeck & K.-H. Schmidt (Hrsg.), *Enzyklopädie der Psychologie: Arbeitspsychologie* (S. 669-704). Göttingen: Hogrefe..

Ulich, E. & Wülser, M. (2009). *Gesundheitsmanagement in Unternehmen. Arbeitspsychologische Perspektiven,* 3. Aufl. Wiesbaden: Gabler.

▶ **Weiterführende Literatur**

Literaturverzeichnis

Badura, B., Schröder, H., Klose, J. & Macco, K. (2010). *Fehlzeiten-Report 2010: Vielfalt managen: Gesundheit fördern – Potenziale nutzen.* Berlin, New York, Tokio, Heidelberg: Springer.

Bakker, A.B. & Demerouti, E. (2006). The Job Demands-Resources model: state of the art. *Journal of Managerial Psychology, 22(3),* 309–328.

Bamberg, E. & Busch, C. (2006). Stressbezogene Interventionen in der Arbeitswelt. *Zeitschrift für Arbeits- u. Organisationspsychologie, 50(4), 215–226.*

Bamberg, E., Ducki, A. & Metz, A.-M. (1998). *Handbuch Betriebliche Gesundheitsförderung.* Göttingen: Verlag für angewandte Psychologie.

Bartenwerfer, H. (1970). Psychische Beanspruchung und Ermüdung. In A. Mayer & B. Herwig (Hrsg.), *Handbuch der Psychologie* (S. 168–209). Göttingen: Hogrefe.

Beermann, B. (2008). *Nacht- und Schichtarbeit – ein Problem der Vergangenheit?* Dortmund: Bundesanstalt für Arbeitsschutz und Arbeitsmedizin.

Bowling, N. A. & Eschleman, K. J. (2010). Employee Personality as a Moderator of the Relationships between Work Stressors and Counterproductive Work Behavior. *Journal of Occupational Health Psychology, 15(1),* 91–103.

Brown, S. P. & Peterson, R. A. (1993). Antecedents and Consequences of Salesperson Job Satisfaction: Meta-Analysis and Assessment of Causal Effects. *Journal of Marketing Research, 30,* 63–77.

Buddeberg-Fischer, B., Stamm, M., Buddeberg, C., Bauer, G., Hämmig, O. & Klaghofer, R. (2008). Arbeitsstress, Gesundheit und Lebenszufriedenheit junger Ärztinnen und Ärzte. Ergebnisse einer Schweizer Longitudinalstudie. *Deutsche Medizinische Wochenschrift, 133(47),* 2441–2447.

Burisch, M. (2006). *Das Burn-out-Syndrom,* 3. Aufl. Berlin, New York, Tokio, Heidelberg: Springer.

Byron, K. (2005). A meta-analytic review of work-family conflict and its antecedents. *Journal of Vocational Behavior, 67,* 169–198.

Caplan, R. D. (1983). Person-Environment Fit. Past, Present and Future. In C. L. Cooper (ed.), *Stress Research* (S. 35–78). Chichester: Wieley.

Caplan, R. D. & Harrison, R. van (1993). Person-Environment Fit Theory. Some History, Recent Developments and Future Directions. *Journal of Social Issues, 49,* 253–275.

Cordes, C. L. & Dougherty, T. W. (1993). A review and integration of research on job burnout. *Academy of Management Review, 18,* 621–656.

Darr, W. & Johns, G. (2008). Work Strain, Health, and Absenteeism: A Meta-Analysis, *Journal of Occupational Health Psychology, 13 (4),* 293–318.

Demerouti, E. (1999). *Burnout. Eine Folge konkreter Arbeitsbedingungen bei Dienstleistungs- und Produktionstätigkeiten.* Frankfurt: Lang.

Freudenberger, H. J. & North, G. (2002). *Burn-out bei Frauen. Über das Gefühl des Ausgebranntseins,* 9. Aufl. Frankfurt: Fischer.

Greif, S. & Cox (1997). Stress. In S. Greif, H. Holling & N. Nicholson (Hrsg.), *Arbeits- und Organisationspsychologie. Internationales Handbuch in Schlüsselbegriffen* (S. 432–439). München: Psychologie Verlags Union.

Hammer, L. B., Cullen, J. C., Neal, M. B., Sinclair, R. R. & Shafiro, M. V. (2005). The longitudinal effects of work-family conflict and positive spillover on depressive symptoms amoung dual-earner couples. *Journal of Occupational Health Psychology, 90,* 799–810.

Hertl, E. M., Baumann, U. & Messer, R. (2004). Belastungen des Pflegepersonals in Senioren-/ Pflegeheimen. *Zeitschrift für Gerontopsychologie & -psychiatrie, 17 (4),* 239–250.

Hobfoll, S. E. (1989). Conservation of Resources: A new attempt at Conzeptualizing stress. *American Psychologist, 44,* 513–524.

Hobfoll, S. E. (2001). The influence of Culture, Community, and the Nested-Self in the Stress Process: Advancing Conservation of Resources Theory. *Applied Psychology: An International Review, 50 (3),* 337–421.

Holdstein, D. (2009). Alles unter einen Hut?! Beruf und Familie kompetent managen mit Hilfe eines Gruppentrainings. In S. Kauffeld, S. Grote & E. Frieling (Hrsg.), *Handbuch Kompetenzentwicklung* (S. 446–458). Stuttgart: Schäffer-Poeschel.

Hurrelmann, K., Klotz, T. & Haisch, J. (2007). Einführung: Krankheitsprävention und Gesundheitsförderung. In: K. Hurrelmann, T. Klotz & J. Haisch (Hrsg.), *Lehrbuch Prävention und Gesundheitsförderung* (S. 11–19). Bern: Huber.

Ilies, R., Schwind, K. M., Wagner, D. T., Johnson, M. D., Derue, D. S. & Ilgen, D. R. (2007). When can employees have a family life? The effects of daily workload and affect on work-family conflict and social behavior at work. *Journal of Applied Psychology, 92,* 1368–1379.

Jackson, J. E. & Schuler, R. S. (1985). A Meta-Analysis and Conceptual Critique of Research and Role Ambiguity and Role Conflict in Work Settings. *Organizational Behavior and Human Decision Processes, 36,* 16–78.

Kahn, R. L. (1978). Konflikt, Ambiguität und Überforderung. Drei Elemente des Stress am Arbeitsplatz. In M. Freese et al. (Hrsg.), *Industrielle Psychopathologie* (S. 18–33). Bern: Huber.

Kahn, R. L. & Byosiere, P. (1992). Stress in organizations. In M. D. Dunnette & L. M. Hough (eds.), *Handbook of industrial and organizational psychology,* vol. 3, 2nd ed. (pp. 571–850). Palo Alto: Consulting Psychologists Press.

Kallus, K. W. & Uhlig, T. (2001). Erholungsforschung: Neue Perspektiven zum Verständnis von Stress. In R. K. Silbereisen & M. Reitzle (Hrsg.), *Bericht über den 42. Kongress der Deutschen Gesellschaft für Psychologie in Jena, 2000* (S. 364–379). Lengerich: Pabst Science Publishers.

Karasek, R. A. (1979). Job demands, job decision latitude and mental strain: Implications for job-redesign. *Administrative Science Quarterly, 24,* 382–408.

Karasek, R. A. & Theorell, T. (1990). *Healthy work. Stress, Productivity and the Reconstruction of Working Life.* New York: Basic Books.

Kauffeld, S, Jonas, E. & Frey, D. (2004). Effects of a flexible work-time design on employee- and company-related aims. *European Journal of Work and Organizational Psychology, 13 (1),* 79–100.

Kaufmann, I., Pornschlegel, H. & Udris, I. (1982). Arbeitsbelastung und Beanspruchung. In L. Zimmermann (Hrsg.), *Humane Arbeit – Leitfaden für Arbeitnehmer, Band 5: Belastungen und Stress bei der Arbeit* (S. 13–48). Reinbek: Rowohlt.

Lazarus, R. S. (1966). *Psychological stress and the coping process.* New York: McGraw-Hill.

Lazarus, R. S. & Folkman, S. (1984). *Stress, appraisal and coping.* Berlin, New York, Tokio, Heidelberg: Springer.

Lazarus, R. S. & Launier, R. (1981). Stressbezogene Transaktionen zwischen Person und Umwelt. In J. R. Nitsch (Hrsg.), *Stress, Theorien, Untersuchungen, Maßnahmen* (S. 213–259). Bern: Huber.

Leppin, A. (2007). Konzepte und Strategien der Krankheitsprävention. In: K. Hurrelmann, T. Klotz & J. Haisch (Hrsg.), *Lehrbuch Prävention und Gesundheitsförderung* (S. 11–19), Bern: Huber.

Litzcke, S. M. & Schuh, H. (2007). *Stress, Mobbing und Burn-out am Arbeitsplatz,* 4. Aufl. Berlin, New York, Tokio, Heidelberg: Springer: Springer.

Lück, P., Eberle, G. & Bonitz, D. (2009). Der Nutzen des betrieblichen Gesundheitsmanagements aus der Sicht von Unternehmen. In B. Badura, H. Schröder & C. Vetter (Hrsg.), *Fehlzeiten-Report 2008. Betriebliches Gesundheitsmanagement: Kosten und Nutzen. Zahlen, Daten, Analysen aus allen Branchen der Wirtschaft.* Berlin, New York, Tokio, Heidelberg: Springer.

Maslach, C. & Jackson, S. E. (1984). Burnout in organizational settings. In S. Oskamp (ed.), *Applied social psychology annual* (pp. 133–154). Beverly Hills, CA: Sage.

Maslach, C., Jackson, S. E. & Leiter, M. P. (1996). The Maslach Burnout Inventory, 3rd ed. Palo Alto, CA: Consulting Psychologists Press.

McGrath, J. E. (1981). Stress und Verhalten in Organisationen. In J. R. Nitsch (Hrsg.), *Stress* (S. 441–499). Bern: Huber.

Meck, G. (2010, 07. März). Burnout-Syndrom: Erschöpft, ausgebrannt, arbeitsmüde. Frankfurter Allgemeine Zeitung, S. 35.

Metz, A.-M., Rothe, H.-J. & Degener, M. (2001). Belastungsprofile von Beschäftigten in Call Centers. *Zeitschrift für Arbeits- und Organisationspsychologie, 45 (3),* 124–135.

Nerdinger, F. W., Blickle, G. & Schaper, N. (2011). *Arbeits- und Organisationspsychologie.* Berlin, New York, Tokio, Heidelberg: Springer.

Normenausschuss Ergonomie im Deutschen Institut für Normung (1987). *Psychische Belastung und Beanspruchung DIN-Norm Nr. 33405.* Berlin: Beuth.

Ostermann, D. (2010). *Gesundheitscoaching.* Wiesbaden: VS-Verlag.

Peeters, M. C. W., de Jonge, J., Janssen, P. P. M. & van der Linden, S. (2004). Work-home interference, job stressors, and employee health in a longitudinal perspective. *International Journal of Stress Management, 11,* 305–322.

Plath, H.-E. & Richter, P. (1984). *Ermüdung, Monotonie, Sättigung, Stress (BMS). Verfahren zur skalierten Erfassung erlebter Beanspruchungsfolgen.* Berlin: Deutscher Verlag für Wissenschaften.

Poppelreuter, S. & Mierke, K. (2008). *Psychische Belastungen am Arbeitsplatz. Ursachen – Auswirkungen – Handlungsmöglichkeiten,* 3. Aufl. Berlin: Erich Schmidt.

Rau, R., Gebele, N., Morling, K. & Rösler, U. (2010). *Untersuchung arbeitsbedingter Ursachen für das Auftreten von depressiven Störungen.* Dortmund: Bundesanstalt für Arbeitsschutz und Arbeitsmedizin.

Resch, M. & Bamberg, E. (2005). Work-Life-Balance – Ein neuer Blick auf die Vereinbarkeit von Berufd- und Privatleben? *Zeitschrift für Arbeits- u. Organisationspsychologie, 49 (4),* 171–175.

Richardson, K. M. & Rothstein, H. R. (2008). Effects of Occupational Stress Management Intervention Programs: A Meta-Analysis. *Journal of Occupational Health Psychology, 13 (1),* 69–93.

Richter, P. & Hacker, W. (1998). *Belastung und Beanspruchung. Stress, Ermüdung und Burnout im Arbeitsleben.* München: Asanger.

Schönpflug, W. (1987). Beanspruchung und Belastung bei der Arbeit. In U. Kleinbeck & J. Rutenfranz (Hrsg.), *Enzyklopädie der Psychologie, Arbeitspsychologie* (S. 130–184). Göttingen: Hogrefe.

Semmer, N. K. & Udris, I. (2007). Bedeutung und Wirkung von Arbeit. In H. Schuler (Hrsg.): *Lehrbuch Organisationspsychologie* (S. 157–195). Bern: Hans Huber.

Selye, H. (1974). *Stress without distress.* Philadelphia: Lippincott.

Selye, H. (1978). *The stress of life*. New York: McGraw-Hill.

Selye, H. (1983). The Stress Concept Today. Past Present and Future. In C. L. Cooper (ed.), *Stress Research-Issues for the Eighties* (pp. 1–20). Chichester: Wiley.

Siegrist, J. (1990). Chronischer Distress und koronares Risiko: Neue Erkenntnisse und ihre Bedeutung für die Prävention. In: M. Arnold, V. v. Ferber & K. Henke (Hrsg.). *Ökonomie der Prävention*. Gerlingen: Bleicher.

Siegrist, J. (1996) Soziale Krisen und Gesundheit. In W. Krohne, P. Netter, L. Schmidt & R. Schwarzer (Hrsg.), *Reihe Gesundheitspsychologie*, Bd. 5 (S. 285–311) Göttingen: Hogrefe.

Sonnentag, S. (2003). Recovery, work engagement, and proactive behavior. A new look at the interface between non-work and work. *Journal of Applied Psychology, 88*, 518–528.

Sonnentag, S. & Fritz, C. (2010). Arbeit und Privatleben: Das Verhältnis von Arbeit und Lebensbereichen außerhalb der Arbeit aus Sicht der Arbeitspsychologie. In U. Kleinbeck & K.-H. Schmidt (Hrsg.), *Enzyklopädie der Psychologie: Arbeitspsychologie* (S. 669–704). Göttingen: Hogrefe.

Techniker Krankenkasse (2009). *Von der Hausfrau bis zum Manager – Deutschland im Stress*. Hamburg: TK Medienservice.

Theorell, T. & Karasek, R. A. (1996). Current Issues Relating to Psychosocial Job Strain and Cardiovascular Disease Research. *Journal of Occupational Health Psychology, 1 (1)*, 9–26.

Ulich, E. (2005). *Arbeitspsychologie*, 6. Aufl. Stuttgart: Schäffer-Poeschel.

Ulich, E. & Wülser, M. (2009). *Gesundheitsmanagement in Unternehmen. Arbeitspsychologische Perspektiven*, 3. Aufl. Wiesbaden: Gabler.

Van Vegchel, N., de Jonge, J. Bosma, H. & Schaufeli, W. (2005). Reviewing the effort-reward imbalance model: drawing up the balance of 45 empirical studies. *Social Science and Medicine, 60*, 1117–1131.

Weinert, A. B. (2004). *Organisations- und Personalpsychologie*, 5. Aufl. Weinheim: Beltz.

Westman, M. (1999). *Gain and loss spirals: Applying Hobfoll's COR theory to respite research*. Paper presented at the Academy of Management Meeting, Chicago, IL.

Wieland-Eckelmann, R. & Baggen, R. (1994). Beanspruchung und Erholung im Arbeits-Erholungszyklus. In R. Wieland-Eckelmann, H. Allmer, K. W. Kallus und J. H. Otto (Hrsg.), *Erholungsforschung* (S. 103–154). Weinheim: Beltz.

11

Stichwortverzeichnis

Z

Printing and Binding: Stürtz GmbH, Würzburg